国家级职业教育规划教材
人力资源和社会保障部职业能力建设司推荐

■高等职业技术院校公路类专业教材■

公路CAD

主编 陈 忻

中国劳动社会保障出版社

简介

本书根据高等职业技术院校教学实际，由人力资源和社会保障部教材办公室组织编写。主要内容包括了解公路 CAD 技术、AutoCAD 2008 的安装与启动、设置公路图样的绘制环境、文件基本操作、绘制图框、绘制丁字路口平面图、绘制十字路口平面图、绘制路面结构图、绘制路线平面图、绘制指北针、绘制人行横道及标线图、绘制示警柱设计图、绘制涵洞一字墙洞口、绘制路基横断面图、绘制路基防护工程图、绘制简支梁桥的三维图、输出桥梁立面图、综合实训——绘制平交平面图，旨在培养学生熟悉 AutoCAD 2008 软件的操作，熟悉典型公路、桥梁图形，掌握公路 CAD 常用命令和典型图形的绘制方法，以便为后续课程打下基础。

本书由陈忻主编，李爱民、梁冰副主编，刘海平、郭社锋、王飞跃、张谦、赵洋、徐开辉、赵鹏参与编写。编写分工如下：刘海平、郭社锋负责任务 1 ~ 任务 5；梁冰负责任务 6 ~ 任务 10；李爱民负责任务 11、任务 12、任务 14；赵鹏负责任务 13；徐开辉负责任务 15；王飞跃负责任务 16、任务 17；张谦、赵洋负责任务 18；陈忻、李爱民负责组织和统稿，梁冰协助统稿及提供任务图例。

图书在版编目(CIP)数据

公路 CAD/陈忻主编. —北京：中国劳动社会保障出版社，2012
高等职业技术院校公路类专业教材
ISBN 978 - 7 - 5167 - 0011 - 2

Ⅰ.①公… Ⅱ.①陈… Ⅲ.①道路工程-计算机辅助设计- AutoCAD 软件-高等职业教育-教材 Ⅳ.①U412.6

中国版本图书馆 CIP 数据核字(2012)第 279286 号

中国劳动社会保障出版社出版发行
(北京市惠新东街 1 号 邮政编码：100029)
出 版 人：张梦欣
*
三河市华骏印务包装有限公司印刷装订 新华书店经销
787 毫米×1092 毫米 16 开本 20.25 印张 466 千字
2012 年 12 月第 1 版 2024 年 5 月第 9 次印刷
定价：38.00 元
营销中心电话：400－606－6496
出版社网址：http: // www.class.com.cn
http: // jg.class.com.cn

前言

随着我国公路交通的高速发展，公路施工、养护、工程测量等岗位从业人员的数量日益增多，对其具备的知识和能力的要求也在不断提高。为了更好地满足各类职业院校对公路类专业高技能人才的培养需求，全面提升教学质量，人力资源和社会保障部教材办公室组织全国有关院校的教学专家、行业企业专家，在充分调研学校教学情况和企业生产实际的基础上，精心编写了高等职业技术院校公路类专业教材，包括公路类专业基础平台课教材《公路概论》《公路工程识图》《公路 CAD》《工程力学基础》《土质与筑路材料》，以及公路类专业课教材《路基路面施工技术》《桥涵工程施工技术》《公路养护技术》《公路工程测量》《公路勘测及简单设计》《公路工程现场测试技术》《公路工程施工组织与概预算》《公路施工养护机械》《公路施工安全》。

在教材的编写过程中，力求做到以下几点：

1．采用模块化设计，合理构建专业教材体系

针对公路类专业培养目标和企业对岗位能力的不同需求，本套教材分为公路施工养护模块、公路工程测量模块、公路试验检验模块、公路施工组织与管理模块等。教师可以在专业基础平台上组合不同的能力模块实施教学，以达到公路（桥梁）施工、养护、工程测量等专业方向的能力培养要求。

2. 以国家职业标准为依据，以能力培养为目标组织教材内容

教材编写以筑路养护工、工程测量工、桥梁工、隧道工等职业的国家职业标准为依据，注重企业对公路施工、养护、工程测量等岗位从业人员的能力要求，坚持实用、够用的原则，合理组织教材内容，有效解决了公路类教材存在的理论性过强的问题。

3. 贯彻先进的教学理念，根据教学内容的不同精心选择编写模式

本次教材编写贯彻了职业教育的先进教学理念，对于理实一体化和工程实践操作性较强的课程，采用了任务驱动的编写模式；对于理论性较强的课程，采用了理论与工程实践相结合的编写模式。在教材的表现形式上，尽量采用以图代文、以表代文的表达方式，增强教材的可读性，激发学生的学习兴趣，引导学生自主学习。

为方便教学，与《公路概论》《公路工程识图》《工程力学基础》《土质与筑路材料》《公路工程测量》《公路工程施工组织与概预算》相配套，开发了习题册；与《公路概论》《公路工程识图》《公路 CAD》《工程力学基础》《土质与筑路材料》《路基路面施工技术》《桥涵工程施工技术》《公路工程测量》《公路工程现场测试技术》相配套，开发了多媒体教学课件，可进入中国人力资源和社会保障出版集团网站（http://www.class.com.cn）免费下载。

在本套教材的编写过程中，得到了有关省市教育部门、人力资源和社会保障部门以及一批高等职业技术院校的大力支持，教材的主编、主审等有关人员做了大量的工作，在此表示衷心的感谢！同时，恳切希望广大读者对教材提出宝贵的意见和建议，以便修订时加以完善。

人力资源和社会保障部教材办公室

2012 年 12 月

目录

任务1

了解公路 CAD 技术

学习目标

1. 了解公路 CAD 基本概念及其特点。
2. 熟悉公路 CAD 系统使用的软件、硬件环境。
3. 了解国内外公路 CAD 技术的发展历程以及发展趋势。

任务引入

公路桥梁工程图是公路桥梁施工的依据，它为施工提供了图形、尺寸及施工技术要求的详细信息。20 世纪，公路桥梁工程制图的传统方式与用具如图 1—1 所示。而随着现代公路桥梁设计施工技术水平的提高，工程制图的工作量和难度越来越大，传统的手工制图方式远远不能适应现代公路行业的发展需求。而随着现代计算机技术的引入，公路桥梁工程制图已经发展成为一门新技术——公路 CAD 技术，如图 1—2 所示。要掌握公路桥梁设计施工技术，首先应该了解、熟悉并掌握公路 CAD 技术

随着科技的发展，各个行业对其产品（或成品）设计提出了更高的要求，如工业产品设计、土木建筑设计等。公路行业也是如此。我们需要了解和应用公路 CAD 技术，从而为公路设计人员选取合适的公路 CAD 软件并辅助其高效、快捷地设计出更完美、准确的公路工程图样。

任务分析

从图 1—1 所示中可以看出，传统的工程制图主要利用简单的制图用具及设备（如工程制图桌、丁字尺、三角板、铅笔等），依靠人手完成复杂图形的绘制。而对比图 1—2 可以看出，现代工程制图的设备发生了根本的变化，手工制图用具被计算机及其外围设备（如鼠标、打印机等输入、输出设备）所代替，这就是 CAD。

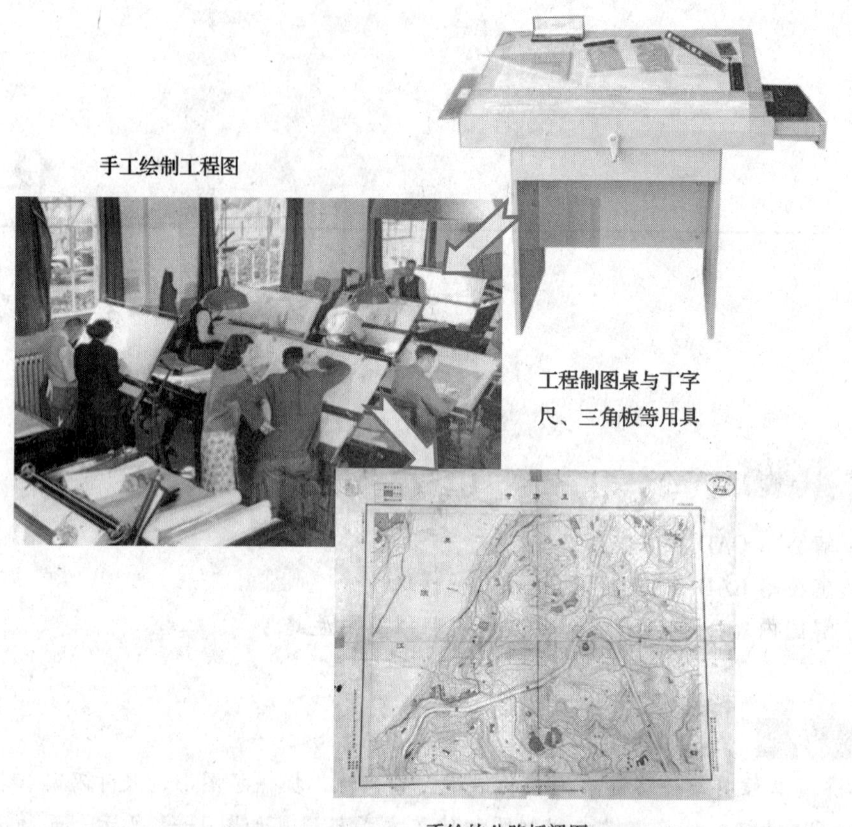

图 1—1　公路桥梁工程制图的传统方式与用具

要了解公路 CAD 技术，首先要建立 CAD 的基本概念，了解它的应用，以及 CAD 系统的基本组成。在此基础上，建立公路 CAD 的概念，了解它的内容及特点；同时，认识公路 CAD 系统的软、硬件环境，从而初步了解公路 CAD 技术。

一、CAD 的基本概念和应用

计算机辅助设计（Computer Aided Design，CAD）是指以计算机为主要工具和手段进行产品或工程设计。它能够将工程设计人员从设计过程中机械的、繁重的事务中解脱出来，使设计人员将更多的精力用于设计方案的比选和决策上，提高了设计质量和设计效率。

计算机辅助设计技术（简称 CAD 技术）是计算机研究在设计领域中应用的综合技术。

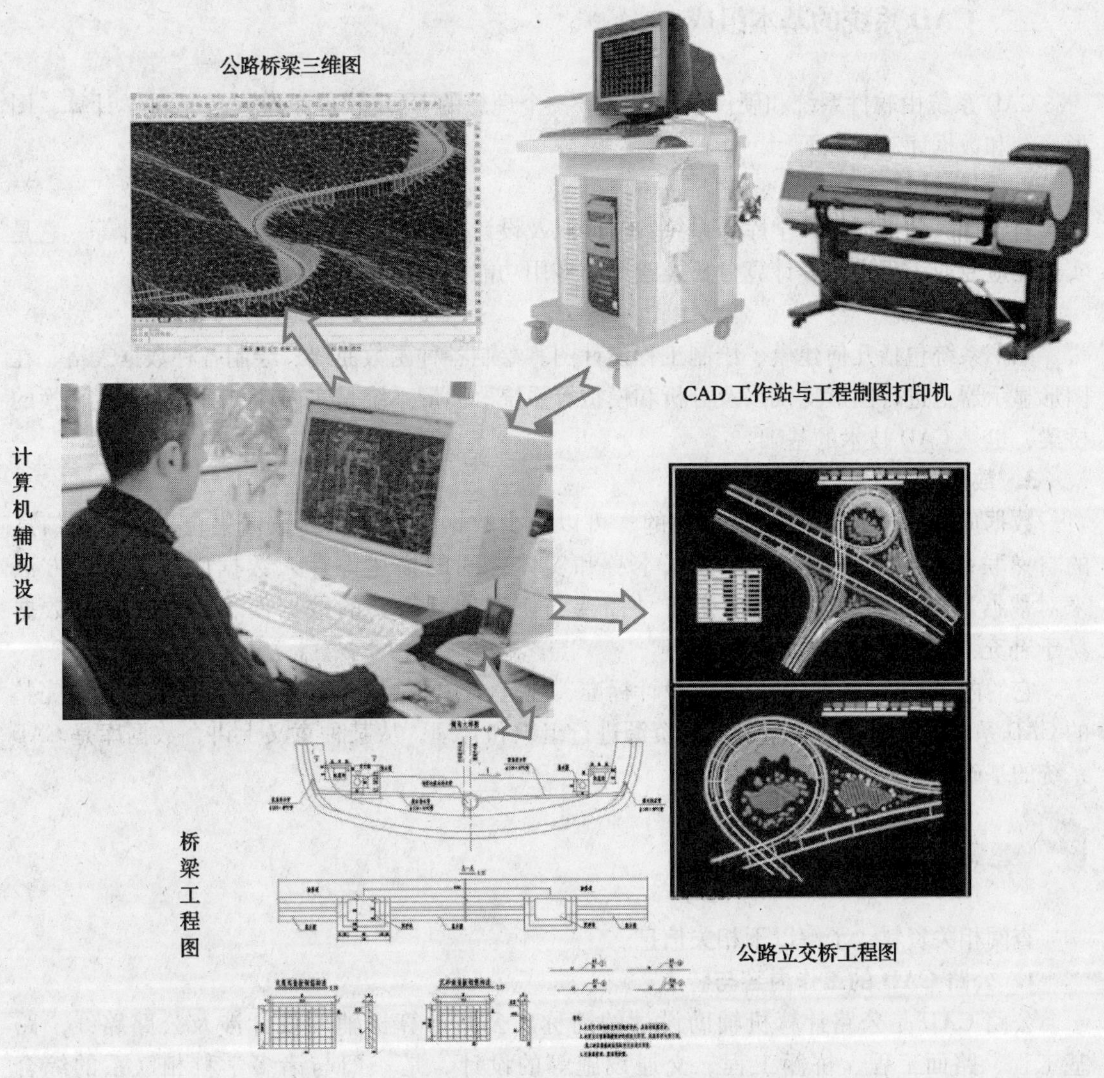

图 1—2　公路桥梁工程制图的现代方式与设备

它作为 20 世纪公认的重大技术成果之一，正在深刻地影响着当今工业界的各个行业和工程领域。它涉及计算机科学、计算数学、计算几何、计算机图形学、数据结构、数据库、软件工程、仿真技术、人工智能等专业应用的多学科、多领域。

CAD 技术具有高智力、知识密集、更新速度快、综合性强、投入高和效益大等特点，因此广泛应用于机械、电子、航空、汽车、船舶和土木工程等各个领域。CAD 技术已成为改善产品质量与工程应用水平、降低成本、缩短工程建设周期和解放生产力的重要手段，推动了行业技术进步，创造出大量财富。CAD 技术的开发与应用水平正逐步成为衡量一个国家科技现代化与工业化程度的重要标志之一。

二、CAD 系统的基本组成

CAD 系统由软件系统和硬件系统组成。一个理想的 CAD 软件系统应包括科学计算、图形系统和数据库三个方面。

1. 科学计算

科学计算包括通用数学库、系统数学库以及设计过程中的常规设计、优化设计等，它是实现相应专业工程设计、计算分析及绘图等专用功能的程序系统的计算基础。

2. 图形系统

图形系统包括几何建模、绘制工程设计图、绘制各种函数曲线、绘制各种数据表格、在图形显示器上进行图形变换以及分析和模拟等系统。图形系统是实现计算机进行信息交换的桥梁，也是 CAD 技术的基础。

3. 数据库

数据库是一个通用的、综合性的、可以减少数据重复存储的数据集合。它按照信息的自然联系来构成数据，即把数据本身和实体之间的描述都存入数据库，用各种方法来对数据进行各种组合，以满足各种需要，使设计所需要的数据便于提取，新的数据易于补充。

它的内容包括设计原始资料、设计标准、规范、中间结果、图标和文件等。在一个完整的 CAD 系统中，需要对大量的数据资源进行组织和管理，从某种意义上讲，数据库是 CAD 系统的基础。

查阅相关资料，了解以下相关信息。

1. 公路 CAD 的工作内容与特点

公路 CAD 是公路计算机辅助设计的简称。公路计算机辅助设计涉及公路路线、路基工程、路面工程、桥涵工程、交通设施等的设计，是一门与诸多学科相联系的综合学科。

公路 CAD 系统是集数据采集、方案、设计计算、图表绘制和输出于一体的综合设计系统。公路 CAD 的工作内容主要包括：设计方案的构思和形成，方案的比较和选择，工程的计算与优化、设计图表的绘制与设计文件的输出等一系列工作。公路 CAD 系统的工作流程如图 1—3 所示。

在公路设计中采用 CAD 技术具有以下明显特点：

（1）提高设计工作效率，缩短设计周期。

（2）在数据库、程序库、图形系统支撑下，有利于继承原有的设计经验、设计成果，有利于计算机的高速、准确与人工交互设计相结合，可以方便地进行设计方案的比选，得到优化的设计结果，从而节省工程投资，提高工程设计质量。

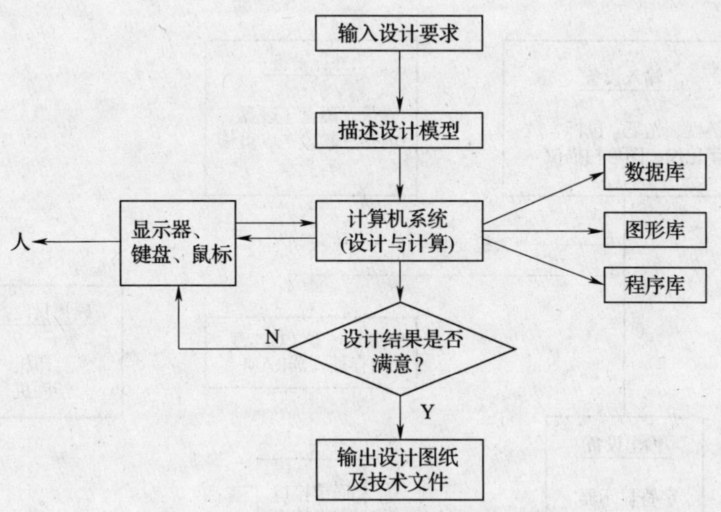

图 1—3　公路 CAD 系统工作流程示意图

（3）使设计人员从烦琐、重复性的制图工作中解放出来，以便将精力与才智投入创造性的设计工作，集中精力于决策。

（4）有利于设计工作的规范化及设计成果的标准化。

2. 公路 CAD 对计算机硬件的要求

目前，主流的微型计算机均能满足运行 AutoCAD 2008 的基本要求。公路 CAD 软件所进行的处理（如建立数字地面模型）对计算机内存、CPU、显示系统的要求较高，一般采用的配置具体如下：

（1）CPU：选择 P4 2.4 GHz 或 AMD Athon 64 ×3 000⁺ 以上主频的 CPU。

（2）内存：DDR400 双通道内存 512 MB 以上，有条件时可以选择 1 GB 以上。

（3）硬盘：80 GB 以上，有条件时可以选择串口硬盘或者 SCSI 接口硬盘。

（4）显示器：17 英寸以上均可。

（5）显卡：选择主流显存在 128 MB 以上的显卡即可，有复杂三维建模要求时可以选择专业图形卡。

（6）光驱：选择主流光驱即可，有条件时选择 DVD 刻录机，以满足大容量的图形备份的工作要求。

（7）键盘、鼠标：采用主流设备即可，有条件时可以采用高解析度光电鼠标，以提高工作效率。

此外，还可配备 A3 幅激光打印机，如果经常有绘制大型图样的需求时，还需配置绘图仪；另外还需配备数字化仪、Modem、网卡等。

典型公路 CAD 系统的硬件组成如图 1—4 所示。

3. 公路 CAD 对计算机软件的要求

AutoCAD 软件是由 Autodesk 公司开发的图形设计软件，具有很强的二维和三维图形设计能力，是目前微型计算机操作者较通用的图形平台，绝大多数公路 CAD 软件都是以此作为开发平台的。

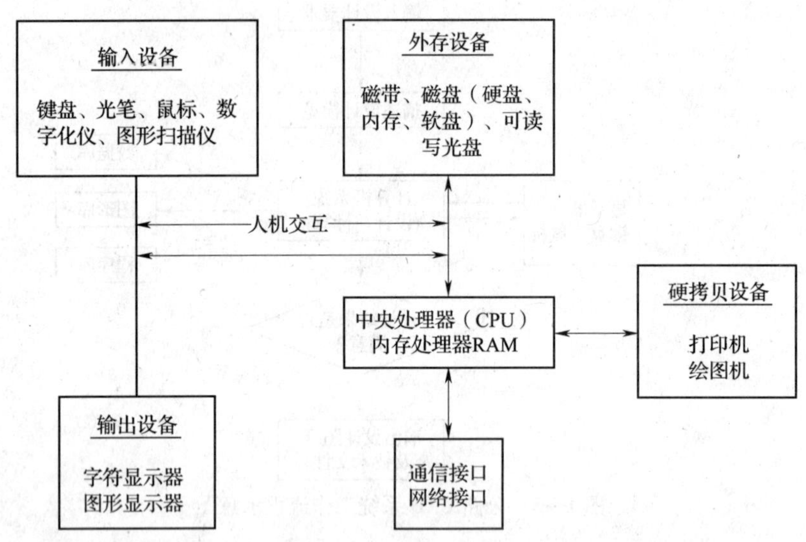

图 1—4 典型公路 CAD 系统的硬件组成

1983 年，Autodesk 公司发布了 AutoCAD 1.0 版本，随后不断更新版本。AutoCAD 12.0 的 Windows 版本是一个从 DOS 到 Windows 的阶段性版本；AutoCAD R14 是一个里程碑式的产品，从这个版本开始二次开发工具已经十分全面，汉字录入变得轻松自然；AutoCAD 的最新版本是 2012 版本。

目前，计算机主流操作系统 Windows XP、Windows 2003、Windows Vista、Win 7 等均可以运行 AutoCAD 2008。

4. 公路 CAD 技术的发展历程

计算机在公路设计领域的应用可以追溯到 20 世纪 60 年代初，至今已有近 50 年的历史。

(1) 国外公路 CAD 的发展

自 1963 年麻省理工学院（MIT）首次提出 CAD 的概念至今，各国的科研、设计部门投入了大量的人力、财力进行开发，伴随着计算机及其外围设备的飞速发展，CAD 技术逐渐完善，成为一门实用的技术，在工程设计领域得到了广泛的使用。

从 20 世纪 70 年代开始，计算机绘图功能的开发，图形软件的逐步完善，以及办公自动化系统的开发，使得工程设计中大量设计图样的绘制和设计文件的编制工作逐步由计算机完成。

20 世纪 80 年代，公路 CAD 系统的发展更加成熟，并逐步走向系统化、集成化、商品化。很多国家已经建立了由航测设备、计算机及辅助硬件（包括绘图机、数字化仪等）和专用公路设计软件包组成的集成系统，在公路工程设计中发挥了极大的作用。

20 世纪 90 年代，随着计算机内存的增加及速度的大幅度提高，各种界面友好、功能强大、资源丰富的操作系统，以及具有高交互性能的仿真三维图形系统及面向对象的语言编译系统相继推出。伴随着多媒体技术、网络技术、可视化技术的发展，公路工程 CAD 系统更加先进，操作更便捷。

目前，在公路测量和设计中，CAD 技术的应用变革了传统的公路设计手段和设计方法，促进了公路交通行业的技术进步，提高了该行业的技术水平。CAD 技术已成为公路设计中必不可少的重要手段，是公路测量和设计现代化的主要标志之一。

（2）国内公路 CAD 的发展

20 世纪 70 年代末至 80 年代初，中国的交通行业学习和吸收了国外的先进经验和方法，开始了公路路线优化技术方面的研究和优化程序的编制。虽然起步较晚，但发展迅速。

20 世纪 80 年代中后期，公路 CAD 技术主要是开发中小型的设计绘图系统。这个阶段，公路 CAD 系统软件的优点是计算分析和成图一体化，大大提高了公路制图的自动化程度；缺点是子系统之间连接不兼容，并且缺乏统一的数据管理，因此系统的交互性能薄弱。

20 世纪 90 年代至今，我国的公路 CAD 技术快速发展。此时，公路 CAD 软件具有以下特点：Windows 系统支持下的软件平台，其界面及交互性能有所改善；部分软件自主开发了专业的图形支撑平台，系统具有较强的针对性和实用性。在这个阶段，中国的公路 CAD 软件的应用程度有较大提高，应用范围有所扩展。同时，我国交通行业还在不断跟踪国际计算机应用技术的最新发展，开始推动公路领域内各类新技术的集成研究。

5. 公路 CAD 技术的发展趋势

公路 CAD 技术的发展趋势是向着更广和更深的方向发展。当前计算机技术及相应支撑软件系统的日新月异，大大促进了公路 CAD 技术的发展。其发展的热点首推公路 CAD 系统的可视化、集成化与网络化技术。

（1）开发三维仿真、易于多方案比选的山区高等级公路设计系统；开发由高速公路安全、监控、通信、计费等子系统组成的交通工程 CAD 系统；开发高速公路路网和路段的交通流量宏观仿真、交通事故预测、效益评估模型等 CAD 技术；开发长隧道和大跨径桥梁设计的 CAD 系统；开发公路选线专家系统以及覆盖前期工作的规划方法、可行性研究、经济效益分析、评价决策等方面的 CAD 技术；开发交通运输地理信息专家系统；开发在工程项目管理、路桥养护管理、档案管理和办公自动化等方面的 CAD 技术。

（2）采用集成技术、信息技术、网络技术、可视化技术、人工智能技术、多媒体技术等最新成果，提高公路工程 CAD 系统的软件设计水平，促进公路工程 CAD 技术在高交互、集成化、三维造型及动画、智能化以及商品化方面的发展和完善，支持从方案设计、优化设计、初步设计到施工图设计的全过程，提高我国公路行业的设计水平和测设能力。

目前国内在公路设计工程中除了应用 AutoCAD 软件外，还有一些其他的具有代表性的公路及桥梁应用软件在运用。

1. 路线软件

常用的有路线大师、互动式道路及立交 CAD 系统、纬地、海地、海特、海德等。其中，路线大师的数字地面模型功能较好，纬地以易于使用见长；互动式道路及立交 CAD 系统以进行互通立交设计见长。以上路线软件多数能为桥梁涵洞的布置图提供必要的数据。

2. 桥涵设计软件

常用的有桥梁大师、海地、桥梁通、桥梁博士、PVC（涵洞专用）。上述各桥涵设计软件各有所长，都能帮助设计者完成大部分设计工作，在自动化程度方面还有待进一步发展。

3. 路基稳定性及挡土墙设计软件

常用的有同济大学的“启明星”软件等。

4. 路面软件

常用的有 PADS（哈尔滨工业大学研发）、HPDS（东南大学研发）等。

思考与练习

1. 简述我国公路 CAD 的发展状况。
2. 简述公路 CAD 使用的软件平台。
3. 简述公路 CAD 系统的工作流程。
4. 公路 CAD 在公路建设中有哪些应用?

任务2

AutoCAD 2008的安装与启动

1. 熟悉 AutoCAD 2008 的安装环境。
2. 掌握 AutoCAD 2008 的安装和启动的操作步骤。

根据 AutoCAD 2008 的安装需求配备必需的硬件、软件环境，然后将 AutoCAD 2008 安装到 D 盘子目录下，注册激活，并进行 AutoCAD 2008 启动和关闭操作。

在安装 AutoCAD 2008 之前，首先要查看计算机是否具备符合 AutoCAD 2008 要求的硬件、软件环境，同时操作者要判断自己是否为管理员操作者，有无权限安装单机版 AutoCAD 2008 软件程序。具备安装权限后，操作者应该按照安装说明将 AutoCAD 2008 安装盘放入计算机光驱，按照安装向导界面提示，逐步完成程序安装。安装成功后，按照正确方法及步骤启动软件，并能够正确退出，关闭程序。

安装 AutoCAD 2008 之前，首先要了解软件的系统要求，以便合理配置计算机的硬件、软件环境。

一、安装 AutoCAD 2008 的硬件、软件环境

为了保证 AutoCAD 2008 的顺利运行，公路设计图能够以较快、较好的方式展现，计算

机操作系统应该选择 Windows XP Professional 或 Windows Vista。安装 AutoCAD 2008 的计算机硬件和软件环境见表 2—1、表 2—2。

表 2—1　　AutoCAD 2008 安装所需的硬件环境

名称	条件	配置说明
处理器	Pentium Ⅲ 或 Pentium Ⅳ（建议使用 Pentium Ⅳ）800 MHz	
RAM	512 MB（建议）	
图形卡	1 024×768 VGA 真彩色（最低要求） Open GL®兼容三维视频卡（可选）	需要支持 Windows 的显示适配器 必须安装支持硬件加速的 DirectX 9.0 C 或更高版本的图形卡 从 ACAD. msi 文件进行的安装不能安装 DirectX 9.0 C 或更高版本的图形卡。这种情况下，需要手动安装用于硬件加速的 DirectX 以进行配置
硬盘	750 MB（最低要求）	
定点设备	鼠标、轨迹球或其他设备	
CD - ROM	任意速度（仅用于安装）	
可选硬件	打印机或绘图仪 数字化仪 调制解调器或其他访问 Internet 连接的设备 网络接口卡	

表 2—2　　AutoCAD 2008 安装所需的软件环境

名称	条件	配置说明
操作系统	32 位版本： Windows® XP Professional Service Pack 2 Windows XP Home Service Pack 2 Windows 2000 Service Pack 4 Windows Vista Enterprise Windows Vista Business Windows Vista Ultimate Windows Vista Home Premium Windows Vista Home Basic Windows Vista Starter	建议在操作者界面语言与 AutoCAD 语言的代码页匹配的操作系统上安装非英文版本的 AutoCAD。代码页为不同语言的字符集提供支持
	64 位版本： Windows XP Professional Windows Vista Enterprise Windows Vista Business	
	Windows Vista Ultimate Windows Vista Home Premium Windows Vista Home Basic	

续表

名称	条件	配置说明
Web 浏览器	Microsoft Internet Explorer 6.0 Service Pack 1（或更高版本）	如果计算机上未安装 Service Pack 1（或更高版本）IE 6.0，则无法安装 AutoCAD。建议可以从微软公司官方网站上下载 IE6.0 以上版本的 Web 浏览器

安装 AutoCAD 2008 时，软件将自动检测 Windows 操作系统的版本，判断其属于 32 位版本还是 64 位版本，然后根据计算机操作系统安装适当的 AutoCAD 版本。

AutoCAD 2008 软件不能向上兼容，即在 64 位版本的 Windows 上无法安装 32 位版本的 AutoCAD。

二、AutoCAD 2008 安装方法

按照安装向导的引导，可以简便、快捷地完成安装过程。方法如下：

1. 将 AutoCAD DVD（或第一张 CD）放入计算机的光盘驱动器。
2. 在计算机屏幕上弹出的 AutoCAD 安装向导中单击“安装产品”按钮。
3. 按照每个安装向导页面上的说明进行操作。

如果通过 CD 安装，请在系统提示时放入剩余的 CD 盘以完成安装。

三、注册和激活 AutoCAD 2008

第一次启动 AutoCAD 2008 时，计算机屏幕将显示产品激活向导。可在此时激活 AutoCAD 2008。这时，只需在产品激活向导界面中输入注册信息，并通过 Internet 将其发送给 Autodesk 公司即可。提交信息后，将立即进行注册和激活。注册和激活 AutoCAD 后，将不再显示产品激活向导。另一种选择是先运行 AutoCAD 2008，以后再激活。

在注册并输入 AutoCAD 的有效激活码之前，计算机一直在试用模式下运行本程序。从

在计算机上第一次运行该程序后的30日中，每次启动软件，屏幕上都将显示产品激活向导。如果在试用模式下运行AutoCAD到达30日，仍未注册和提供有效激活码，计算机将无法继续运行AutoCAD。

四、AutoCAD 2008的基本操作

1. 鼠标的使用

在AutoCAD 2008中，鼠标的左键、右键和中键（或中间滑轮）功能不同。

（1）左键

左键是绘图过程中使用最多的键，主要功能为拾取。它用于单击工具栏按钮、选取菜单选项以发出命令，也可以在绘图过程中选择点、图形对象等。

（2）右键

AutoCAD 2008默认右键用于显示快捷菜单。右键单击绘图窗口时，可以弹出快捷菜单。

操作人员可以自定义鼠标右键。其方法为：单击菜单栏的“工具”|“选项”，在弹出的窗口中选择“用户系统配置”选项卡，并单击“自定义右键单击”按钮，弹出如图2—1所示对话框，可以在其中设置右键的功能。

图2—1 “自定义鼠标右键”对话框

（3）中键（或中间滑轮）

中键（或中间滑轮）主要是用于快速浏览图形。在绘图过程中单击中间滑轮，绘图窗口中的十字光标将变为适时平移状态。此时，移动光标即可快速移动图形。双击中键时，在绘图窗口中将显示全部图形对象。当中键为滑轮时，将光标放置于绘图窗口中，然后直接向下滚动滑轮，图形可缩小；直接向上转动滑轮，图形可放大。

2. 命令的启用方式

通常情况下，在AutoCAD 2008工作界面中，用户选择菜单中的某个命令或单击工具栏中的某个按钮，其实质就是在启用某一个命令，从而达到进行某一个操作的目的。在AutoCAD2008工作界面中，启用命令有以下4种方法。

（1）菜单命令方式

在菜单栏中选择菜单中的选项命令。

（2）工具按钮方式

直接单击工具栏中的工具按钮。

（3）命令提示窗口的命令行方式

在命令行提示窗口中输入某一命令的名称，然后按 <Enter> 键。

（4）光标菜单中的选项方式

可以右键单击绘图窗口，此时系统将弹出相应的快捷菜单，即可从中选择合适的命令。

前三种方式是启用命令时经常采用的方式。为了降低单击鼠标的次数，减少操作人员的工作量，最好采用工具按钮来启用命令。用命令行方式时，常用命令可以输入缩写名称，以提高工作效率。例如：要进行写块操作时命令的名称为“WBLOCK”，可输入其缩写名称“W”。

五、AutoCAD 2008 的启动与退出

1. 启动的方法

启动 AutoCAD 2008 软件的方法有 3 种：

（1）双击桌面上 AutoCAD 2008 软件的快捷图标。

（2）进入 Windows“开始”菜单中，单击“开始”|“程序”|“Autodesk”|“AutoCAD 2008”|“ACAD”选项。

（3）进入 AutoCAD 2008 文件夹，直接双击可执行文件 ACAD. EXE。

2. 退出的方法

（1）利用 AutoCAD 2008 软件的“文件”下拉菜单，选择“退出”命令。

（2）单击软件标题栏右上角的“关闭”按钮。

（3）在软件屏幕左下角的命令行中输入“EXIT”或“QUIT”命令。

1. 安装 AutoCAD 2008

（1）将 AutoCAD 2008 光盘插入光驱后，打开光盘内容，双击光盘上的安装程序

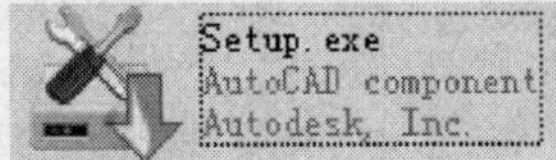

，系统将弹出如图 2—2 所示 AutoCAD 2008 安装向导初始界面（光盘插入光驱后未采取操作将自动运行，并显示该窗口）。

如果操作者对软件安装流程不熟悉，可以单击“查看自述文件”按钮（图 2—2 右下方标记）进行浏览，了解有关程序安装的过程等。

（2）在“AutoCAD 2008 安装向导”初始界面中单击“安装产品”选项，如图 2—2 所示。

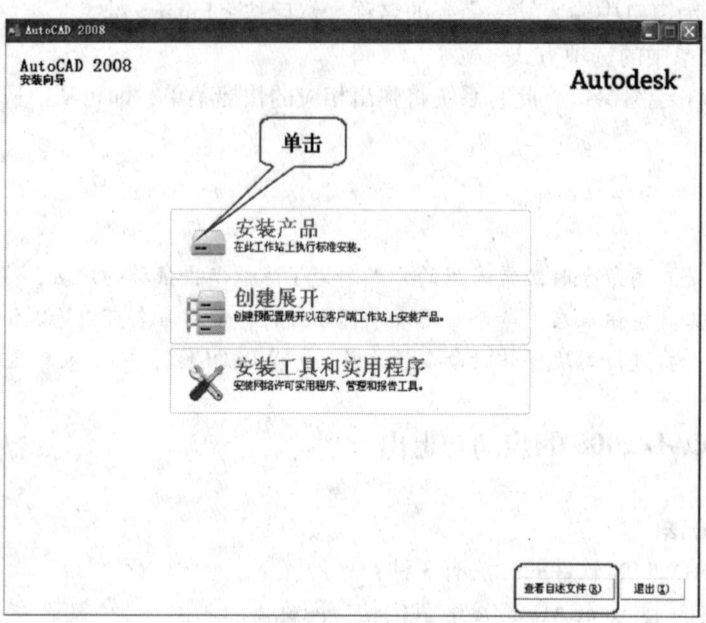

图 2—2　AutoCAD 2008 安装向导的初始界面

（3）在“欢迎使用 AutoCAD 2008 安装向导”窗口中，单击“下一步”按钮，如图 2—3 所示。

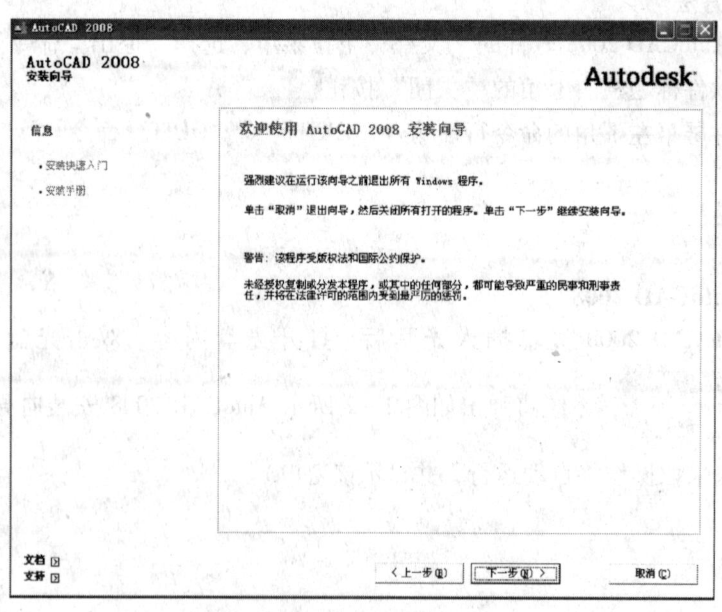

图 2—3　“欢迎使用 AutoCAD 2008 安装向导”窗口

（4）在“选择要安装的产品”窗口右侧，选择“AutoCAD 2008”的复选框，然后单击“下一步”按钮，如图 2—4 所示。

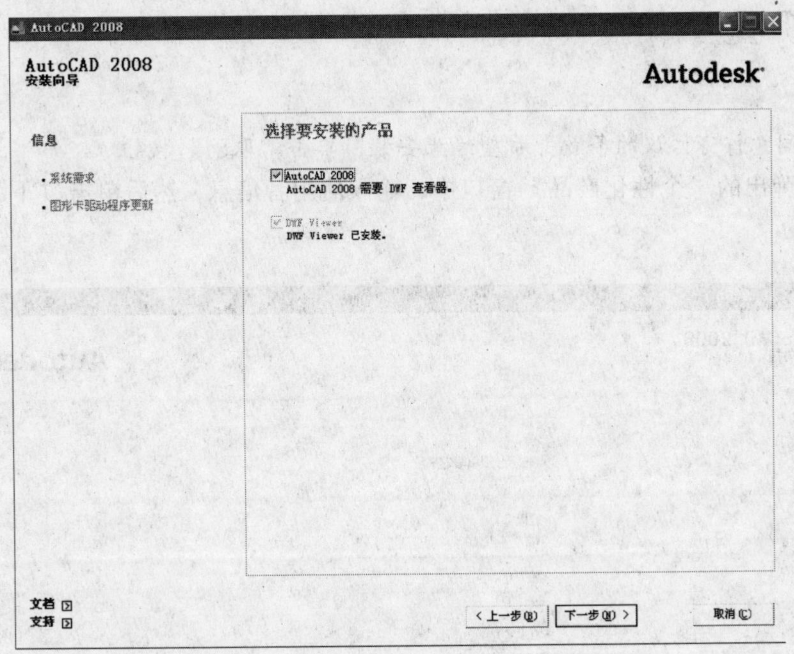

图 2—4 “选择要安装的产品”窗口

(5) 在“接受许可协议”窗口中，查看适用于操作者所在国家或地区的 Autodesk 软件许可协议，选择操作者所在的“国家或地区”（如“China”），选中“我接受”，然后单击“下一步”，如图 2—5 所示。

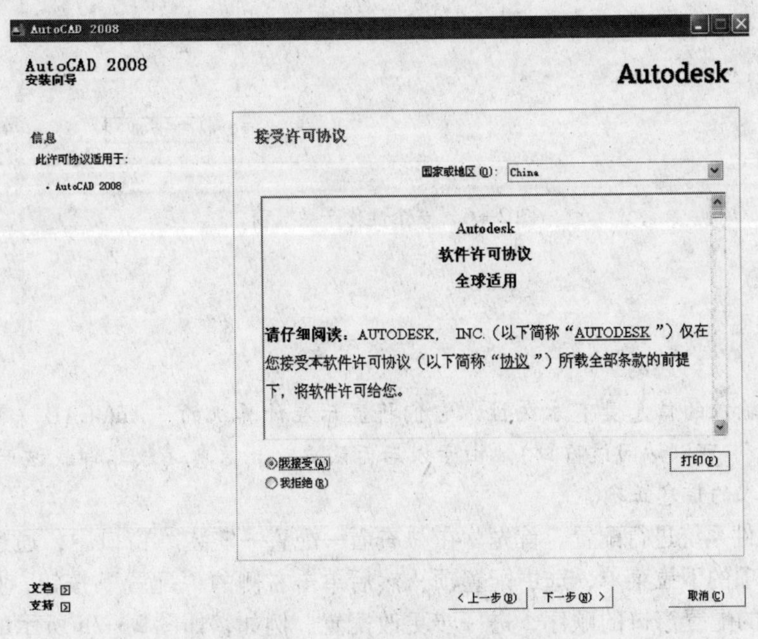

图 2—5 “接受许可协议”窗口

如果不同意许可协议的条款并希望终止安装，单击“取消”按钮。

（6）在弹出的“个性化产品”窗口中，输入使用者信息，然后单击“下一步”，如图2—6所示。

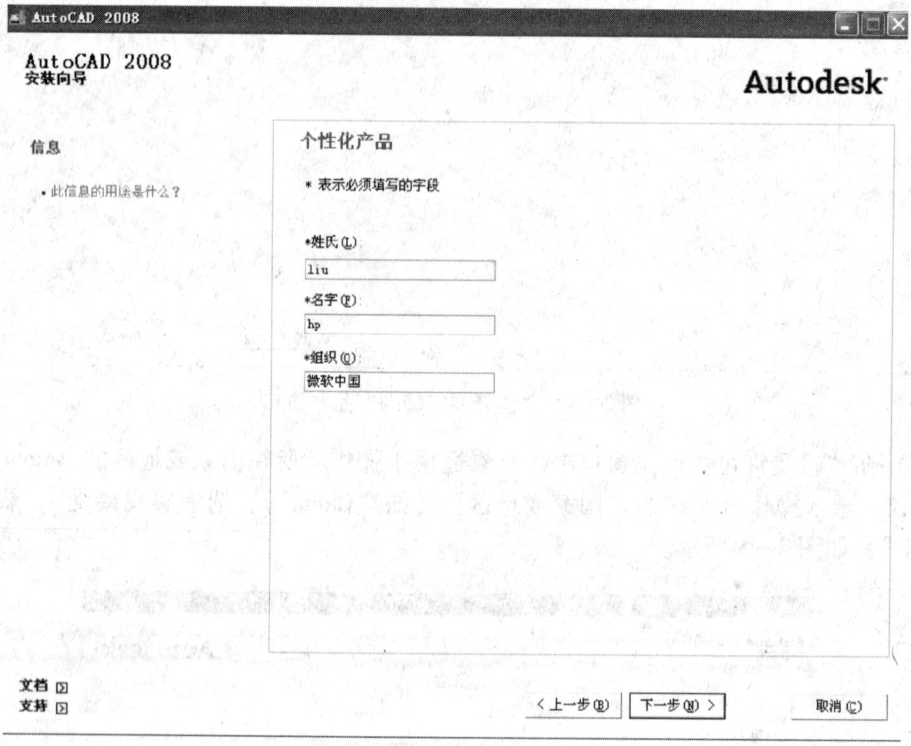

图2—6 “个性化产品”窗口

在此窗口输入的信息具有永久性，它们将显示在计算机的“AutoCAD”窗口中（使用“帮助”“关于”可以访问该窗口）。由于以后无法更改此信息（除非卸载该产品），因此请确保在此处输入的信息正确。

（7）对软件系统进行配置。首先，在“查看—配置—安装”窗口中，通过“选择要配置的产品”选项的下拉菜单，选中配置项，然后单击右侧的“配置”按钮，如图2—7a所示。按照弹出的配置窗口的顺序，进一步更改配置。例如，如图2—7b所示的“指定用户系统配置”窗口中进行的就是默认文字编辑器的选择配置。

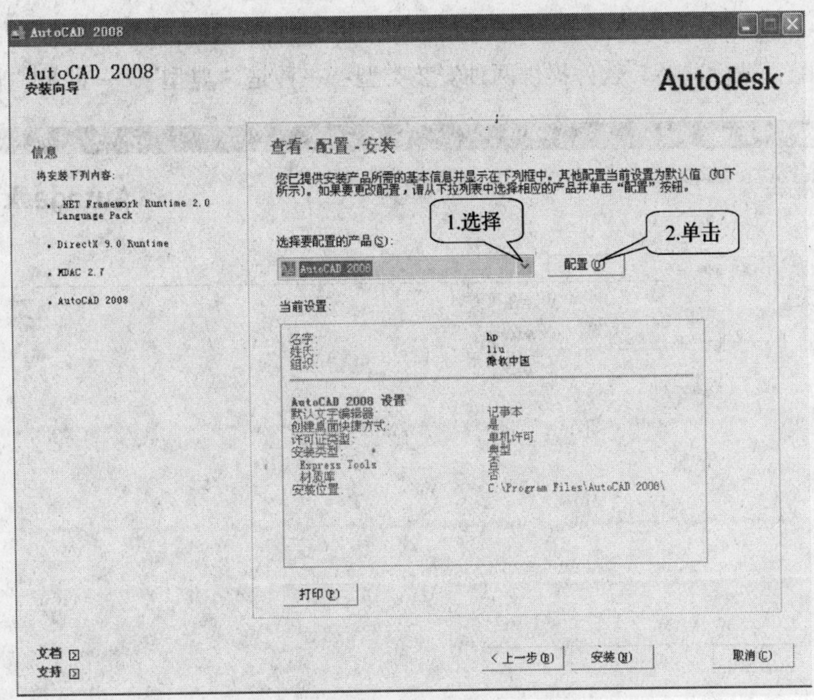

a)

b)

图 2—7　AutoCAD 2008 安装向导的有关系统配置的窗口

a)“查看—配置—安装”窗口　b)“指定用户系统配置”窗口

（8）在“选择许可类型”窗口（图 2—8）中，选择“单机许可”，单击“下一步”，对软件安装配置进行选择。软件提供两种安装类型：一种是“典型”，一种是“自定义”。

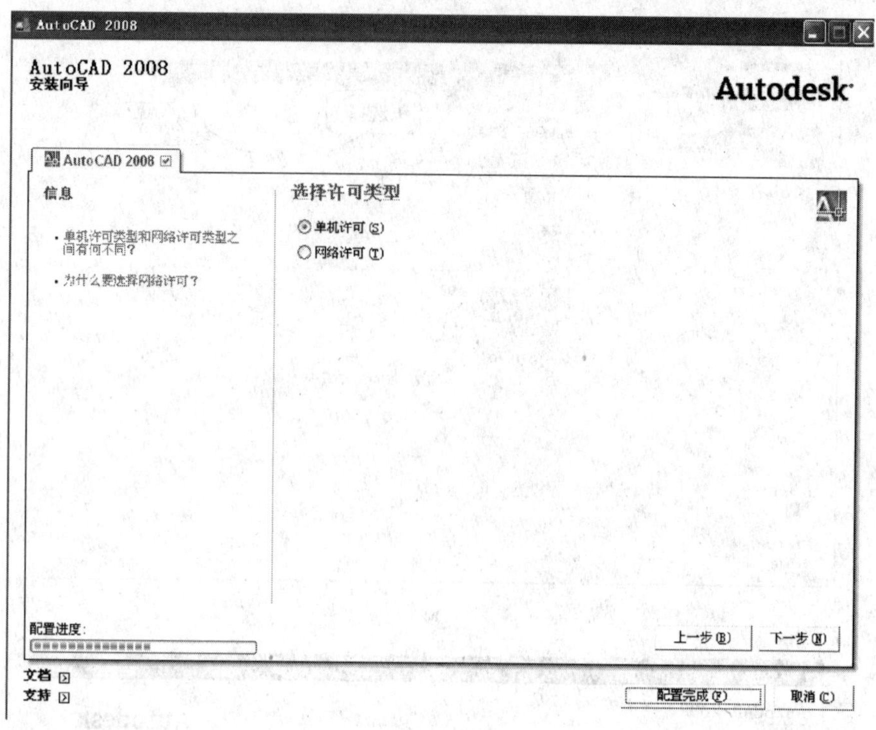

图 2—8　“选择许可类型”窗口

“典型”选项可以安装软件最常用的应用程序功能。

一般情况下，选择“典型”安装。勾选“典型”选项，窗口中随后显示“安装可选工具”选项及“产品安装路径”下拉菜单，如图 2—9 所示。

操作者可单击选项框右侧的按钮，在弹出的下拉菜单中，根据需要选择安装的路径。计算机默认安装路径为“C:\Program Files\AutoCAD 2008”。

安装类型的选项选择完成后，单击“下一步”按钮。

选择“自定义”安装，窗口下方出现“选择要安装的功能”的列表，供操作者勾选，如图 2—10 所示。各个应用程序及功能具体见表 2—3。

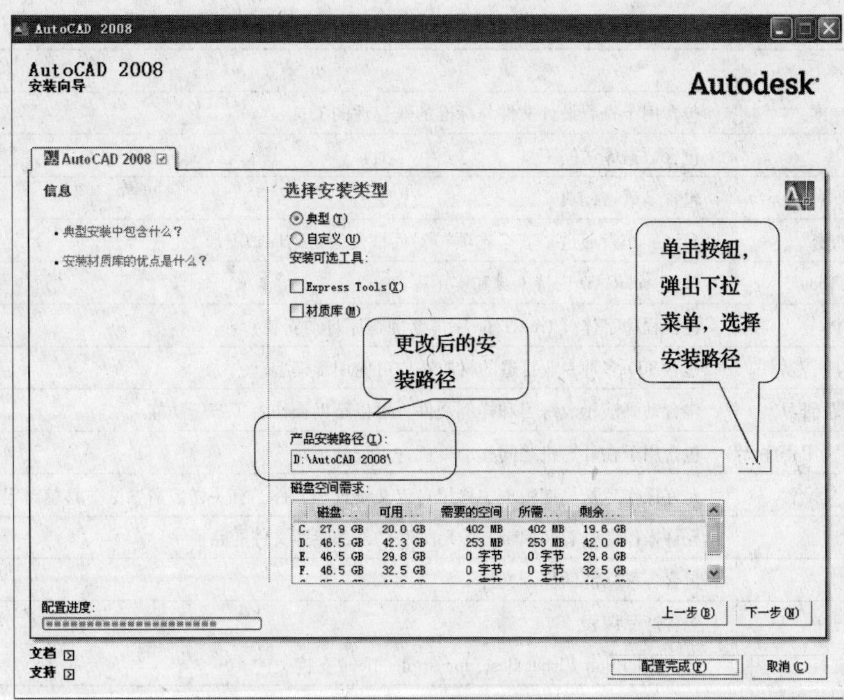

图 2—9　AutoCAD 2008 的“典型”安装

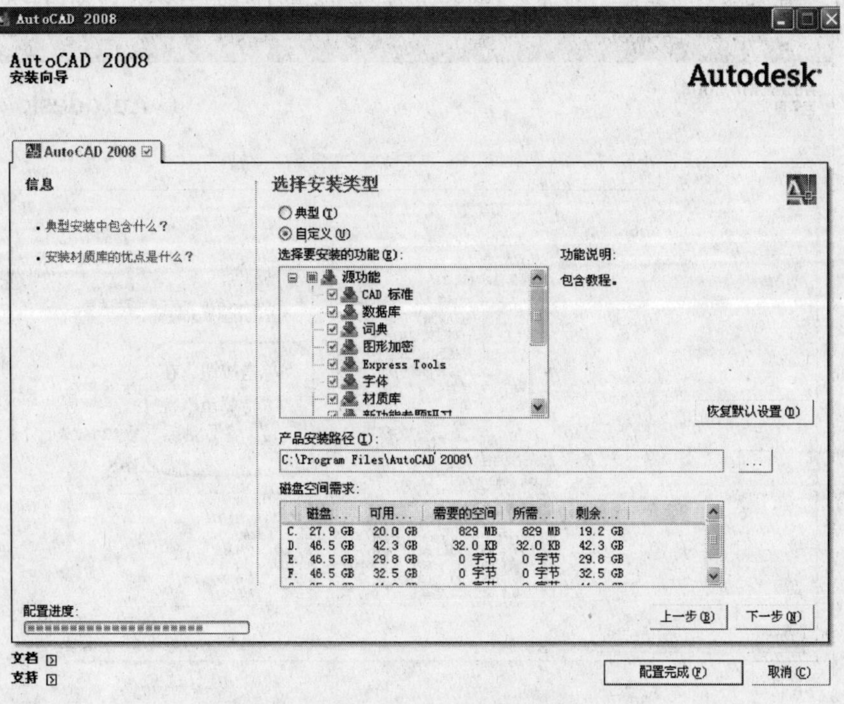

图 2—10　AutoCAD 2008 的“自定义”安装

表 2—3　“选择要安装的功能”列表中应用程序及其功能

名称	功能
CAD 标准	包含用于查看设计文件与标准的兼容性的工具
数据库	包含数据库访问工具
词典	包含多语言词典
图形加密	允许操作者通过“安全选项”对话框使用密码保护图形
Express Tools	包含 AutoCAD 支持工具和实用程序
字体	包含程序字体（True Type 字体会随程序自动安装）
材质库	包含 300 多种专业打造的材质，均可应用于模型
新功能专题研习	包含动画演示、练习和样例文件，可以帮助操作者了解新功能
许可证转移实用程序	包含用于在计算机之间移动单机许可证的工具
移植自定义设置	允许操作者从早期版本中移植自定义设置和文件。有关详情请参见“移植自定义设置”
参照管理器	允许操作者查看和编辑与图形关联的外部参照文件的路径
样例	包含各种功能的样例文件
教程	包含产品课程
VBA 支持	包含 Microsoft Visual Basic for Applications 支持文件

自定义的默认安装路径为 C 盘，如图 2—11 所示。可以单击选项框右侧的按钮，在弹出的下拉菜单中选择更改的路径。例如，将 AutoCAD 2008 放置于 D 盘目录下，如图 2—11 所示。

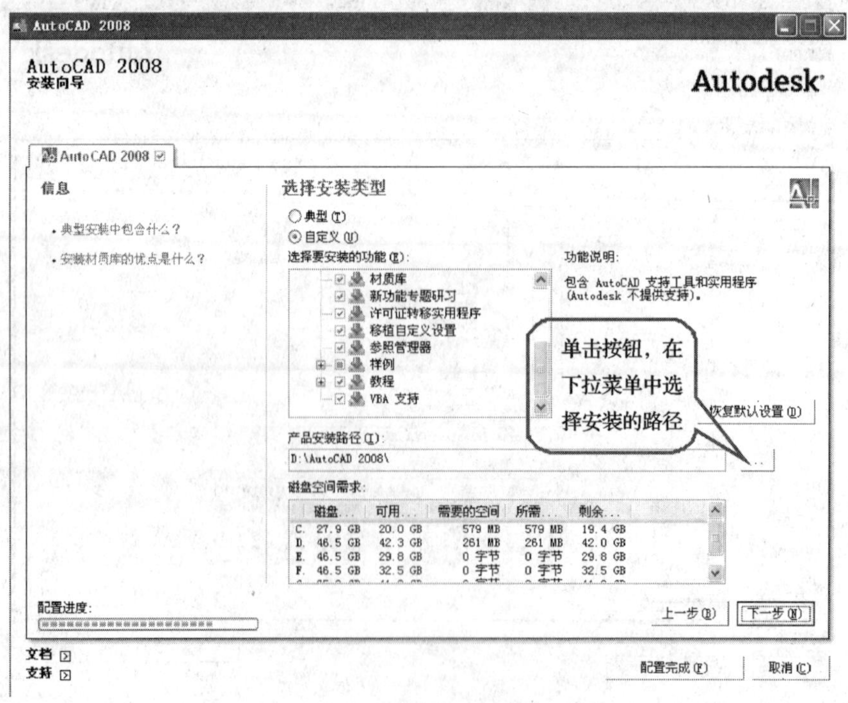

图 2—11　更改自定义安装路径

（9）弹出“配置完成”窗口，单击“配置完成”按钮，如图 2—12 所示。AutoCAD 2008 开始安装，如图 2—13 所示。程序安装成功，如图 2—14 所示。

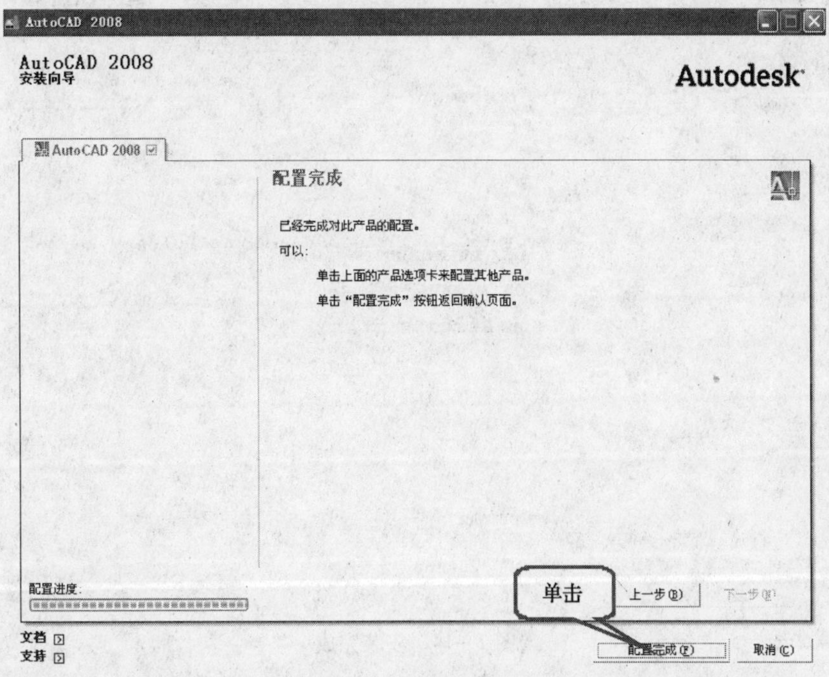

图 2—12　配置完成

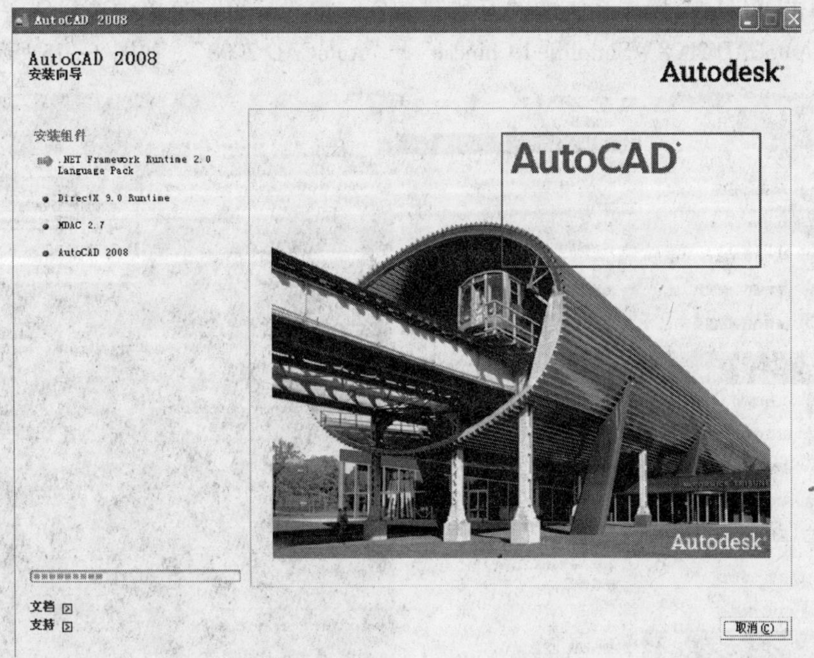

图 2—13　程序安装过程中

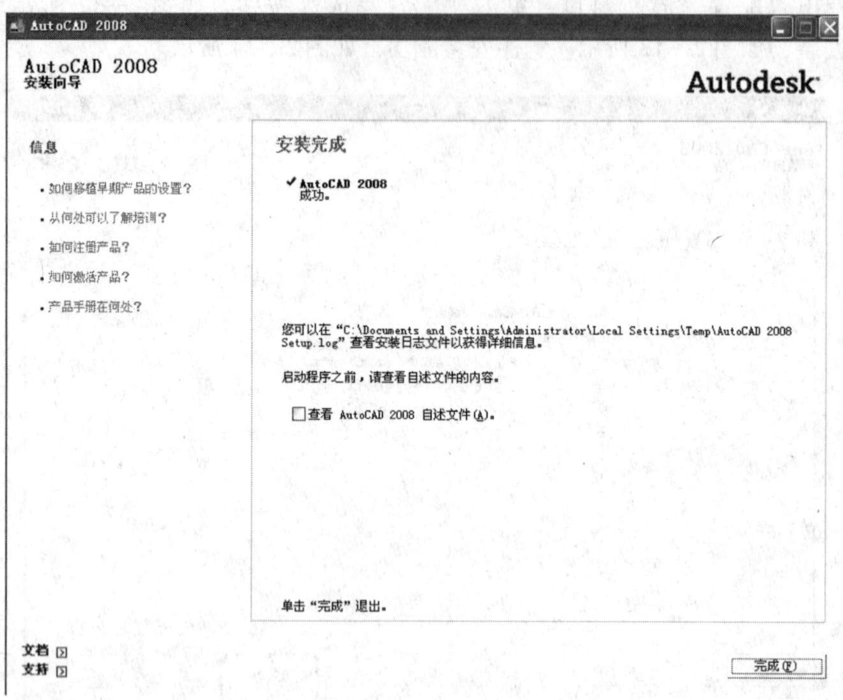

图 2—14　安装完成

2. AutoCAD 2008 的注册和激活

(1) 单击 Windows 操作系统的"开始"按钮，在"开始"菜单中选择"程序"|"Autodesk"|"AutoCAD 2008 – Simplified Chinese"|"AutoCAD 2008"，如图 2—15 所示。

图 2—15　执行"开始"菜单中的"AutoCAD 2008"命令

（2）在“AutoCAD 2008 产品激活”向导中，选择“激活产品”，然后单击“下一步”，启动“现在注册”过程。

（3）单击“注册和激活”（获得一个激活码）。

（4）单击“下一步”，并按照屏幕上的说明操作。

如果无法访问 Internet 或希望使用其他注册方式，可以通过下列任一方式注册和激活：

电子邮件——创建包含注册信息的电子邮件，并将其发送给 Autodesk。

传真或邮寄——输入注册信息，然后将其传真或邮寄给 Autodesk。

3．AutoCAD 2008 的启动与退出

采用本任务“相关知识”中介绍的常用启动和退出方法，启动 AutoCAD 后再退出程序。

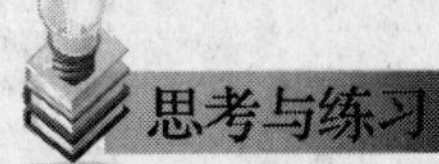

在计算机上，独立完成以下操作：

1．安装 AutoCAD 2008，配置选择典型安装。

2．注册并激活 AutoCAD 2008。

3．通过开始菜单启动 AutoCAD 2008。

4．利用退出命令关闭 AutoCAD 2008。

任务3

设置公路图样的绘制环境

1. 掌握 AutoCAD 2008 中文版工作界面的组成。
2. 掌握绘图环境的配置方法。
3. 掌握适合公路图形绘图环境的设置。

在开始绘制公路图样前，根据绘图需要配置适合公路图样的绘图环境。具体要求如下：

1. 图形界面

图形界面统一背景为黑色，十字光标大小为100。自动保存时间为5分钟，另存为 AutoCAD 2008 图形格式，要列出最近的使用文件数为9，其他设置为默认值。

2. 设置图形单位

单位为毫米，精度为小数点后三位有效数字。角度逆时针方向为正。

3. 设置图形界限

左下角点坐标为（0，0），右上角点坐标为（3 000，2 500）

4. 栅格与捕捉、正交

将栅格 *X*、*Y* 轴间距均设置为10，每条主线的栅格数为5；捕捉 *X*、*Y* 轴间距也均为10。捕捉类型设置为矩形捕捉。并开启正交。

5. 文字样式

文字样式名为“Standard”或“建筑”。西文字体使用“gbeitc. shx”；中文字体（大字体）使用“gbcbig. shx”，或者采用“仿宋_GB2312”字体。具体标注文字的字高 3. 5 mm。

要完成适合公路图样的绘图环境的配置，首先要认识 AutoCAD 2008 中文版工作界面的各部分组成，然后能够设置 AutoCAD 2008 软件的工作参数（如图形文件自动保存版本及时间间隔，以及外观图形界面颜色，光标大小等），接着按规定单位和尺寸设置图形单位和图形界限，同时设置栅格尺寸，并打开捕捉和正交，按照任务要求设置文字样式。

为了能够配置适合公路图样的绘图环境，首先要熟悉 AutoCAD 2008 中文版的工作界面，并学习绘图环境设置方法。

一、AutoCAD 2008 中文版工作界面的组成

AutoCAD 2008 的中文版工作界面主要包括以下元素：标题栏、菜单栏、工具栏、绘图区（绘图窗口、坐标系图标、滚动条等）、选项卡控制栏、命令窗口、状态栏等，如图3—1 所示。

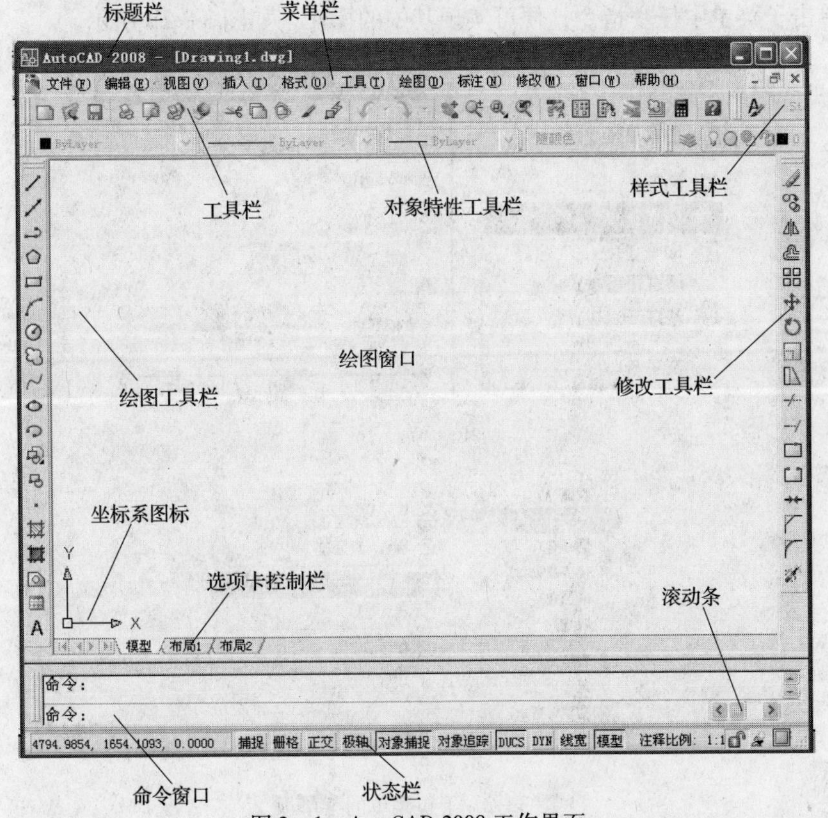

图 3—1　AutoCAD 2008 工作界面

1. 标题栏

标题栏位于工作界面的最上方，如图 3—1 所示。它和一般软件的标题栏相似，其左端显示软件的图标、名称、版本级别以及当前图形的文件名称，右端 按钮，可以用来最小化、最大化或者关闭 AutoCAD 2008 的工作界面。

在 AutoCAD 2008 中文版中，每一个打开的图形都有它们自己的图形窗口。如果将图形窗口最大化，则当前图形的名称将出现在 AutoCAD 主窗口的标题栏中；如果图形窗口没有最大化，则当前图形的名称将出现在图像窗口的标题栏中。

2. 菜单栏

菜单栏位于标题栏下方，包括“文件”“编辑”“视图”“插入”“格式”“工具”“绘图”“标注”“修改”“窗口”“帮助”等主菜单项。单击任一主菜单项，屏幕将弹出其下拉菜单。

如果下拉菜单中的菜单命令后面有省略符号“…”，则表示选择该项菜单命令后会弹出对话框，供操作者进一步选择和设置参数，如图 3—2a 所示。如果菜单命令右边有一个实心小三角形，则表明该菜单项还隐藏有子菜单，可将光标移动到该菜单项上，其右侧将弹出子菜单，再单击子菜单中任一指令，便可实现其中的操作，如图 3—2b 所示。

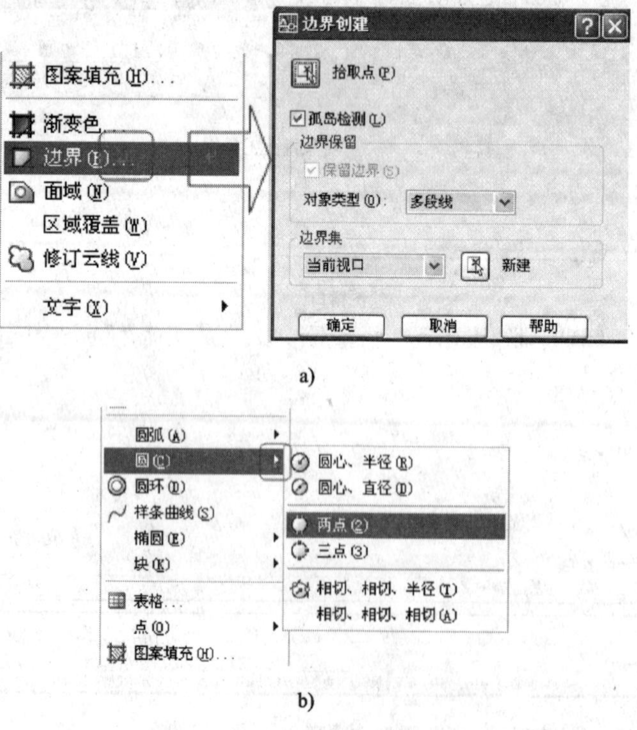

图 3—2 下拉菜单的菜单项

a）菜单项带省略号 b）菜单项带三角形

3. 工具栏

在 AutoCAD 2008 中，操作者除了可以通过菜单执行大部分的命令以外，还可以单击工具栏上的命令按钮执行命令。

（1）组成

AutoCAD 2008 软件提供了 37 个工具栏，在系统默认状态下，工作界面显示标准、图层、样式、对象特性、绘图、修改和绘图顺序等预设工具栏。

（2）工具栏的浮动和固定

在 AutoCAD 2008 窗口中工具栏可以是浮动状态的，也可以是固定状态的。工具栏的可移动性能够方便绘图习惯不同的操作者使用。但是，在绘图过程中可能由于误操作，把工具栏拖离正常位置，影响正常的绘图操作。此时，可以利用锁定工具栏的功能解决问题。锁定方法：

1）从菜单中选择“窗口”|“锁定位置”|“全部”|“锁定”命令，如图 3—3a 所示；或者单击屏幕右下角的锁状图标，如图 3—3b 所示。

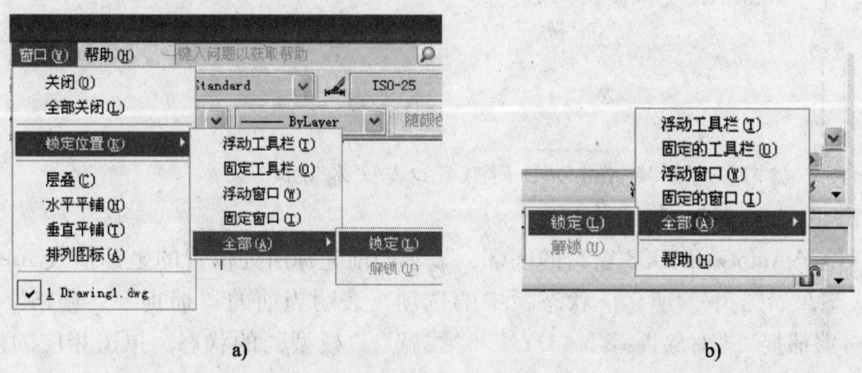

a) b)

图 3—3 锁定工具栏

2）当需要使用其他工具栏时，可以将鼠标移至任一工具栏上单击右键，便会弹出工具栏列表，如图 3—4 所示。

3）单击所需要的工具栏，在界面上便会出现相应的浮动工具栏，可以将其移动到所需要的位置，再固定。

4. 绘图区

（1）绘图窗口

绘图窗口是操作者利用 AutoCAD 2008 绘制图形的区域，类似于手工绘图时的图样。

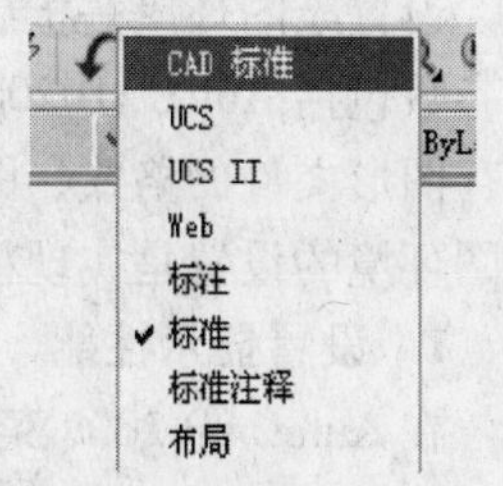

图 3—4 添加其他工具栏

（2）十字光标

绘图窗口内有 1 个十字光标。随鼠标的移动而移动，其位置不同，形状也不相同，反映出不同的操作。它主要用于执行绘图、选择对象等操作。

（3）坐标系图标

绘图窗口的左下角是坐标系图标。它主要用来显示当前使用的坐标系及坐标的方向。操作者可以将该图标关掉（即不显示状态）。

（4）滚动条

滚动条位于绘图窗口的右侧和底部。单击并拖动滚动条，可以使图样沿水平或竖直方向移动。

5. 选项卡控制栏

通过单击选项卡控制栏中的选项卡标签或按钮，可以方便地实现模型空间与布局之间的切换。

6. 命令窗口（命令行）

命令窗口位于绘图窗口的下方，用于输入 AutoCAD 命令及获得命令提示和相关信息。

默认状态下，命令窗口只显示最后三行所执行的命令或提示信息。若想查看以前输入的命令或提示信息，可以单击命令窗口的上边缘并向上拖动，或在键盘上按下 <F2> 快捷键，屏幕上将弹出“AutoCAD 文本窗口”。

按下 <F2> 键时，可切换 AutoCAD 图形窗口与文本窗口。

7. 状态栏

状态栏位于 AutoCAD 2008 窗口的底部，显示当前光标所处位置的坐标值及 AutoCAD 各种模式的状态，如图 3—5 所示。状态栏中的选项，表明当前的“捕捉”“栅格”“正交”“极轴”“对象捕捉”“对象追踪”“DYN”“线宽”“模型”的状态。单击相应的按钮，可以控制这些开关的打开与关闭。

1873.2330, 1150.3463, 0.0000 捕捉 栅格 正交 极轴 对象捕捉 对象追踪 DUCS DYN 线宽 注释比例: 1:1

图 3—5 状态栏

二、绘图环境的设置

设置绘图环境是指启动新图形后设置绘图软件的工作参数，以适合所绘制图形。这些工作参数包括 AutoCAD 2008 中文版默认保存文件的路径、显示背景颜色、光标颜色、打开和保存图形文件的格式、图形单位、图形界限、图层、颜色、线型、绘图辅助工具等。恰当的绘图环境的设置是实现精确绘图的必备基础。

1. 设置显示性能

在 AutoCAD 2008 菜单栏中，单击“工具”|“选项”，打开“选项”对话框。在“选项”对话框中单击“显示”选项卡，设置 AutoCAD 2008 中文版的显示性能，如图 3—6 所示。

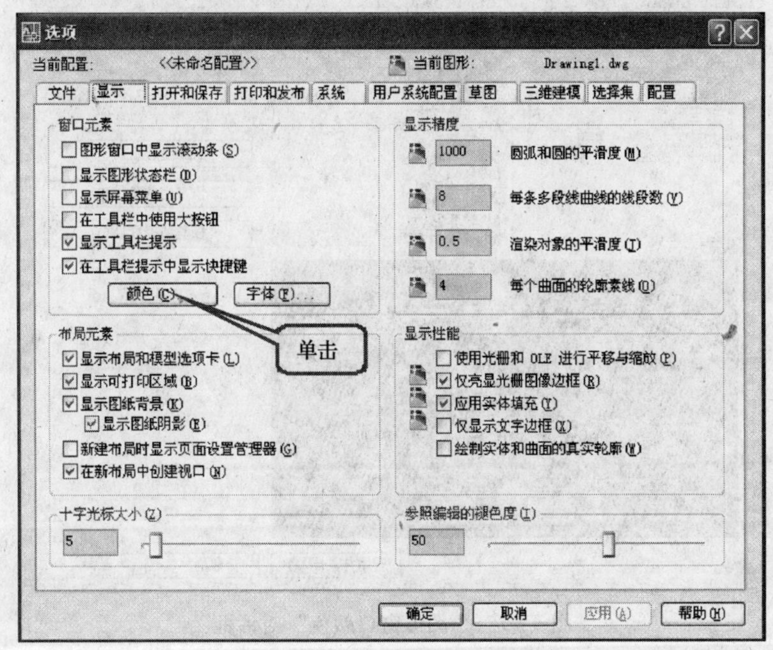

图3—6 “显示”选项卡

(1)“窗口元素”选项组

在“窗口元素”选项组中，可以设置绘图窗口参数，包括“图形窗口中显示滚动条”“显示图形状态栏”等复选框，及“颜色”“字体”按钮。

单击“颜色”按钮（图3—6），弹出“图形窗口颜色”对话框。该对话框中，包含“背景”“界面元素”“颜色”三组列表，供操作者设置选择，如图3—7所示。选项选择后，“预览”窗口将展示设置效果，供操作者参考。操作者确定设置效果后，单击“应用并关闭”按钮，使设置生效，并返回上一级窗口。

单击“字体”按钮，打开“命令行窗口字体”对话框。在对话框中设置“字体”“字形”和“字号”，更改命令行窗口文字的显示状态。

(2)“显示精度”选项组

在“显示精度”选项组中设置与显示精度相关的数值。

(3)“布局元素”选项组

在“布局元素”选项组中设置与布局相关的复选框的开关。

(4)“显示性能”选项组

在“显示性能”选项组中设置与显示相关的复选框的开关。

(5)“十字光标大小”文本框

在文本框中输入数值或者在标尺上移动滑块选择数值，来改变十字光标的大小。

(6)“参照编辑的退色度”文本框

在文本框中输入数值或者在标尺上移动滑块选择数值来改变退色度。

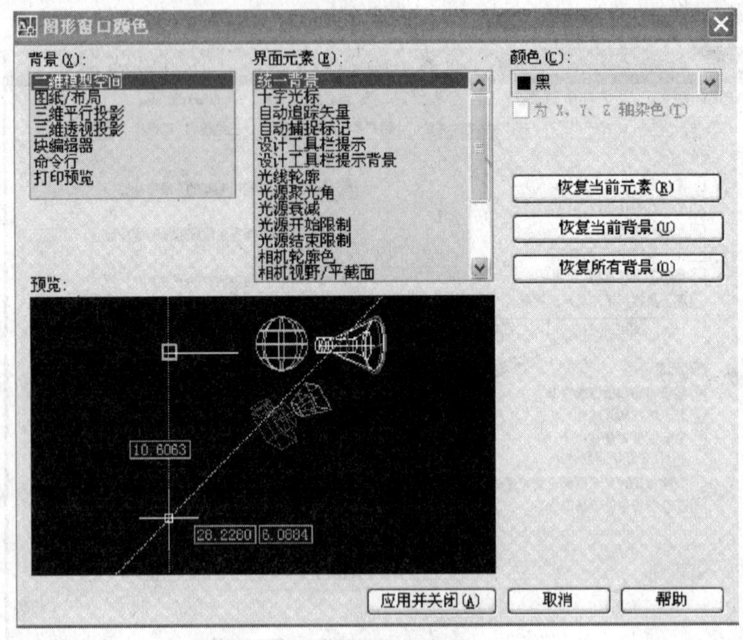

图 3—7 “图形窗口颜色”对话框

2. 设置草图

在“选项”对话框中单击“草图”选项卡，如图 3—8 所示。在其中设置与草图相关的参数。例如，在“自动捕捉设置”选项组中设置标记的显示颜色和大小，以及靶框大小；它与“显示”选项卡（图 3—6）中“十字光标大小”的设置，一起决定了显示在图形窗口中光标的显示状态。

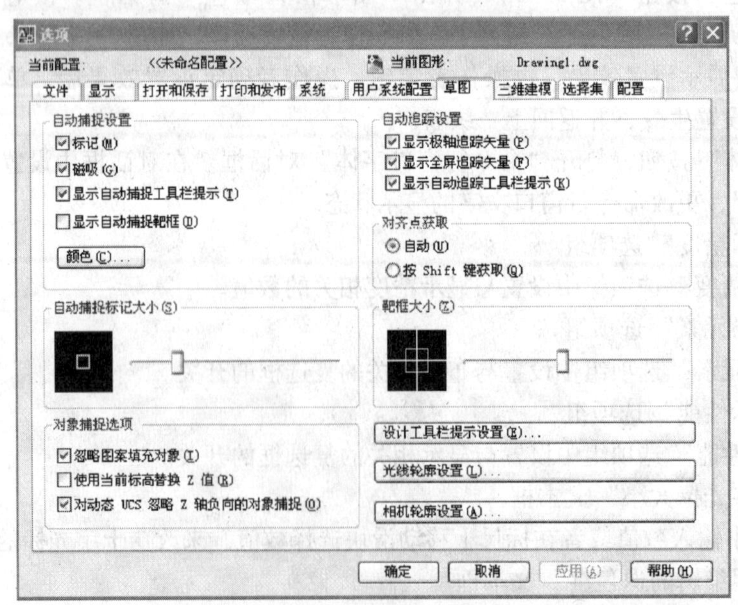

图 3—8 “草图”选项卡

3. 设置“选择集”

在“选项”对话框中单击“选择集”选项卡，如图3—9所示。在其中设置与选择相关的参数，包括“拾取框大小”和“夹点”的设置。

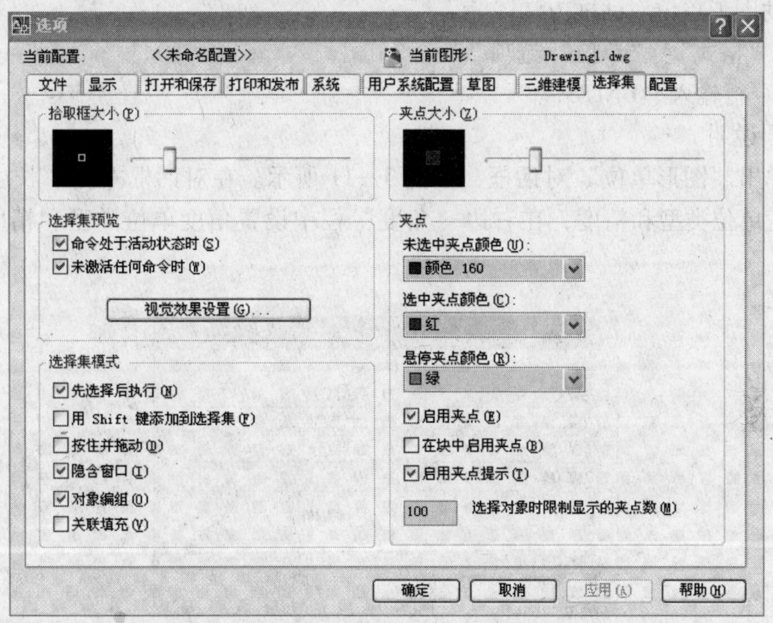

图3—9 “选择集”选项卡

夹点就是指操作者在图形窗口中选择一个图形后自动显示的一些关键点，如端点、中点和圆心等，如图3—10所示。使用夹点可以对图形对象进行拉伸、移动、旋转、缩放及镜像等操作（具体介绍见任务11）。

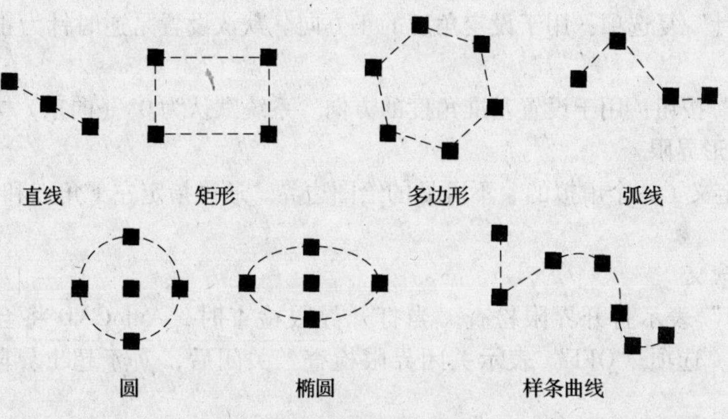

图3—10 常见图形的夹点位置

4. 设置“图形单位”

单位定义了对象是如何计量的，不同行业图样常规的表示单位不同，因此操作者应使用与自己所绘制图形相适合的单位类型。

(1) 启动图形单位对话框方法

1) 单击“格式”|“单位”选项。

2) 在命令行输入“UNITS”。

(2) 选项说明

屏幕上弹出“图形单位”对话框，如图 3—11 所示。在对话框左侧“长度”栏中选择所需要的长度单位类型和精度，在右边“角度”栏中设置角度单位类型和精度。其他相关设置如下：

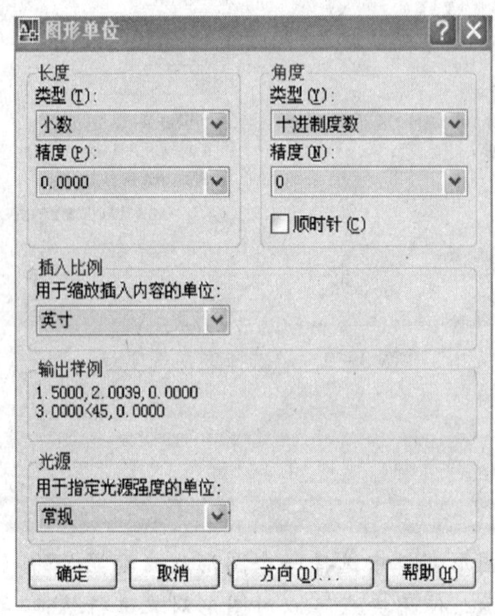

图 3—11 “图形单位”对话框

1)“顺时针”复选项：用于设定角度的正方向。默认设置是逆时针为正，若需要改变，则选中此项。

2)“方向”按钮：用于设置基准角度的方向。系统默认为0°（向东）方向为起点。

5. 设置图形界限

图形边界定义了一个虚拟的、不可见的绘图边界。通过指定左下角点和右上角点来设置图形界限。

(1) 选项含义

选项“ON”表示打开界限检查。当打开界限检查时，AutoCAD 将会拒绝输入图形界限外部的点。选项“OFF”表示关闭界限检查。关闭后，对于超出界限的点依然可以画出。

(2) 设置图形界限方法

1）在菜单栏中，单击“格式”|“图形界限”选项。

2）在命令行输入命令“LIMITS”。

（3）说明

在 AutoCAD 2008 中，图形界限的设置不受限制，因此所绘制的图形大小也不受限制，完全可以按 1∶1 的比例作图，省去了比例变换。图形绘制完成后，再按一定的比例输出图形。

在绘图操作中，通常左下角点用默认值（0，0），图形界限的大小应设置得略大于图形的绝对尺寸。例如，要绘制一个总体尺寸为 2 000 个绘图单位的工程图时，可设置左下角为（0，0）、右下角为（3 000，2 500）来定义图形界限。

在设定图形界限后，绘图区域的大小并没有即时改变，应用 ZOOM 命令调整显示范围。执行 ZOOM 命令并选择“ALL”选项，可以将 LIMITS 设定的区域全部置于屏幕可视范围内。具体操作见任务 5

6. 栅格与捕捉的设置

AutoCAD 2008 可在屏幕绘图区内显示类似于坐标纸一样的可见点阵，称为栅格，如图 3—12 所示。

图 3—12 屏幕上栅格的显示

通过单击状态栏中的“栅格”按钮（或按 < F7 > 按键），可以随意显示或隐藏栅格。栅格属于制图的辅助工具，不会被打印输出。

由于栅格模式还难以利用肉眼控制点的位置，因此可以单击状态栏中的“捕捉”按钮（或按 < F9 > 按键）来打开或关闭捕捉模式，从而精确地捕捉栅格点。

为了既能准确定位又能看到栅格点，通常将捕捉间距设置为与栅格间距相等或是它的倍数，如图 3—13 所示。

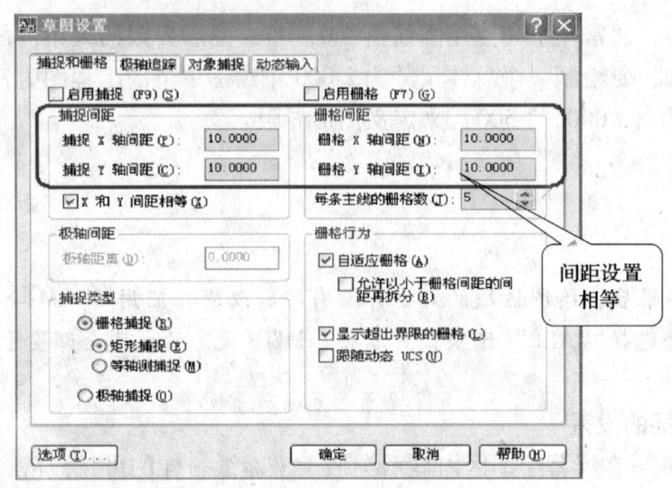

图 3—13　栅格间距和捕捉间距设置

7. 正交的设置

正交模式即光标被约束在水平或垂直方向上移动（相对于当前操作者坐标系），方便于画水平线和竖直线。

单击状态栏上的“正交”按钮或按 <F8> 键即可打开或关闭正交模式。

捕捉模式可以影响正交模式的作用。如果捕捉栅格已旋转，正交模式也能相应地旋转，这样便于绘制有倾斜角度的相互垂直线。如果与等轴测捕捉一起使用，正交模式将使光标沿等轴测平面（用 <F5> 键可切换等轴测平面）的两条轴测轴移动，便于绘制与轴测轴平行的直线，如图 3—14 所示。

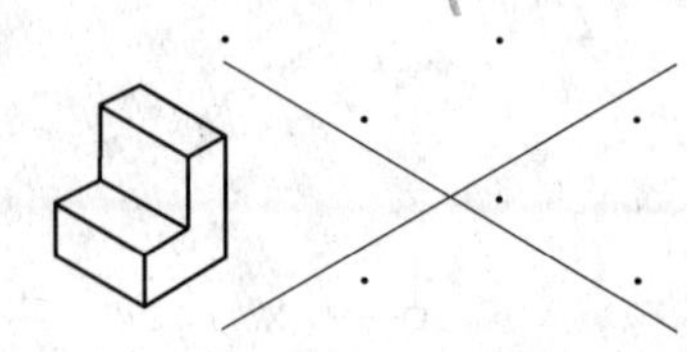

图 3—14　利用正交和栅格捕捉绘图

8. 文字样式

在 AutoCAD 2008 图形界面添加文字之前，首先要定义使用文字的样式，包括文字的字体、字高、文字倾角等参数。如果在添加文字之前未对文字样式进行定义，键入的所有文字将使用当前文字样式。

（1）文字样式的激活方法

1）选择“格式”下拉菜单中的“文字样式”命令。

2）单击“样式”工具栏上的“文字样式”图标按钮。

3）在命令行输入“STYLE”。

激活文字样式命令后，屏幕上弹出如图3—15所示的“文字样式”对话框。

图3—15 “文字样式”对话框

（2）文字样式名称操作

如图3—15所示，对样式名的操作主要包括下列几项内容：

1）创建新样式。单击“文字样式”对话框中的“新建”按钮，在“新建文字样式”对话框中输入新定义的样式名，然后确定返回。“样式”区域的下拉列表中将显示新定义的样式名。

2）改变当前样式。在“样式”栏下拉列表中选择“所有样式”，则“样式”框中包含有当前图形中已定义的样式名，当前样式则直接显示。从下拉列表中选择一个样式，单击“置为当前”按钮，该样式即选为当前样式。

3）样式改名。首先选中“样式”列表框中要修改名称的样式，右键单击该样式，弹出“重命名”命令快捷菜单；然后单击该“重命名”命令快捷菜单，即可在弹出的对话框中输入样式新名称，单击 <Enter> 键，完成样式名称的修改。

样式 Standard 是系统缺省默认的样式，不可以对其改名。

4）删除闲置样式。在“样式”区域的列表中选择欲删除的样式，单击“删除”按钮，该文字样式即从当前图形中删除。

Standard 文字样式和图中文字正使用的当前文字样式无法删除。

(3) 文字样式的字体、大小

文字样式字体的操作包括字体名、字体样式。文字样式大小的操作包括高度、注释性，如图 3—16 所示。

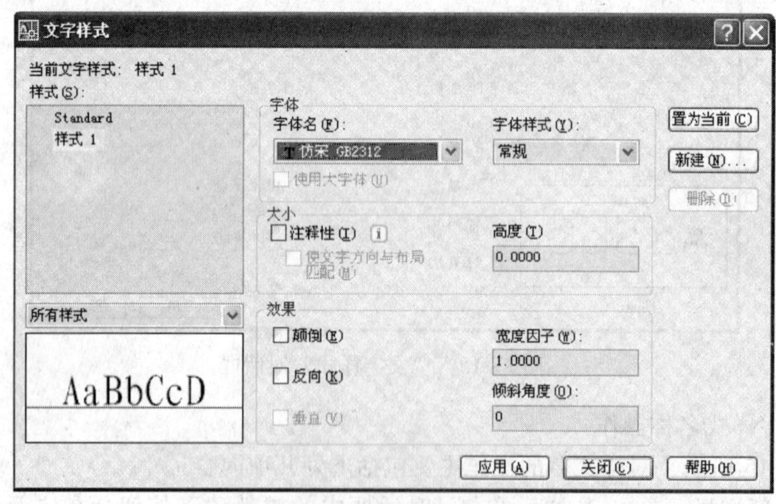

图 3—16 “字体”“大小”栏

在路桥工程图中最常用的字体为仿宋体，字高根据实际需要从 2、3、5、7、10 中任选其一即可。

(4) 文字样式效果

文字样式的效果包括颠倒、反向、垂直、宽度因子、倾斜角度。在路桥工程制图中，文字样式效果一般采用：宽高比为 0.7，字符倾斜角度为 0，其他选项不选。

(5) 确认文字样式的设置

文字样式设置的效果可以通过“文字样式”对话框左下角的窗口进行预览，如果操作者对所设置的效果满意，即可单击“应用”按钮，AutoCAD 2008 将各项的设置应用到图形中，并作为当前样式使用。若未单击“应用”按钮，则当选择改变当前样式时，弹出关闭“文字样式”的提示对话框，如图 3—17所示。单击“是”按钮，AutoCAD 2008 即可保存对文字样式所做的更改，并切换到另一样式。

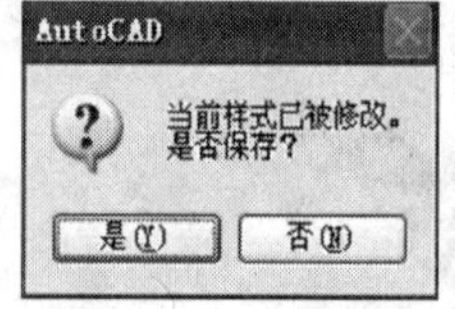

图 3—17 “文字样式”的提示对话框

1. 设置工作界面

(1) 启动 AutoCAD 2008，打开工作界面，单击菜单栏的“工具”|“选项”，打开“选项”对话框的“显示”选项卡，设置 AutoCAD 2008 中文版的显示性能，如图 3—18 所示。例如，十字光标大小设置为 100。

单击“颜色”按钮，在弹出的“图形窗口颜色”对话框中设置颜色为“黑色”，如图 3—19 所示。

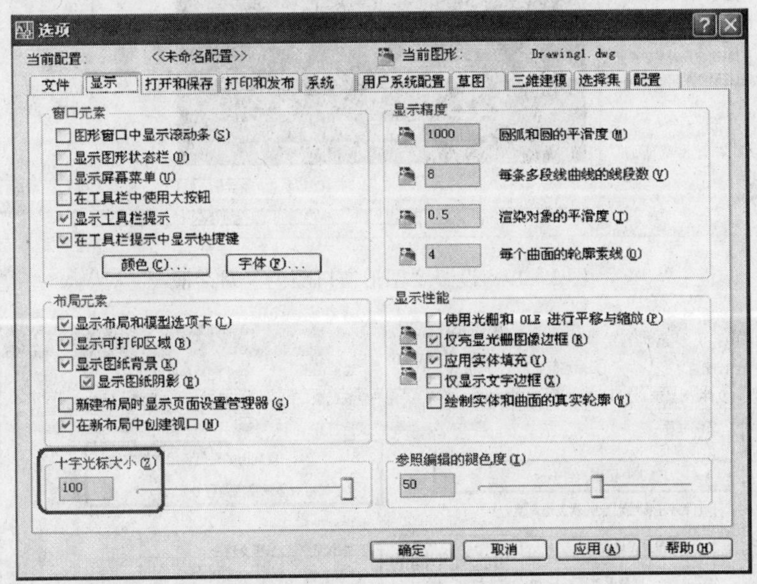

图 3—18 设置“选项”对话框的“显示”选项卡

(2) 在“选项”对话框中，选择“打开和保存”选项卡，设置文件保存类型、保存间隔和备份、文件打开形式等参数，如图 3—20 所示。

2. 图形单位设定

在标题栏中，单击“格式”|“单位”选项，弹出“图形单位”对话框。“长度”选项下，“类型”设置为“小数”，“精度”设置为“0.000”(即精度为小数点后三位)；“插入比例”选项下，“用于缩放插入内容的单位”设置为“毫米”(即图形单位为毫米)，如图 3—21 所示。

3. 设置图形界限

命令:_limits

重新设置模型空间界限:

指定左下角点或[开(ON)/关(OFF)]<0.0000,0.0000>:

(指定一点或输入选项，“<>”符号内的数值为默认值，直接按<Enter>键即使用默认值)

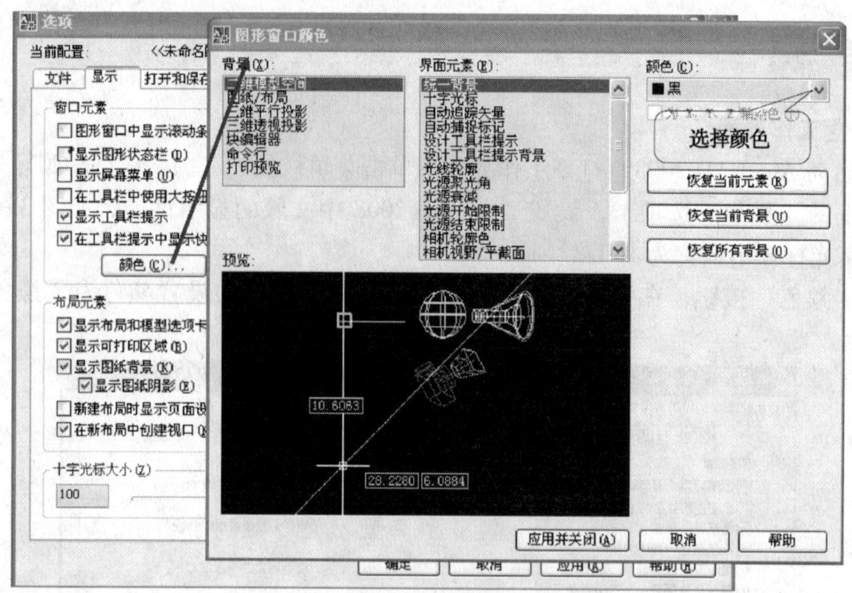

图 3—19　设置“图形窗口颜色”对话框

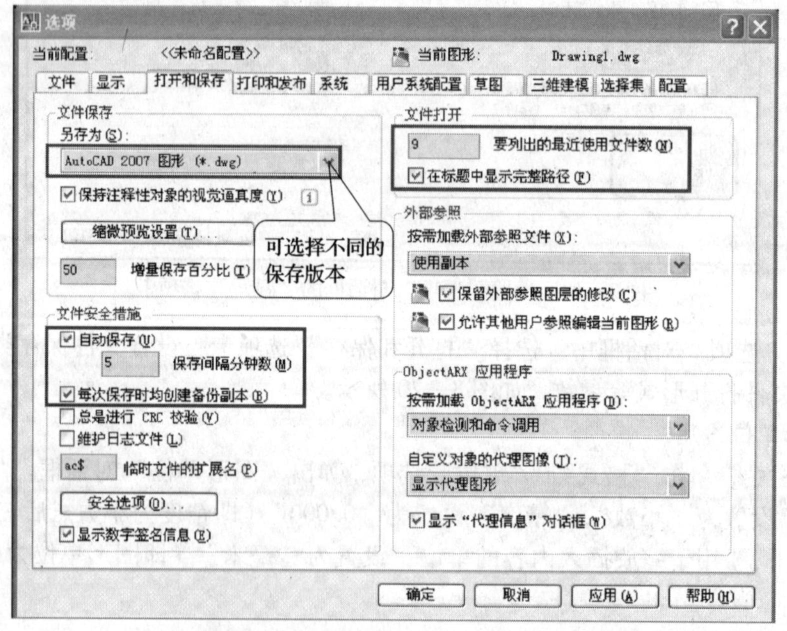

图 3—20　设置“选项”对话框的“打开和保存”选项卡

指定左下角点或[开(ON)/关(OFF)]<420.0000,297.0000>:3000,2500↙(指定另一点)

4. 栅格与捕捉、正交

(1) 栅格与捕捉的设置

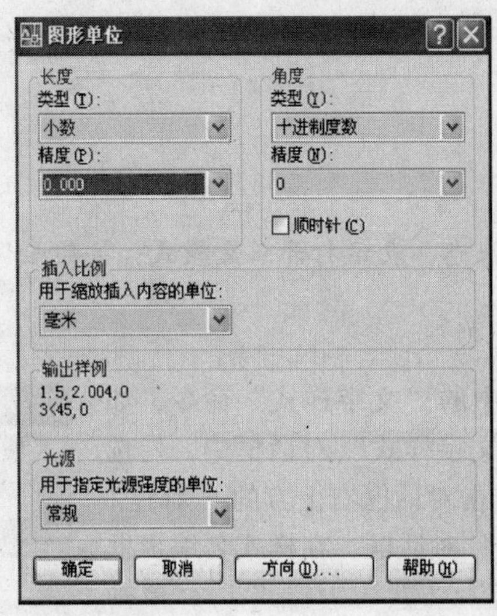

图3—21 “图形单位”对话框

在 AutoCAD 2008 的工作界面下方的状态栏中，右键单击 栅格 按钮，在弹出的快捷菜单中选择“设置”如图3—22所示，弹出“草图设置”对话框。分别在“捕捉间距”和“栅格间距”选项下输入规定数据（图3—23）：

图3—22 状态栏中的“栅格”按钮

“捕捉X轴间距”为10，“捕捉Y轴间距”为10；勾选“X和Y间距相等”。

“栅格X轴间距”为10，“栅格Y轴间距”为10；“每条主线的栅格数”为5。

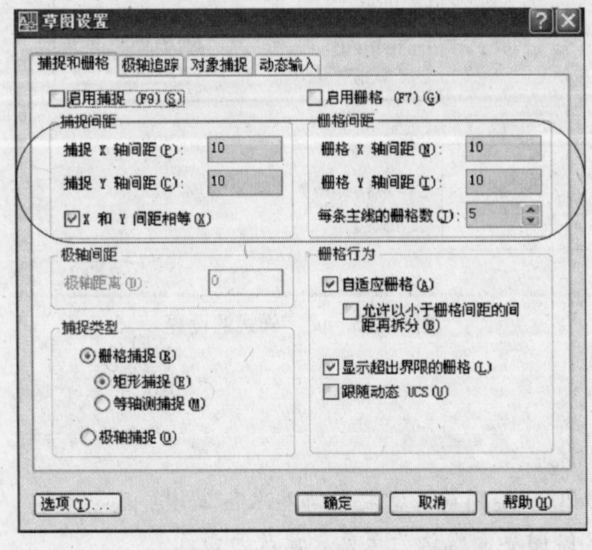

图3—23 “草图设置”对话框

（2）正交的设置

在 AutoCAD 2008 的工作界面下方的状态栏中，单击 正交 按钮，开启正交。

该按钮呈现“按下去”状态，表示打开正交模式；按钮呈现“按起来”状态，表示关闭正交模式。

5. 设置文字样式

单击“格式”下拉菜单中的“文字样式”命令，如图 3—24 所示。在弹出的“文字样式”对话框中，勾选“使用大字体”选项，然后单击对话框右上方的“新建”按钮，弹出“新建文字样式”对话框，在样式名编辑框内输入新的样式名称“建筑”（默认为样式 1），单击“确定”按钮，返回上一级对话框。“建筑”样式名称显示在“样式”列表框中。按照任务要求，设置“SHX 字体”和“大字体”分别为“gbeitc. shx”和“gbcbig. shx”字体；字体“高度”设置为“3.5000”。最后，单击“应用”按钮，文字样式设置即生效，如图3—25 所示。

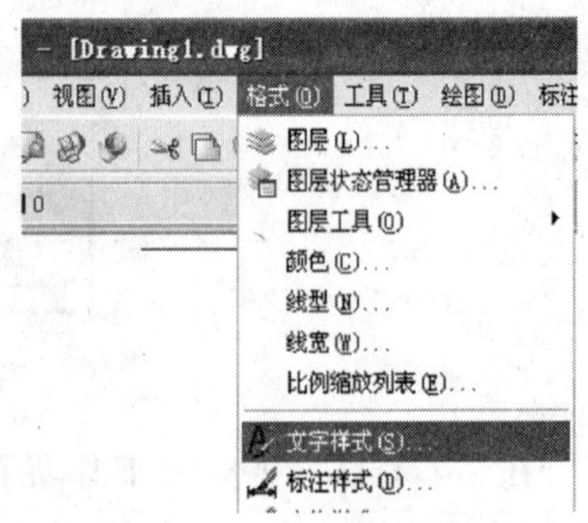

图 3—24 “格式”下拉菜单

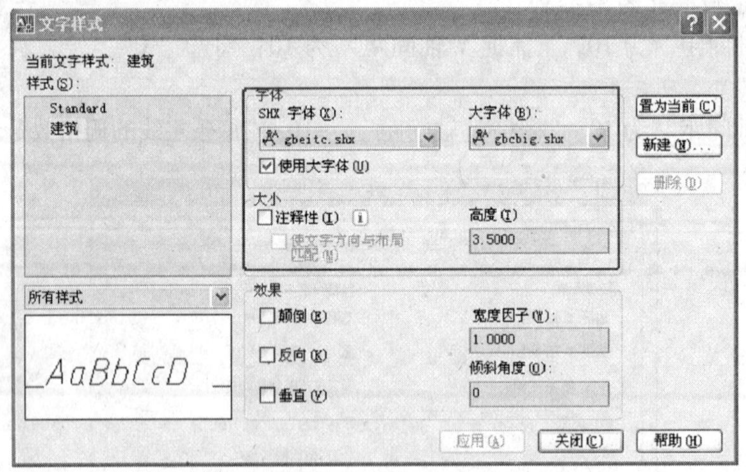

图 3—25 文字样式的设置

1. 使用 AutoCAD 2008 绘图前，需要做哪些准备工作？
2. AutoCAD 2008 绘图界面默认为黑色，请改为白色。
3. 练习设置图形界限，界限尺寸比 A3 图纸界面长、宽各增大 100 mm。

任务 4

文件基本操作

学习目标

1. 熟悉 AutoCAD 2008 中文版图形文件的管理功能。

2. 掌握图形文件的新建、打开、保存等基本操作。

工作任务

在设置公路图样的绘图环境后，为了绘制公路图样，要创建 1 个空白图形文件并保存。具体要求如下：

1. 新建 1 个 CAD 图形文件，文件名为“练习 1”。

2. 文件设置的选项为“无样板打开—英制”。

3. 将“练习 1”保存到 Windows 桌面上的“AutoCAD 2008 学习”文件夹中，并设置打开权限，密码为 123456。

4. 将图形属性保存后关闭。

任务分析

在熟悉 AutoCAD 2008 的工作界面及图形环境的设置操作后，要掌握图形文件的基本管理操作，为绘制图形打下基础。

首先要掌握软件的启动，然后按照正确的操作流程创建 CAD 图形文件，并按要求修改系统默认的文件名称，并正确保存图形文件到指定路径。设置图形文件的打开权限，属于文件加密操作。操作完成后，正确关闭软件。

一、创建新图形

1. 在“启动”对话框下创建

（1）显示“启动”对话框的方法

方法有以下2种：

1）直接在屏幕左下角命令行输入命令“STARTUP”。格式如下：

命令:_startup ↙

输入 startup 的新值 <0>:1 ↙

系统显示“启动”对话框。

2）从“开始”菜单或者以桌面快捷方式重新打开，系统就会显示“启动”对话框。

（2）创建新图形

在“启动”对话框中，创建新图形有以下3种方法：

1）从草图开始创建图形（图4—1）。“启动”对话框默认从草图 开始创建图形，操作者可以选择公制或者英制方式创建新图形，选定的设置决定系统变量要使用的默认值。这些系统变量可控制文字、标注、栅格、捕捉以及默认的线型和填充图案文件。

2）使用样板创建图形（图4—2）。单击“使用样板”按钮 ，弹出使用样板创建图形的设置界面。图形样板文件的扩展名为.dwt，其中包含了标准设置。操作者从“选择样板”列表提供的样板文件中选择一种，或者单击“浏览”按钮创建自定义样板文件。

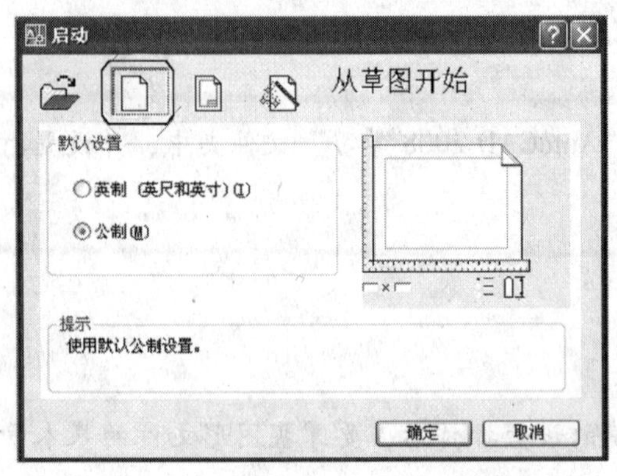

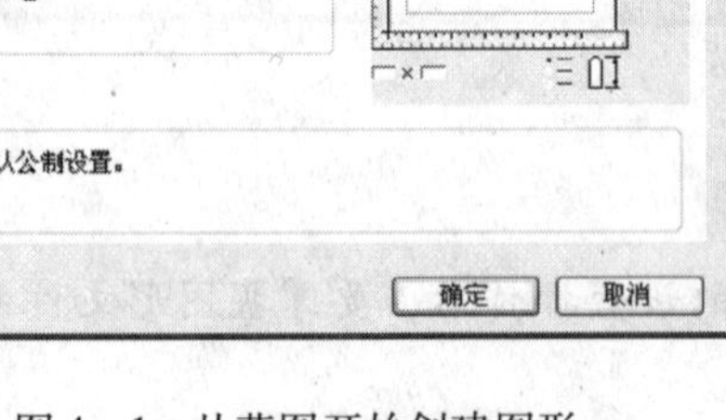

图4—1　从草图开始创建图形

图4—2　使用样板创建图形

3）使用向导创建图形（图4—3）。单击“使用向导”按钮 ，弹出使用向导创建图形设置界面。操作者可以从“选择向导”列表框中选择“高级设置”“快速设置”中的一种方式来创建图形，如图4—3所示。

2. 无“启动”对话框显示状态时创建

如果设置为不显示“启动”对话框，在启动AutoCAD 2008中文版时系统会自动新建一个绘图文件。该绘图文件在保存之前，系统缺省名称为Drawing1. dwg。创建新图形步骤如下：

(1) 单击“文件”|“新建”命令，或者单击工具栏中的“新建”按钮，打开“选择样板文件”对话框，如图4—4所示。

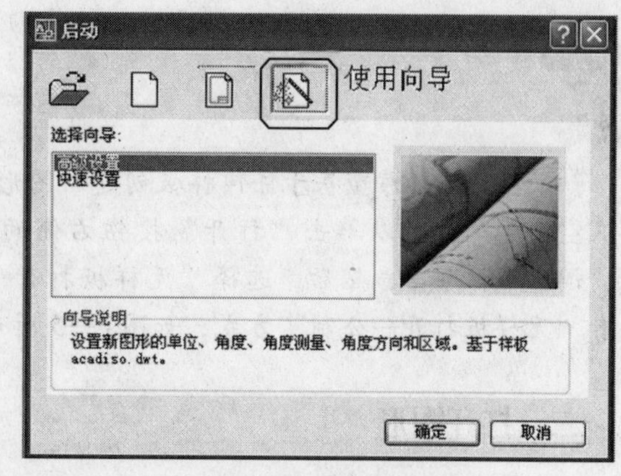

图4—3 使用向导创建图形

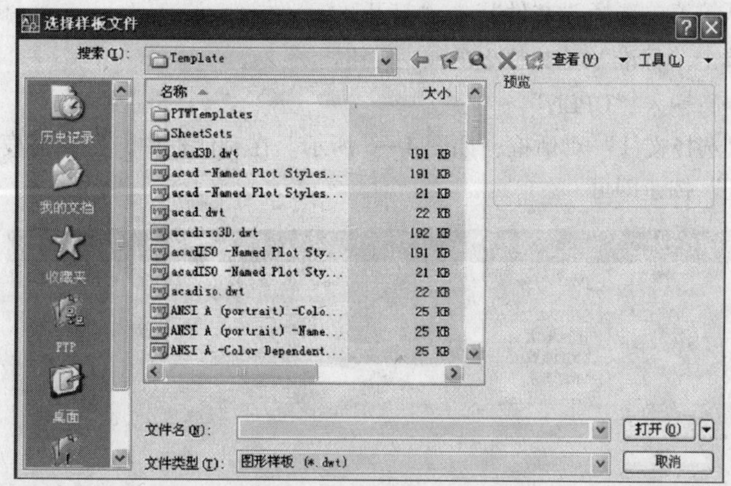

图4—4 “选择样板文件”对话框

(2) 在对话框中，可以选择基于任何样板来创建新图形。所谓图形样板是系统软件中预先设定好基本数据的图形文件，可以节约操作者部分绘制或者设置的工作量。例如，假设在图形文件中预先绘制好一个图框，作为图形样板文件保存，当操作者再次新建图形文件时，选择这个图形样板，所打开的新创建图形中就已经自带了预设的图框，不必重新画图框。

图形文件的扩展名为.dwg，而图形样板的扩展名为.dwt。

AutoCAD 2008软件中常用图形样板有acad样板和acadISO样板。这两种样板的区别在于：前者默认单位是英制单位，即英寸；后者默认单位是公制单位，即毫米。

如果操作者不希望基于任何样板创建新图形，而准备从空白开始，可以单击“打开”按钮右侧的三角按钮，弹出下拉菜单；然后，选择“无样板打开—英制”或者“无样板打开—公制”方式，如图 4—5 所示。

图 4—5 “打开”按钮的下拉菜单

二、打开图形

打开图形有以下 3 种方法：

（1）通过下拉菜单选择“文件”｜“打开”。

（2）直接单击“标准”工具栏上的按钮。

（3）在命令行输入“OPEN”。

即可弹出“选择文件”对话框，如图 4—6 所示。在对话框中，选择需要打开的图形文件，单击“打开”按钮即可。

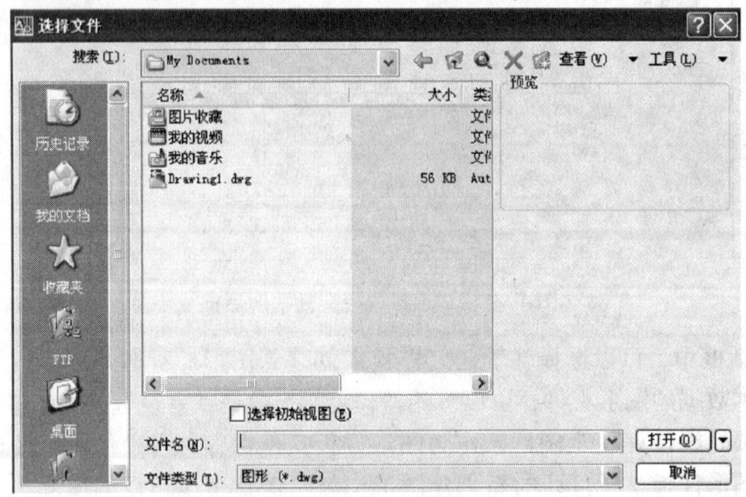

图 4—6 “选择文件”对话框

三、保存图形

1. 保存图形的方法

方法有以下 4 种：

（1）通过下拉菜单选择“文件”｜“保存”。

（2）单击“标准”工具栏上的按钮。

（3）使用<Ctrl> + <S>按键。

（4）在命令行输入“SAVE”。

如果是第一次存储该图形文件，屏幕上会弹出“图形另存为”对话框，如图4—7所示。操作者可以将文件命名并保存到自己想要保存的路径或文件夹中。

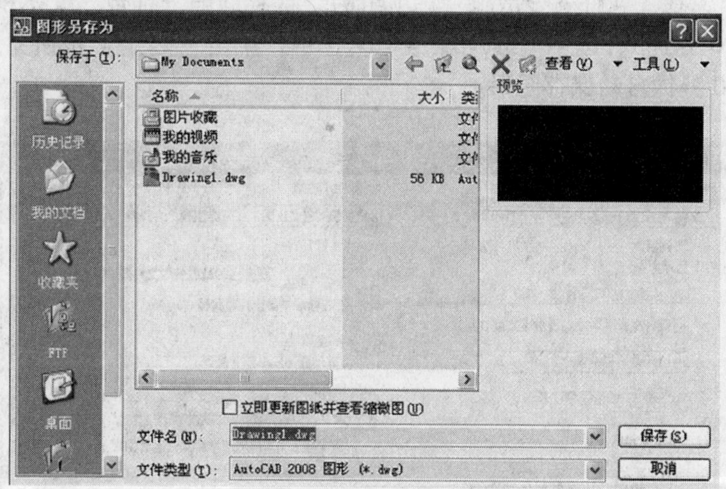

图4—7 “图形另存为”对话框

如果文件已经命名，则直接以原文件名保存。

如果要重新命名保存图形，则要选择“文件”｜“另存为”选项。

2. 图形加密

单击“图形另存为”对话框右上角的“工具”｜“安全选项”按钮，系统将弹出“安全选项”对话框，如图4—8所示。在该对话框中，操作者可以为自己的图形文件进行加密保护。

图4—8 “安全选项”对话框

3. 设置图形自动保存时间间隔

由于CAD图形文件容量较大，而在AutoCAD 2008系统运行过程中可能遇到死机、停电等意外情况，如果操作者没有经常保存文件的操作习惯，很容易造成绘制图形未存储的情况，浪费工作精力和时间。为了解决这个问题，AutoCAD 2008 提供了自动保存功能。

选择“工具” | “选项”命令，弹出“选项”对话框，如图 4—9 所示。选择“打开和保存”选项卡，在“文件安全措施”选项组的“保存间隔分钟数”文本框中输入适当的间隔时间（如 10 分钟），选中“自动保存”复选框，单击“确定”按钮完成设置。这样，系统就会每隔 10 分钟自动保存图形。

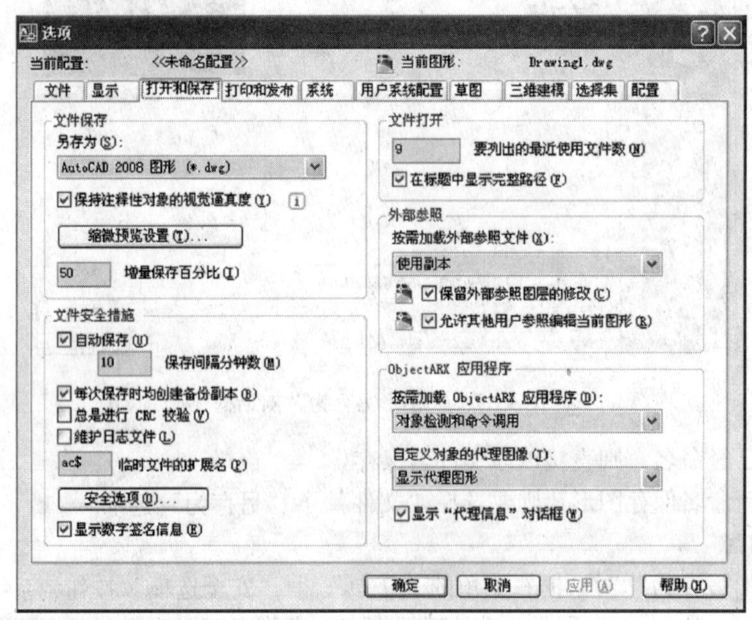

图 4—9　在“选项”对话框中设置图形的自动保存

1. 在桌面上新建文件夹“AutoCAD 2008 学习”。

2. 启动 AutoCAD 2008，单击菜单栏中“文件”选项的下拉菜单“新建”，弹出“选择样板”对话框。

单击“打开”按钮右侧的三角形，在下拉菜单中选择“无样板打开—英制”，即新建一个空白图形文件。

3. 单击菜单栏中“文件”选项的下拉菜单“保存”或“另存为”，弹出“图形另存为”对话框。

单击对话框上方的“保存于”选项右侧按钮，在下拉列表中选择图形文件的保存路径——“桌面” \ 文件夹“AutoCAD 2008 学习”，并在“文件名”选框中将文件名改为“练习 1. dwg”，如图 4—10 所示。

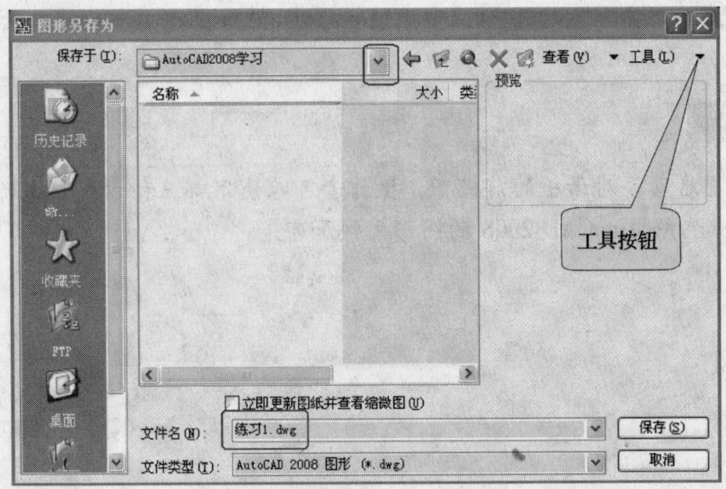

图4—10　在“图形另存为”对话框中修改文件名

图形文件修改文件名时，只能更改“.”前面的名称，后缀名.dwg不能改变。

4. 单击对话框右上角“工具”按钮右侧的三角按钮，弹出下拉菜单，如图4—11所示。

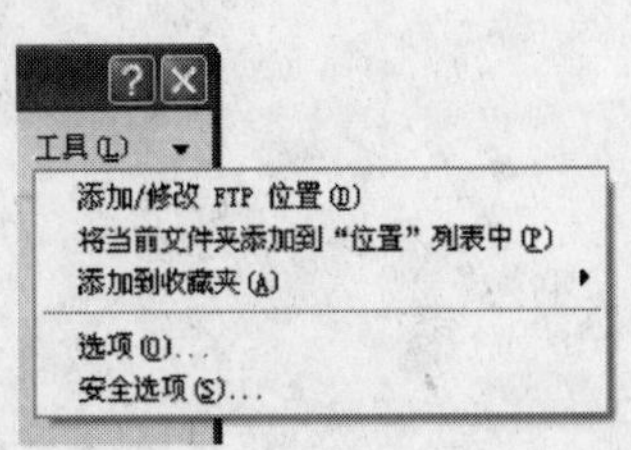

图4—11　“工具”命令的下拉菜单

单击“安全选项”，弹出“安全选项”对话框，如图4—12所示。然后，在该对话框的“用于打开此图形的密码或短语”下的文本框中输入“123456”（实际显示为******）。单击“确定”，在弹出的提示窗口中再次输入用于打开此图形的密码，单击“确定”，保存新建的图形文件。

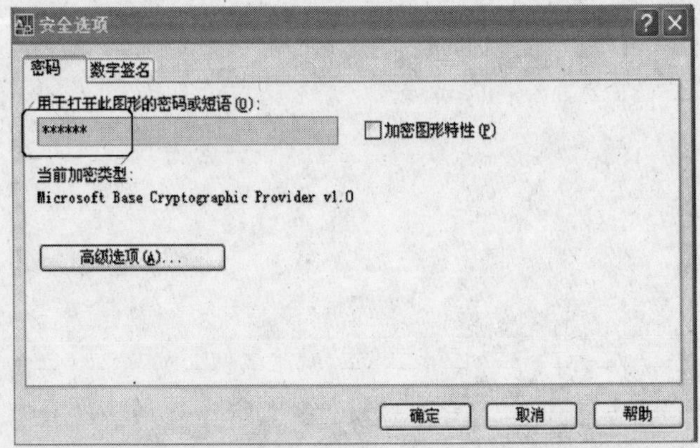

图4—12　“安全选项”对话框中输入密码

5. 单击标题栏“关闭”按钮☒，退出 AutoCAD 2008 即可。

思考与练习

1. 在打开“启动”对话框的前提下，操作者可以使用哪三种方式创建新图形？
2. 试叙述如何给 AutoCAD 2008 的图形文件加密。

任务5

绘 制 图 框

学习目标

1. 掌握点的坐标及直线命令的应用。
2. 掌握撤销与重复命令、取消已执行命令的操作。
3. 掌握图形的显示控制。
4. 掌握选取对象的方法和操作。
5. 掌握删除命令及常用删除方法。
6. 掌握图框及标题栏的绘制要点。

工作任务

桌面“AutoCAD 2008 学习”文件夹中，已有空白图形文件“练习 1. dwg”。在该文件中绘制 A4 图框，并按照规范绘制幅面格式、标题栏和角标。并将画好的图形（图 5—1b）存入“AutoCAD 2008 学习”文件夹，更名为“练习 1 答案 . dwg”。

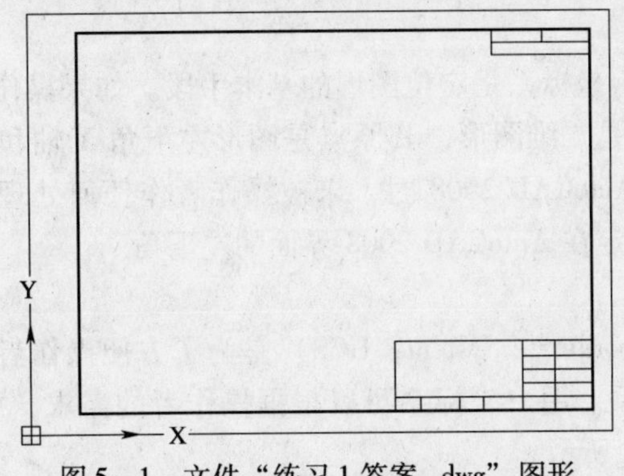

图 5—1　文件“练习 1 答案 . dwg”图形

先打开桌面“AutoCAD 2008 学习”文件夹中已有的图形文件，然后设置图形界限，调用“直线”命令，绘制 A4 图框及标题栏和角标。然后将图形另存在此文件夹下重新命名。

一、《道路工程制图标准》规定的图框格式

根据道路工程所设计图样的内容和性质的不同，可分为路线平面图、纵断面图、横断面图、路基路面结构图和特殊工点地形图。但其基本的图框均是以 A3 图纸为基础，按照一定的比例适当地进行加长或加宽而形成的。《道路工程制图标准》（GB 50162—1992）规定 A4 图纸的标题栏如图 5—1 所示。

标题栏的尺寸与内容虽然有国标规定，但是并非强制的，只要不影响到绘图区的面积，都可以自行更改调整。

二、坐标系统

1. AutoCAD 2008 坐标系格式的设置

（1）世界坐标系

世界坐标系（World Coordinate System，WCS）又称为通用坐标系。它以绘图窗口的左下角为原点（0，0，0），包含 *X*、*Y*、*Z* 坐标轴。其中，*X* 轴是水平的，且正方向水平向右；*Y* 轴是垂直的，且正方向垂直向上；*Z* 轴是垂直于 *XY* 平面的，且正方向垂直于屏幕并指向操作者。

在 AutoCAD 2008 中，坐标系是定位图形的基本手段。如果操作者没有另外设定 *Z* 轴坐标值，所绘制的图形只能是二维图形，其原点是图形左下角 *X* 轴和 *Y* 轴的相交点（0，0），如图 5—2 所示。刚打开 AutoCAD 2008 时，未被操作者作任何处理的坐标系即为世界坐标系。世界坐标系的位置一定在 AutoCAD 2008 界面的左下角。

（2）用户坐标系

用户坐标系（User Coordinate System，UCS）是为了方便操作者自己设置坐标原点位置和 *X*、*Y* 轴的方向的坐标系。用户坐标系可以根据操作者的需求，放置在 AutoCAD 2008 界面的任意位置，如图 5—3 所示。

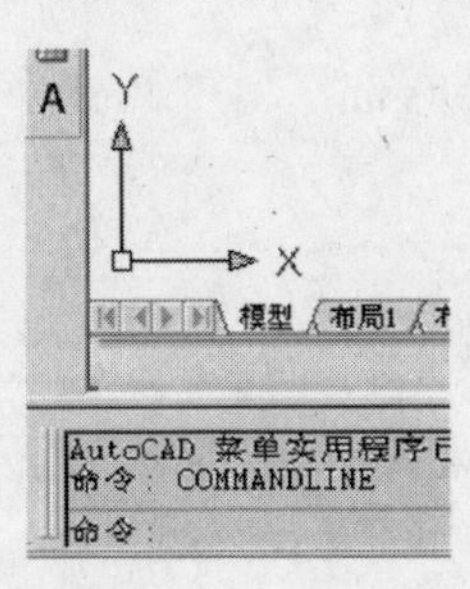

图5—2 世界坐标系

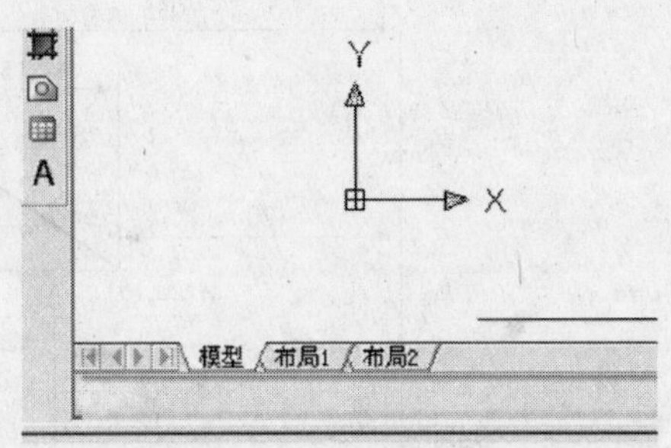

图5—3 用户坐标系

如果需要设置UCS，可以直接在命令行键入命令“UCS”，自己设置即可。UCS命令的功能包括定义用户坐标系，存储用户坐标系，将指定的坐标系设置为当前坐标系和删除已存储的用户坐标系。

启用“UCS”命令的方法有3种：

1）在菜单栏单击“工具”｜“新建UCS”｜“原点”。

2）在UCS工具条上单击UCS按钮。

3）在命令行输入“UCS”。

世界坐标系是固定不动的，世界坐标系的图标在屏幕的左下角处，图标原点处有小方框，表示当前坐标系是世界坐标系，否则就是用户坐标系。

2. 坐标的表示方法

在AutoCAD 2008中，坐标的表示方法有两种：直角坐标系和极坐标系。而直角坐标和极坐标都可以用绝对坐标和相对坐标来表示。

（1）直角坐标的表示

1）绝对直角坐标。绝对直角坐标以坐标原点（0，0，0）为基点来定位所有的点。AutoCAD 2008默认的坐标原点在绘图区的左下角。任意一点的位置都可以用（*X*，*Y*，*Z*）来表示，如果输入二维坐标，则可以用（*X*，*Y*）来表示。

2）相对直角坐标。相对坐标用相对于某点的位置来定位所有的点。在AutoCAD中可以用（@*X*，*Y*）来表示。*X*值为正表示指定点的位置在前一点的右侧；*X*值为负表示指定点的位置在前一点的左侧。*Y*值为正表示指定点的位置在前一点的上方，*Y*值为负，则表示指定点的位置在前一点的下方。例如，*B*点相对于*A*点位置在*X*轴方向上为15个绘图单位，在*Y*轴方向上为10个绘图单位，操作者可以用（@15，10）来表示，如图5—4所示。在大多数情况下用相对坐标来绘图比用绝对坐标要方便得多。

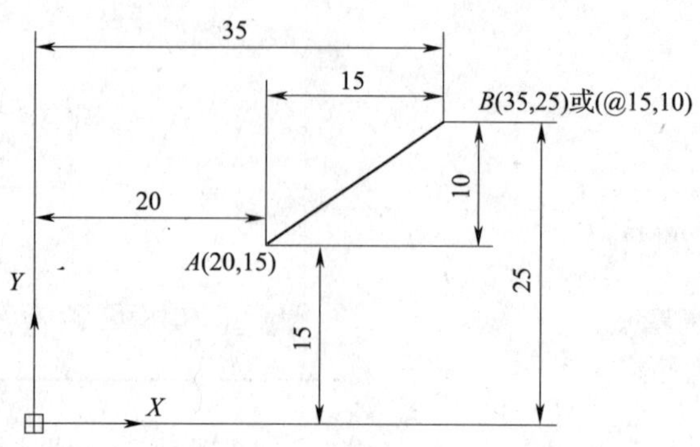

图 5—4　绝对直角坐标与相对直角坐标实例

上述两种坐标都是以直角坐标来度量坐标点的，因此只要知道 *X* 轴和 *Y* 轴方向上的绝对距离或相对距离就可以很方便地确定出点的位置。

需要注意的是，在输入坐标值时，数字之间的逗号必须是用西文逗号，即在半角状态下的逗号。

（2）极坐标的表示

1）绝对极坐标。绝对极坐标通过相对于坐标原点的距离和角度来定义任意一点的位置。AutoCAD 2008 默认的角度方向是以逆时针为正。绝对极坐标规定：水平向右为 0°（或 360°），垂直向上为 90°，水平向左为 180°，垂直向下为 270°。操作者可以通过 AutoCAD 2008的系统变量来定义角度的方向。

绝对极坐标用一个极长距离后跟一个“ < ”符号和一个角度值来表明点的位置。例如，20 <30 表示该点距离原点的极长距离为 20 个单位，而该点的连线与 0 度方向之间的夹角为 30°。

2）相对极坐标。相对极坐标通过相对于某一点的极长距离和偏移角度来定义任意点的位置。通常是以前一点为基点输入相对极坐标。例如，可用“@ 15 <45”的形式来表示某点的相对极坐标。其含义是某点距离前一点的极长距离为 15 个单位，该点与某点连线与水平线的夹角为 45°。

三、绘图命令的取消、重复

在 AutoCAD 2008 中进行绘图时，除了学习各种图形的绘制命令外，应该掌握绘图命令的取消、重复的操作，减少操作中的简单重复工作，以帮助提高使用绘图命令的效率。

1. 撤销与重复命令

在 AutoCAD 2008 中，当操作人员要终止某个命令时，可以随时按键盘上的 <Esc>键，撤销当前正在执行的命令。当操作人员需要重复执行某个命令时，可以直接按 < Enter > 或空格键，也可以在绘图区域空白处右键单击，在弹出的快捷命令菜单中选择“重复选项…(R)”选项。

2. 取消已执行命令

当绘图操作中使用了错误命令时，需要取消前面执行的一个或多个操作。此时，操作人员可以使用“取消”命令。启用“取消”命令有 3 种方法。

（1）在菜单栏选择“编辑”，在其下拉命令菜单中“放弃”命令。

（2）单击标准工具栏中的“取消”按钮 。

（3）在命令中输入“UNDO”。

四、图形的显示控制

在使用 AutoCAD 2008 绘图时，显示控制命令使用十分频繁。通过显示控制命令，可以观察绘制图形的任何细小的结构和任意复杂的整体图形。

1. 缩放图形

（1）启用方法

1）在菜单栏中单击“视图” | “缩放”。

2）单击标准工具栏的“缩放”按钮 图标右下的三角形，可弹出“缩放”相关图标按钮。或者打开“缩放”工具栏，如图 5—5 所示。

图 5—5　缩放工具栏

3）在命令行输入“Z（或 ZOOM）”。

（2）命令格式

命令：_zoom

指定窗口的角点，输入比例因子（nX 或 nXP），或者[全部(A)/中心(C)/动态(D)/范围(E)/上一个(P)/比例(S)/窗口(W)/对象(O)] <实时>：

（3）缩放图标

表 5—1 列出了不同工具栏中具有缩放功能图标的名称、对应命令选项及功能。

表 5—1　　缩放图标的名称、对应命令选项及功能

工具栏	缩放名称	图标	命令选项	功能
标准	实时		ZOOM 实时	用鼠标实时放大、缩小全部图形
	窗口		ZOOM W	用窗选方式缩放选中的图形
	上一个		ZOOM P	恢复上一个屏幕的显示

续表

工具栏	缩放名称	图标	命令选项	功能
缩放	窗口		ZOOM W	用窗口选择方式缩放选中的图形
	动态		ZOOM D	以动态框方式选择需缩放的图形
	比例		ZOOM S	按比例缩放全部图形
	中心		ZOOM C	以确定的中心点为中心缩放全部图形
	放大		ZOOM 2X	全部图形放大两倍
	缩小		ZOOM .5X	全部图形缩小一半
	全部		ZOOM ALL	按原图形大小并兼顾图形界限显示全部图形
	范围		ZOOM E	根据当前图形内容，尽可能大地显示图形
	缩放对象		ZOOM O	显示选中的对象

(4) 常用的图形缩放方式

这里主要介绍绘图中频繁使用的两种图形缩放方式：实时缩放、缩放上一个。

1) 实时缩放。单击标准工具栏中的“实时缩放”命令按钮。此时，光标变成放大镜的形状，光标中的“+”表示放大，向右方、上方拖动鼠标，可以放大图形；光标中“-”表示缩小，向左方、下方拖动鼠标，可以缩小图形。

2) 缩放上一个。有两种方法可以实现这个效果。第一种方法：单击标准工具栏中的“缩放上一个”命令按钮，将缩放显示返回前一个视图效果。

第二种方法：通过命令行输入命令来调用“缩放上一个”。操作步骤如下：

命令:_zoom（输入“zoom”，按<Enter>键）

指定窗口的角点,输入比例因子(nX或nXP),或者[全部(A)/中心(C)/动态(D)/范围(E)/上一个(P)/比例(S)/窗口(W)/对象(O)]<实时>:p（输入“p”，选择“上一个”选项，按<Enter>键）

命令:_zoom（按<Enter>键，重复调用命令）

指定窗口的角点,输入比例因子(nX或nXP),或者[全部(A)/中心(C)/动态(D)/范围(E)/上一个(P)/比例(S)/窗口(W)/对象(O)] <实时>:p（输入“p”，选择“上一个”选项，按<Enter>键）

当连续进行视图缩放操作后需要返回上一个缩放的视图效果，可以单击放弃按钮来进行返回操作。

2. 平移图形

在绘图过程中，如果操作人员需要将不在当前视图区的图形部分移动到当前视图区，应当采取平移图形的操作。这就如同在现实中将桌面上放置的图纸从一侧拖动到面前一样，即平移视。

（1）启用“平移”命令

启用的方法有3种：

1）在菜单栏中单击“视图”｜“平移”｜“实时平移”。

2）单击标准工具栏中的实时平移按钮。

3）在命令行输入“P（或PAN）”。

（2）命令格式

命令：_pan（选择实时平移工具）

启用“平移”命令后，光标变成手的图标，按鼠标左键并拖动鼠标，就可以平移视图来调整绘图窗口显示区域。按 <Esc> 或 <Enter> 键退出，或右键单击在弹出的命令菜单中选择退出。

（3）平移图标

平移图形的方式有实时平移、定点平移、左平移、右平移、上平移和下平移。其具体的平移图标及功能见表5—2。

表5—2　平移图标及功能

平移种类	图标	功　能
实时		以动态方式平移视图，光标在绘图区变为手掌形状，拖动鼠标即可实时移动视图
定点		通过指定的两点来平移视图
左		向左移动视图
右		向右移动视图
上		向上移动视图
下		向下移动视图

3. 重画

在绘图过程中，有时会在屏幕上留下一些“痕迹”。为了消除这些“痕迹”，不影响图形的正常观察，可以执行重画。启用“重画”命令有2种方法：

（1）在菜单栏中单击“视图”｜“重画”。

（2）在命令行输入“REDRAW”或“REDRAWALL”。

REDRAW 命令只刷新当前窗口，而 REDRAWALL 命令刷新所有视口。

重画一般情况下是自动执行的。重画是最后一次重生成或最后一次计算的图形数据重新绘制图形，所以速度较快。

4. 重生成

重生成同样可以刷新视口，但和重画的区别在于刷新的速度不同。重生成是 AutoCAD 重新计算图形数据在屏幕上显示结果，所以速度较慢。启用“重生成”命令有 2 种方法：

（1）在菜单栏中单击“视图”｜“重生成”。

（2）输入命令：REGEN 或 REGENALL

在可能的情况下，AutoCAD 2008 会执行重画而不执行重生成来刷新视口。有些命令执行时会引起重生成，如果执行重画命令无法清除屏幕上的“痕迹”，也只能重生成。

5. 鸟瞰视图

鸟瞰视图是 AutoCAD 2008 的一种定位工具，提供了一种可视化平移和缩放视图的方法。使用鸟瞰视图时，操作人员可以在另外一个独立的窗口中显示整个图形视图，以便快速定位目的区域，方便用户观察当前视图中图形的不同部位。

（1）启用鸟瞰视图

启用方法有2种：

1）在菜单栏单击“视图”｜“鸟瞰视图”。

2）在命令行输入“DSVIEWER”。

（2）使用“鸟瞰视图”窗口观察图形的操作步骤

1）启用“鸟瞰视图”命令后，将弹出“鸟瞰视图”窗口，如图 5—6 所示。显示当前窗口中视图边界的粗线矩形框称为视图框，可以通过改变视图框来改变图形中的视图显示部分。放大图形显示时，视图框会缩小；缩小显示时，视图框会放大。单击可以执行所有平移和缩放操作。

2）在鸟瞰视图窗口中单击鼠标，窗口中出现一个中间有交叉标记的矩形框，如图 5—7a 所示，表明处于平移状态。移动鼠标，矩形框将跟随鼠标移动，通过移动矩形框可以观察图形的各个部位的效果。

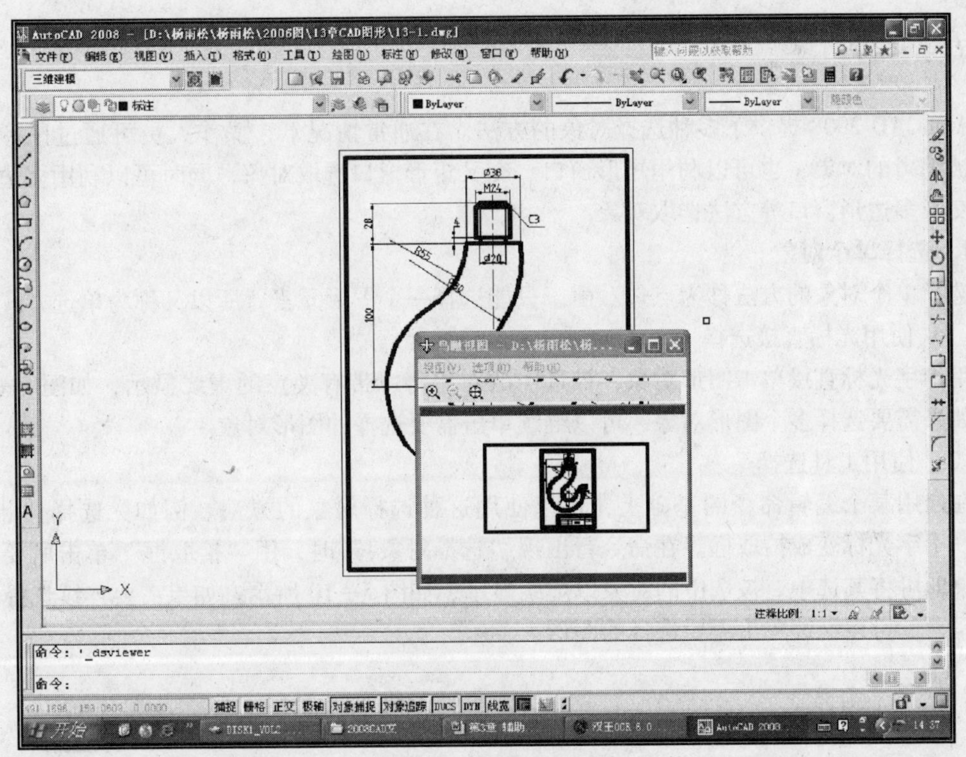

图 5—6　鸟瞰视图窗口

3）移动矩形框到适当位置后，再单击鼠标，矩形框中间的交叉标记变为矩形框右侧的箭头标记，如图 5—7b 所示，表明处于缩放状态。向左移动鼠标，矩形框缩小，放大显示视图；向右移动鼠标，矩形框放大，缩小显示视图。右键单击，即可确认视图框的大小及绘图窗口图形显示，如图 5—8 所示。

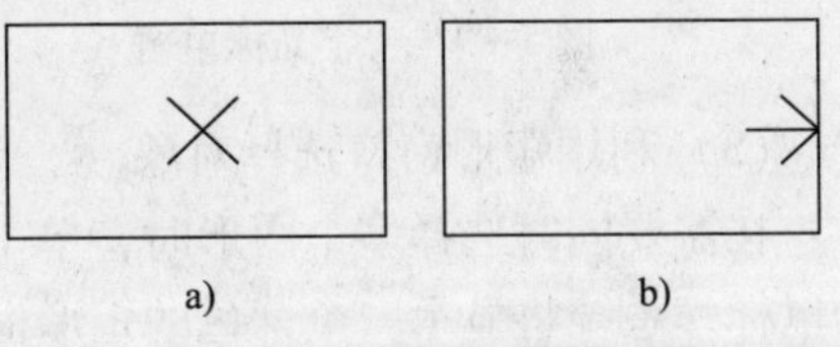

图 5—7　带标记的矩形框

a）交叉标记　b）箭头标记

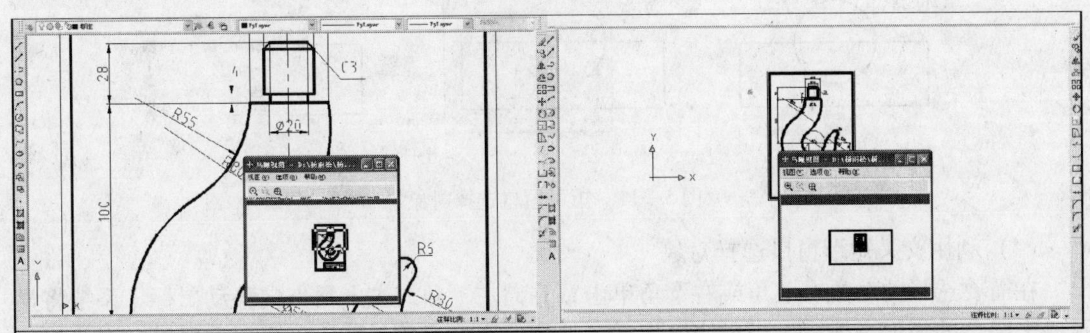

图 5—8　矩形框选定的不同位置

五、选择对象

AutoCAD 2008 提供了多种选择对象的方法。在通常情况下，操作人员可通过鼠标逐个点取被编辑的对象，也可以利用矩形窗口、交叉矩形窗口选取对象，同时可以利用多边形窗口、交叉多边形窗口等方法选取对象。

1. 选择单个对象

选择单个对象的方法称为点选。由于只能选择一个图形元素，所以又称为单选方式。

（1）使用光标直接选择

用十字光标直接单击图形对象，被选中的对象将以带有夹点的虚线显示，如图 5—9 所示。如果需要选择多个图形对象，可以继续单击需要选择的图形对象。

（2）使用工具选择

在启用某个编辑命令的基础上，可以使用这种选择对象的方法。例如：选择“删除”命令，十字光标变成拾取框。在命令行出现“选择对象:”时，用“拾取框”单击所要选择的对象即可将其选中，被选中的对象以虚线显示，如图 5—10 所示。如果需要连续选择多个图形元素，可以继续单击需要选择的图形。

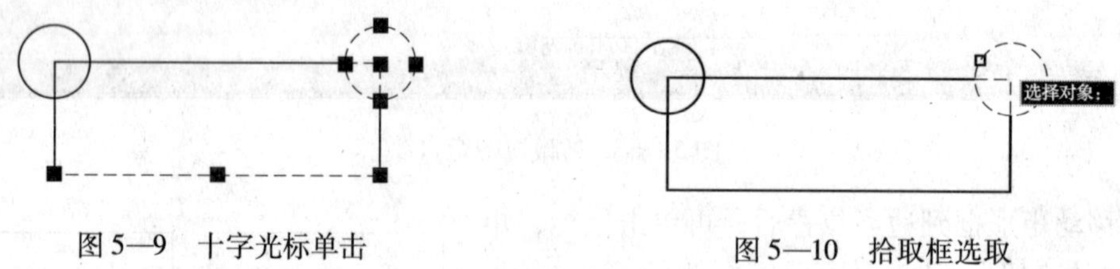

图 5—9　十字光标单击　　　　图 5—10　拾取框选取

（3）利用矩形窗口选择对象

在需要同时选择多个图形时，单击对象的左上角或左下角，并向右下角或右上角方向移动鼠标，系统将显示一个紫色的矩形框。当矩形框将需要选择的图形对象包围后，再单击鼠标，包围在矩形框中的所有对象就被选中，如图 5—11 所示。选中的对象以虚线显示。

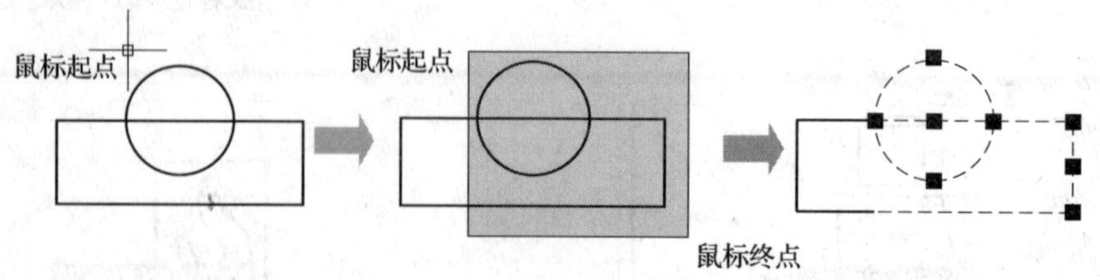

图 5—11　矩形窗口选择对象

（4）利用交叉矩形窗口选择对象

在需要选择的对象右上角或右下角单击，并向左下角或左上角方向移动鼠标，系统将显示一个绿色的矩形虚线框。当虚线框将需要选择的图形对象包围后，再单击鼠标，虚线框包围和相交的所有对象就被选中，如图 5—12 所示。被选中的对象以虚线显示。

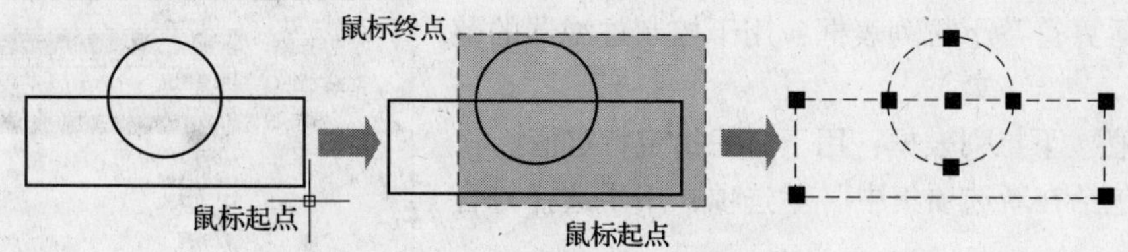

图5—12 交叉矩形窗口选择对象

利用矩形窗口选择对象时，与矩形框边线相交的对象将不被选中；而利用交叉矩形窗口选择对象时，与矩形虚线框边线相交的对象将被选中。

(5) 利用多边形窗口选择对象

在绘图过程中，当命令行提示“选择对象”时，在命令行输入“WP”，按<Enter>键，操作人员可以通过绘制一个封闭多边形来选择对象，凡是包围在多边形内的对象都将被选中。

2. 选择全部对象

在绘图过程中，如果需要选择整个图形对象，可以利用以下3种方法：

(1) 在菜单栏单击“编辑” | “全部选择”。

(2) 直接按键盘上<Ctrl + A>键。

(3) 使用编辑工具时，当命令行提示“选择对象：”时，输入“ALL”，并按<Enter>键。

3. 快速选择对象

在绘图过程中，使用快速选择功能，可以快速将指定类型的对象或具有指定属性值的对象选中。

(1) 启用“快速选择”的方法

启用方法有3种：

1) 在菜单栏单击“工具” | “快速选择”。

2) 在绘图窗口内右键单击，并在弹出的快捷菜单中选择“快速选择”选项。

3) 在命令行输入“QSELECT”。

(2)“快速选择”对话框

当启用“快速选择”命令后，弹出“快速选择”对话框，可以快速选择所需的图形元素，如图5—13所示。该窗口中的各部分具体含义如下：

1)“应用到”下拉列表框：用于设置快速选择的范围。

2)“选择对象”按钮：用于选择要使用设置条件过滤的对象。

3)“对象类型”下拉列表框：用于设置选择对象的类型。

4）“特性”列表框：用于为过滤指定对象特性。

5）“运算符”下拉列表框：用于控制过滤器的范围。

6）“值”下拉列表框：用于过滤指定特定值。

7）“包括在新选项集中”单选项：用于选择符合条件的对象。

8）“排除在新选项集之外”单选项：用于选择不符合条件的对象。

9）“附加到当前选项集”复选框：用于将所选择的对象添加到当前选项集中。

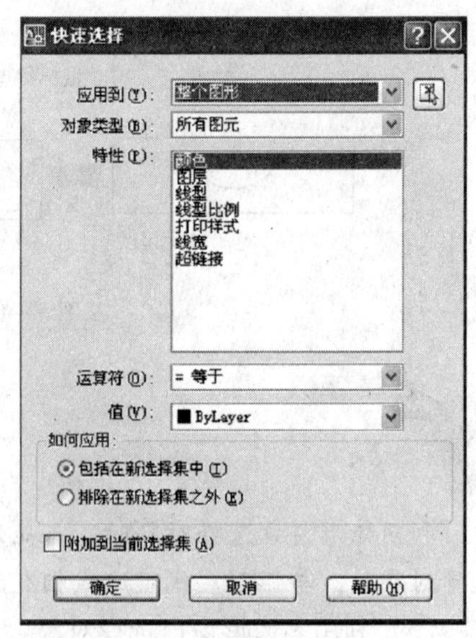

图 5—13 “快速选择”对话框

4. 取消选择

要取消所选择的对象，有 2 种方法。

（1）直接按键盘上的 <Esc> 键。

（2）在绘图窗口内右键单击，在快捷菜单中选择“全部不选”命令

六、直线的绘制

创建直线有以下 3 种方法：

（1）在菜单栏中单击“绘图”｜“直线”。

（2）单击“绘图”工具栏上“直线”按钮。

（3）在命令行输入“L（或 LINE）”。

【例】绘制如图 5—14 所示直线。起点坐标为（50，50），终点坐标为（200，200）。

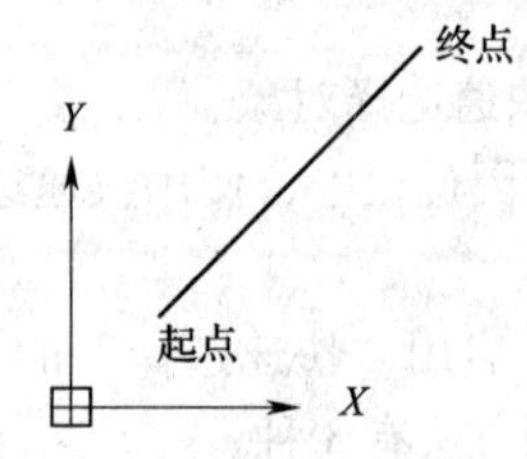

图 5—14 按照起点、终点绝对直角坐标绘制的直线

具体创建形式及过程如下：

命令:_line 指定第一点:50,50 ↙（输入起点的坐标）

指定下一点或[放弃(U)]:200,200 ↙（输入终点的坐标）

指定下一点或[放弃(U)]:↙

七、删除

在 AutoCAD 中，当绘制的图形存在不满意或者错误的地方，需要去掉这些图形，重新绘制。这时，就应使用“删除”命令。“删除”是 AutoCAD 中较常用的命令之一。操作者可以使用“删除”命令，删除一个对象或多个对象。

1. 启用“删除”命令的方法

启用该命令有3种方法：

(1) 选取被删除对象，在菜单栏单击“修改” |“删除”。

(2) 单击“修改”工具栏上“删除”按钮。

(3) 在命令行输入“E（或ERASE)”。

2. 命令格式

启用该命令后，命令行提示如下：

命令:_eraes

选择对象:?

#无效选择#

需要点或窗口上(W)/上一个(L)/窗交(C)/全部(ALL)/栏选(F)/圈围(WP)/圈交(CP)/编组(G)/添加(A)/删除(R)/多个(M)/前一个(P)/放弃(U)/自动(AU)/单个(SI)/子对象(SU)/对象(O):

选择对象:

根据所删除对象的需要，可以选择相应的参数。

3. 删除方法

如图5—15所示图形为例，介绍常用删除方法：点选方式删除、栏选方式删除、窗交方式删除。

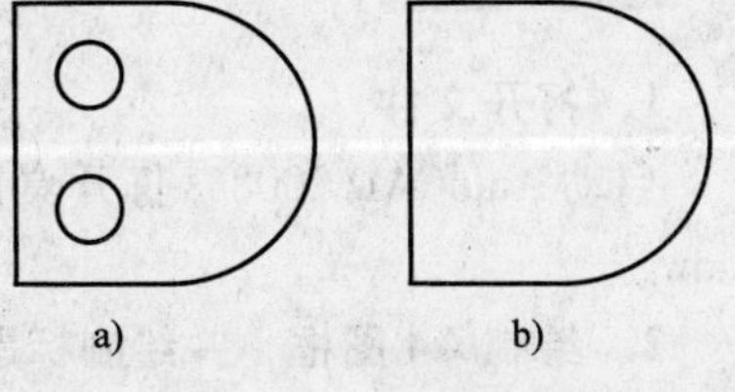

图5—15 删除图例

a）删除前 b）删除后

【例】删除如图5—15所示外框内的2个圆。

(1) 点选方式删除对象

在命令行输入“ERASE”，按空格键确认。单击要删除的圆1，选中的对象呈虚线显示，如图5—16所示。按空格确认，即可删除图像。圆2的删除操作相同，略。

(2) 栏选方式删除对象

在命令行输入“ERASE”，按空格键确认。在要删除的圆1的左侧，单击鼠标，然后鼠标向右拖动，用光标框涵盖住圆1，如图5—17a所示。再单击鼠标，拾取被删除的对象，如图5—17c所示。最后，按空格键删除被拾取的圆1。圆2的删除操作相同，略。

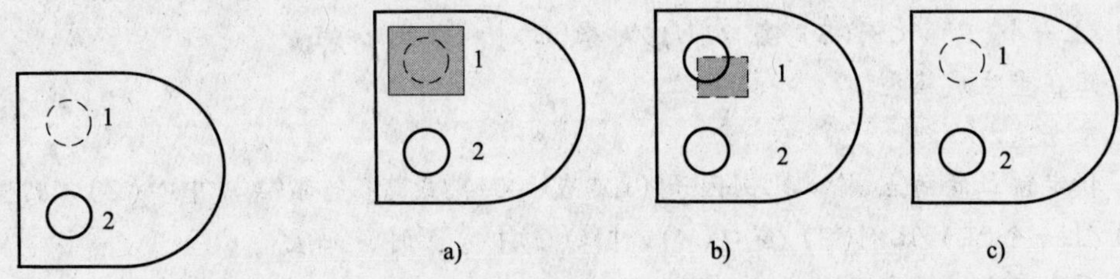

图5—16 点选删除对象（圆）

图5—17 栏选、窗交删除对象（圆）

a）栏选（自对象左侧） b）窗交（自对象右侧）

c）拾取被删除对象

(3) 窗交方式删除对象

在命令行输入“ERASE”，按空格键确认。在要删除的圆 1 右侧，单击鼠标，鼠标向左拖动，使光标框选与要删除的对象相交，如图 5—17b 所示。再单击鼠标，拾取被删除的对象（即被删除对象轮廓变成虚线），如图 5—17c 所示。最后，按空格键删除被拾取的圆 1。圆 2 的删除操作相同，略。

对于一个已删除的对象，虽然在屏幕上已经看不到，但在图形文件还没有被关闭之前，该对象仍保留在图形数据库中。使用“OOPS”命令，可以恢复最后一次使用“删除”命令删除的对象。如果要连续向前恢复被删除的对象，则需要使用取消命令“UNDO”。

当图形文件被关闭后，该对象则被永久性地删除。

1. 打开文件

启动 AutoCAD 2008，打开桌面上“AutoCAD 2008 学习”文件夹中的图形文件“练习 1. dwg”。

2. 绘制 A4 图框，并绘制标题栏、角标

按照 GB 50162—1992《道路工程制图标准》的规定，道路工程制图一般采用 A4 图纸，尺寸界限为 210 mm × 297 mm。

(1) 设置图形尺寸界线

命令：_limits

重新设置模型空间界限：

指定左下角点或 [开(ON)/关(OFF)] <0.0000,0.0000>:↙

指定右上角点 <420.0000,297.0000>:350,300 ↙

命令：_zoom

指定窗口的角点,输入比例因子 (nX 或 nXP),或者[全部(A)/中心(C)/动态(D)/范围(E)/上一个(P)/比例(S)/窗口(W)/对象(O)] <实时>:a ↙

正在重生成模型。

命令:_zoom

指定窗口的角点,输入比例因子 (nX 或 nXP),或者[全部(A)/中心(C)/动态(D)/范围(E)/上一个(P)/比例(S)/窗口(W)/对象(O)] <实时>:a ↙

正在重生成模型。

(2) 用直线命令绘制图幅线

命令：_line 指定第一点:0,0 ↙（输入坐标，回车）

指定下一点或 [放弃(U)]:297,0 ↙（输入坐标，回车）

指定下一点或［放弃(U)］:297,210↙（输入坐标，回车）

指定下一点或［闭合(C)/放弃(U)］:0,210↙（输入坐标，回车）

指定下一点或［闭合(C)/放弃(U)］:c↙（输入 c，回车，结束命令）

绘制效果如图 5—18 所示。

(3) 用直线命令绘制图框线

命令:_line 指定第一点: 0,0↙

指定下一点或［放弃(U)］:@ 25,10↙（输入坐标，回车）

指定下一点或［放弃(U)］:@ 262,0↙（输入坐标，回车）

指定下一点或［闭合(C)/放弃(U)］:@ 0,190↙（输入坐标，回车）

指定下一点或［闭合(C)/放弃(U)］:@ -262,0↙（输入坐标，回车）

指定下一点或［闭合(C)/放弃(U)］:@ 0,-190↙（输入坐标，回车）

指定下一点或［闭合(C)/放弃(U)］:↙（回车，结束命令）

绘制效果如图 5—19 所示。

图 5—18 绘制图幅

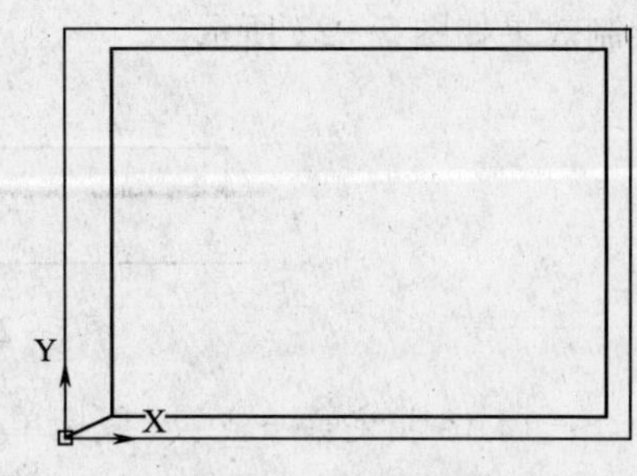

图 5—19 绘制图框

(4) 用删除命令删除多余直线

命令:_erase

选择对象:找到 1 个（鼠标单击欲删除的直线）

选择对象:↙（回车，结束命令）

绘制效果如图 5—20 所示。

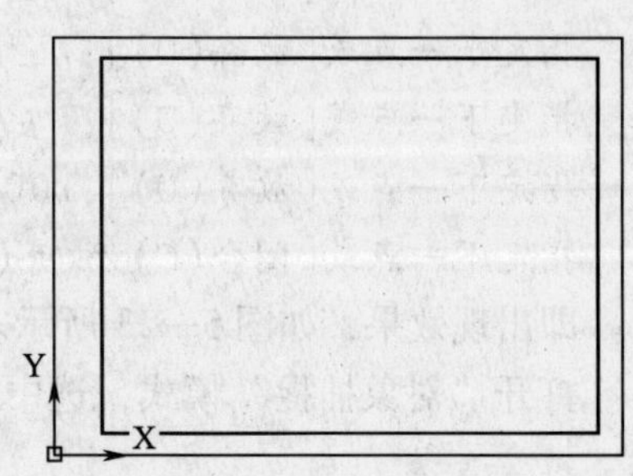

图 5—20 图幅、图框绘制完成

(5) 绘制标题栏

规范中标题栏有多种格式，现以图 5—21 所示样式绘制。

命令:_line 指定第一点:（鼠标指向图框右下边界点）

指定下一点或［放弃(U)］: <正交开>已在(287.0000,10.0000,0.0000)创建零长度直线

指定下一点或［放弃(U)］:20↙

指定下一点或［闭合(C)/放弃(U)］:16↙

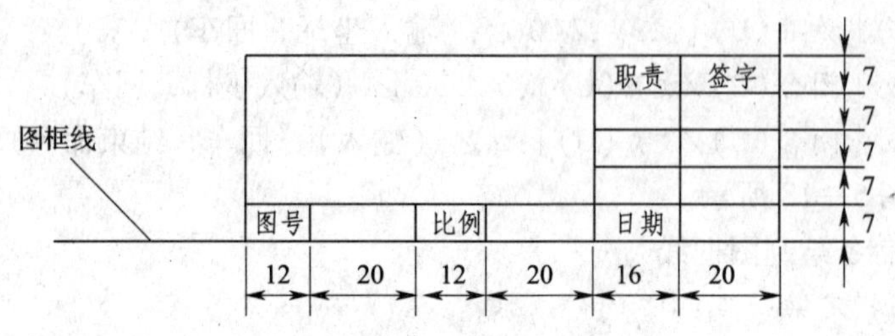

图 5—21　标题栏样式

指定下一点或[闭合(C)/放弃(U)]:20↙
指定下一点或[闭合(C)/放弃(U)]:12↙
指定下一点或[闭合(C)/放弃(U)]:20↙
指定下一点或[闭合(C)/放弃(U)]:12↙
指定下一点或[闭合(C)/放弃(U)]:7↙
指定下一点或[闭合(C)/放弃(U)]:（单击图框右边界，打开垂直捕捉）。
绘制效果如图 5—22 所示。

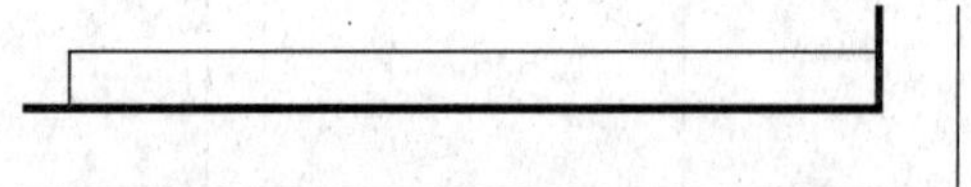

图 5—22　标题栏绘制效果 1

命令:_line 指定第一点:（鼠标单击上一步骤的结束点）
指定下一点或[放弃(U)]:7↙（竖直线）
指定下一点或[放弃(U)]:7↙（竖直线）
指定下一点或[放弃(U)]:7↙（竖直线）
指定下一点或[放弃(U)]:7↙（竖直线）
指定下一点或[放弃(U)]:100↙（水平线）
指定下一点或[闭合(C)/放弃(U)]:28↙（竖直线）
即出现效果，如图 5—23 所示。

打开“对象捕捉”模式，选中“交点”和“垂足”，再画竖线，绘制效果如图 5—24 所示。

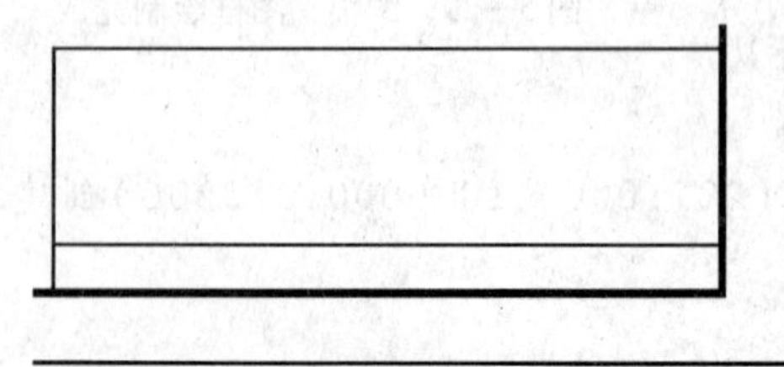

图 5—23　标题栏绘制效果 2

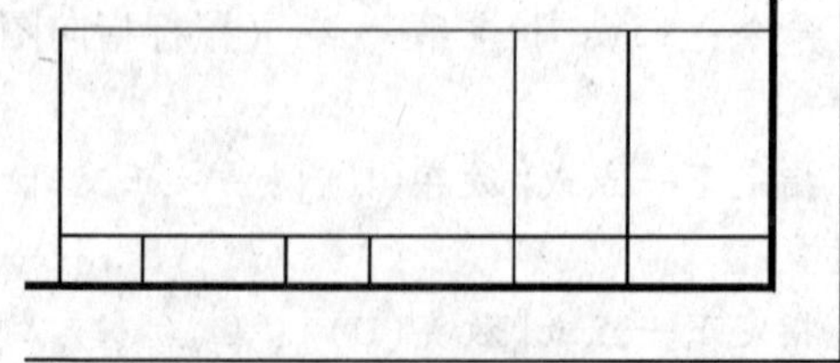

图 5—24　标题栏绘制效果 3

最后，画横线（从右往左画直线），标题栏就画好了，如图 5—25 所示。

（6）绘制角标

样式如图 5—26 所示。先画竖直线，后画水平线，方法与标题栏类似。绘制效果如图 5—27 所示。

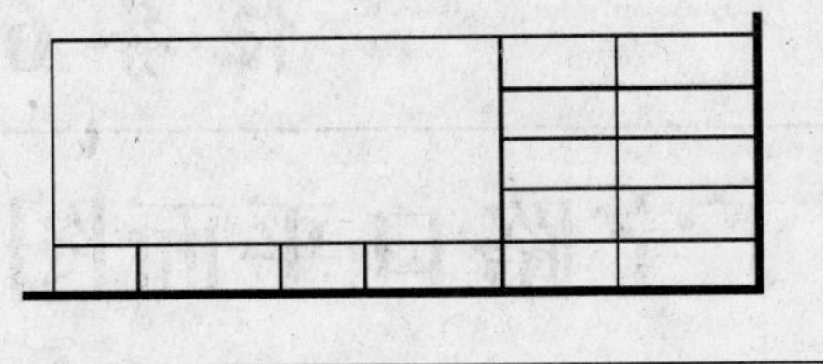

图 5—25 标题栏绘制效果 4

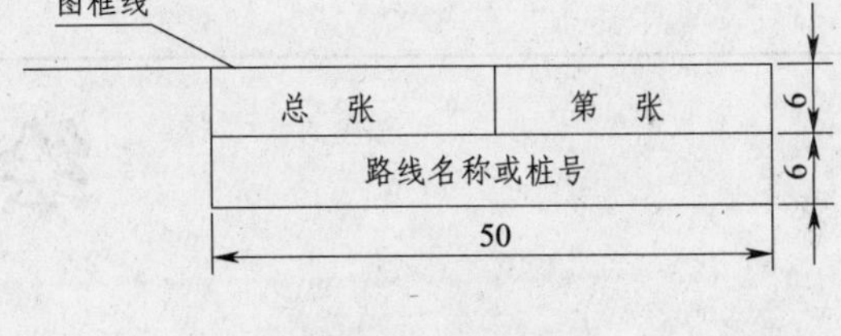

图 5—26 角标样式

4. 保存文件

将图形文件另存为“练习 1 答案 . dwg”。

图 5—27 绘制完成后的角标

在绘制图框及标题栏过程中，直线绘制出现错误时，应及时使用“删除”命令，修改图形。

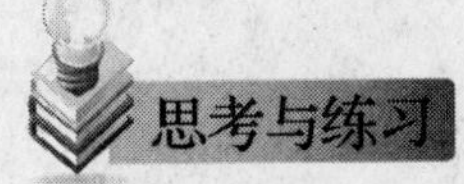

已有图形如习题图 5—1 所示，根据图形尺寸判断图框类型，并绘制相应图框。然后，将图形文件命名为“课后练习 . dwg”，并保存到桌面。

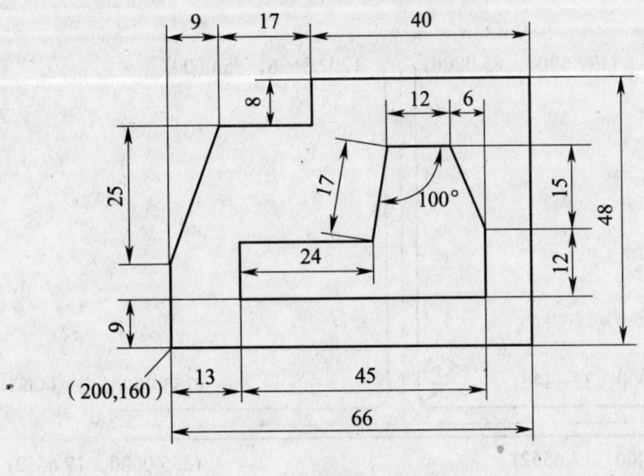

习题图 5—1

任务6

绘制丁字路口平面图

1. 熟练掌握设置线型、线宽的方法和操作。
2. 熟练运用圆角命令绘制圆角。
3. 熟练运用正交命令精确绘制水平线、垂直线。

工作任务

绘制如图6—1所示丁字路口平面图（无须绘制坐标及尺寸标注）。丁字路口中线水平长度为110 mm，竖直长度为65 mm，交点坐标为（200，20）。

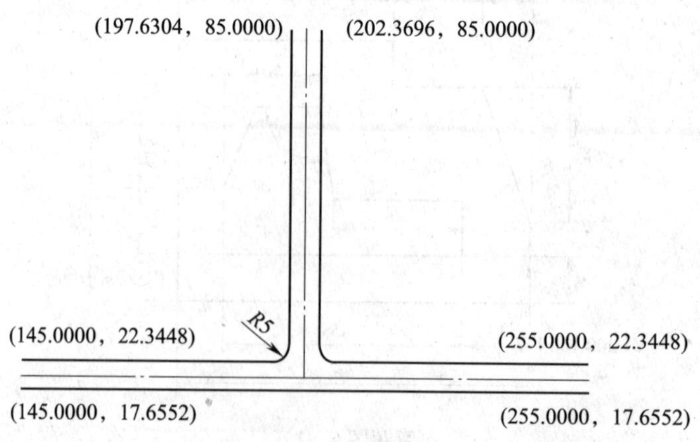

图6—1　丁字路口平面图

本任务需要绘制的丁字路口，主要为水平线、垂直线，并垂直相交，主要图形要素包括直线、圆角。线型包括粗实线和点画线（细线）。

要保证路口的垂直程度，避免细微的角度偏差，应该在正交模式下绘制。绘制时，首先选择合适的线型绘制路线交叉的丁字中心线（点画线）；然后根据实际坐标绘制路线交叉口的外观边缘（粗实线）；最后选择合适的曲线半径值圆滑连接相邻的直线，从而完成图形的绘制。

一、正交模式

使用正交功能可以使绘图的直线自动地水平或者垂直显示，不仅可以精确绘制水平或者垂直线，还可以建立水平或者垂直对齐方式。

启用正交命令有3种方法：

（1）单击状态栏中的正交按钮。

（2）按键盘上的<F8>键。

（3）在命令行输入“ORTHO”。

启用“正交”命令后，意味着操作者只能画水平和垂直两个方向的直线。

二、线型

线型是图样表达的关键要素之一，不同的线型表示了不同的含义。例如，在构件图中，粗实线表示可见轮廓线，虚线表示不可见轮廓线，点画线表示中心线、轴线、对称线等。因此，不同的元素应该采用不同的图线来绘制。因为 AutoCAD 中已将常用线型预先设计好并储存在线型库中，所以操作者只需加载即可。

1. 启用“线型”命令

启用该命令有以下3种方法：

（1）在菜单栏单击“格式”｜“线型”。

（2）单击“对象”工具栏上“对象特性”按钮 ByLayer 。

（3）在命令行输入“LT（或 LINETYPE）”。

2. “线型管理器”对话框中选项的意义

启用“线型命令”后，系统弹出如图 6—2 所示“线型管理器”对话框。

在对话框中，各个选项的含义如下：

（1）线型过滤器：过滤出列表显示的线型。

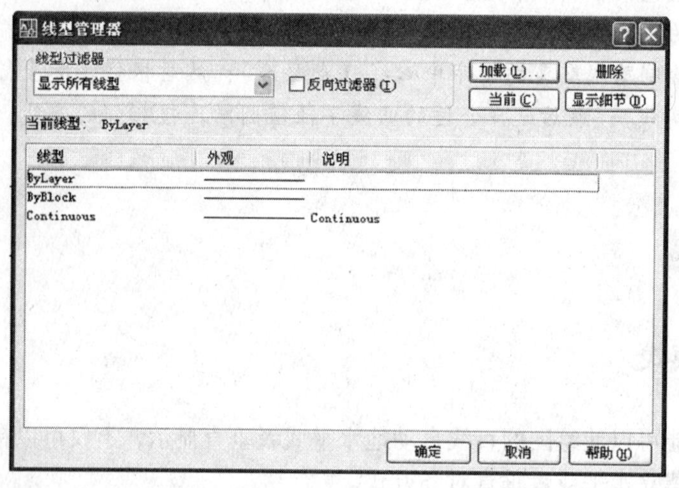

图 6—2 “线型管理器”对话框

（2）反向过滤器：按照过滤条件反向过滤线型。

（3）“加载”按钮：加载或重载指定的线型。单击该按钮，系统弹出如图 6—3 所示“加载或重载线型”对话框。在该对话框中可以选择线型文件以及该文件中包含的某种线型。

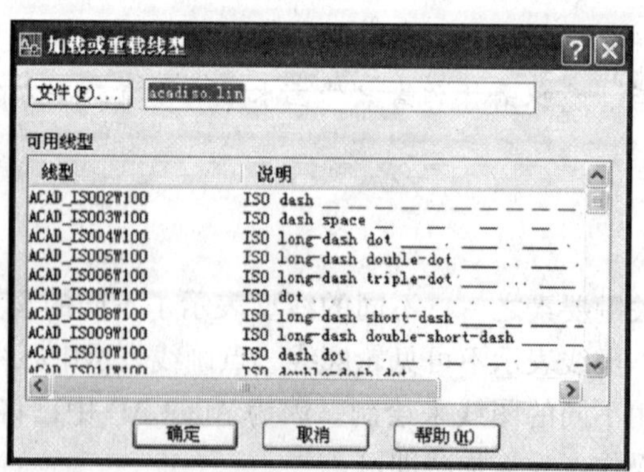

图 6—3 “加载或重载线型”对话框

（4）“删除”按钮：删除指定的线型，该线型必须不被任何图线依赖，即图样中没有使用该种线型。

实线线型不可被删除。

(5)“当前”按钮：将指定的线型设置成当前线型。

(6)“显示细节”按钮：控制是否显示或隐藏选中的线型细节。如果当前没有显示细节，则按钮显示为“显示细节”，否则按钮显示为“隐藏细节”，如图6—4所示。

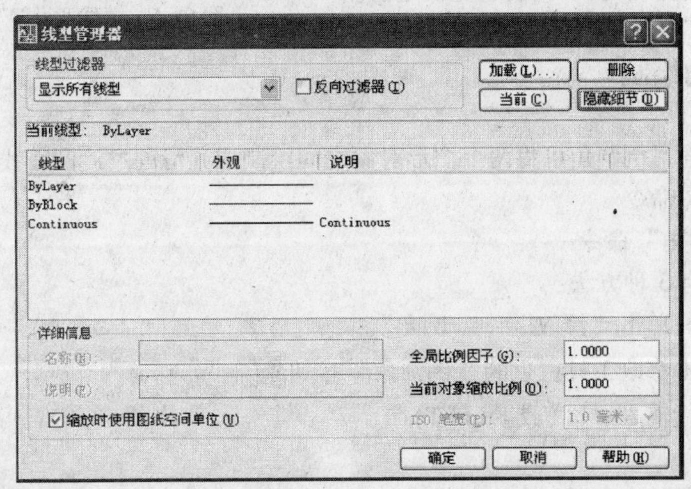

图6—4　隐藏细节和显示详细信息

在“详细信息区”选项组中，包括了选中线型的名称、线型、全局比例因子、当前对象缩放比例等。

三、线宽

线宽是指定图形对象和某些类型的文字的宽度值。使用宽度可以用粗线和细线清楚表现不同的绘图内容。除非选择了状态栏上的“线宽”按钮，否则不显示线宽。

1. 启用“线宽”命令

启用该命令有3种方法：

(1) 在菜单栏单击“格式” ｜ “线宽”。

(2) 单击“对象”工具栏上“对象特性”按钮 [—— 0.30 毫米 ▼]。

(3) 在命令行输入“LW (或 LINEWEIGHT)”。

2. “线宽设置”对话框中选项的意义

启用“线宽”命令后，系统弹出如图6—5所示“线宽设置”对话框。

对话框中各个选项的意义如下：

（1）“线宽”：通过滑块上下移动选择不同的线宽。

（2）“列出单位”：选择线宽单位为“毫米”或“英寸”。

（3）“显示线宽”：控制是否显示线宽。

（4）“调整显示比例”：调整线宽显示比例。

（5）“当前线宽”：提示当前线宽设定值。

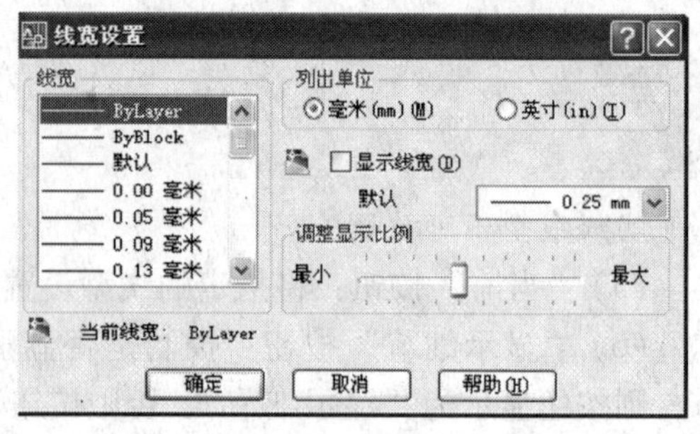

图 6—5 “线宽设置”对话框

四、圆角的绘制

在绘图中，通过倒圆角可将两个图形对象之间绘制成光滑的过渡圆弧线。AutoCAD 系统提供了相应的绘图命令。

1. 启用“圆角”命令

启用该命令有 3 种方法：

（1）在菜单栏单击“修改” | “圆角”。

（2）直接单击修改工具栏上的“倒圆角”按钮。

（3）在命令行输入“F（或 FILLET）”。

2. 命令格式

启用“倒圆角”命令后，命令行提示如下：

```
命令:_fillet
当前设置:模式 = 修剪,半径 = 0.0000
选择第一个对象或[放弃(U)/多段线(P)/半径(R)/修剪(T)/多个(M)]:
```

3. 参数

（1）多段线（P）：用于在多段线的每个顶点处进行倒圆角。可以使整个多段线的圆角相同，如果多段线的距离小于圆角的距离，将不被倒圆角。多段线的起点与端点也不能被倒圆角。

【例】将图 6—6a 所示多段折线图形倒圆角。

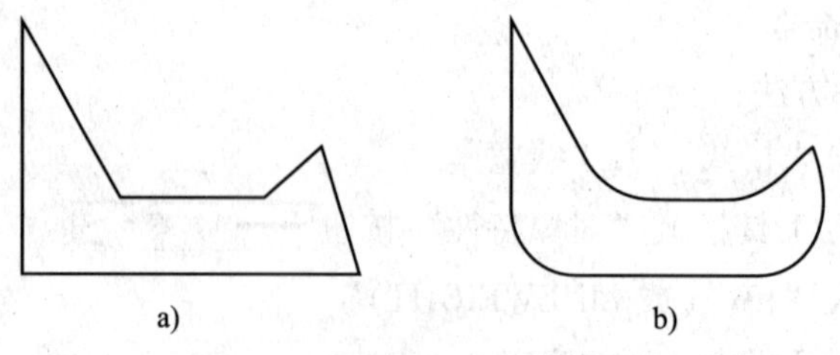

图 6—6 多段折线图形倒圆角

a）倒圆角前 b）倒圆角后

命令:_fillet（启用倒圆角命令）

当前设置:模式 = 修剪,半径 = 0.0000（当前半径）

选择第一个对象或[放弃(U)/多段线(P)/半径(R)/修剪(T)/多个(M)]:r↙

指定圆角半径 <0.0000>:15↙（输入圆角半径值）

选择第一个对象或[放弃(U)/多段线(P)/半径(R)/修剪(T)/多个(M)]:p↙（选择多段线选项）

选择二维多段线:（单击多段线上任意位置）

（4 条直线已被倒圆角，1 条太短）

倒圆角效果如图 6—6b 所示。

（2）半径（R）：用于设置圆角的半径。

（3）修剪（T）：用于控制倒圆角操作是否修剪对象。

【例】将图 6—7a 所示矩形分别进行不修剪倒圆角和修剪倒圆角处理。

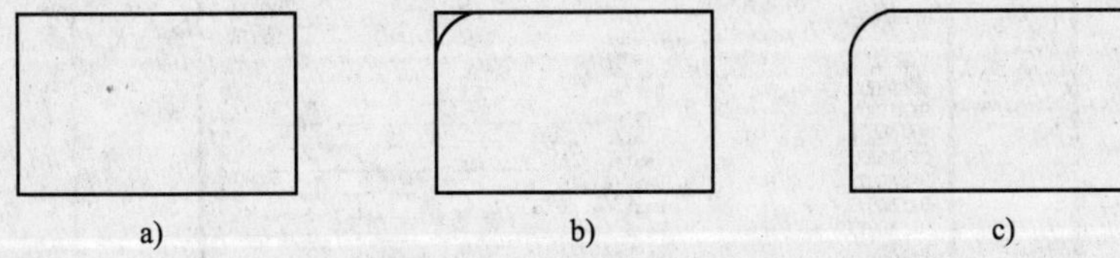

图 6—7　设置倒圆角修剪

a）原图　b）不修剪　c）修剪

命令:_fillet（启用圆角命令）

当前设置:模式 = 不修剪,半径 = 10.0000

选择第一个对象或[放弃(U)/多段线(P)/半径(R)/修剪(T)/多个(M)]:（单击 6—7a 图的左边竖线）

选择第二个对象,或按住 <Shift>键选择要应用角点的对象:（单击图 6—7a 的四边形的上边线）

不修剪倒圆角效果如图 6—7b 所示。

命令:_fillet（启用圆角命令）

选择第一个对象或[放弃(U)/多段线(P)/半径(R)/修剪(T)/多个(M)]:t↙（选择修剪选项）

输入修剪模式选项[修剪(T)/不修剪(N)]<修剪>:t↙（选择修剪选项）

选择第一个对象或[放弃(U)/多段线(P)/半径(R)/修剪(T)/多个(M)]:（单击图 6—7a的左边竖线）

选择第二个对象,或按住 <Shift>键选择要应用角点的对象:（单击图 6—7a 的四边形的上边线）

修剪倒圆角效果如图 6—7c 所示。

（4）多个（M）：用于为多个对象进行倒圆角操作，此时 AutoCAD 将重复显示提示命令，直到按下 <Enter> 键结束为止。

(5) 放弃 (U)：用于恢复在命令中执行的上一个操作。

1. 绘制丁字路口中线

(1) 单击“格式” | “线型”，弹出“线型管理器”对话框，点取“加载”按钮后，选择“可用线型”选择卡下的“CENTER2”线型（即点画线），如图 6—8 所示，单击“确定”按钮，返回“线型管理器”对话框。在此对话框中选择该线型后再单击“确定”按钮。

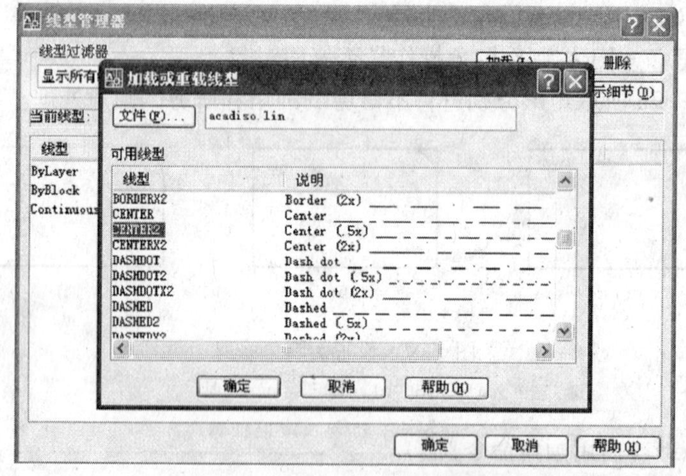

图 6—8 “线型管理器”对话框和其“加载或重载线型”子对话框

(2) 选用点画线为当前线型，启动正交按钮，用直线命令绘制丁字路口中心线，如图 6—9所示。

2. 绘制交叉路口的粗边线

(1) 选择实线为当前线型，选择线宽为 0.40 mm，启动“线宽”按钮。

(2) 用直线命令绘制左上角边线。

命令：_line 指定第一点：145.0000，22.3448↙（输入坐标，回车）

指定下一点或[放弃(U)]：197.6304，22.3448↙（输入坐标，回车）

指定下一点或[放弃(U)]：197.6304，85.0000↙（输入坐标，回车）

指定下一点或[闭合(C)/放弃(U)]：↙（回车，结束命令）

图 6—9 丁字路口中心线

(3) 同样的方法绘制其他粗边线，如图 6—10所示。

3. 用圆角命令绘制两个圆角

命令:_fillet

当前设置:模式 = 修剪,半径 = 0.0000

选择第一个对象或[放弃(U)/多段线(P)/半径(R)/修剪(T)/多个(M)]:r 指定圆角半径 <0.0000 >:5 ↙

选择第一个对象或[放弃(U)/多段线(P)/半径(R)/修剪(T)/多个(M)]:m ↙

选择第一个对象或[放弃(U)/多段线(P)/半径(R)/修剪(T)/多个(M)]:(单击鼠标)

选择第二个对象,或按住 <Shift>键选择要应用角点的对象:(单击鼠标)

选择第一个对象或[放弃(U)/多段线(P)/半径(R)/修剪(T)/多个(M)]:(单击鼠标)

选择第二个对象,或按住 <Shift>键选择要应用角点的对象:(单击鼠标)

选择第一个对象或[放弃(U)/多段线(P)/半径(R)/修剪(T)/多个(M)]:↙

圆角绘制效果如图 6—11 所示。

图 6—10 丁字路口粗边线　　　　图 6—11 绘制圆角任务完成

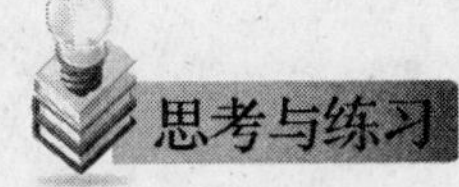

根据习题表 6—1 所列点的坐标绘制如习题图 6—1 所示的加宽式十字交叉路线平面图(不标注坐标及尺寸)。

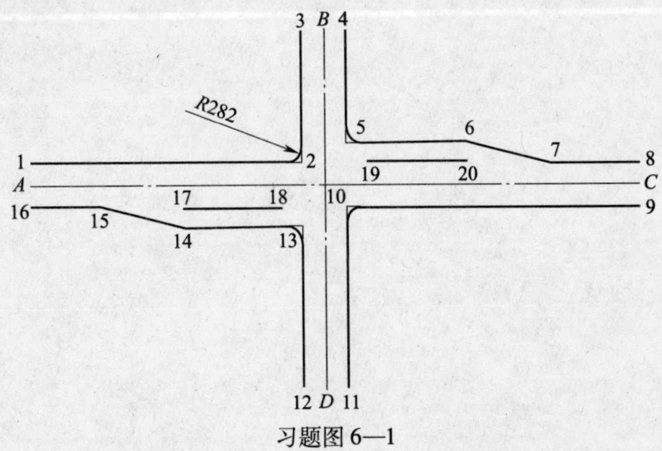

习题图 6—1

（绘图步骤提示：设置线型、线宽→绘制点画线→绘制实线→进行倒角）

习题表 6—1　　　坐 标 表

点	坐标	点	坐标
A	946. 185 7，400. 000 0	*B*	1 000. 000 0，427. 397 0
C	1 057. 416 0，400. 000 0	*D*	1 000. 000 0，364. 182 6
1	946. 185 7，404. 091 4	11	1 003. 818 5，364. 182 6
2	996. 043 5，404. 091 4	12	996. 043 5，364. 182 6
3	996. 043 5，427. 397 0	13	996. 043 5，392. 667 1
4	1 003. 818 5，427. 397 0	14	974. 484 1，392. 667 1
5	1 003. 818 5，407. 442 6	15	958. 655 8，396. 322 9
6	1 027. 127 8，407. 442 6	16	946. 185 7，396. 322 9
7	1 042. 639 5，404. 091 4	17	974. 011 7，396. 034 5
8	1 057. 328 4，404. 091 4	18	992. 193 4，396. 034 5
9	1 057. 328 4，396. 322 9	19	1 008. 461 3，403. 956 8
10	1 003. 818 5，396. 322 9	20	1 026. 643 0，403. 956 8

任务 7

绘制十字路口平面图

学习目标

1. 掌握绘制圆、正多边形命令。
2. 熟练运用偏移、修剪命令对图形进行编辑。
3. 熟练运用对象捕捉、对象追踪功能指定精确位置。
4. 掌握显示和修改对象特性的方法。

工作任务

绘制十字路口平面图，十字路口中心线的水平长度为 290 mm，竖直长度为 250 mm，其他尺寸如图 7—1 所示。要求：只绘制图形，不标注尺寸。

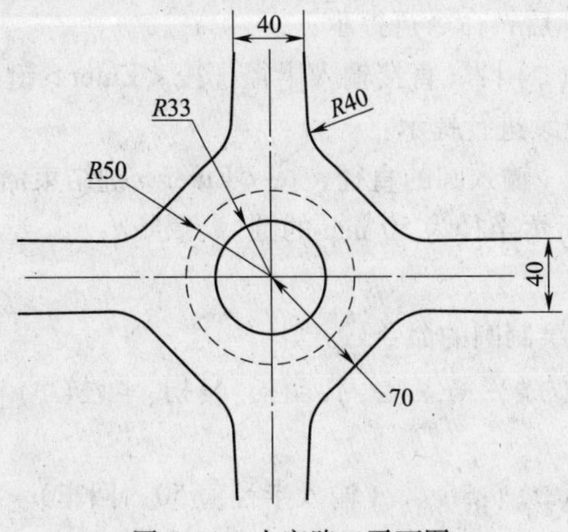

图 7—1　十字路口平面图

本任务需要绘制的十字路口，主要图形要素包括直线、圆、圆角和正多边形。

路口中心线垂直相交，在正交模式下绘制便捷准确。边线与中心线距离相等，可用“偏移”命令绘制。依次绘制圆和正多边形。圆和正多边形均以中心线交点作为图形中心。修剪图形后，使用“圆角”命令圆滑连接不相邻直线。绘图时注意不同线型、线宽的设置与匹配。

一、圆的绘制

圆是工程图样中常见的曲线元素，在 AutoCAD 2008 中提供了多种绘制圆的方法。

1. 启用“圆”的命令

启用该命令的方法有 3 种：

（1）在菜单栏单击“绘图”｜“圆”。

（2）单击绘图工具栏中的“圆”按钮。

（3）在命令行输入“C（或 CIRCLE）”。

2. 命令格式

启用“圆”的命令后，命令行提示：

命令:_circle

指定圆的圆心或[三点(3P)/两点(2P)/相切、相切、半径(T)]:

3. 圆的绘制方法

（1）圆心和半径画圆

AutoCAD 2008 中缺省默认的绘圆方法是确定圆心和半径画圆。操作者在“指定圆的圆心”提示下，输入圆心坐标后，命令行提示：

指定圆的半径或[直径(D)]:（直接输入半径，按 <Enter> 键结束命令）

如果输入 D，命令行继续进行提示：

指定圆的直径 <50>:（输入圆的直径，按 <Enter> 键结束命令）

【例】绘制如图 7—2 所示半径为 50 mm 的圆。

操作步骤如下：

命令:_circle（启用绘制圆的命令）

指定圆的圆心或[三点(3P)/两点(2P)/相切、相切、半径(T)]:（在绘图窗口中选定圆心位置）

指定圆的半径或[直径(D)]:50 ↙（输入半径值 50，回车）

绘制效果如图 7—2 所示。

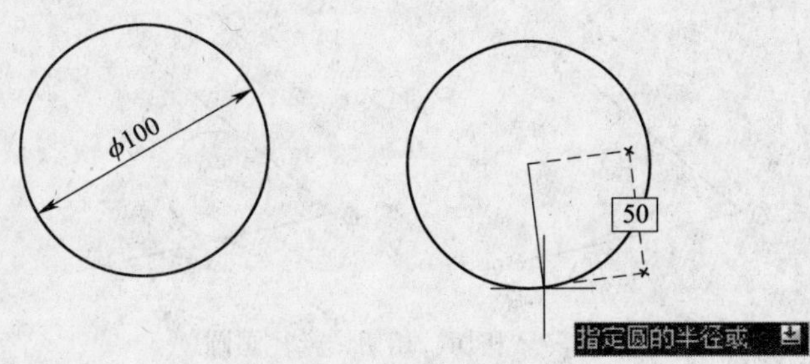

图7—2 圆心半径画圆

(2) 三点法画圆

选择“三点”选项，通过指定的三个点绘制圆。

【例】通过指定的三个点 *A*、*B*、*C* 画圆，如图7—3所示。

命令:_circle（启用绘制圆的命令）

指定圆的圆心或[三点(3P)/两点(2P)/相切、相切、半径(T)]:3p↙（输入“3p”，通过指定的三点画圆，回车）

指定圆上的第一个点：（单击 *A* 点）

指定圆上的第二个点：（单击 *B* 点）

指定圆上的第三个点：（单击 *C* 点）

绘制效果如图7—3所示。

(3) 两点法画圆

选择“两点”选项，通过指定的两个点绘制圆。操作者选择“2P”选项后，命令行提示：

命令:_circle（启用绘制圆的命令）

指定圆的圆心或[三点(3P)/两点(2P)/相切、相切、半径(T)]:2p↙（输入“2p”，通过指定的两点画圆，回车）

指定圆直径的第一个端点：（单击其中一点）

指定圆直径的第二个端点：（单击另外一点）

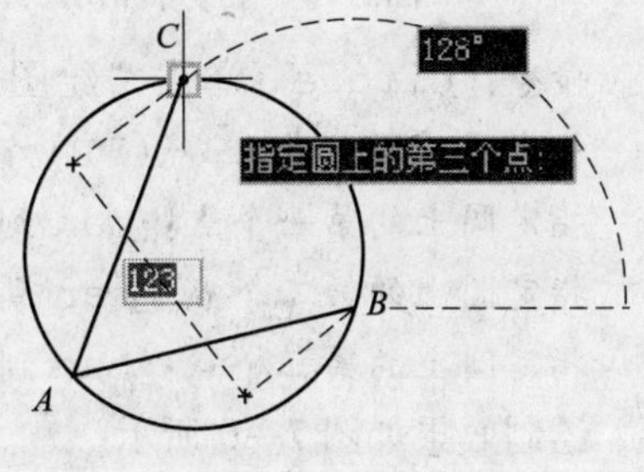

图7—3 三点法画圆

(4) 相切、相切、半径画圆

选择“相切、相切、半径”选项，通过选择两个与圆相切的对象，并输入圆的半径画圆。

【例】绘制与直线 *OA* 和 *OB* 相切、半径为20的圆，如图7—4所示。

命令:_circle（启用绘制圆的命令）

指定圆的圆心或[三点(3P)/两点(2P)/相切、相切、半径(T)]:t↙（输入“t”，选择“相切、相切、半径”选项，回车）

指定对象与圆的第一个切点：（捕捉线段 *OA* 的切点）

指定对象与圆的第二个切点：（捕捉线段 *OB* 的切点）

指定圆的半径<103.4330>:20↙（指定半径20，回车）

绘制效果如图7—4所示。

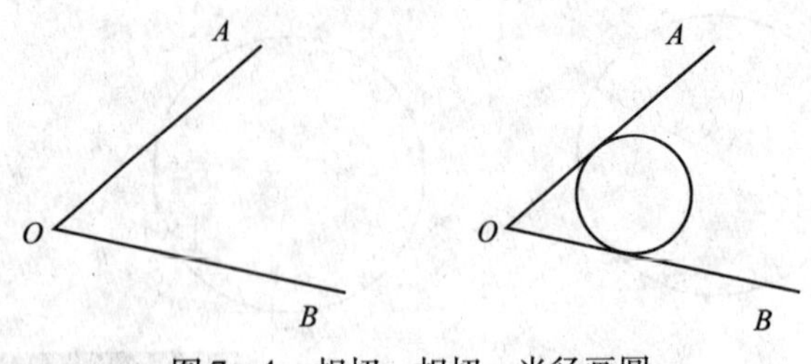

图 7—4　相切、相切，半径画圆

（5）相切、相切、相切画圆

选择“相切、相切、相切”选项，通过选择 3 个与圆相切的对象画圆。此命令必须从菜单栏中调出，如图 7—5 所示。

【例】绘制与三角形 *ABC* 都相切的圆，如图 7—6 所示。

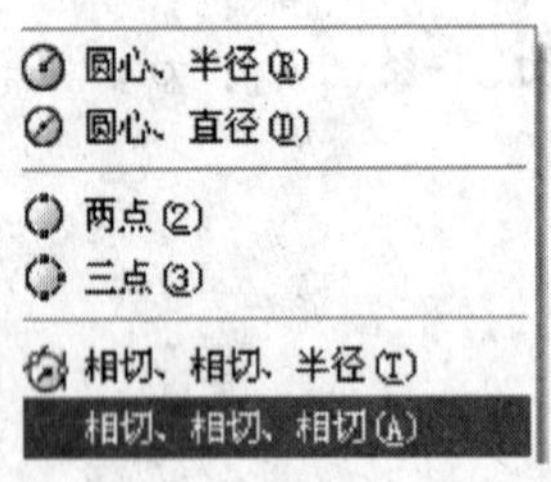

图 7—5　相切、相切、相切命令

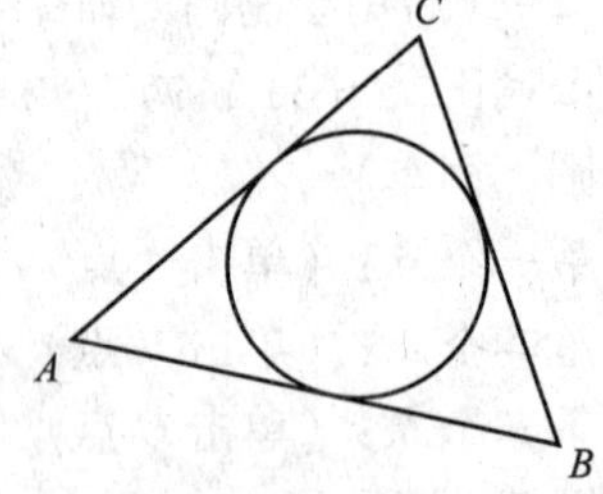

图 7—6　画相切、相切、相切圆

命令:_circle（单击“绘图”｜“圆”｜“相切、相切、相切”）

指定圆的圆心或[三点(3P)/两点(2P)/相切、相切、半径(T)]:

指定圆上的第一个点:_tan 到（捕捉线段 *AB* 的切点）

指定圆上的第二个点:_tan 到（捕捉线段 *BC* 的切点）

指定圆上的第三个点:_tan 到（捕捉线段 *CA* 的切点）

绘制效果如图 7—6 所示。

二、正多边形的绘制

在 AutoCAD 2008 中，正多边形是具有等边长的封闭图形，其边数为 3 ~ 1 024。

1. 启用“正多边形”的命令

启用该命令有 3 种方法：

（1）在菜单栏单击“绘图”｜“正多边形”。

（2）单击“绘图”工具栏中的“正多边形”按钮⬠。

（3）在命令行输入“POL（或 POLYGON）”。

2. 命令格式

启用“正多边形”命令后，命令行提示如下：

命令:_polygon

指定正多边形的中心点或[边(E)]:

输入选项[内接于圆(I)/外切于圆(C)]<I>:

3. 正多边形绘制方法

绘制正多边形时，操作者可以通过与假想圆的内接或外切的方法来进行绘制，也可以利用正多边形边长来绘制。

(1) 利用内接于圆和外切于圆绘制正多边形

按照这种方法绘制正多边形之前，首先要理解正多边形的“内接于圆”和“外切于圆”的含义。如图7—7a所示，内接于圆的正六边形从六边形中心到两边交点的连线等于圆的半径；如图7—7b所示，外切于圆的正六边形的中心到边的垂直距离等于圆的半径。

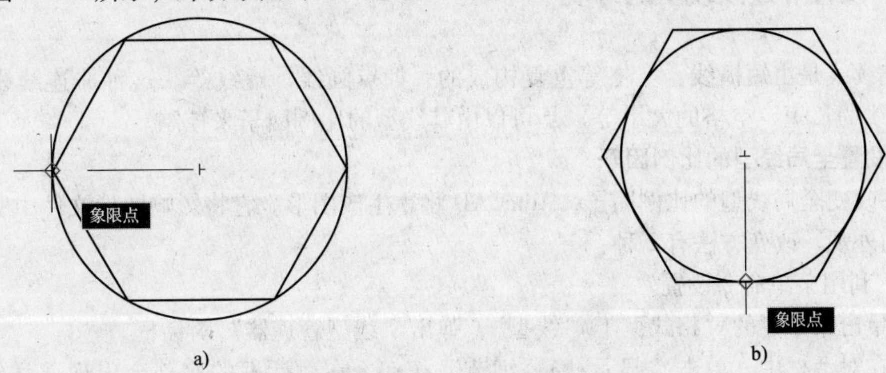

图7—7 正多边形与圆的关系

a) 内接于圆的正六边形 b) 外切于圆的正六边形

【例】绘制如图7—8所示的正八边形。

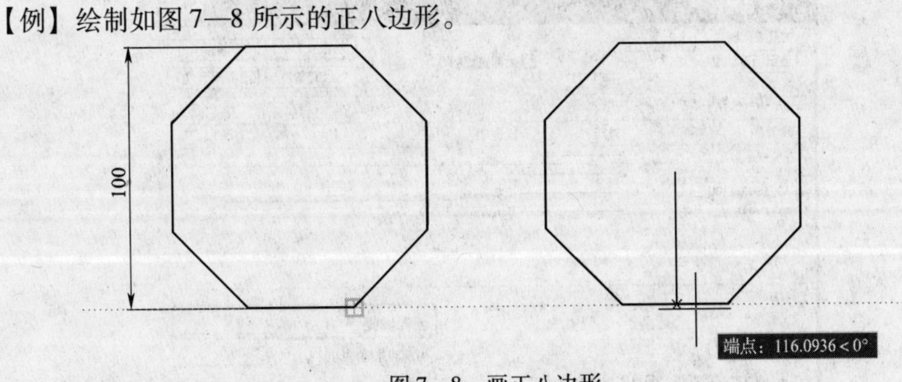

图7—8 画正八边形

命令:_polygon（启用绘制“正多边形”命令）

输入边的数目<8>:8↙（输入正多边形的边数）

指定正多边形的中心点或[边(E)]:（在绘图区域内单击一点，确定中心位置）

输入选项[内接于圆(I)/外切于圆(C)]:c↙（输入“c”，选择外切于圆）

指定圆的半径:50↙（输入外切于圆的半径50）

绘制效果如图7—8所示。

(2) 根据边长绘制正多边形

输入正多边形边数后，再指定某条边的两个端点即可绘制出正多边形。输入命令后，命令行提示：

命令：_polygon（启用绘制“正多边形”命令）

输入边的数目 <8 >:8↙（输入正多边形的边数）

指定正多边形的中心点或[边(E)]:e↙（键入“e”，选择“边”选项）

指定边的第一个端点：（指定多边形的一个端点）

指定边的第二个端点：（指定多边形的另一个端点）

三、设置非连续线型的外观

非连续线是由短横线、空格等重复构成的，如点画线、虚线等。这种非连续线的外观（如短横线的长短、空格的大小等）是可以由其线型的比例因子来控制。

1. 设置全局线型的比例因子

如果改变全局线型的比例因子，AutoCAD 将重生成图形。它将影响图形文件中所有非连续线型的外观。改变方法有 2 种：

（1）利用菜单命令设置

1）单击菜单栏的“格式” | “线型”，弹出“线型管理器”对话框。

2）在对话框中，单击“显示/隐藏细节”按钮。在对话框的底部会出现“详细信息”选项组，如图 7—9 所示。

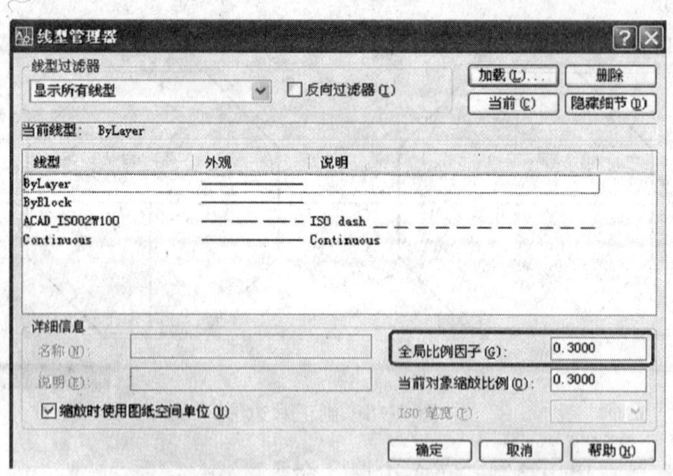

图 7—9　设置非连续线型的全局比例因子

3）在“全局比例因子”数值框内输入新的比例因子，单击“确定”即可。

（2）使用对象特性工具栏设置

在“对象特性”工具栏中，单击线型控制列表框右侧的按钮，在其下拉列表中选择“其他”选项，如图 7—10 所示。此时，弹出“线型管理器”对话框。其余操作与上一种方法的后两个步骤相同。

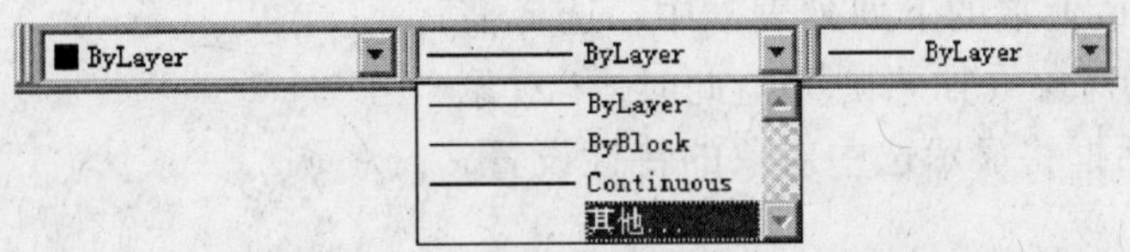

图7—10 “对象特性”工具栏中的线型控制列表

2. 改变当前对象的线型比例因子

改变当前对象的线型比例因子，将改变当前选中的对象中所有非连续线型的外观。改变方法有2种：

(1) 利用“线型管理器”对话框设置

1) 单击菜单栏的“格式”|“线型”，系统弹出“线型管理器”对话框。

2) 在对话框中，单击“显示/隐藏细节”按钮。

3) 在对话框底部出现“详细信息”选项组的“当前对象缩放比例”数值框（图7—9）内，输入新的比例因子。单击“确定”即可。

非连续线型外观的显示比例＝当前对象线型比例因子×全局线型比例因子。例如：当前对象线型比例因子为3，全局线型比例因子为2，则最终显示线型时采用的比例因子为6。

(2) 利用“对象特性管理器”对话框设置

1) 单击菜单栏的“工具”|“选项板”|“特性”，打开“对象特性管理器”对话框，如图7—11a所示。

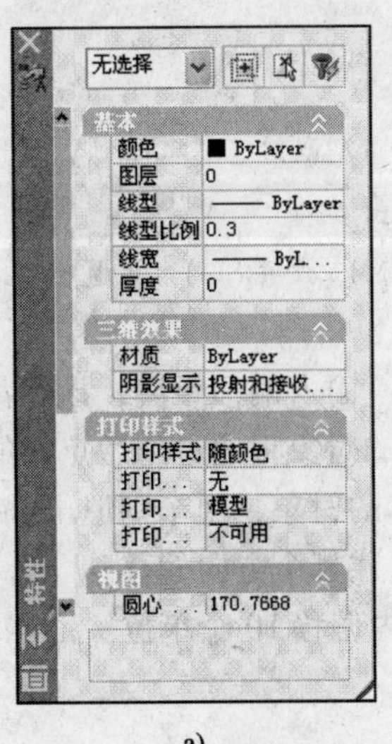

a)

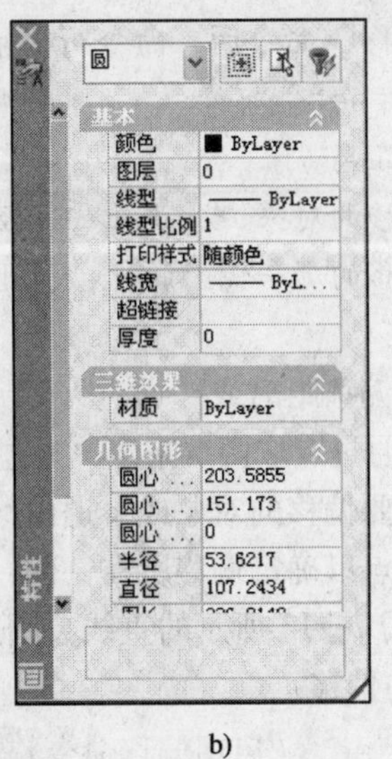

b)

图7—11 “对象特性管理器”对话框

a) 无选择 b) 选择圆

2）在对话框最上端的下列列表框中，选择需要改变线型比例的对象（如“圆”）。此时，“对象特性管理器”对话框将显示选中对象的特性设置，如 7—11b 所示。

3）在“基本”选项组中，单击“线型比例”选项，将其激活，输入新的比例因子，按 <Enter> 键确认，即可改变被选中线型的外观。其他非连续线型的外观将不会改变。设置不同线型比例因子的虚线同心圆如图 7—12 所示。

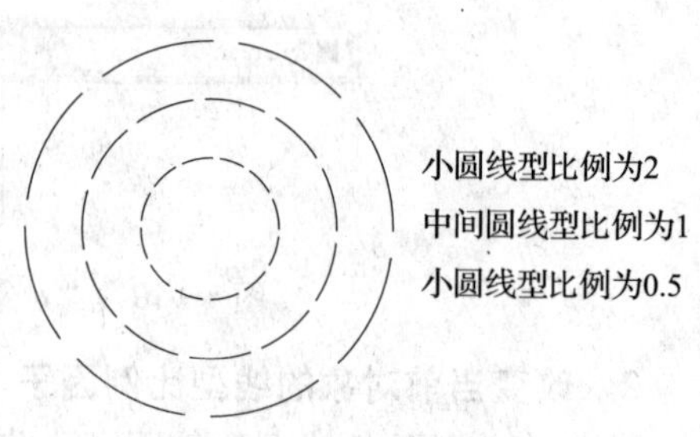

图 7—12　设置不同比例因子的虚线同心圆

四、偏移对象

偏移常应用于根据尺寸绘制的规则图样中，主要是相互平行的直线间相互复制。偏移命令比复制命令要求键入的数值少，使用比较方便，常用于标题栏的绘制。

绘图过程中，使用偏移命令可以将单一对象偏移，从而产生复制的对象。偏移时根据偏移距离，系统还能重新计算其大小。偏移对象可以是直线、曲线、圆、封闭图形等。

1. 启用“偏移”命令

启用该命令有 3 种方法：

（1）在菜单栏单击“修改”｜“偏移”。

（2）直接单击“修改”工具栏上的“偏移”按钮 。

（3）在命令行输入“OFFSET”。

2. 命令格式

启用“偏移”命令后，命令行提示如下：

命令:_offset

指定偏移距离

选择要偏移的对象,或[退出(E)/放弃(U)]<退出>:

指定要偏移的那一侧上的点,或[退出(E)/多个(M)/放弃(U)]<退出>:

3. 参数

（1）指定偏移距离或［通过（T）］<当前值>：输入偏移距离，该距离可以通过键盘输入，也可以通过点取两点来定。通过（T）指偏移的对象将通过随后点取的点。

（2）选择要偏移的对象或<退出>：选择要偏移的对象，回车则退出偏移命令。

（3）指定点以确定偏移所在一侧：指定点来确定往哪个方向偏移。

【例】将图 7—13 所示的直线、圆、矩形分别向内偏移 10 个单位。

1）直线的偏移

命令:_offset（启用偏移命令 ）

当前设置:删除源 = 否　图层 = 源 OFFSETGAPTYPE = 0

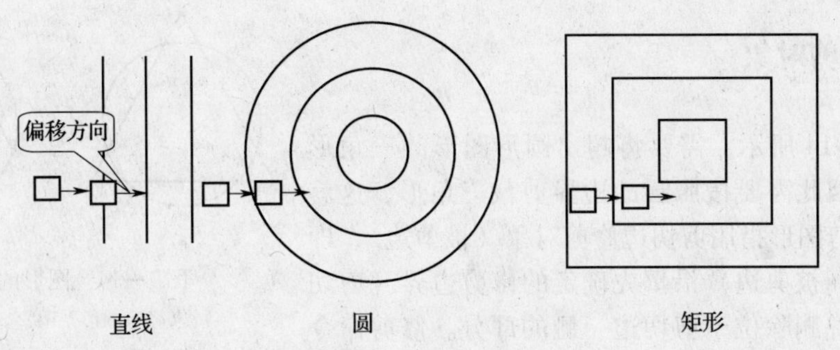

图 7—13 偏移图例

指定偏移距离或[通过(T)/删除(E)/图层(L)]<30.0000>:10↙(输入偏移距离10)

选择要偏移的对象,或[退出(E)/放弃(U)]<退出>:(单击鼠标,选择直线)

指定要偏移的那一侧上的点,或[退出(E)/多个(M)/放弃(U)]<退出>:(鼠标向直线右侧单击)

选择要偏移的对象,或[退出(E)/放弃(U)]<退出>:(单击鼠标选择第二直线)

指定要偏移的那一侧上的点,或[退出(E)/多个(M)/放弃(U)]<退出>:(鼠标向直线右侧单击)

2)圆的偏移

选择要偏移的对象,或[退出(E)/放弃(U)]<退出>:(单击鼠标,选择圆)

指定要偏移的那一侧上的点,或[退出(E)/多个(M)/放弃(U)]<退出>:(鼠标向圆的内部单击)

选择要偏移的对象,或[退出(E)/放弃(U)]<退出>:(单击鼠标,选择第二个圆)

指定要偏移的那一侧上的点,或[退出(E)/多个(M)/放弃(U)]<退出>:(鼠标向圆的内部单击)

3)矩形的偏移

选择要偏移的对象,或[退出(E)/放弃(U)]<退出>:(单击鼠标,选择矩形)

指定要偏移的那一侧上的点,或[退出(E)/多个(M)/放弃(U)]<退出>:(鼠标向矩形的内部单击)

选择要偏移的对象,或[退出(E)/放弃(U)]<退出>:(单击鼠标,选择第二个矩形)

指定要偏移的那一侧上的点,或[退出(E)/多个(M)/放弃(U)]<退出>:(鼠标向矩形的内部单击)

选择要偏移的对象,或[退出(E)/放弃(U)]<退出>:↙(回车,结束命令)

绘制效果如图 7—13 所示。

每次偏移只能偏移一个对象。如果想要偏移多条线段,可以将其转为多段线来进行偏移。

五、修剪对象

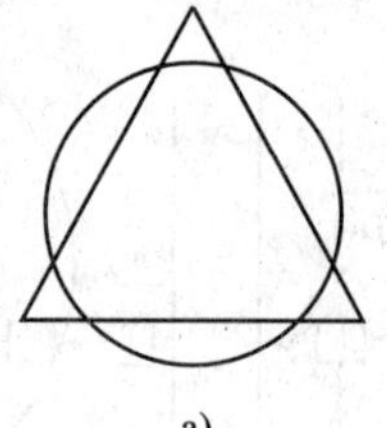
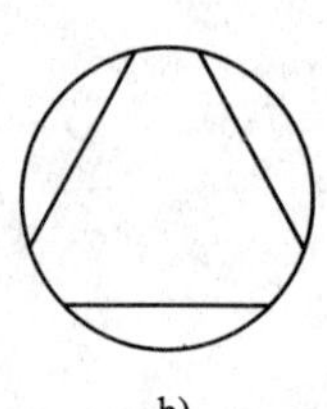
a)　　b)

图 7—14　图形的修剪

a）未修剪图形　b）修剪后图形

如图 7—14 所示，需要将超出圆形图形的三角形部分去掉，因此需要按照圆的边界剪裁三角形，这就是修剪。修剪图形指用剪切边修剪对象（被剪边），即将修剪对象（被剪边）沿事先确定的修剪边界（剪切边）断开，并删除位于剪切边一侧的部分。修剪命令是比较常用的编辑工具，操作者在绘图过程中通常是先粗略绘制一些线段，然后使用修剪命令将多余的线段修剪掉。

1. 启用“修剪”命令

启用该命令有 3 种方法：

（1）在菜单栏单击“修改”｜“修剪”。

（2）直接单击修改工具栏上的“修剪”按钮。

（3）在命令行输入“TR（或 TRIM）”。

2. 命令格式

启用“修剪”命令后，命令行提示如下：

命令:_trim

当前设置:投影 = UCS,边 = 无

选择剪切边…

选择对象或 <全部选择>:

选择对象:

选择要修剪的对象,或按住 <Shift>键选择要延伸的对象,或[栏选(F)/窗交(C)/投影(P)/边(E)/删除(R)/放弃(U)]:e↙

输入隐含边延伸模式[延伸(E)/不延伸(N)]<不延伸>:

3. 参数

（1）选择剪切边…选择对象：提示选择剪切边，选择对象作为剪切边界。

（2）选择要修剪的对象：选择要修剪的对象。

【例】利用修剪命令将图 7—15a 所示图形两环中穿插的直线去掉，得到如图 7—15b 所示图形。

命令:_trim(选择剪切工具)

当前设置:投影 = UCS,边 = 无

选择剪切边…

选择对象或 <全部选择>:找到 1 个（单击选择直线 *AD*，作为剪切边）

选择对象:找到 1 个,总计 2 个（单击选择直线 *EH*，作为剪切边）

选择对象:↙

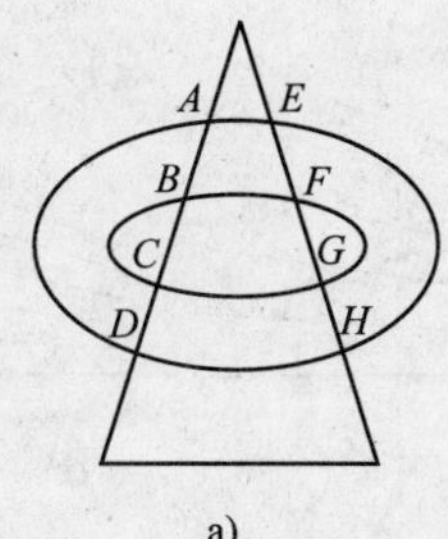

a)

b)

图7—15　修剪图例1

a）修剪前　b）修剪后

选择要修剪的对象,或按住 < Shift >键选择要延伸的对象,或

[栏选(F)/窗交(C)/投影(P)/边(E)/删除(R)/放弃(U)]:（点击线段 *AE*）

选择要修剪的对象,或按住 < Shift >键选择要延伸的对象,或

[栏选(F)/窗交(C)/投影(P)/边(E)/删除(R)/放弃(U)]:（点击线段 *BF*）

选择要修剪的对象,或按住 < Shift >键选择要延伸的对象,或

[栏选(F)/窗交(C)/投影(P)/边(E)/删除(R)/放弃(U)]:（点击线段 *CG*）

选择要修剪的对象,或按住 < Shift >键选择要延伸的对象,或

[栏选(F)/窗交(C)/投影(P)/边(E)/删除(R)/放弃(U)]:（点击线段 *DH*）

命令:_trim（选择剪切工具）

当前设置:投影 = UCS,边 = 无

选择剪切边…

选择对象或 < 全部选择 >:找到 1 个（单击大椭圆作为剪切边）

选择对象:找到 1 个,总计 2 个（单击小椭圆作为剪切边）

选择对象:↙

选择要修剪的对象,或按住 < Shift >键选择要延伸的对象,或

[栏选(F)/窗交(C)/投影(P)/边(E)/删除(R)/放弃(U)]:（点击线段 *AB*）

选择要修剪的对象,或按住 < Shift >键选择要延伸的对象,或

[栏选(F)/窗交(C)/投影(P)/边(E)/删除(R)/放弃(U)]:（点击线段 *CD*）

选择要修剪的对象,或按住 < Shift >键选择要延伸的对象,或

[栏选(F)/窗交(C)/投影(P)/边(E)/删除(R)/放弃(U)]:（点击线段 *EF*）

选择要修剪的对象,或按住 < Shift >键选择要延伸的对象,或

[栏选(F)/窗交(C)/投影(P)/边(E)/删除(R)/放弃(U)]:（点击线段 *GH*）

(3) 栏选（F）：此选项为使用栏选的方式进行剪切。

【例】将图7—16a所示图形中直线 *AB* 右侧的发射线去掉，使图形如图7—16c所示。要求采用“栏选”选择剪切边界。

修剪过程如图7—16b所示。

命令:_trim（选择剪切工具）

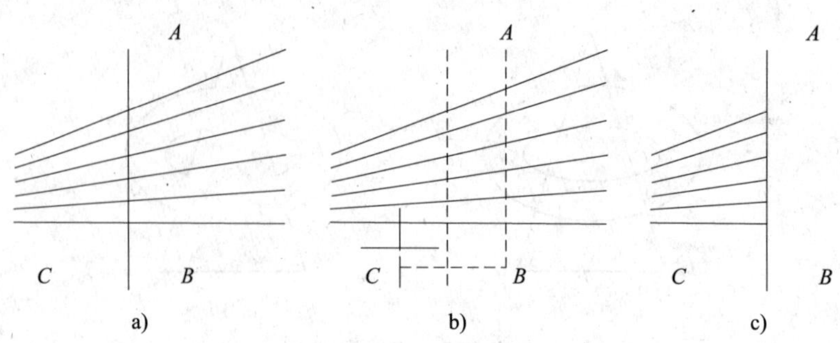

图 7—16 修剪图例 2

a）修剪前 b）栏选过程 c）修剪后

当前设置:投影 = UCS,边 = 无

选择剪切边…

选择对象或 <全部选择>:找到 1 个（单击选择 AB 线段为剪切边）

选择对象:↙

选择要修剪的对象,或按住 Shift 键选择要延伸的对象,或

[栏选(F)/窗交(C)/投影(P)/边(E)/删除(R)/放弃(U)]:f ↙（输入“f”，选择“栏选”命令，回车）

指定第一个栏选点:(单击 A 点)

指定下一个栏选点或[放弃(U)]:（单击 B 点）

指定下一个栏选点或[放弃(U)]:（单击 C 点）

选择要修剪的对象,或按住 Shift 键选择要延伸的对象,或

[栏选(F)/窗交(C)/投影(P)/边(E)/删除(R)/放弃(U)]:↙

(4) 窗交（C）：以窗口相交方式剪切对象。

【例】将图 7—17a 所示正六边形中的横线去掉，使图形如图 7—17c 所示。要求采用“窗交”选择剪切边界。

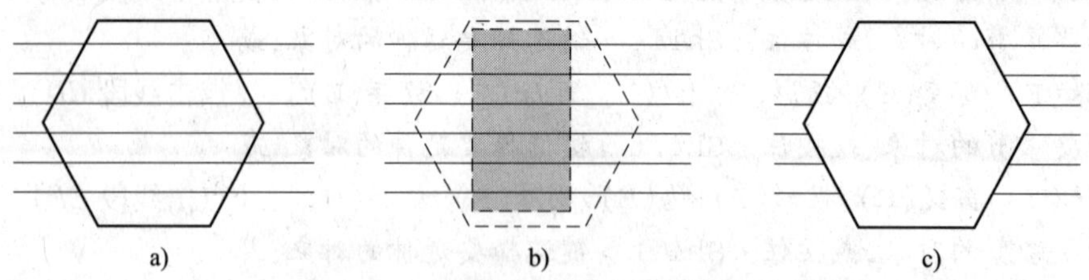

图 7—17 剪切图例

a）修剪前 b）栏选过程 c）修剪后

修剪过程如图 7—17b 所示。

命令:_trim（选择剪切工具 -/-- ）

当前设置:投影 = UCS,边 = 无

选择剪切边…

选择对象或 <全部选择>:找到 1 个（单击选择六边形为剪切边）

选择对象:↙

选择要修剪的对象,或按住 <Shift>键选择要延伸的对象,或

[栏选(F)/窗交(C)/投影(P)/边(E)/删除(R)/放弃(U)]:c ↙（输入“c”，选择“窗交”命令，回车）

指定第一个角点：（单击六边形内右上角点）

指定对角点：（单击六边形内左下角点）

选择要修剪的对象,或按住 <Shift>键选择要延伸的对象,或[栏选(F)/窗交(C)/投影(P)/边(E)/删除(R)/放弃(U)]:↙

(5) 边（E）：边选项是修剪图形方式之一。输入“E”，按 <Enter> 键，执行该选项时，系统有如下提示：

输入隐含边延伸模式[延伸(E)/不延伸(N)] <不延伸>:

延伸（E）：输入“E”，按 <Enter> 键，则系统按照延伸方式修剪，如果剪切边界没有与被剪切边相交，则不能按正常方式进行剪切，此时系统会假设将剪切边延长，然后再进行剪切。

不延伸（N）：输入“N”，按 <Enter> 键，则系统按照剪切边界与剪切的实际相交情况修剪。如果被剪切边与剪切边界没有相交，则不进行剪切。

(6) 放弃（U）：输入“U”，按 <Enter> 键，放弃上一次操作。

六、对象捕捉

对象捕捉是 AutoCAD 中较为常用和重要的工具之一。对象捕捉的功能是精确定位。操作者使用“对象捕捉”功能，在绘图过程中可以直接利用光标准确地确定一些特殊点，如圆心、端点、中点、象限点、切点、交点、垂足点、最近点等。

1. 启用“对象捕捉”功能的方法

启用该功能有 3 种方法：

(1) 在任一工具栏空白位置上单击右键，在弹出快捷菜单上选中“对象捕捉”，打开“对象捕捉”工具条（图 7—18）。利用“对象捕捉”工具条，可以使用对象捕捉功能。

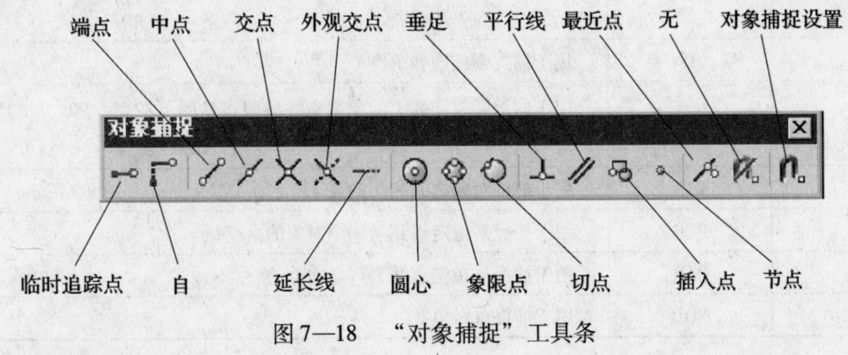

图 7—18 “对象捕捉”工具条

（2）在绘图窗口，按住 <Shift> 键，同时鼠标右键单击窗口，屏幕上弹出“对象捕捉”快捷菜单（图 7—19），可以启动对象捕捉功能。

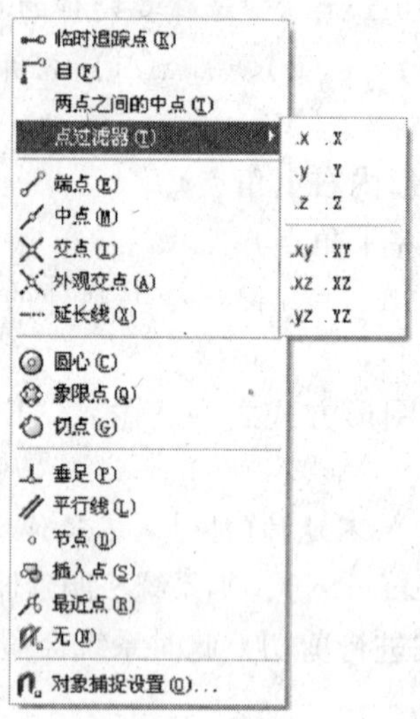

图 7—19 “对象捕捉”快捷菜单

（3）在点输入提示下，在命令行输入对象捕捉模式的关键字（表 7—1）来使用下列的临时目标捕捉模式。

表 7—1　　对象捕捉模式关键字及其含义

模式类型	关键字	含义
端点	END	用于捕捉对象（如圆弧或直线等）的端点
中点	MID	用于捕捉对象的中间点（等分点）
交点	INT	用于捕捉两个对象的交点
外观交点	APP	用于捕捉两个对象延长或投影后的交点。即两个对象没有直接相交时，系统可自动计算其延长后的交点，或者空间异面直线在投影方向上的交点
延长线	EXT	用于捕捉某个对象及其延长路径上的一点。即将光标移到某条直线或圆弧上时，将沿直线或圆弧路径方向上显示一条虚线，操作者可在此虚线上选择一点
圆心	CEN	用于捕捉圆或圆弧的圆心
象限点	QUA	用于捕捉圆或圆弧上的象限点。象限点是圆上在 0°、90°、180°和 270°方向上的点
切点	TAN	用于捕捉对象之间相切的点
垂足	PER	用于捕捉某指定点到另一个对象的垂点
平行线	PAR	用于捕捉与指定直线平行方向上的一点
节点	NOD	用于捕捉点对象

续表

模式类型	关键字	含义
插入点	INS	捕捉到块、形、文字、属性或属性定义等对象的插入点
最近点	NEA	用于捕捉对象上距指定点最近的一点
无	NON	不使用对象捕捉
自（起点）	FRO	可与其他捕捉方式配合使用，用于指定捕捉的基点
临时追踪点	TT	可通过指定的基点进行极轴追踪

上述临时捕捉方式仅对当前的捕捉点有效，是绘图中使用的一种较灵活的方法。

2. 常用对象捕捉操作

在绘图过程中，当要求用户指定点时，单击“对象捕捉”工具条上相应的特征按钮（或者单击弹出的“对象捕捉”快捷菜单上的特征命令）；再把光标移动到要捕捉对象上的特征点附近，即可捕捉到相应的对象特征点。

按<F3>功能键或在状态栏上单击“对象捕捉”按钮，可启用或关闭自动对象捕捉。

七、对象捕捉追踪

1. 启用“对象捕捉追踪”命令

启用该命令有2种方法。

（1）单击状态栏中的“对象追踪”按钮对象追踪。

（2）按键盘上的<F11>键。

2.“对象捕捉追踪”的设置

使用“对象捕捉追踪”时，必须打开“对象捕捉”和“极轴模式”开关。“对象捕捉追踪”设置也是通过“草图设置”对话框来完成的。

启用“草图设置”有3种方法：

（1）在菜单栏单击“工具”｜“草图设置”｜“对象捕捉”。

（2）右键单击状态栏中的对象追踪按钮，在弹出的光标菜单中选择“设置”命令。

（3）按住键盘上的<Ctrl>键或者<Shift>键，右键单击绘图窗口，在弹出的光标菜单中选择“对象捕捉设置”命令。

【例】在如图7—20所示的正四边形中心处绘制一个直径为100 mm的圆。

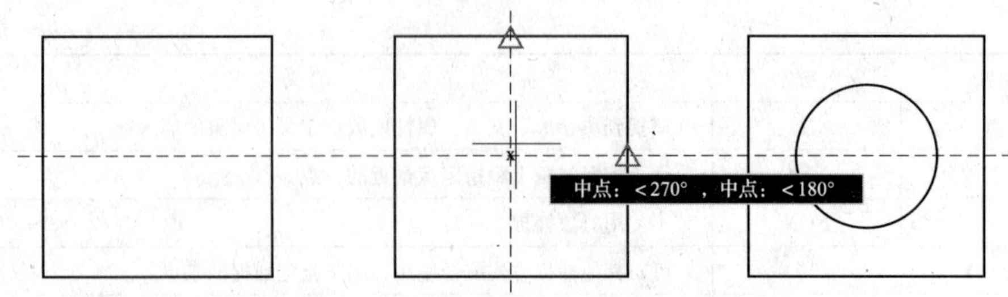

图 7—20　对象捕捉追踪图例

1）右键单击状态栏中的 对象追踪 按钮，弹出光标菜单，选择“设置”选项，打开“草图设置”对话框，在对话框中选择“对象捕捉”选项，在下拉菜单选项中选择“中点”。

2）在绘图窗口中，单击状态栏中的 对象追踪 按钮，使之处于凹下状态，即打开对象追踪开关。

3）绘图过程

命令:_circle（启用绘制圆的命令）

指定圆的圆心或[三点(3P)/两点(2P)/相切、相切、半径(T)]:（让光标分别在四边形的 2 个边中点处进行捕捉追踪，使之都显示“△”形状，然后把光标再移动到 2 个中点的交线处，四边形的中心就追踪到位，如图 7—20 所示的中间图形。）

任务实施

1. 绘制十字中心线

(1) 加载“ACAD - ISO10W100”线型，并将其“置为当前”。

(2) 启动“正交”按钮。使用“直线”命令 LINE 绘制十字中心线。

命令:_line

指定第一点:（鼠标点击绘图区任意点）

指定下一点或[放弃(U)]:290 ↙（鼠标指向右侧，输入 290）

指定下一点或[放弃(U)]:↙（回车，结束命令）

命令:_line（启动直线命令）

指定第一点:_from 基点:<偏移>:@ 0,125 ↙（单击“对象捕捉”工具栏“捕捉自”按钮，捕捉上一步骤水平线中点，单击，输入@0，125）

指定下一点或[放弃(U)]:250 ↙（鼠标指向下侧，输入 250）

指定下一点或[放弃(U)]:↙（回车，结束命令）

绘制效果如图 7—21 所示。

2. 绘制十字路边线

(1) 使用“偏移”命令绘制十字路边线。偏移距离为 20 mm，共偏移 4 次。绘制效果如图 7—22 所示。

(2) 单击工具栏上"对象特性"按钮。利用"特性"选项卡将偏移得到的4条线线型改为"Bylayer"，线宽改为"0.30"（毫米）。绘制效果如图7—23所示。

图7—21 绘制十字中心线　　图7—22 使用偏移命令绘制十字路边线

3. 绘制环行交叉路线的圆环

(1) 将当前线型改为"Bylayer"线型，当前线宽改为"0.30"（毫米）。

(2) 使用"圆"命令绘制环行交叉路线的圆环。

命令:_circle（启动"圆"命令）

指定圆的圆心或[三点(3P)/两点(2P)/相切、相切、半径(T)]:（捕捉十字中心线交点，单击）

指定圆的半径或[直径(D)]:50↙（输入50）

命令:_circle（启动"圆"命令）

指定圆的圆心或[三点(3P)/两点(2P)/相切、相切、半径(T)]:（捕捉十字中心线交点，单击）

指定圆的半径或[直径(D)]<50.0000>:33↙（输入33）

绘制效果如图7—24所示。

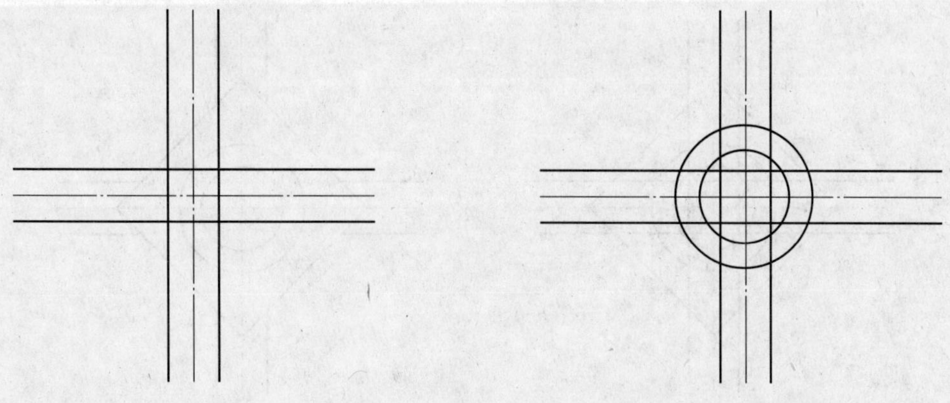

图7—23 修改十字路边线的特性　　图7—24 绘制圆

4. 绘制正多边形

使用“正多边形”命令绘制外切正方形，中心在中心线的交点处，四角都落在路线中线上。

命令:_polygon（启动“正多边形”命令）

输入边的数目 <4>:↙（回车）

指定正多边形的中心点或[边(E)]:（捕捉十字中心线交点，单击）

输入选项[内接于圆(I)/外切于圆(C)] <I>:c↙（输入“c”，选择外切于圆）

指定圆的半径:@70<45↙（输入@70<45）

绘制效果如图7—25所示。

5. 修剪图形

使用“修剪”命令修剪十字中心多余的边线。

命令:_trim（启动“修剪”命令）

当前设置:投影=UCS,边=无

选择剪切边…

选择对象或<全部选择>: 找到1个（单击上一步骤绘制的正多边形）

选择对象:↙（回车）

选择要修剪的对象,或按住<Shift>键选择要延伸的对象,或[栏选(F)/窗交(C)/投影(P)/边(E)/删除(R)/放弃(U)]:（选择要修剪的边线）

选择要修剪的对象,或按住<Shift>键选择要延伸的对象,或[栏选(F)/窗交(C)/投影(P)/边(E)/删除(R)/放弃(U)]:（选择要修剪的边线）

选择要修剪的对象,或按住<Shift>键选择要延伸的对象,或[栏选(F)/窗交(C)/投影(P)/边(E)/删除(R)/放弃(U)]:（选择要修剪的边线）

选择要修剪的对象,或按住<Shift>键选择要延伸的对象,或[栏选(F)/窗交(C)/投影(P)/边(E)/删除(R)/放弃(U)]:（选择要修剪的边线）

选择要修剪的对象,或按住<Shift>键选择要延伸的对象,或[栏选(F)/窗交(C)/投影(P)/边(E)/删除(R)/放弃(U)]:↙（回车，结束命令）

绘制效果如图7—26所示。

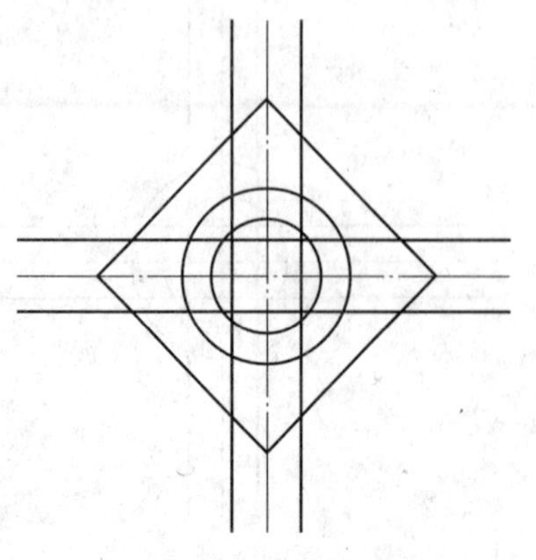

图7—25　绘制正多边形

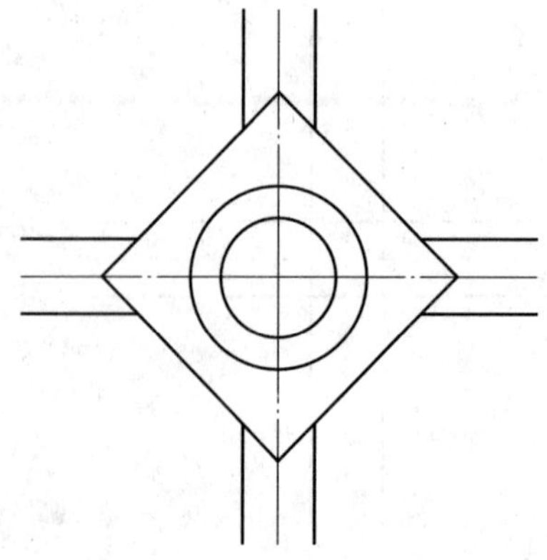

图7—26　修剪图形

6．绘制圆角

用圆角命令将不相交的相邻道路圆滑地连接。绘制效果如图 7—27 所示。

7．修改线型

加载“ACAD－ISO02W100”线型，利用“特性”选项卡，将行车道的分割线线型改为虚线。最终绘制效果如图 7—28 所示。

图 7—27　绘制圆角

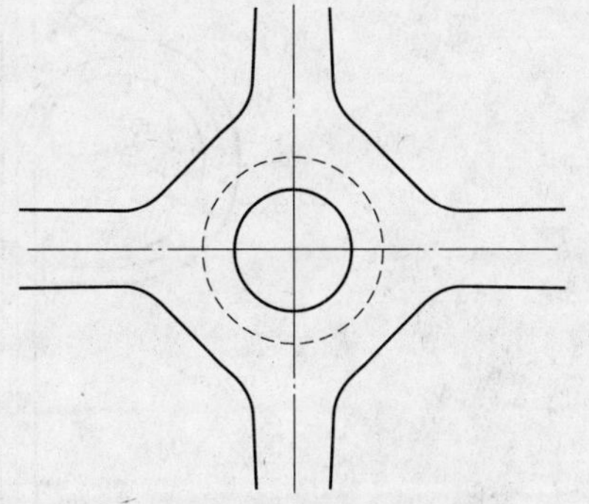

图 7—28　十字路口平面图

思考与练习

1．绘制如习题图 7—1 所示图形。（单位 mm，无须尺寸标注）

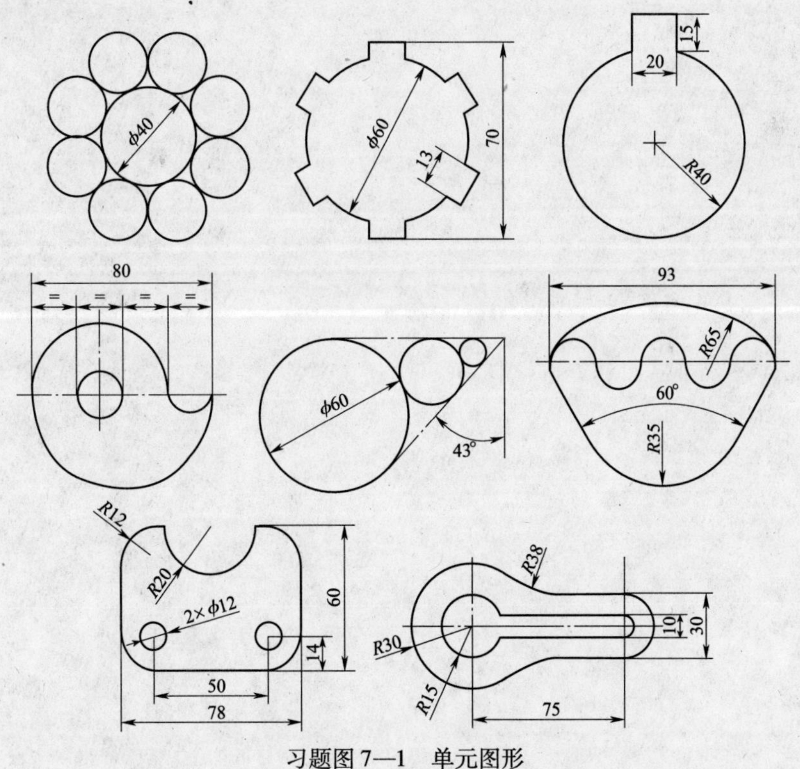

习题图 7—1　单元图形

2. 绘制如习题图 7—2 所示立体交叉图。(单位 mm，无须绘制尺寸标注)

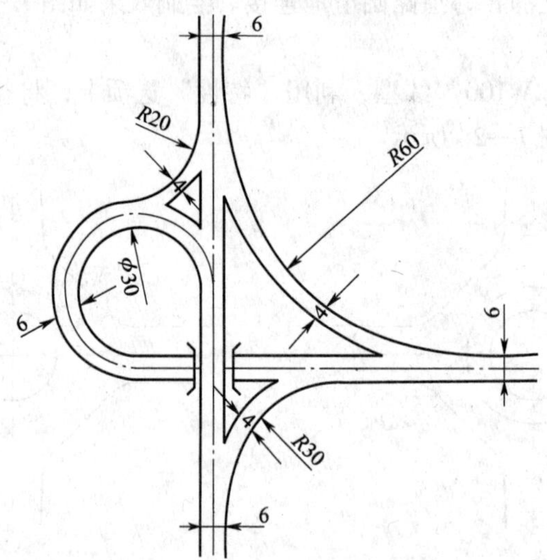

习题图 7—2　立体交叉路口图

任务8

绘制路面结构图

1. 熟练运用矩形命令绘制矩形。
2. 熟练运用分解命令分解图形。
3. 熟练运用图案填充命令填充图案。
4. 熟练定义文字样式，使用单行文字创建命令在图形内输入文字。

绘制如图8—1所示路面结构图（单位为mm）。要求：只绘制图形，不标注尺寸。

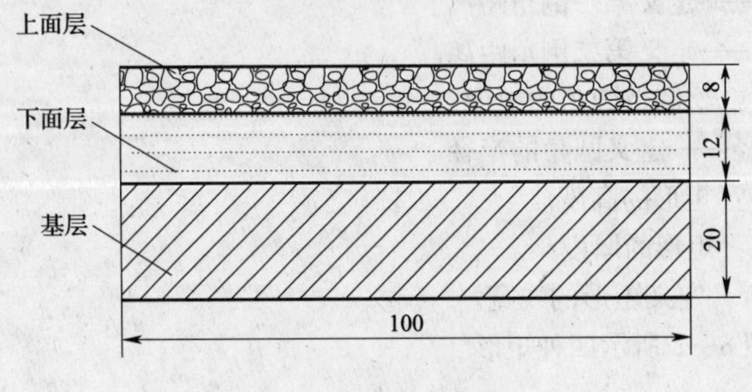

图8—1　路面结构图

本任务需要绘制的路面结构图，主要图形要素包括矩形边框、内部图例以及用文字和直线说明各层内容。

大矩形内分为3个小矩形，且构成大、小矩形的水平边均平行。由此，可将矩形分解为

4 条直线，再用水平线偏移到合理位置完成小矩形的绘制。3 个小矩形为封闭图形，用“图案填充”命令绘制内部图例。

一、矩形的绘制

矩形是一个封闭图形。矩形可通过定义 2 个对角点来绘制，同时可以设定其宽度、圆角和倒角等。利用矩形命令绘制的矩形的四边不相互独立，各个边要一同编辑。

1. 启用“矩形”命令

启用该命令有以下 3 种方法：

（1）在菜单栏单击“绘图”|“矩形”。

（2）单击标准工具栏中的“矩形”按钮。

（3）在命令行输入“REC（或 RECTANG）”。

2. 命令格式

启用“矩形”命令后，命令行提示如下：

命令:_rectang

指定第一个角点或[倒角(C)/标高(E)/圆角(F)/厚度(T)/宽度(W)]:

3. 参数

（1）指定第一角点：定义矩形的一个顶点。

（2）倒角（C）：绘制带倒角的矩形。

第一倒角距离——定义第一倒角距离。

第二倒角距离——定义第二倒角距离。

（3）圆角（F）：绘制带圆角的矩形。

矩形的圆角半径——定义圆角的半径。

（4）标高（E）：矩形的高度。

（5）厚度（T）：矩形的厚度。

（6）宽度（W）：定义矩形的线宽。

【例】绘制如图 8—2 所示四种矩形。

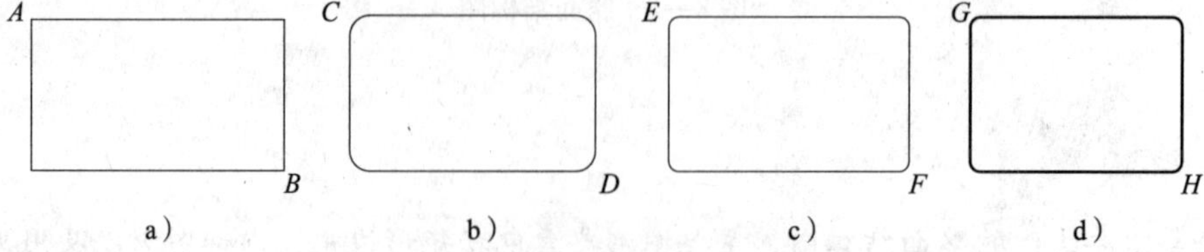

图 8—2　绘制矩形

a）宽度为零　b）倒角 C2　c）圆角为 2　d）宽度为 1，圆角为 2

命令:_rectang（启用矩形命令）

指定第一个角点或[倒角(C)/标高(E)/圆角(F)/厚度(T)/宽度(W)]:（单击 *A* 点）

指定另一个角点或[面积(A)/尺寸(D)/旋转(R)]:（单击 *B* 点）

绘制效果如图 8—2a 所示。

命令:_rectang（启用矩形命令）

指定第一个角点或[倒角(C)/标高(E)/圆角(F)/厚度(T)/宽度(W)]:c↙（输入“c”，设置倒角，回车）

指定矩形的第一个倒角距离 <0.0000 >:2↙（输入第一倒角距离 2，回车）

指定矩形的第二个倒角距离 <2.0000 >:↙（回车，执行尖括号内命令，等同于输入第二倒角距离 2）

指定第一个角点或[倒角(C)/标高(E)/圆角(F)/厚度(T)/宽度(W)]:（单击 *C* 点）

指定另一个角点或[面积(A)/尺寸(D)/旋转(R)]:（单击 *D* 点）

绘制效果如图 8—2b 所示。

命令:_rectang（启用矩形命令）

指定第一个角点或[倒角(C)/标高(E)/圆角(F)/厚度(T)/宽度(W)]:f↙（输入“f”，设置圆角，回车）

指定矩形的圆角半径 <0.0000 >:2↙（输入圆角半径 2，回车）

指定第一个角点或[倒角(C)/标高(E)/圆角(F)/厚度(T)/宽度(W)]:（单击 *E* 点）

指定另一个角点或[面积(A)/尺寸(D)/旋转(R)]:（单击 *F* 点）

绘制效果如图 8—2c 所示。

命令:_rectang（启用矩形命令）

当前矩形模式:圆角 =2.0000（当前圆角半径为 2）

指定第一个角点或[倒角(C)/标高(E)/圆角(F)/厚度(T)/宽度(W)]:w↙（输入“w”，设置线的宽度，回车）

指定矩形的线宽 <0.0000 >:1↙（输入线宽值 1，回车）

指定第一个角点或[倒角(C)/标高(E)/圆角(F)/厚度(T)/宽度(W)]:（单击 *G* 点）

指定另一个角点或[面积(A)/尺寸(D)/旋转(R)]:（单击 *H* 点）

绘制效果如图 8—2d 所示。

二、分解

在 AutoCAD 中绘制一个矩形，这个矩形作为一个整体时，操作者无法移动它的任意一条边；但是，当操作者把这个矩形整体断开，就可以很轻易地移动其中的线段。分解就是将一个独立的合成对象分解为其部件对象。分解前的对象只能进行整体编辑，而分解后的对象则可对每个部分对象进行独立的编辑。

分解命令用于分解组合对象。组合对象是由多个 AutoCAD 基本对象组合而成的复杂对象，如多段线、多线、标注、块、面域、多面网格、多边形网格、三维网格以及三维实体等。

启用“分解”命令有以下 3 种方法。

(1) 在菜单栏单击“修改”|“分解”。

(2) 直接单击“修改”工具栏上的“分解”按钮。

(3) 在命令行输入“EX（或 EXPLODE）”。

启用“分解”命令后，根据命令行提示，选择对象，然后按回车键，整体图形就被分解。

【例】将图 8—3 所示的四边形进行分解。

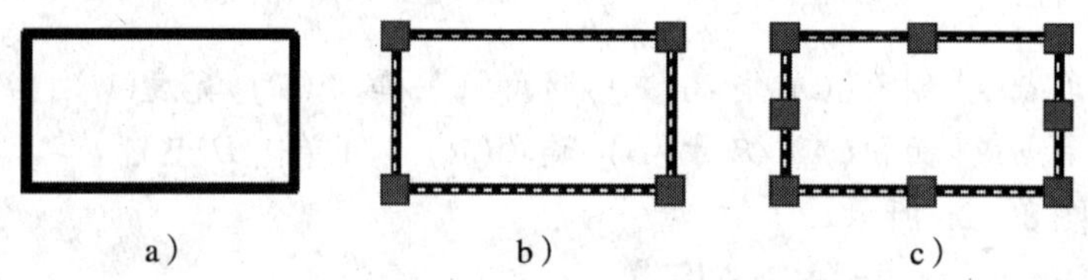

图 8—3 分解

a）原图 b）分解前 c）分解后

命令:_explode（选择分解命令）

选择对象:找到 1 个（选择矩形）

选择对象:↙

三、图案填充

1. 图案填充命令及选项

图案填充是指在指定的区域填入某种图案。操作者可利用系统提供的图案或自定义的图案进行填充。图案填充需确定的内容有填充区域和填充图案两项。

(1) 启用“图案填充”命令

启用该命令有以下 3 种方法：

1）在菜单栏单击“绘图”|“图案填充”。

2）单击绘图工具栏上的“图案填充”按钮。

3）在命令行输入“BH（或 BHATCH）”。

(2) 选项说明

启用图案填充命令，则系统弹出“图案填充和渐变色”对话框，如图 8—4 所示。单击“更多选项”按钮，展开其他选项，如图 8—5 所示。

各项的功能如下：

1）图案填充选项卡

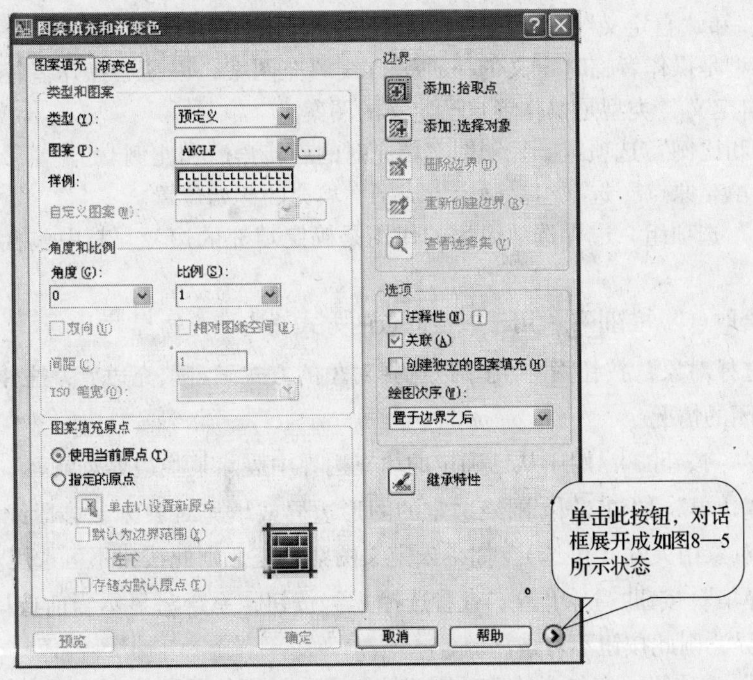

图 8—4 “图案填充和渐变色”对话框

图 8—5 展开“图案填充和渐变色”对话框

①“类型和图案”选项组。指定填充的图案类型和具体图案，图案类型有“预定义”“操作者定义”和“自定义”。“预定义”类型是利用AutoCAD标准图案文件中的图案；“操作者定义”类型是操作者临时定义的一种平行线填充图案，以便于操作者控制剖面线的间距和角度；“自定义”类型是操作者自己定义的图案。

②“角度和比例”选项组。控制图案填充时的旋转角度和比例。

③“图案填充原点”选项组。确定生成图案填充的起始位置。

④“边界”选项组。边界选项组区的作用是确定填充的边界。其中包含的按钮含义如下：

“添加：拾取点”按钮：用于以拾取点的方式确定填充边界。

“添加：选择对象”按钮：用于以选择对象的方式确定填充边界，这种方式通常用于填充边界不封闭的情况。

“删除边界”按钮：用于从已确定的填充边界中废除某些边界对象。

“重新创建边界”按钮：围绕选定的图形边界或填充对象创建多段线或面域，并使其与图案填充对象相关联（可选）。如果未定义图案填充，则此按钮不可选用。

“查看选择集”按钮：单击“查看选择集”按钮，系统将显示当前选择的填充边界。如果未定义边界，则此按钮不可选用。

⑤“选项”选项组。它包含的选项用于控制几个常用的图案填充设置。具体如下：

☑关联(A)复选框：可控制所填充的图案与填充边界是否建立关联关系。建立了关联关系后，若对边界进行边界操作，所填充的图案会随边界的变化更新，以与边界相适应，否则图案就会与边界相分离。

☐创建独立的图案填充(H)复选框：可控制通过几个指定的独立闭合边界来创建单一的图案填充对象还是创建多个图案填充对象。

绘图次序(W):下拉列表框：为填充图案指定绘图次序。

“继承特性”按钮：控制是否选择图形中已有的填充图案作为当前填充图案。

⑥“孤岛”选项组。其包含的选项如下：

☑孤岛检测(L)选项：控制是否检测内部闭合边界。

⊙普通选项：从外部边界向内填充。如果系统遇到一个内部弧岛，它将停止进行图案填充，直到遇到该弧岛的另一个弧岛。其填充效果如图8—6a所示。

○外部选项：从外部边界向内填充。如果系统遇到内部弧岛，它将停止进行图案填充。此选项只对结构的最外层进行图案填充，而图案内部保留空白。其填充效果如图8—6b所示。

○忽略(I)选项：忽略所有内部对象，填充图案时将通过这些对象。其填充效果如图8—6c所示。

⑦“边界保留”选项组。确定是否将填充边界保留为对象。如果保留，还可以确定对象的类型，此时将根据填充边界再创一个边界对象，并添加到图形中。

a）

b）

c）

图 8—6 孤岛

a）普通 b）外部 c）忽略

⑧“边界集”选项组。当以拾取点的方式确定填充边界时，该选项组用于确定填充边界的对象集。

当前视口 下拉列表框：根据当前视口范围内的所有对象定义边界集。

“新建”按钮：提示操作者选择用来定义边界集的对象。

⑨“允许的间隙”选项组。设置将对象用做图案填充边界时可以忽略的最大间隙。“公差”值为 0 时，表明指定对象必须为封闭区域而没有间隙。

⑩“继承选项”选项组。当利用“继承特性”按钮创建图案填充时，控制图案填充原点的位置。

使用当前原点 选项：将使用当前的图案填充原点设置。

使用源图案填充的原点 选项：使用源图案填充的图案填充原点进行填充。

2）“渐变色”选项卡。该选项卡用于创建一种或两种颜色形成的渐变色对图形进行填充。也可以直接单击工具栏上渐变色填充按钮。启用“渐变色”填充命令后，系统弹出如图 8—7 所示“渐变色”选项卡。

各选项组的含义如下：

①“颜色”选项组。该区选项可以设置渐变色的颜色。具体选项如下：

单色(O) 选项：从较深的着色到较浅色调平滑过渡的单色填充。如图 8—7 所示，选择颜色按钮 ...，系统弹出如图 8—8 所示的对话框，从中可以选择系统所提供的索引颜色、真彩色或配色系统颜色。

“着色—渐浅”滑块：指定一种颜色为选定颜色与白色的混合，或为选定颜色与黑色的混合，用于渐变填充。

双色(T) 选项：控制在两种颜色之间平滑过渡的双色渐变填充。AutoCAD 2008 分别为颜色 1 和颜色 2 显示带有浏览按钮的颜色样例。

在渐变图案区域列出了 9 种固定的渐变图案的图标，单击图标就可以选择渐变色填充为线状、球状和抛物面状等图案的填充方式。

②“方向”选项组。在“方向”选项组中，主要用于指定渐变色的角度以及其是否对称。具体选项如下：

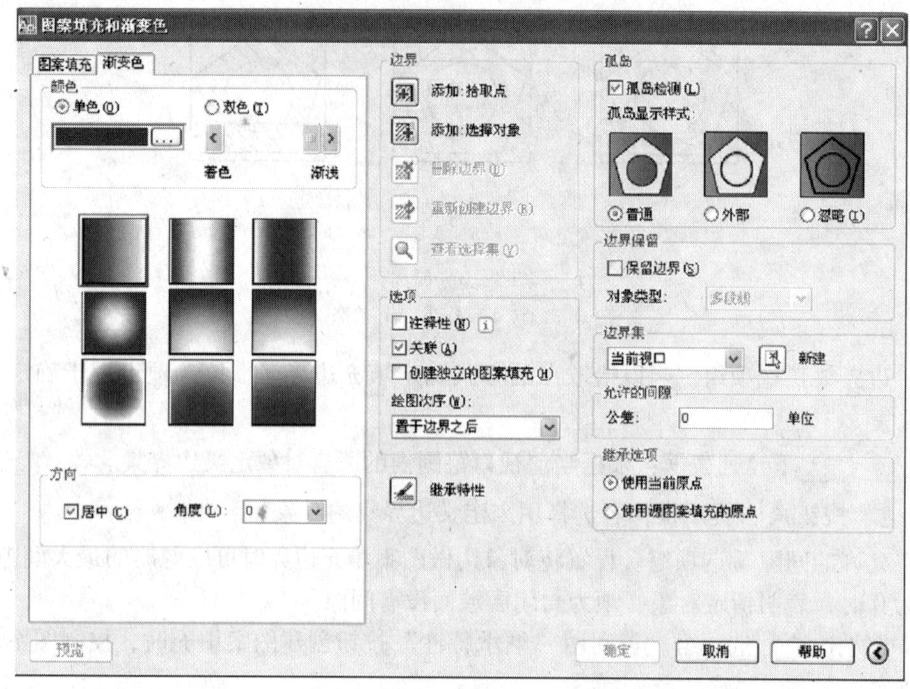

图 8—7　“渐变色”选项卡

☑居中(C) 单选项：指定对称的渐变配置。如果选定该选项，渐变填充将朝左上方变化，创建光源在对象左边的图案。

角度(L): 文本框：指定渐变色的角度。此选项与指定给图案填充的角度互不影响。

2. 编辑图案填充的方法

如果对绘制完的填充图案感到不满意，操作者可以通过“编辑图案填充”命令随时进行修改。

启用“编辑图案填充”命令有 3 种方法。

（1）在菜单栏单击“修改”|“对象”|“图案填充”。

（2）直接单击“修改”工具栏“修改Ⅱ”上的“编辑图案填充”按钮。

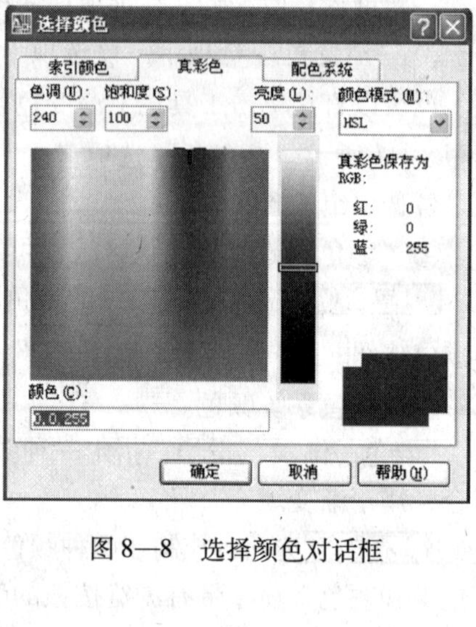

图 8—8　选择颜色对话框

（3）在命令行输入“HATCHDIT”。

启用“编辑图案填充”命令后，选择需要编辑的填充图案，系统将弹出“图案填充编辑”对话框，如图 8—9 所示。修改完成后，单击“预览”按钮进行预览，最后单击“确定”按钮，确定图案填充的编辑。

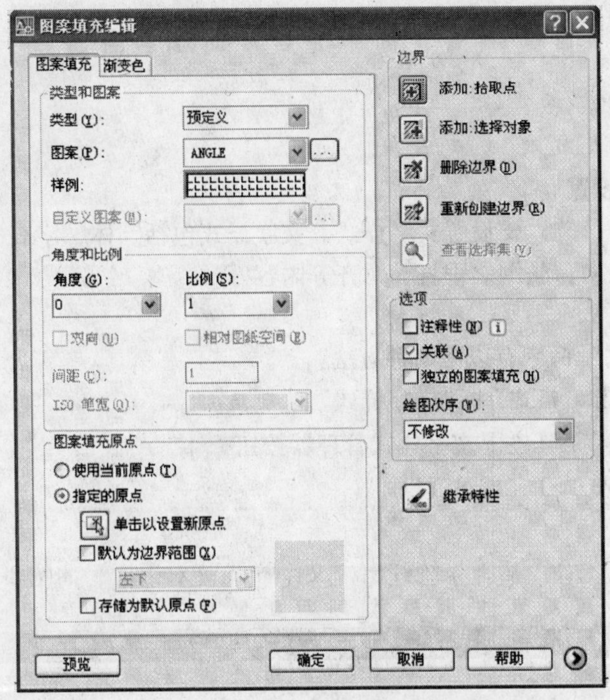

图 8—9 “图案填充编辑”对话框

在该对话框中，许多选项都以灰色显示，表示不能被选择或不可编辑。

3. 控制填充图案的可见性

该命令用于控制填充图案的可见性，还可控制多线、宽多段线、实心填充多边形和宽线的填充显示。

(1) 启用命令方法

在命令行输入“FILL”。

(2) 命令格式

启用命令后，命令行提示如下：

命令:_fill

输入模式[开(ON)/关(OFF)]<当前值>:

输入“ON”，将显示填充图案；输入“OFF”，将不显示填充图案。

可以使用 REGEN 命令观察、修改 FILL 命令设置后的效果。AutoCAD 中该命令用于重

生成图形并刷新显示当前显示窗口。

四、单行文字

1. 文字样式的设置

在输入文字之前，首先要设置文字样式。文字样式包括字体、字高、宽度比例、倾斜比例、倾斜角度以及反向、颠倒、垂直、对齐等内容。

（1）创建文字样式

启用“文字样式”命令有以下 3 种方法：

1）在菜单栏单击“格式”|“文字样式”。

2）单击“格式”工具栏上文字样式管理器按钮。

3）在命令行输入“ST（或 STYLE）”。

（2）选项说明

启用“文字样式”命令后，系统弹出“文字样式”对话框，如图 8—10 所示。

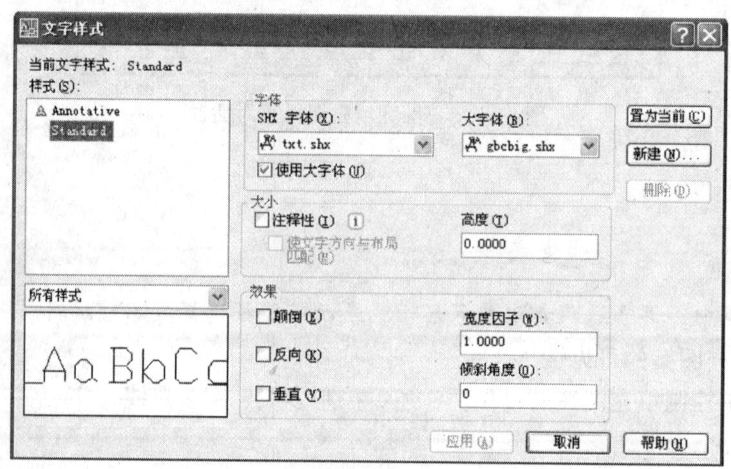

图 8—10　“文字样式”对话框

在“文字样式”对话框中，各选项组的意义如下：

1）按钮区。在“文字样式”对话框的右侧和下方有若干按钮，它们用于对文字样式的基本管理操作。

①置为当前(C)：将在“样式”列表中选择的文字样式设置为当前文字样式。

②新建(N)...：该按钮是用来创建新字体样式的。单击该按钮，弹出“新建文字样式”对话框，如图 8—11 所示。在该对话框的文本框中，操作者输入所需要的样式名，单击确定按钮，返回到“文字样式”对话框，在对话框中对新命名的文字进行设置。

图 8—11　“新建文字样式”对话框

③删除(D)：该按钮是用来删除在“样式”列表区选择的文字样式，当选中文字样式时，该按钮才显现为有效状态，否则平时处于灰度状态（即不可选）。但是，该按钮不能删除当前文字样式，以及已经用于图形中文字的文字样式。

④应用(A)：在修改了文字样式的某些参数后，该按钮才显示为有效状态，否则平时处于灰度状态（即不可选）。单击该按钮，可使设置生效，并将所选文字样式设置为当前文字样式。此时，其右侧的取消按钮将变为关闭(C)按钮。

2）“字体”选项组。该选项组用来设置文字样式的字体类型及大小。

①SHX字体(X):下拉列表：通过该选项可以选择文字样式的字体类型。默认情况下，☑使用大字体(U)复选框被选中，此时只能选择扩展名为“.shx”的字体文件。

②大字体(B):下拉列表：选择为亚洲语言设计的大字体文件。例如，gbcbig. txt代表简体中文字体，chineseset. txt代表繁体中文字体，bigfont. txt代表日文字体等。

③□使用大字体(U)复选框：如果取消该复选框，“SHX字体”下拉列表将变为“字体名”下拉列表，此时可以在其下拉列表中选择“.shx”字体或“TrueType字体”（字体名称前有“T”标志），如宋体、仿宋体等各种汉字字体，如图8—12所示。

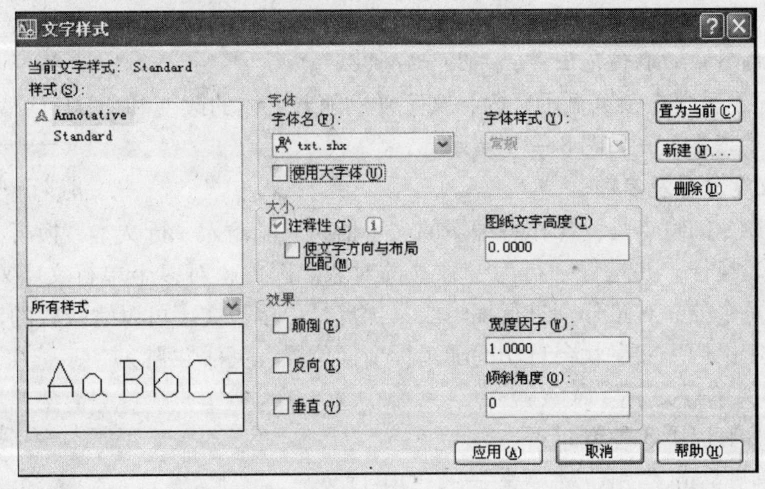

图8—12 取消“使用大字体”复选框

一旦在“字体名”下拉列表中选择“TrueType字体”，□使用大字体(U)复选框将变为无效，而后面的“字体样式”下拉列表将变为有效。利用该下拉列表可设置字体的样式（如常规、粗体、斜体等）。该设置只对英文字体有效，并且字体不同，字体样式下拉列表的内容也不同。

3）“大小”选项组

①高度(T)编辑框：设置文字样式的默认高度，其缺省值为0。如果该数值为0，则在创建单行文字时，必须设置文字高度；而在创建多行文字或作为标注文本样式时，文字的默认高度均被设置为2.5，操作者可以根据情况进行修改。如果该数值不为0，无论是创建单行、

多行文字，还是作为标注文本样式，该数值将被作为文字的默认高度。

②☑注释性(I) ⓘ复选框：如果选中该复选框，表示使用此文字样式创建的文字支持使用注释比例，此时“高度”编辑框将变为“图纸文字高度”编辑框，如图 8—13 所示。

图 8—13　注释性复选框的意义

4）“效果”选项组。效果设置用来设置文字样式的外观效果，如图 8—14 所示。

①□颠倒(E)：颠倒显示字符，也就是通常所说的“大头向下”。

②□反向(K)：反向显示字符。

③□垂直(V)：字体垂直书写，该选项只有在选择“.shx”字体时才可使用。

④宽度因子(W)：在不改变字符高度情况下，控制字符的宽度。宽度比例小于 1，字的宽度被压缩，此时可制作瘦高字；宽度比例大于 1，字的宽度被扩展，此时可制作扁平字。

⑤倾斜角度(O)：控制文字的倾斜角度，用来制作斜体字。

设置文字倾斜角的取值范围是：$-85° \leqslant \alpha \leqslant 85°$。

5）预览显示区。在预览显示区内，文字样例随着字体的改变和效果的修改，动态显示，如图 8—14 所示。

图 8—14　预览显示

2. 单行文字命令及参数

单行文字命令的特点是：操作者编辑的文字信息只能输入一行文本，换行必须要使用回车键，不能自动换行，并且每一行为一独立的对象。因此，对多个单行文字对象进行修改时，要单独对每个独立对象分别进行编辑。其优点是：单行文字可以跳跃式的输入，设置好文字格式后单击鼠标，文字就会自动的随鼠标变换位置，灵活性强。

（1）启用“单行文字”命令

启用该命令有以下 3 种方式：

1）在菜单栏单击“绘图”|“文字”|“单行文字”。

2）直接单击“文字”工具栏上的“单行文字”按钮 AI。

3）在命令行输入“DT（或 DTEXT）”。

（2）命令格式

启动“单行文字”命令后，命令行提示如下：

```
命令:_dtext
当前文字样式:样式 3 当前文字高度:2.5000
指定文字的起点或[对正(J)/样式(S)]:
```

（3）参数

1）指定文字的起点。该选项为默认选项，输入或拾取注写文字的起点位置。当确定起点位置后，命令行提示：

指定高度<2.5000>：（输入文字的高度。也可以输入或拾取两点，以两点之间的距离为字高。当系统确定文字高度值后，命令行继续提示）

指定文字的旋转角度<0>：（输入所注写的文字与 X 轴正方向的夹角，也可以输入或拾取两点，以两点的连线与 X 轴正方向的夹角为旋转角。命令行继续提示）

输入文字：（输入需要注写的文字。用回车键换行，连续两次回车，结束命令）

2）对正（J）。该选项用于确定文本的对齐方式。

输入 J 后，命令行提示：

输入选项[对齐(A)/调整(F)/中心(C)/中间(M)/右(R)/左上(TL)/中上(TC)/右上(TR)/左中(ML)/正中(MC)/右中(MR)/左下(BL)/中下(BC)/右下(BR)]：

各种定位方式含义如下。

①对齐（A）。该选项是通过输入两点（◇表示定位点）确定字符串底线的长度。这种定位方式根据输入文字的多少确定字高，字高与字宽比例不变。即：在两对齐点位置不变的情况下，输入的字数越多，字就越小，如图 8—15 所示。

②调整（F）。该选项是通过输入两点确定字符串底线的长度和原设定好的字高确定字的定位。即：字高始终不变，当两定位点确定之后，输入的字多，字就变窄；反之字就变宽，如图 8—16 所示。

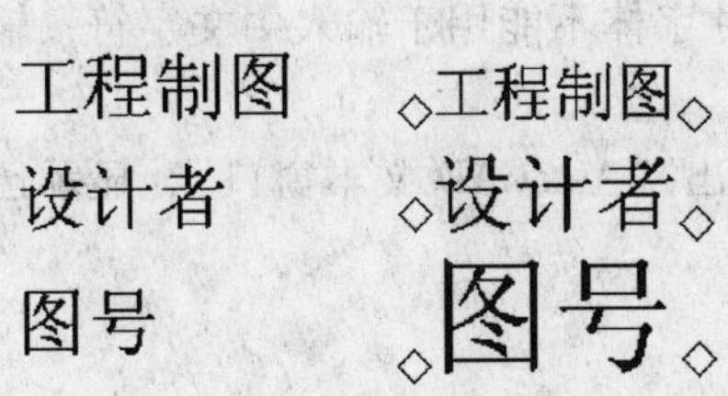

图 8—15　对齐方式定位文字

a）原始文字　b）对齐定位方式下文字

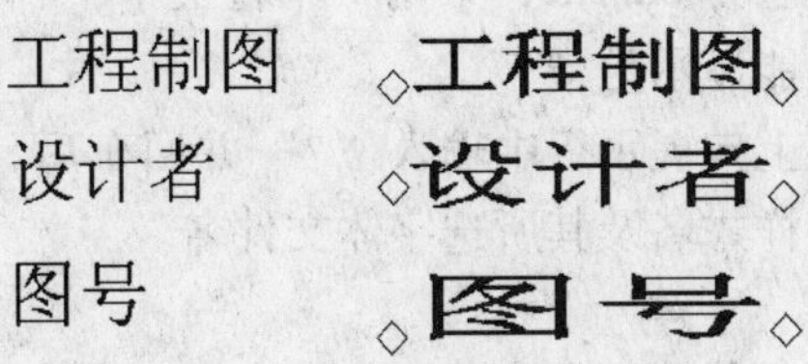

图 8—16　调整方式定位文字

a）原始文字　b）调整方式下文字

③中心（C）：该选项是将定位点设定在字符串基线的中点。

④中间（M）：该选项是将定位点设定在字符串的中间。当所输入字符只占从顶线到底线或从中线到基线，那么该定位点位于中线与基线之间；当所输入字符只占从顶线到基线，该定位点位于中线上；当所输入字符只占从顶线到基线，该定位点位于基线上。

⑤右（R）：该选项是将定位点设定在字符串基线的右端。

⑥左上（TL）：该选项是将定位点设定在字符串顶线的左端。

⑦中上（TC）：该选项是将定位点设定在字符串顶线的中间。

⑧右上（TR）：该选项是将定位点设定在字符串顶线的右端。

⑨左中（ME）：该选项是将定位点设定在字符串中线的左端。

⑩正中（MC）：该选项是将定位点设定在字符串中线的中间。

⑪右中（MR）：该选项是将定位点设定在字符串中线的右端。

⑫左下（BL）：该选项是将定位点设定在字符串底线的左端。

⑬中下（BC）：该选项是将定位点设定在字符串底线的中间。

⑭右下（BR）：该选项是将定位点设定在字符串底线的右端。

各项基点的位置如图 8—17 所示。

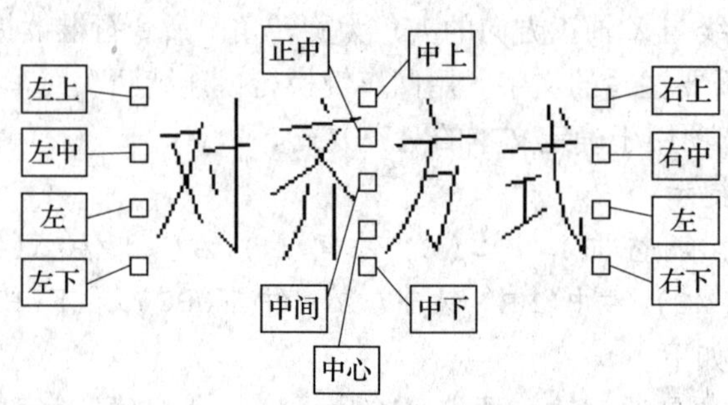

图 8—17　各项基点的位置

3）样式（S）：该选项是用于改变当前文字样式。

输入 S，命令行提示：

输入样式名或[?]<Standard>:

输入的样式名必须是已经设置好的文字样式。系统默认的样式名为“Standard”，其字体文件名为 txt. shx，采用“单行文字”命令时，这种字体不能用于输入中文字符，输入的汉字只能显示为“?”。

在上句提示行中输入“?”并回车后，屏幕上弹出“AutoCAD 文本窗口”，显示已设置的文字样式名及其所选字体文件名。

1. 绘制路面结构图外框

使用“矩形”命令绘制路面结构图外框，如图 8—18 所示。

命令:_rectang(单击按钮□)

指定第一个角点或[倒角(C)/标高(E)/圆角(F)/厚度(T)/宽度(W)]:（鼠标单击）

指定另一个角点或[面积(A)/尺寸(D)/旋转(R)]:@ 100, -40↙（键盘输入对角点相对坐标，回车）

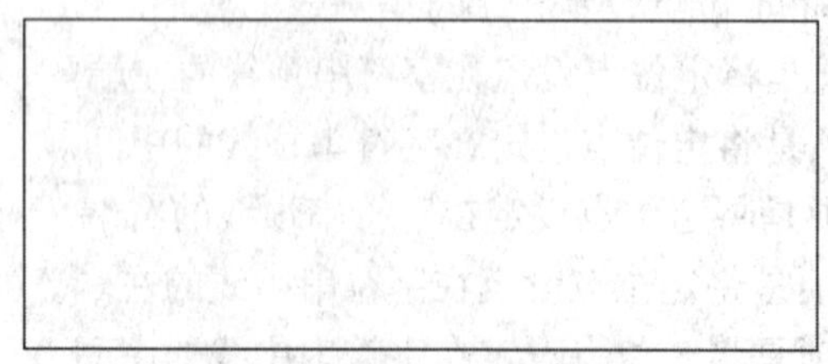

图 8—18　绘制路面结构图外框

2. 绘制路面结构图分界线

（1）分解矩形。

（2）将矩形上方水平边分别偏移8 mm和20 mm，如图8—19所示。

图8—19 绘制路面结构图分界线

（3）设置水平线线宽为0.4 mm，如图8—20所示。

图8—20 设置水平线的线宽

3. 进行图案填充

（1）填充边长为8 mm×100 mm的矩形。

1）单击按钮，弹出“图案填充和渐变色”选项卡。

2）单击按钮，然后单击边长为8 mm×100 mm的矩形内部区域任意点，如图8—21所示。回车，弹出“图案填充和渐变色”选项卡。

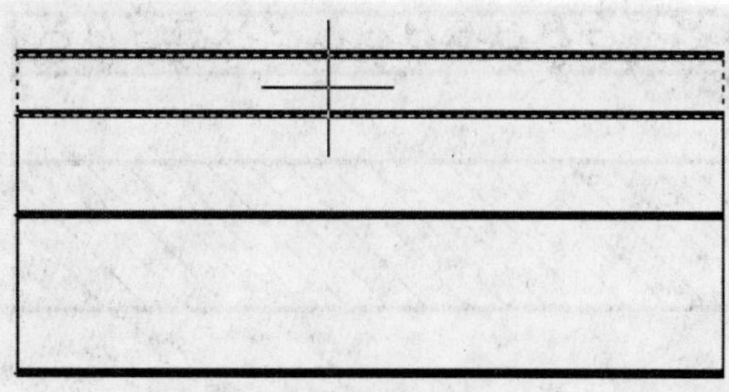

图8—21 图案填充步骤1

3）在“图案填充和渐变色”选项卡中，单击按钮，弹出“填充图案选项板”对话框，在“其他预定义”选项卡中选择“GRAVEL”图案，如图8—22所示。填充比例选为0.25。单击 确定 按钮。填充效果如图8—23所示。

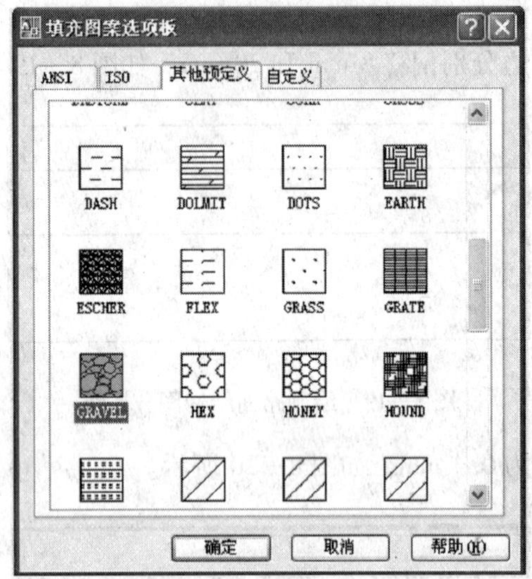

图 8—22 图案填充步骤 2

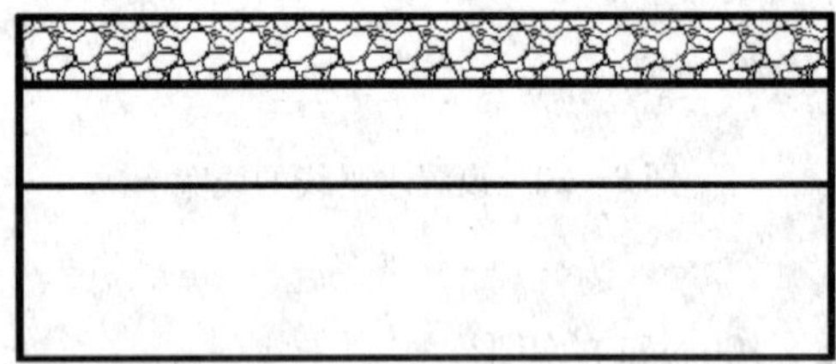

图 8—23 图案填充步骤 3

（2）以相同方式填充边长其他矩形，如图 8—24 所示。

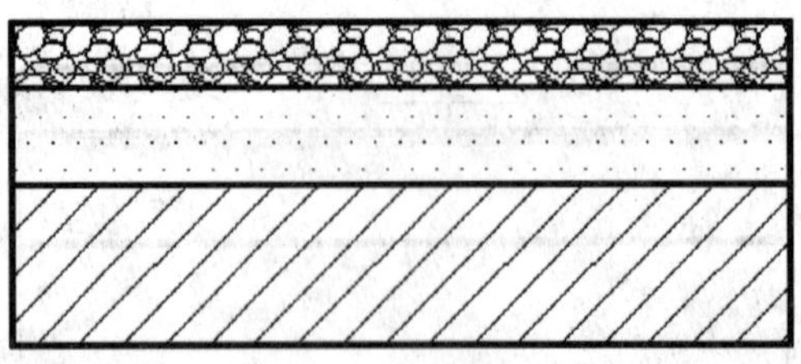

图 8—24 图案填充步骤 4

4. 文字输入

（1）用直线命令绘制引线，如图 8—25 所示。

（2）设置文字样式。字高为 7，字体为宋体。

（3）单行文字输入。如图 8—26 所示。保存圆形文件，任务完成。

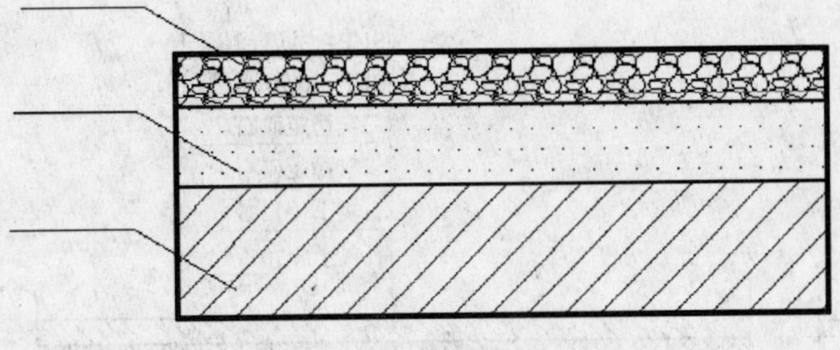

图 8—25　绘制引线

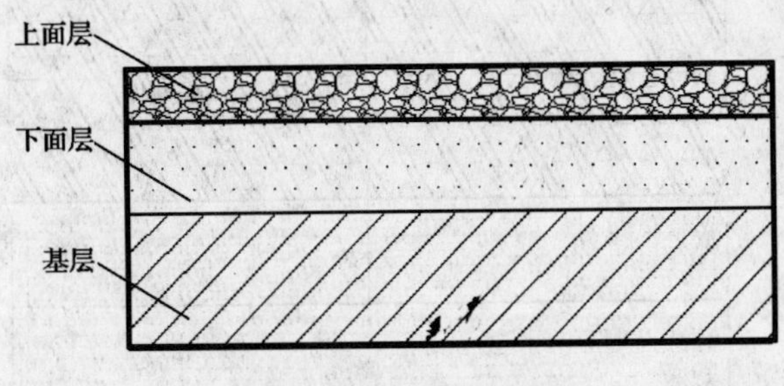

图 8—26　文字输入

思考与练习

1. 使用矩形及其他命令绘制如习题图 8—1 所示图形。

2. 绘制如习题图 8—2 所示的桥墩剖面图（单位为 mm）。要求：只绘制图形，不标注尺寸。

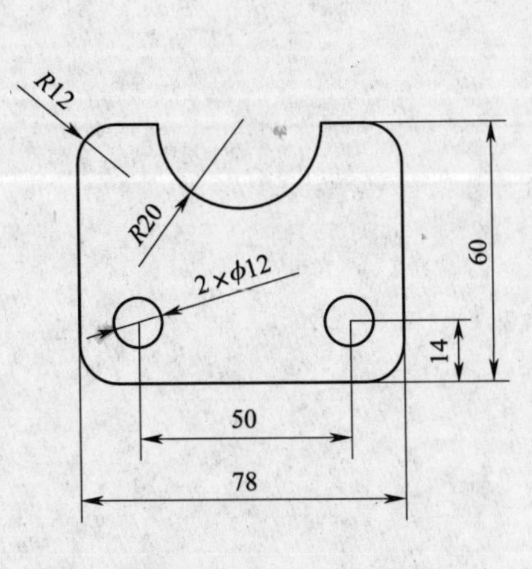

习题图 8—1　挖孔矩形

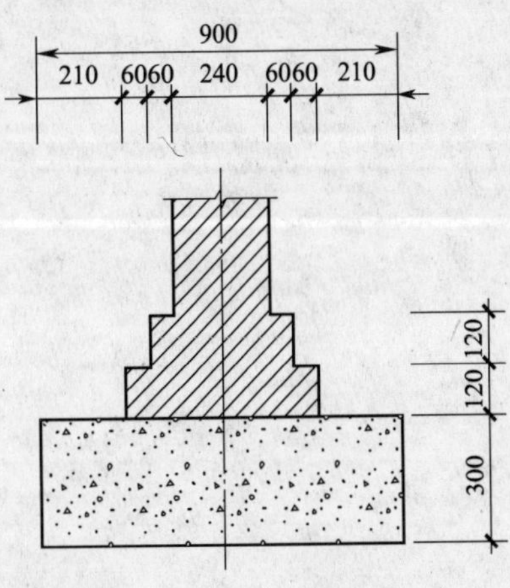

习题图 8—2　桥墩剖面图

3. 绘制如习题图 8—3 所示的路面结构图和文字（单位为 mm）。要求：只绘制图形，不标注尺寸。

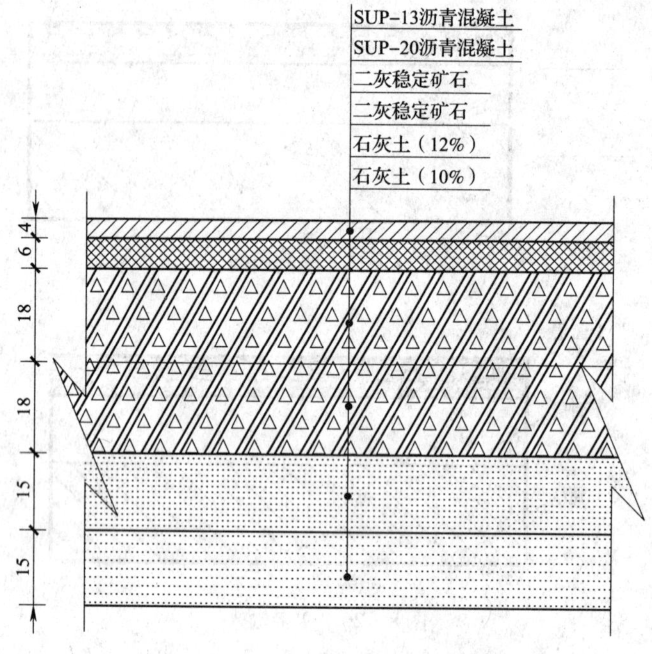

习题图 8—3　路面结构图

提示：

(1) 图像两侧为折断线，所以水平长度在能表达的基础上可以任意选择。

(2) 填充的图案的比例过大，填充效果无法显示出来。更改比例才能显示图例。

任务 9

绘制路线平面图

1. 熟练使用多段线命令、样条曲线命令、圆弧命令绘制图形。
2. 熟练使用多段线编辑命令、样条曲线编辑命令对图形进行编辑。

根据表 9—1 提供的点的坐标，绘制如图 9—1 所示路线平面图（单位为 m）。要求：只绘制图形，不标注尺寸。

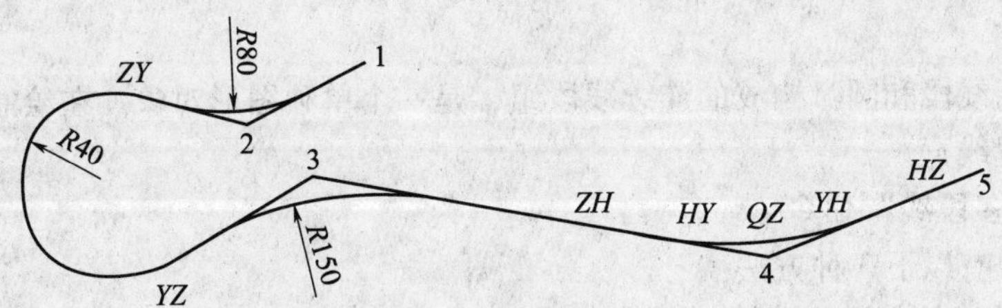

图 9—1　路线平面图

表 9—1　　**路线平面图坐标表**

点	坐标	点	坐标
1	201. 382 8，233. 023 6	*ZH*	295. 615 6，163. 804 6
2	150. 434 9，207. 609 9	*HY*	347. 640 3，157. 023 3
ZY	100. 539 4，220. 979 4	*QZ*	374. 517 0，157. 129 4

续表

点	坐标	点	坐标
YZ	113.294 2，147.000 0	*YH*	400.947 6，162.061 1
3	178.246 1，184.500 0	*HZ*	451.232 2，178.622 9
4	375.207 7，149.770 4	5	468.695 7，185.266 6

本任务需要绘制的路线平面图，其主要图形要素包括圆曲线、缓和曲线、回头曲线和直线。

先绘制由直线构成的导线。采用“多段线”命令绘制的导线是一个整体，比“直线”命令绘制的导线更容易被编辑与选中。回头曲线为圆的一部分，可采用“圆弧”命令绘制。圆曲线与导线相切，可采用“圆”命令中“相切、相切、半径”选项绘制。缓和曲线即可以用“多段线”命令绘制通过 *ZH*、*HY*、*QZ*、*YH*、*HZ* 五点的折线，然后再用“多段线编辑”命令选择“样条曲线”选项；也可以采用“样条曲线”命令绘制。一般情况下，AutoCAD 中的样条曲线最接近公路平面曲线的形状，在常用比例尺的情况下，在图样上肉眼分辨不出两者的不同。

一、多段线的绘制

多段线是由线段和圆弧构成的连续线段组，是一个单独图形对象。在绘制过程中，操作者可以随意设置线宽。

1. 启用“多段线”命令

启用该命令有以下 3 种方法：

（1）在菜单栏单击“绘图”|“多段线”。

（2）单击“绘图”工具栏中的“多段线”按钮。

（3）在命令行输入“PL（或 PLINE）”。

2. 命令格式

启用该命令后，命令行提示如下：

命令：_pline
指定起点：
当前线宽为 0.000 0
指定下一个点或[圆弧(A)/半宽(H)/长度(L)/放弃(U)/宽度(W)]：

3. 参数

（1）指定下一个点：该选项为默认选项。指定多段线的下一点，生成一段直线。命令行提示：

指定下一点或[圆弧(A)/闭合(C)/半宽(H)/长度(L)/放弃(U)/宽度(W)]：（可以继续输入下一点，连续不断地重复操作。直接回车，结束命令。）

（2）圆弧（A）：用于绘制圆弧并添加到多段线中。绘制的圆弧与上一线段相切。

（3）长度（L）：在与前一段相同的角度方向上绘制指定长度的直线段。如果前一线段为圆弧，AutoCAD将绘制与该弧线段相切的新线段。

（4）半宽（H）：用于指定从有宽度的多段线线段的中心到其一边的宽度，起点半宽将成为默认的端点半宽，端点半宽在再次修改半宽之前将作为所有后续线段的统一半宽，宽线线段的起点和端点位于宽线的中心。

（5）宽度（W）：用于指定下一条直线段或弧线段的宽度。与半宽的设置方法相同，可以分别起始点与终止点的宽度，可以绘制箭头图形或者其他变化宽度的多段线。

（6）闭合（C）：从当前位置到多段线的起始点绘制一条直线段，用以闭合多段线。

（7）角度（A）：指定圆弧线段从起始点开始的包含角。输入正值时，将按逆时针方向创建弧线段；输入负值时，将按顺时针方向创建弧线段。

（8）方向（D）：用于指定弧线段的起始方向。绘制过程中可以用鼠标单击来确定圆弧的弦方向。

（9）直线（L）：用于退出绘制圆弧选项，返回绘制直线的初始提示。

（10）半径（R）：用于指定弧线段的半径。

（11）第二点选项：用于指定三点圆弧的第二点和端点。

（12）放弃（U）：删除最近一次添加到多段线上的弧线段或直线段。

【例】绘制如图9—2所示多段线。其中，$AB=100$，$AC=300$，$AD=400$。

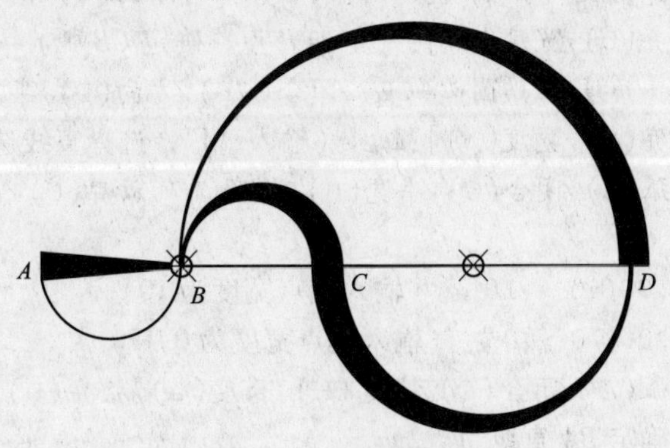

图9—2 多段线图例

使用直线命令绘制AD。

命令:_pline（启用“多段线”命令）

指定起点:<对象捕捉 开>（单击确定A点位置）

当前线宽为0.000 0↙

指定下一个点或[圆弧(A)/半宽(H)/长度(L)/放弃(U)/宽度(W)]:a↙（输入“a”，选择圆弧选项）

指定圆弧的端点或[角度(A)/圆心(CE)/方向(D)/半宽(H)/直线(L)/半径(R)/第二个点(S)/放弃(U)/宽度(W)]:a↙（输入“a”，选择角度选项）

指定包含角:180（输入圆弧的包含角度值）

指定圆弧的端点或[圆心(CE)/半径(R)]:（单击 *B* 点，确定 *AB* 弧）

指定圆弧的端点或[角度(A)/圆心(CE)/闭合(CL)/方向(D)/半宽(H)/直线(L)/半径(R)/第二个点(S)/放弃(U)/宽度(W)]:w↙（输入“w”，选择宽度选项）

指定起点宽度<0.000 0>:0↙（输入起点宽度为0）

指定端点宽度<0.000 0>:10↙（输入端点宽度为10）

指定圆弧的端点或[角度(A)/圆心(CE)/闭合(CL)/方向(D)/半宽(H)/直线(L)/半径(R)/第二个点(S)/放弃(U)/宽度(W)]:（单击 *D* 点，确定 *BD* 弧）

指定圆弧的端点或[角度(A)/圆心(CE)/闭合(CL)/方向(D)/半宽(H)/直线(L)/半径(R)/第二个点(S)/放弃(U)/宽度(W)]:w↙（输入“w”，选择宽度选项）

指定起点宽度<0.000 0>:0↙（输入起点宽度为0）

指定端点宽度<10.000 0>:10↙（输入端点宽度为10）

指定圆弧的端点或[角度(A)/圆心(CE)/闭合(CL)/方向(D)/半宽(H)/直线(L)/半径(R)/第二个点(S)/放弃(U)/宽度(W)]:（单击 *C* 点，确定 *DC* 弧）

指定圆弧的端点或[角度(A)/圆心(CE)/闭合(CL)/方向(D)/半宽(H)/直线(L)/半径(R)/第二个点(S)/放弃(U)/宽度(W)]:w↙（输入“w”，选择宽度选项）

指定起点宽度<0.000 0>:0↙（输入端点宽度为0）

指定端点宽度<10.000 0>:10↙（输入端点宽度为10）

指定圆弧的端点或[角度(A)/圆心(CE)/闭合(CL)/方向(D)/半宽(H)/直线(L)/半径(R)/第二个点(S)/放弃(U)/宽度(W)]:（单击 *B* 点，确定 *CB* 弧）

指定圆弧的端点或[角度(A)/圆心(CE)/闭合(CL)/方向(D)/半宽(H)/直线(L)/半径(R)/第二个点(S)/放弃(U)/宽度(W)]:l↙（输入“l”，选择直线选项）

指定下一点或[圆弧(A)/闭合(C)/半宽(H)/长度(L)/放弃(U)/宽度(W)]:w↙（输入“w”，选择宽度选项）

指定起点宽度<0.000 0>:10↙（输入端点宽度为10）

指定端点宽度<0.000 0>:0↙（输入起点宽度为0）

指定下一点或[圆弧(A)/闭合(C)/半宽(H)/长度(L)/放弃(U)/宽度(W)]:（单击 *A* 点或输入“c”闭合，确定 *BA* 直线。）

二、编辑多段线

上述介绍了多段线的画法。如果想改变多段线的颜色、线宽等特征，可以通过“多段线编辑”命令对其进行修改。如果是直线、多边形、圆弧等非多段线的图形对象，可以通过“多段线编辑”命令，将图形转化为多段线。

1. 启用“多段线编辑”命令

启用该命令有以下3种方法：

（1）在菜单栏单击“修改”|“对象”|“多段线”。

（2）可以从工具栏上右键单击，调出“修改Ⅱ”工具条，单击“多段线编辑”按钮。

（3）在命令行输入“PE（或PEDIT）”。

2. 命令格式

启用该命令后，光标变成拾取状态，单击需要编辑的多段线，AutoCAD系统将给出如下提示：

命令：_pedit

选择多段线或[多条(M)]：

选定的对象不是多段线

是否将其转换为多段线？<Y>

输入选项

[闭合(C)/合并(J)/宽度(W)/编辑顶点(E)/拟合(F)/样条曲线(S)/非曲线化(D)/线型生成(L)/放弃(U)]：

3. 参数

（1）闭合（C）：选择闭合，则将多段线首尾相连，形成一条封闭的多段线。

（2）合并（J）：用于合并线条，可以将选定的多个多段线合并成一条多段线。也可以将不相接的多段线进行合并。如果所选择的线段对象不是多段线图形，可将图形进行转化，再进行合并。

（3）宽度（W）：设置该多段线的全程宽度。对于其中某一条线段的宽度，可以通过顶点编辑来修改。

（4）编辑顶点（E）：对多段线的各个顶点进行单独的编辑。选择该选项后，命令提示如下：

输入顶点编辑选项

[下一个(N)/上一个(P)/打断(B)/插入(I)/移动(M)/重生成(R)/拉直(S)/切向(T)/宽度(W)/退出(X)]<N>：

其中，下一个（N）——选择下一个顶点。

上一个（P）——选择上一个顶点。

打断（B）——将多段线一分为二，或是删除顶点处的一条线段。

插入（I）——在要标记处插入一个顶点。

移动（M）——移动顶点到新位置。

重生成（R）——重新生成多段线以观察编辑后的效果。一般情况下，很少采用重生成项。

拉直（S）——删除所选顶点间的所有顶点，用一条直线代替。

切向（T）——在当前标记顶点处设置切向矢量方向以控制曲线拟合。

宽度（W）——设置每一独立的线段的宽度，始点末点宽度可以设置成不同值。

退出（X）——退出顶点编辑，回到 pedit 命令提示下。

（5）拟合（F）：产生通过多段线所有顶点、彼此相切的各圆弧段组成的光滑曲线。

（6）样条曲线（S）：产生通过多段线首、末顶点，其形状和走向由多段线其余顶点控制的样条曲线，其类型由系统变量来确定。

（7）非曲线化（D）：取消拟合或样条曲线，回到直线状态。

（8）线型生成（L）：控制多段线在顶点处的线型，选择该项后出现以下提示：

输入多段线线型生成选项[开(ON)/关(OFF)]

如果选择“ON”，则为连续线型。如果选择“OFF”，则为点画线型。

（9）放弃（U）：取消最后的编辑。

【例】将如图 9—3a 所示封闭三角形图线改成如图 9—3b 所示线宽为 3 的多段线。

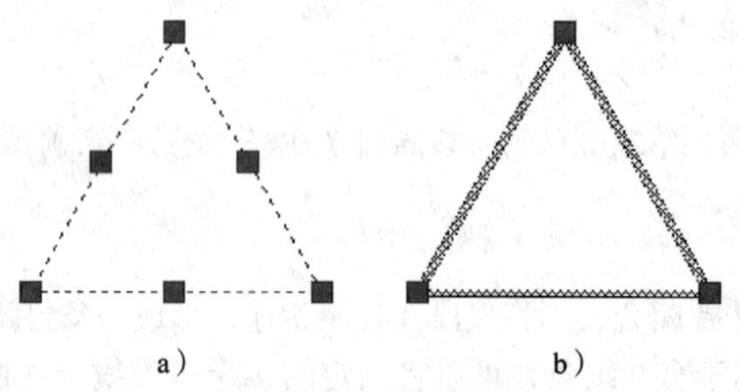

图 9—3　编辑多段线和样条曲线

a）封闭三角形　b）多段线

命令:_pedit（启用“多段线编辑”命令 ）

选择多段线或[多条(M)]:

选定的对象不是多段线（选择三角形的一个边）

是否将其转换为多段线? <Y>↙（将其转换为多段线）

输入选项

[闭合(C)/合并(J)/宽度(W)/编辑顶点(E)/拟合(F)/样条曲线(S)/非曲线化(D)/线型生成(L)/放弃(U)]:w↙（输入“w”，选择宽度选项）

指定所有线段的新宽度:3↙（输入宽度值 3）

输入选项

[闭合(C)/合并(J)/宽度(W)/编辑顶点(E)/拟合(F)/样条曲线(S)/非曲线化(D)/线型生成(L)/放弃(U)]:j↙（输入“j”，选择合并选项）

选择对象:指定对角点:找到 2 个↙（选择其他两边）

绘制效果如图 9—3b 所示。

三、样条曲线的绘制

样条曲线是由多条线段光滑过渡而形成的曲线，其形状是由数据点、拟合点及控制点来控制的。其中，数据点是在绘制样条曲线时，由操作者确定。拟合点及控制点是由系统自动产生，用来编辑样条曲线。

1. 启用“样条曲线”命令

(1) 在菜单栏单击“绘图”|“样条曲线”。

(2) 单击“绘图”工具栏中的“样条曲线”按钮。

(3) 在命令行中输入“SPL（或SPLINE）”。

2. 命令格式

命令:_spline

指定第一个点或[对象(O)]:(回车)

指定下一点:

指定下一点或[闭合(C)/拟合公差(F)]<起点切向>:

3. 参数

(1) 对象（O）：将通过PEDIT命令绘制的多段线转化为样条曲线。

(2) 闭合（C）：用于绘制闭合的样条曲线。

(3) 拟合公差（F）：用于设置拟合公差。拟合公差是样条曲线输入点之间所允许偏移的最大距离。当给定拟合公差时，绘制的样条曲线不是都通过输入点。如果公差设置为0，样条曲线通过拟合点；如果公差设置大于0，将使样条曲线在指定的公差范围内通过拟合点，如图9—4所示。

(4) 起点切向：用于定义样条曲线的第一点和最后一点的切向，如果按<Enter>键，AutoCAD 2008将默认切向。

【例】利用“样条曲线”命令绘制如图9—5所示的样条曲线。

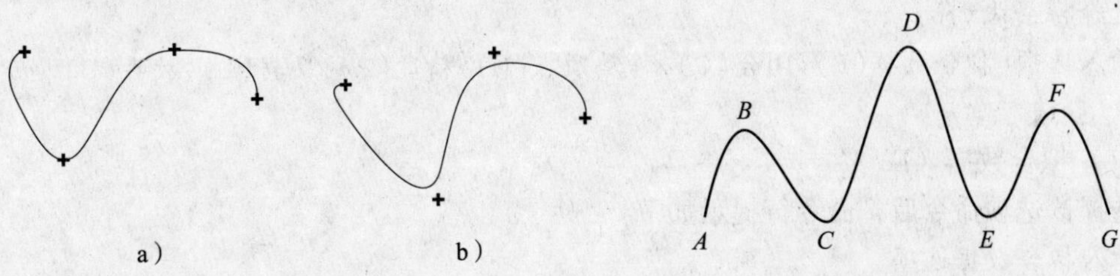

图9—4 拟合公差

a）拟合公差为零 b）拟合公差为15

图9—5 样条曲线的绘制

命令:_spline（启用“样条曲线”命令 ）
指定第一个点或[对象(O)]:（单击确定 *A* 点的位置）
指定下一点:（单击确定 *B* 点的位置）
指定下一点或[闭合(C)/拟合公差(F)]<起点切向>:（单击确定 *C* 点的位置）
指定下一点或[闭合(C)/拟合公差(F)]<起点切向>:（单击确定 *D* 点的位置）
指定下一点或[闭合(C)/拟合公差(F)]<起点切向>:（单击确定 *E* 点的位置）
指定下一点或[闭合(C)/拟合公差(F)]<起点切向>:（单击确定 *F* 点的位置）
指定下一点或[闭合(C)/拟合公差(F)]<起点切向>:（单击确定 *G* 点的位置）
指定下一点或[闭合(C)/拟合公差(F)]<起点切向>:↙
指定起点切向:（移动鼠标，单击确定起点方向）
指定端点切向:（移动鼠标，单击确定端点方向）

四、样条编辑

样条曲线可以通过“样条编辑”命令来编辑其数据点或通过点，从而改变其形状和特征。

1. 编辑样条曲线的方法

编辑的方法有3种：

（1）选择样条曲线，在菜单栏中单击“修改”|“对象”|“样条曲线”。

（2）可以从工具栏上右键单击，调出“修改Ⅱ”工具条 ，单击“样条编辑”按钮 。

（3）在命令行中输入“SPE（或SPLINEDIT）”。

2. 命令格式

启用“样条编辑”命令，光标变成拾取框状态，单击需要编辑的样条曲线，将给出如下提示：

命令:_splinedit
选择样条曲线:
输入选项[拟合数据(F)/闭合(C)/移动顶点(M)/精度(R)/反转(E)/放弃(U)]:

3. 参数

（1）拟合数据（F）

选择该选项命令后，命令行提示如下：

输入拟合数据选项
[添加(A)/闭合(C)/删除(D)/移动(M)/清理(P)/相切(T)/公差(L)]<退出>:

其各项含义如下：

1）添加（A）——用于在样条曲线中增加拟合点。

【例】在如图9—6a所示样条曲线上增加如图9—6b所示的拟合点。

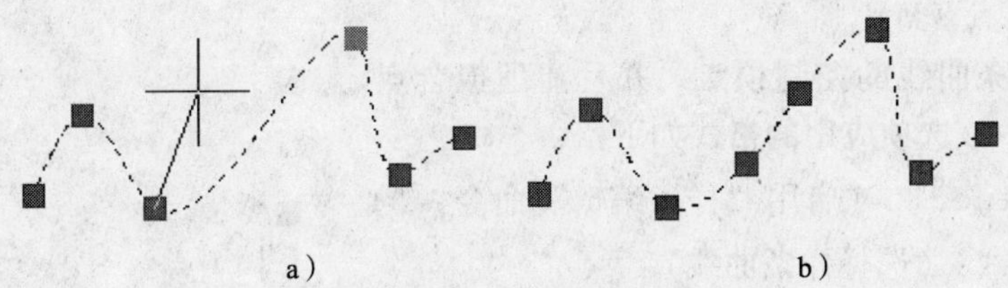

图9—6 增加拟合点

a）增加拟合点前 b）增加拟合点后

命令:_splinedit（启用“样条编辑”命令）

选择样条曲线:（选择样条曲线）

输入选项[拟合数据(F)/闭合(C)/移动顶点(M)/精度(R)/反转(E)/放弃(U)]:f↙（输入“f”，选择拟合数据选项）

输入拟合数据选项

[添加(A)/闭合(C)/删除(D)/移动(M)/清理(P)/相切(T)/公差(L)/退出(X)]<退出>:a↙（输入“a”，选择添加选项）

指定控制点<退出>:（指定要添加新点最近的数据点）

指定新点<退出>:（单击确定的新点位置）

指定新点<退出>:（单击确定的新点位置）

指定新点<退出>:↙

指定控制点<退出>:↙

输入拟合数据选项

[添加(A)/闭合(C)/删除(D)/移动(M)/清理(P)/相切(T)/公差(L)/退出(X)]<退出>:↙（返回“输入选项”提示）

2）闭合（C）——闭合打开的样条曲线。如果选定的样条曲线是闭合的，软件用“打开”选项来代替“闭合”选项，如图9—7所示。

图9—7 闭合样条曲线

a）闭合前 b）闭合后

3）移动（M）——用于移动拟合点到新位置。

4）清理（P）——从图形数据库中删除样条曲线的拟合数据。

5）相切（T）——编辑样条曲线的起点和端点切向。

6）公差（L）——使用新的公差值将样条曲线重新拟合至现有点。

7）退出（X）——返回到“输入选项”提示。

(2) 移动顶点 (M)

重新定位样条曲线的控制顶点，并且清理拟合点，如图 9—8 所示。该选项应用的格式如下：

命令:_splinedit (启用“样条编辑”命令)

选择样条曲线：(选择样条曲线)

输入选项[拟合数据(F)/闭合(C)/移动顶点(M)/精度(R)/反转(E)/放弃(U)]:m↙

指定新位置或[下一个(N)/上一个(P)/选择点(S)/退出(X)]<下一个>:

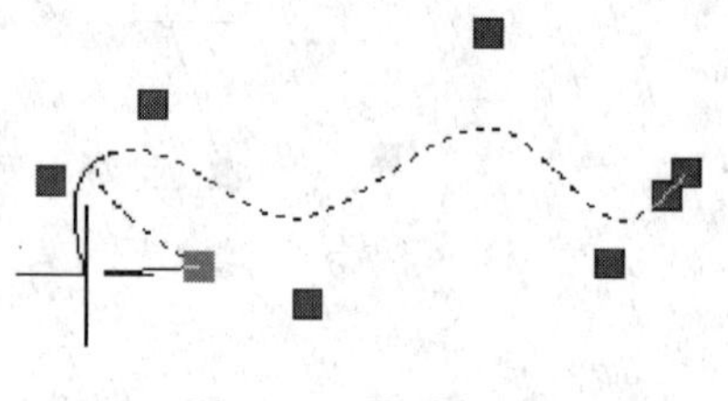

图 9—8 移动顶点

其中的参数含义如下：

下一个 (N) ——用于指定下点进行编辑。

上一个 (P) ——用于指定前面一点进行编辑。

选择点 (S) ——用于选择需要的点进行编辑。

退出 (X) ——返回到“输入选项”提示。

五、圆弧的绘制

1. 启用“圆弧”命令

启用该命令有以下 3 种方法：

(1) 在菜单栏中单击“绘图”|“圆弧”。

(2) 单击“绘图”工具栏上“圆弧”的按钮。

(3) 在命令行中输入“A (或 ARC)”。

2. 绘制圆弧的常用方法

采用第一种方法启用“圆弧”命令后，该命令右侧显示下拉菜单，如图 9—9 所示。在子命令菜单中提供了 10 种绘制圆弧的方法，操作者可根据自己的需要，选择相应的选项来进行圆弧的绘制。

(1) 三点 (P)：缺省的绘制方法，给出圆弧的起点、圆弧上的一点、端点画圆弧。

【例】绘制如图 9—10 所示圆弧 *ABC*。

命令:_arc (启用“圆弧”命令)

指定圆弧的起点或[圆心(C)]：(单击点 *A*)

指定圆弧的第二个点或[圆心(C)/端点(E)]：(单击点 *B*)

指定圆弧的端点：(单击点 *C*)

(2) 起点、圆心、端点 (S)：按逆时针，顺序单击起点、圆心、端点 3 个位置来绘制圆弧。

(3) 起点、圆心、角度 (T)：按逆时针，顺序单击起点、圆心 2 个位置，再输入角度值来绘制圆弧。

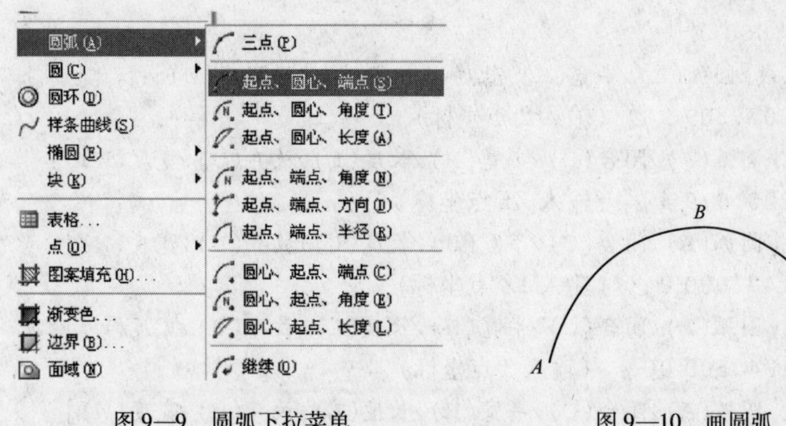

图9—9　圆弧下拉菜单　　　　图9—10　画圆弧

(4) 起点、圆心、长度（A）：按逆时针，顺序单击起点、圆心2个位置，再输入圆弧的长度值来绘制圆弧。

(5) 起点、端点、角度（N）：按逆时针，顺序单击起点、端点2个位置，再输入圆弧的角度值来绘制圆弧。

(6) 起点、端点、方向（D）：是指通过起点、端点、方向并使用定点设备绘制的圆弧。向起点和端点的上方移动光标，将绘制出凸的圆弧；向下移动光标将绘制出凹的圆弧。

(7) 起点、端点、半径（R）：是通过起点、端点和半径绘制的圆弧。可以输入长度，或通过顺时针（或逆时针）移动定点设备，并单击确定一段距离来指定半径。

(8) 圆心、起点、端点（C）：按逆时针，顺序分别单击圆心、起点、端点3个位置来绘制圆弧。

(9) 圆心、起点、角度（E）：顺序单击圆心、起点2个位置，再输入圆弧的角度值来绘制圆弧。

(10) 圆心、起点、长度（L）：顺序单击圆心、起点2个位置，再输入圆弧的长度值来绘制圆弧。

绘制圆弧需要输入圆弧的角度时，角度为正值，则按逆时针方向画圆弧；角度为负值，则按顺时针方向画圆弧。若输入弦长和半径为正值，则绘制180°范围内的圆弧；若输入弦长和半径为负值，则绘制大于180°的圆弧。

任务实施

1. 使用“多段线”命令绘制路线导线

命令:_pline（启用“多段线”命令）

指定起点:201.382 8,233.023 6 ↙ (输入1点坐标)

当前线宽为 0.000 0

指定下一个点或[圆弧(A)/半宽(H)/长度(L)/放弃(U)/宽度(W)]:

150.434 9,207.609 9 ↙ (输入2点坐标)

指定下一点或[圆弧(A)/闭合(C)/半宽(H)/长度(L)/放弃(U)/宽度(W)]:

100.539 4,220.979 4 ↙ (输入 *ZY* 点坐标)

指定下一点或[圆弧(A)/闭合(C)/半宽(H)/长度(L)/放弃(U)/宽度(W)]:

113.294 2,147.000 0 ↙ (输入 *YZ* 点坐标)

指定下一点或[圆弧(A)/闭合(C)/半宽(H)/长度(L)/放弃(U)/宽度(W)]:

178.246 1,184.500 00 ↙ (输入3点坐标)

指定下一点或[圆弧(A)/闭合(C)/半宽(H)/长度(L)/放弃(U)/宽度(W)]:

375.207 7,149.770 4 ↙ (输入4点坐标)

指定下一点或[圆弧(A)/闭合(C)/半宽(H)/长度(L)/放弃(U)/宽度(W)]:

468.695 7,185.266 6 ↙ (输入5点坐标)

指定下一点或[圆弧(A)/闭合(C)/半宽(H)/长度(L)/放弃(U)/宽度(W)]:↙ (回车,结束命令)

绘制效果如图9—11所示。

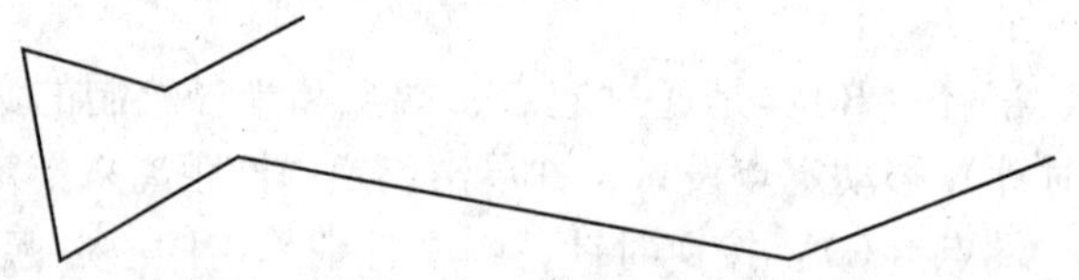

图9—11 绘制导线

2. 使用圆弧命令绘制回头曲线

命令:_arc (启用“圆弧”命令)

指定圆弧的起点或[圆心(C)]:(单击 *ZY* 点)

指定圆弧的第二个点或[圆心(C)/端点(E)]:e ↙ (输入“e”,回车)

指定圆弧的端点:(单击 *YZ* 点)

指定圆弧的圆心或[角度(A)/方向(D)/半径(R)]:r ↙ (输入“r”,回车)

指定圆弧的半径:-40 ↙ (输入-40,回车)

绘制效果如图9—12所示。

3. 使用圆命令绘制圆曲线

(1) 首先在导线上方绘制半径为80 mm的圆曲线。

命令:_circle (启动“圆”命令)

指定圆的圆心或[三点(3P)/两点(2P)/相切、相切、半径(T)]:t ↙ (输入“t”,回车)

指定对象与圆的第一个切点:(单击1~2连线)

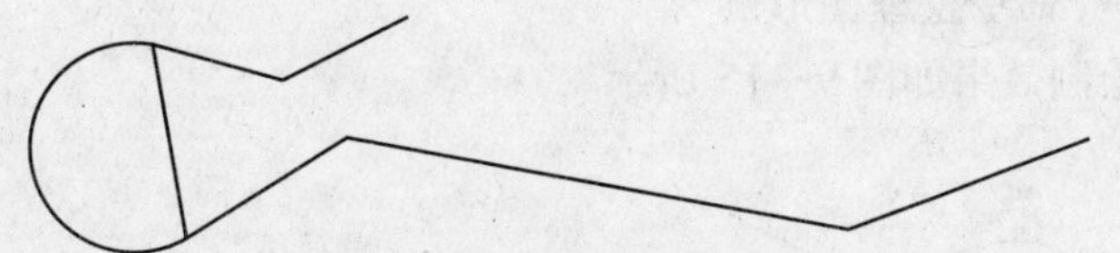

图9—12　绘制回头曲线

指定对象与圆的第二个切点：(单击 2 - *ZY* 连线)

指定圆的半径:80 ↙（输入80，回车）

(2) 采用相同方法绘制导线下方半径为150 m的圆曲线。

绘制效果如图9—13所示。

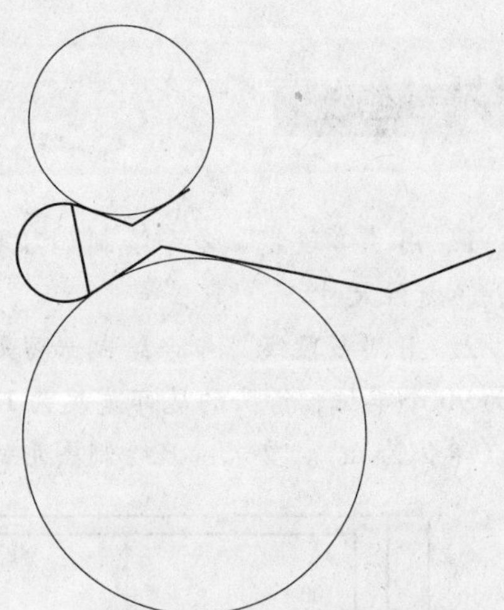

图9—13　绘制圆曲线

4. 绘制缓和曲线

使用“样条曲线”命令绘制缓和曲线 *ZH - HY - QZ - YH - HZ*。

命令:_spline

指定第一个点或[对象(O)]:295.615 6,163.804 6 ↙（输入 *ZH* 点坐标）

指定下一点:347.640 3,157.023 3 ↙（输入 *HY* 点坐标）

指定下一点或[闭合(C)/拟合公差(F)]<起点切向>:374.517 0,157.129 4 ↙（输入 *QZ* 点坐标）

指定下一点或[闭合(C)/拟合公差(F)]<起点切向>:400.947 6,162.061 1 ↙（输入 *YH* 点坐标）

指定下一点或[闭合(C)/拟合公差(F)]<起点切向>:451.232 2,178.622 9 ↙（输入 *HZ* 点坐标）

指定下一点或[闭合(C)/拟合公差(F)]<起点切向>:↙（回车）

指定起点切向:↙（回车）

指定端点切向:↙（回车）

绘制效果如图9—14所示。

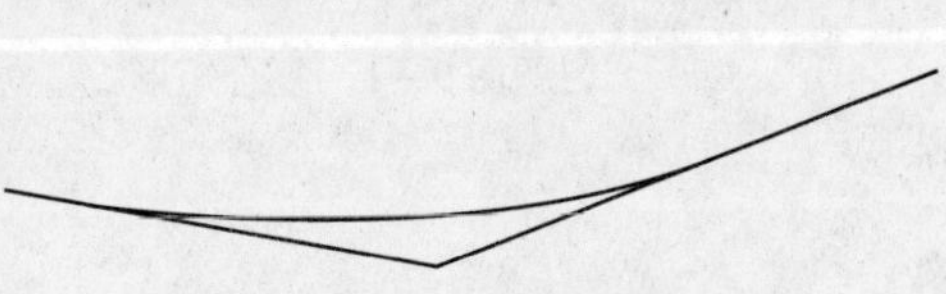

图9—14　绘制缓和曲线

绘制缓和曲线的其他方法：用多段线命令绘制 *ZH*、*HY*、*QZ*、*YH*、*HZ* 五点的折线，然后用“多段线编辑”命令选择“S”(样条曲线)选项，也能够绘制出如图9—14所示的缓和曲线。

5. 使用"修剪"命令整理图形

整理图形后，绘制效果如图 9—15 所示。

图 9—15 路线平面图完成效果

1. 用"多段线"命令绘制如习题图 9—1 所示复合矩形（单位为 m）。要求：只绘制图形，不标注尺寸。

2. 用"多段线"命令绘制如习题图 9—2 所示箭头图形。箭杆的宽度为 5 个单位，长度为 90 个单位；箭头的尾部宽度为 15 个单位，箭头的端部宽度为 0，箭头的长度为 40 个单位（单位为 m）。要求：只绘制图形，不标注尺寸。

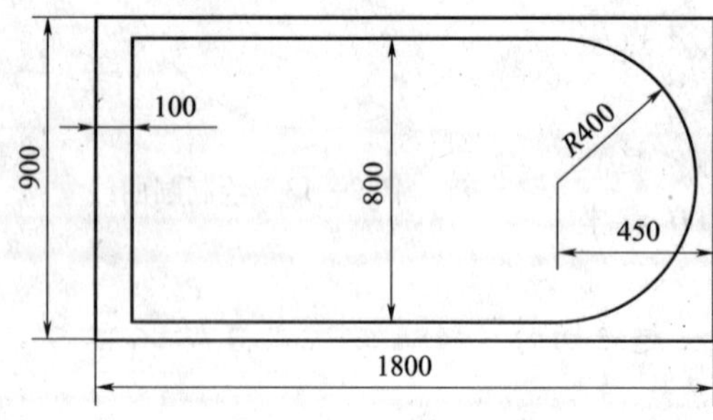

习题图 9—1 复合矩形

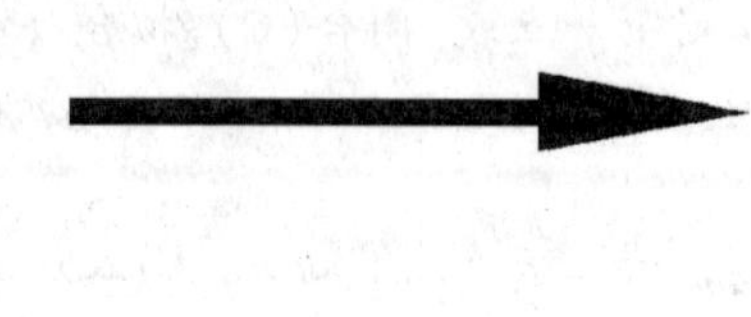

习题图 9—2 箭头

任务 10

绘制指北针

学习目标

1. 熟练运用点的绘制方法等分图形。
2. 熟练运用环形阵列、拉伸命令编辑图形。
3. 掌握块的定义、插入与修改的方法，熟练制作图块。

工作任务

在公路图的上方经常绘制指北针，如图 10—1 所示。指北针的基圆半径为 5 个单位长度（以下略），12 点方向指针长度为 23，3 点、6 点、9 点方向指针长度为 13，其他指针长度为 10。通过图形中心的其他线段长度均为 5。绘制该图形，并创建成块。要求：只绘制图形，不标注尺寸。

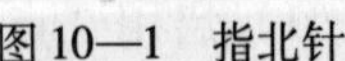
图 10—1　指北针

任务分析

本任务需要绘制的指北针，主要图形要素包括直线、图案填充和文字。

指北针由 16 个三角形组成。三角形可用“直线”命令绘制完成。并且 16 个三角形的分布围绕同一中心，可用“环形阵列”命令绘制成一系列长度相同的三角形，再用“拉伸”命令拉长部分三角形。黑色的三角形进行图案填充。代表北方的字母“N”，使用“单行文字”命令输入。

指北针图形用于标志公路图南北方向，必不可少。为了节约绘图的时间，提高绘图效率，指北针图形可以作为一个独立的图形保存，每次绘制公路图形时直接调用。因此，要想实现这样的功能，可以将该图形创建为块。

一、点的绘制

点是图样中的最基本元素。在 AutoCAD 2008 中，可以绘制单独的点作为绘图的参考点。

1. 设置点样式

在绘制点时，操作者要知道绘制什么样的点和点的大小，因此需要设置点的样式。

（1）启用“点样式”命令

启用该命令有以下 2 种方法：

1）在菜单栏单击“格式”|“点样式”。

2）在命令行输入“DDPTYPE”。

（2）“点样式”对话框选项的含义

启用“点样式”命令后，弹出“点样式”对话框，如图 10—2 所示。在“点样式”对话框中提供了多种点样式，操作者可以根据自己的需要进行选择。

1）“点大小”文本框：框内输入数值，可以设置点的显示大小。

2）“相对于屏幕设置大小”选项：按屏幕尺寸的百分比设置点的显示大小。特点是：当进行缩放时，点的显示大小并不改变。

3）“按绝对单位设置大小”选项：按“点大小”指定的实际单位设置点显示的大小。特点是：进行缩放时，显示点的大小随之改变。

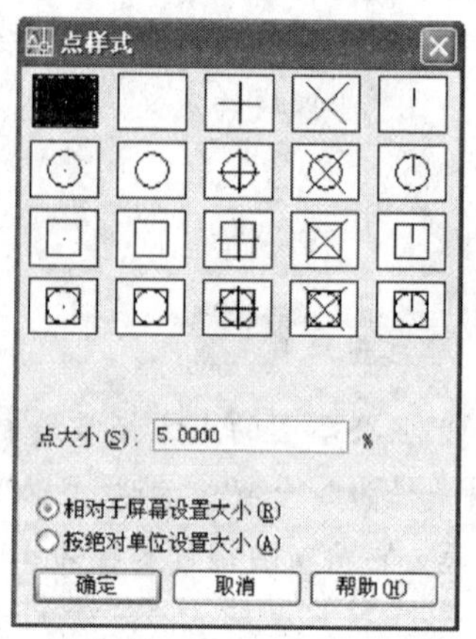

图 10—2 “点样式”对话框

2. 绘制点

（1）启用“点”命令

启用该命令有以下 3 种方法：

1）在菜单栏单击“绘图”|“点”|“单点（或多点）”。

2）单击“绘图”工具栏中“点”的按钮。

3）在命令行输入“PO（或 POINT）”。

（2）命令格式

命令：_point

当前点模式：PDMODE = 0 PDSIZE = 0.0000

指定点：（输入坐标或拾取点的位置）

（3）说明

1）通过菜单方式操作时，“单点”选项表示只输入一个点，“多点选项”表示可输入多个点。

2）通过输入命令方式调用“点”命令采用的是单点方式；采用工具栏按钮方式调用“点”命令采用的是多点方式。

3）“对象捕捉”中的“节点”可以帮助操作者在绘图过程中准确拾取点对象。

4）绘制多点后，按 <Esc> 键结束命令。

3. 绘制等分点

（1）绘制定数等分点

在 AutoCAD 2008 绘图中，经常需要对直线或一个对象进行定数等分，这个就需要用点的“定数等分”命令来完成。

1）启用点的“定数等分”命令

①在菜单栏单击“绘图”|“点”|“定数等分”。

②在命令行输入“DIV（或 DIVIDE）”。

2）命令格式

命令:_divide

选择要定数等分的对象:（选择对象）

输入线段数目或[块(B)]:（输入等分的份数，或者输入“b”）

3）说明

①等分份数为 2～32 767。

②在等分点处，按当前点样式设置自动画出等分点。

③块（B）：表示在定数等分点处插入指定的块图形。

④进行定数等分的对象可以是直线、多段线和样条曲线等，但不能是块、尺寸标注、文本及剖面线等对象。

（2）绘制定距等分点

定距等分就是在一个图形对象上按指定距离绘制多个点。

1）启用点的“定距等分”命令。

①在菜单栏单击“绘图”|“点”|“定距等分”。

②在命令行输入“ME（或 MEASURE）”。

2）命令格式

命令:_measure

选择要定距等分的对象:（选择对象）

指定线段长度或[块(B)]:（输入线段长度，或者输入“b”）

3）说明

①等分的起点一般是在选择对象时靠近的端点。

②在等分点处，按当前点样式，自动画出等分点。

③块（B）：表示在定距等分点处插入指定的块图形。

④进行定距等分的对象可以是直线、多段线和样条曲线等，但不能是块、尺寸标注、文本及剖面线等对象。

【例】把长度为384 mm的直线按每70 mm一段进行定距等分，如图10—3所示。

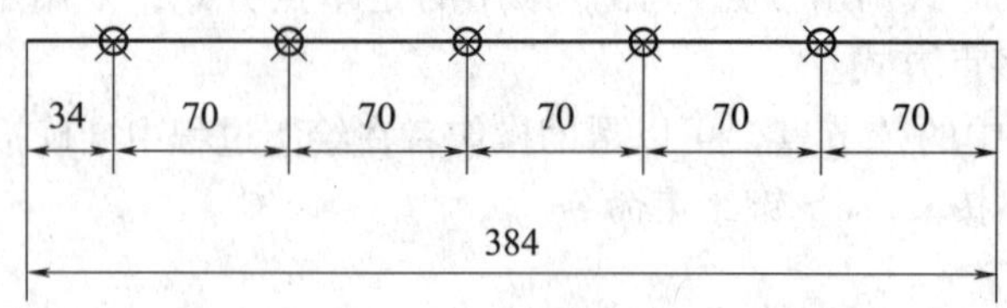

图10—3　绘制定距等分点

命令:_measure

选择要定距等分的对象：(单击直线右侧，则等分起点从直线右端点开始)

指定线段长度或[块(B)]:70↙（输入长度）

二、环形阵列

阵列可以将选定的对象一次性大量复制并按照一定的形式排列。它的应用可以减少大量重复绘制的工作量，提高绘图效率。AutoCAD 2008提供了两种阵列形式：矩形阵列和环形阵列，如图10—4所示。矩形阵列是行间距、列间距分别相等的一组拷贝；环形阵列是均匀分布在某圆周上的一组拷贝。

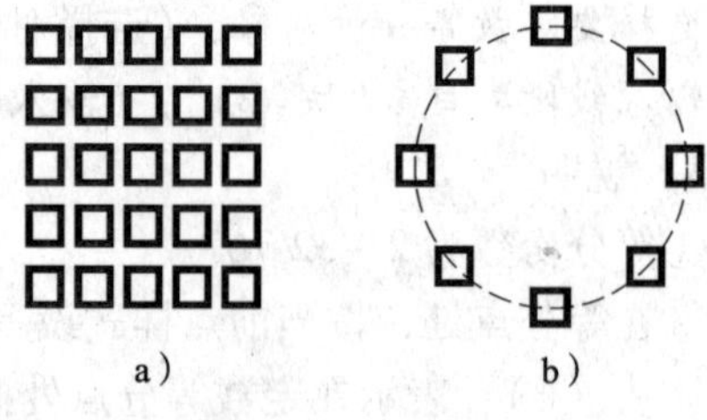

图10—4　阵列形式

a）矩形阵列　b）环形阵列

1. 启用“阵列”命令

启用该命令有以下3种方法：

（1）在菜单栏单击“修改”|“阵列”。

（2）单击“修改”工具栏上的“阵列”按钮。

（3）在命令行输入“AR（或ARRAY）”。

2. 环形阵列及其选项含义

启用“阵列”命令后，弹出“阵列”对话框。“阵列”对话框根据“矩形阵列”“环形阵列”分别显示不同的选项。环形阵列通过围绕圆心复制选定对象来创建阵列。如果在阵列的对话框中选择“环形阵列”，阵列对话框显示如图10—5所示。

其中参数：

1）“选择对象”按钮：单击该按钮，就可以选择要进行阵列的图形对象，完成后回车，选择结束。

2）“中心点”选项的“X”、“Y”文本框：用于指定环形阵列的中心点。中心点有两种方式确定：输入X轴和Y轴的坐标值；或单击其右侧的按钮，在绘图窗口中拾取阵列中心。

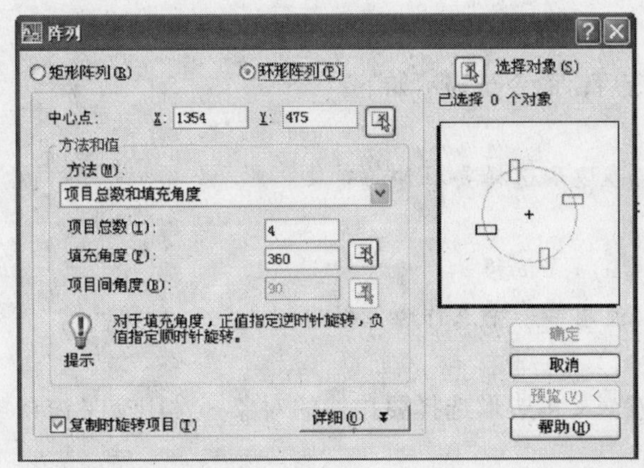

图10—5 “阵列”对话框的“环形阵列”单选项

3）“方法”下拉列表框：用于确定阵列的方法。其中，包含3种不同的方法。

①“项目总数和填充角度”下拉列表选项：通过指定阵列的对象数目和阵列中第一个与最后一个对象之间的包含角来设置阵列。

②“项目总数和项目间的角度”下列列表选项：通过指定阵列的对象数目和相邻阵列的对象之间的包含角来设置阵列。

③“填充角度和项目间的角度”下列列表选项：通过指定阵列中第一个与最后一个对象之间的包含角和相邻阵列的对象之间的包含角来设置阵列。

4）“项目总数”文本框：用于输入阵列中的对象数目，默认值是6。

5）“填充角度”文本框：用于输入阵列中第一个与最后一个对象之间的包含角，默认值是360°，不能为0°。当该值为负值时，沿逆时针方向作环形阵列；当该值为正值时，沿顺时针方向作环形阵列。

6）“项目间角度”文本框：用于输入相邻阵列对象之间的包含角，该数值只能是正值，默认值是90°。

7）“复制时旋转项目”复选项：如果选中该复选项，则阵列对象将相对中心点旋转；否则，阵列对象不旋转。

三、拉伸

拉伸可以将图形对象的一部分沿任意方向拉长或缩短一定距离，并保持图形对象各部分相对位置关系不变。

1. 启用“拉伸”命令

启用该命令有以下3种方法：

(1) 在菜单栏单击“修改”|“拉伸”。

(2) 单击“修改”工具栏的“拉伸”按钮。

(3) 在命令行输入“S（或STRETCH）”。

2. 命令格式

启用“拉伸”命令后，命令行提示如下：

命令：_stretch

以交叉窗口或交叉多边形选择要拉伸的对象…

选择对象：

指定基点或[位移(D)]<位移>：

指定第二个点或<使用第一个点作为位移>：

3. 参数

(1) 以交叉窗口或交叉多边形选择要拉伸的对象…：用交叉窗口或是多边形窗口选择拉伸图形。

(2) 选择对象：指定对角点。

(3) 指定基点或［位移（D）］<位移>：单击确定基点。

(4) 指定第二个点或<使用第一个点作为位移>：单击确定目标点，然后按回车键。

(1) 拉伸一般只能采用交叉窗口或多边形窗口的方式来选择对象。

(2) 使用拉伸命令时，若所选实体全部在交叉窗口内，则移动实体，等同于移动命令。若所选实体与选择窗口相交，则窗口内的实体被拉长或缩短。

四、图块

1. 创建图块

(1) 定义图块

在 CAD 制图中，有一些使用频率较高的图形，或者一些较复杂的图形需要在不同的图形中（或位置）使用。为了方便使用，提高绘图速度，而且保证这类图形的一致性，就将这类图形绘制好后，作为一个单独的图形文件存放，需要时调出来插入。这就是图块（简称“块”）。

定义图块就是将图形中选定的一个或多个对象组合成一个整体，为其命名保存，并在以后使用过程中将它视为一个独立、完整的对象进行调用和编辑。

1) 定义图块时需要执行“BLOCK”命令，操作者可以通过 3 种方法调用该命令。

①在菜单栏单击“绘图”|“块”|“创建”。

②单击“绘图”工具栏中的“创建块”按钮。

③在命令行输入“B（或 BLOCK)”。

2) “块定义”对话框中主要选项的含义。启用“块”命令后，弹出“块定义”对话框，如图 10—6 所示。

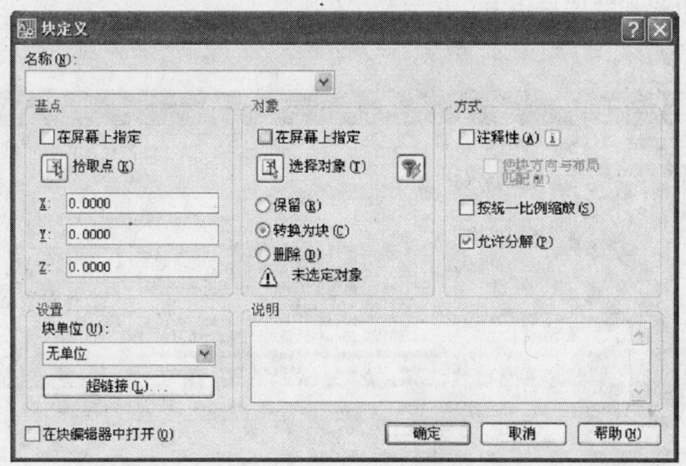

图10—6 “块定义”对话框

在对话框中主要选项的含义如下。

①“名称”列表框。用于输入或选择图块的名称。

②“基点”选项组。用于确定图块插入基点的位置。操作者可以输入插入基点的 X、Y、Z 坐标；也可以单击“拾取点”按钮，在绘图窗口中选取插入基点的位置。

③“对象”选项组。用于选择构成图块的图形对象。该选项组内各选项的含义如下：

按钮：单击该按钮，即可在绘图窗口中选择构成图块的图形对象。

按钮：单击该按钮，打开“快速选择”对话框，如图10—7所示。可以通过该对话框设置图块的条件而进行快速筛选，从而选择满足条件的实体目标。

“保留”单选项：选中该选项，在创建图块后，所选图形对象仍保留并且属性不变。

“转换为块”单选项：选中该选项，在创建图块后，所选图形对象转换为图块。

“删除”单选项：选中该选项，在创建图块后，所选图形对象将被删除。

④“设置”选项组。用于指定块的设置。该选项组内各选项的含义如下：

“块单位”下拉列表框：指定块参照插入单位。

超链接(L)... 按钮：将某个超链接与

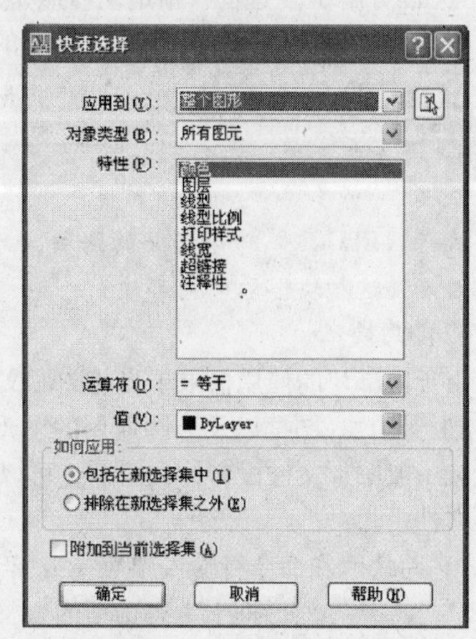

图10—7 “快速选择”对话框

块定义相关联，单击该按钮，弹出“插入超链接”对话框，如图 10—8 所示，从列表中或指定的路径，可以将超链接与块定义相关联。

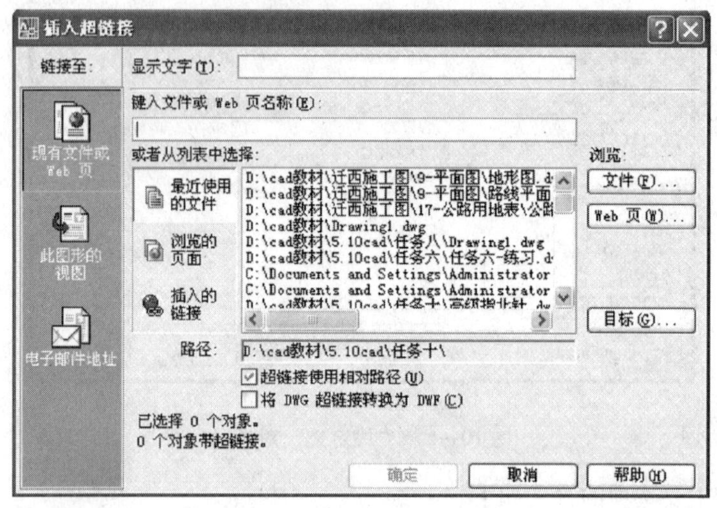

图 10—8 “插入超链接”对话框

“在块编辑器中打开”复选框：用于在块编辑器中打开当前的块定义，主要用于创建动态块。

⑤“方式”选项组。用于块的方式设置。该选项组内各选项的含义如下：

“按统一比例缩放”复选框：指定块参照是否按统一比例缩放。

“允许分解”复选框：指定块参照是否可以被分解。

⑥“说明”文本框：用于输入图块的说明文字。

执行“BLOCK”命令定义的图块，只能在当前图形文件中使用，而不能被其他图形使用。因此，这种块俗称“内部块”。

(2) 写块

由于内部块的使用仅限于当前图形文件，因此如果需要在其他图形中使用已经定义的图块（如标题栏、图框以及一些通用的图形对象等），需要将图块写入硬盘，即写块。这时，它就和一般图形文件没有什么区别，可以被打开、编辑，也可以以图块形式方便地插入其他图形文件中。

1）写块时在命令行输入“W（或 WBLOCK）”命令。

2）“写块”对话框中主要选项的含义。启用命令后，弹出“写块”对话框，如图 10—9 所示。对话框中主要选项的含义如下：

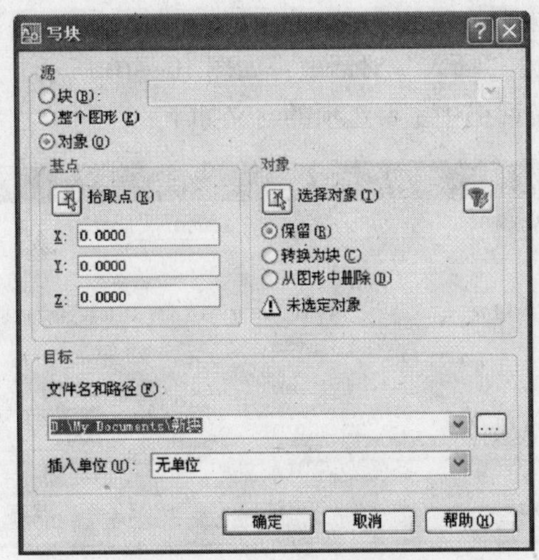

图10—9 “写块”对话框

①“源”选项组。用于选择图块和图形对象，将其保存为文件，并为其指定插入点。该选项组内各选项含义如下：

“块”单选项：用于从列表中选择要保存为图形文件的现有图块。

“整个图形”单选项：将当前图形作为一个图块，并作为一个图形文件保存。

“对象”单选项：用于从绘图窗口中选择构成图块的图形对象。

②“目标”选项组。用于指定图块文件的名称、位置和插入图块时使用的测量单位。该选项组内各选项含义如下：

“文件名和路径”列表框：用于输入或选择图块文件的名称、保存位置。单击列表框右侧的...按钮，屏幕弹出“浏览图形文件”对话框，即可指定图块的保存位置，并指定图块的名称。设置完成后，单击确定按钮，将图形存储到指定的位置，在绘图过程中需要时即可调用。

利用“WBLOCK”命令创建的图块是一个 AutoCAD 2008 的.dwg 文件，属于外部文件，俗称“外部块”。它不会保留原图形未用的图层、线型等属性。

2. 插入块

创建好块后，操作者就可以按照指定的位置、比例和角度将其插入图形文件中。

(1) 启用“插入块”命令

启用该命令有以下两种方法：

1) 在菜单栏单击“插入” | “块”。

2) 单击“绘图”工具栏中的“插入块”按钮。

3) 在命令行输入“I (或 INSERT)”

（2）“插入”对话框主要选项的含义

启用该命令，屏幕弹出“插入”对话框，如图 10—10 所示，从中就可指定要插入的图块名称与位置。“插入”对话框中主要选项的含义如下：

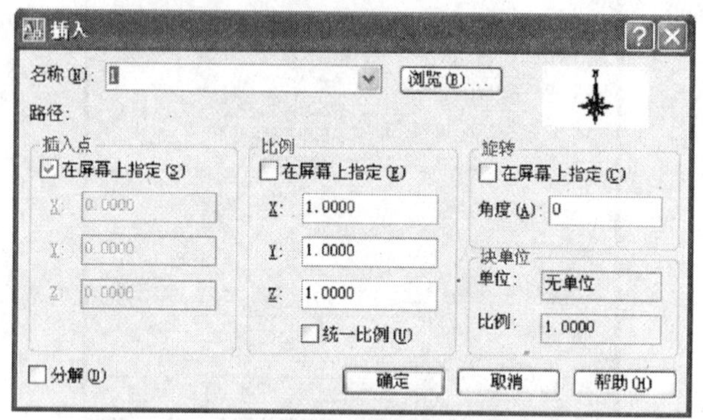

图 10—10 “插入”对话框

1）“名称”列表框。用于输入或选择需要插入的图块名称。

如果需要使用“外部块”，可以单击[浏览(B)...]按钮，在弹出的“选择图形文件”对话框选择相应的图块文件，单击[确定]按钮，即可将该图块文件插入当前图形。

2）“插入点”选项组。用于指定块的插入点的位置。操作者可以利用鼠标在绘图窗口中指定插入点的位置，也可以输入 X、Y、Z 坐标。

3）“比例”选项组。用于指定块的缩放比例。操作者可以直接输入块的 X、Y、Z 方向的比例因子，也可以利用鼠标在绘图窗口中指定块的缩放比例。

4）“旋转”选项组。用于指定块的旋转角度。在插入块时，操作者可以按照设置的角度旋转图块，也可以利用鼠标在绘图窗口中指定块的旋转角度。

5）“分解”复选框。若选择该选项，则插入的图块不是一个整体，而是被分解为各个单独的图形对象。

3. 分解图块

当在图形中使用图块时，AutoCAD 2008 将图块作为单个的对象处理，只能对整个图块进行编辑。如果操作者需要编辑组成图块的某个对象时，需要将图块的组成对象分解为单一个体。分解图块有两种方法：

（1）插入图块时，在“插入”对话框中，选择左下角的“分解”复选框，再单击[确定]按钮。此时，插入图形的图块分解。

（2）插入图块后，单击工具栏中的按钮，使用“分解”命令将图块分解为多个对象。

执行“分解”命令后插入的图块仍保持原来的形式，但是操作者可以对图块中的某个对象进行修改。分解后的对象将还原为原始的图层属性设置状态。如果分解带有属性的块

(即附加有文字信息的块，具体详见任务15)，属性值将丢失，并重新显示其属性定义。

4．块的重命名

对已经创建好的块进行重命名，其方法有两种：

(1) 在菜单栏单击“格式”|“重命名”。

(2) 在命令行输入“RENAME”。

启用“重命名”命令后，弹出“重命名”对话框，如图10—11所示。操作者在对话框中可以对块名进行修改。

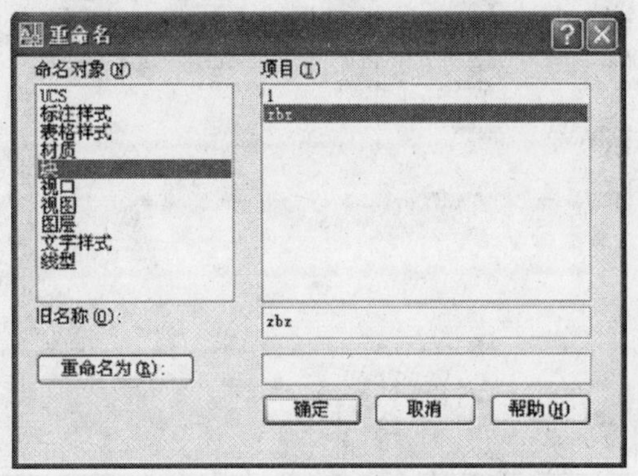

图10—11 “重命名”对话框

AutoCAD设计中心的应用

由于AutoCAD制图涉及大量的图形文件，特别是工程制图的容量较大、图形较复杂，因此能有效管理和利用图形、提高制图的效率是AutoCAD软件满足现代制图需要的一个重要方面。AutoCAD软件的设计中心可以提供重复利用和共享图形内容等管理功能。使用设计中心可以轻松地查找和组织图像数据，或者向图形中插入块、图层、外部参照等。不仅如此，如果同时打开多个图形，就可以在图形之间复制和粘贴内容（如图层定义）来简化绘图过程。AutoCAD设计中心也提供了查看和重复利用图形的强大工具，对于大量使用图块文件绘制工程图形来说非常有益。

1．打开AutoCAD设计中心

(1) 启用AutoCAD设计中心

启用有4种方法：

1) 在菜单栏单击“工具”|“选项板”|“设计中心”。

2) 按快捷键<Ctrl +2>。

3) 单击工具栏中的“设计中心”按钮。

4) 在命令行输入“ADC（或ADCENTER)”。

(2)“设计中心”对话框中各选项卡的内容

启用“设计中心”命令后，弹出设计中心对话框，如图 10—12 所示。

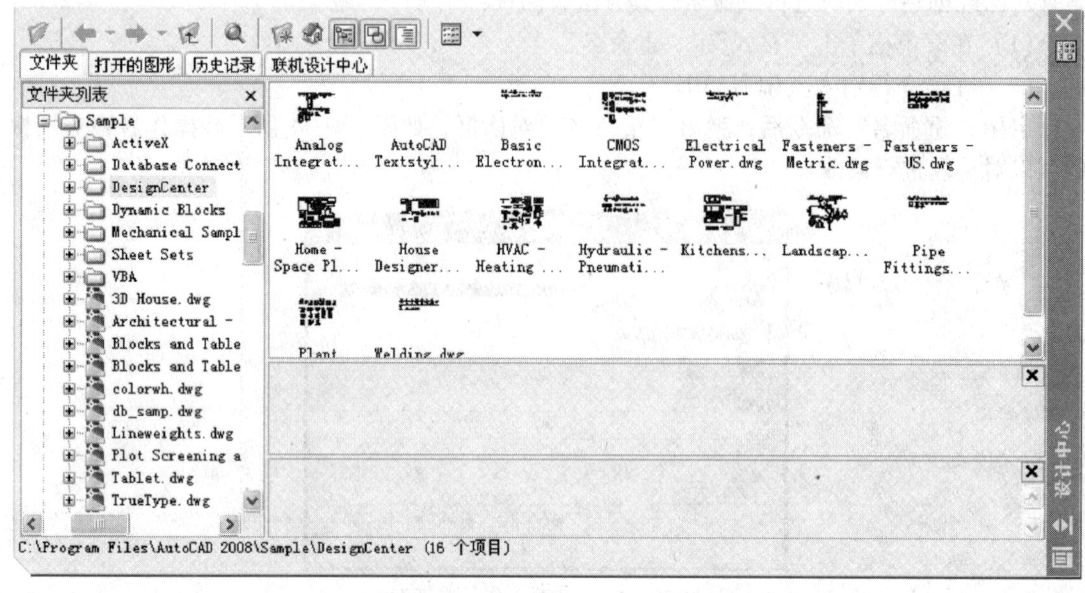

图 10—12 “设计中心”对话框

对话框中包含“文件夹”“打开的图形”“历史记录”和“联机设计中心”4 个选项卡。

1)“文件夹”选项卡的下拉菜单：显示本地磁盘和网上邻居的信息资源。

2)“打开的图形”选项卡的下拉菜单：显示当前 AutoCAD 2008 所有打开的图形文件。双击文件或者单击文件名前面的“+”图标，排列显示该文件所包含的块、图层、文字样式等项目。

3)“历史记录”选项卡的下拉菜单：以完整的路径显示最近打开过的图形文件。

4)“联机设计中心”选项卡的下拉菜单：访问联机设计中心网页内容，其中包含图块、符号库、制造商、联机目录等信息。

2. 浏览及使用图形

(1) 打开图形文件

在“设计中心”对话框中，右键单击所选中的图形文件的图标，在弹出的命令菜单中选择“在应用程序中打开（O）”命令，如图 10—13 所示，在窗口中打开此文件。

(2) 插入图形文件中的块、图层、文字样式等项目

利用“设计中心”插入图形文件中的块、图层、文字样式等对象。

操作步骤如下：

1) 查找 AutoCAD 2008 中的“Sample”文件夹，选择需要的文件。设计中心右侧窗口中将列出文件的布局、块、图层、文字样式等项目。

2) 双击需要插入的项目，设计中心将列出此项目的内容。例如，双击“块”项目，列出图形文件中所有的图块文件，如图 10—14 所示。

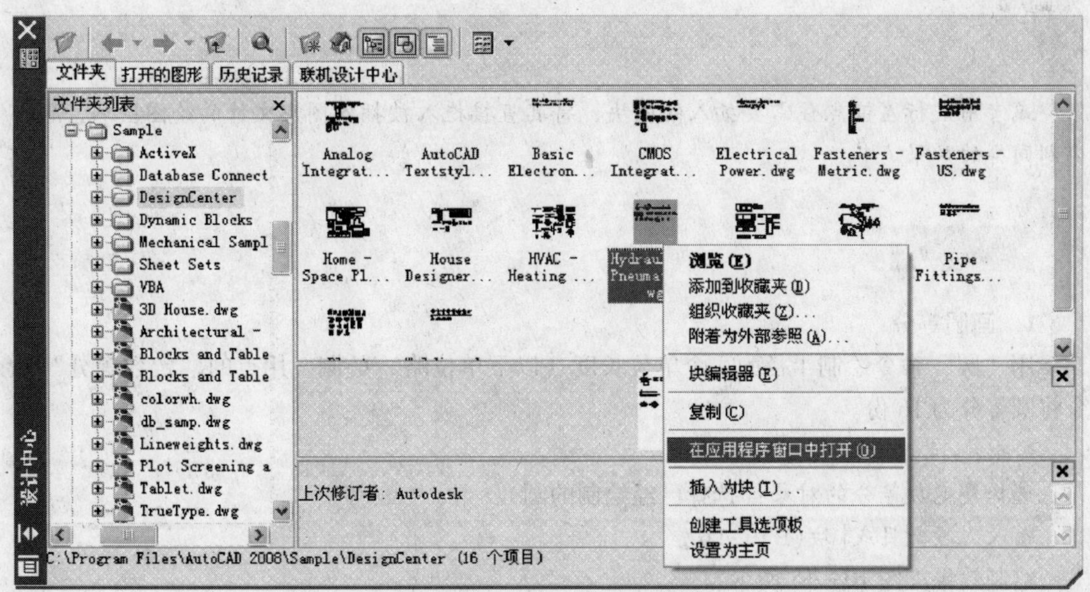

图10—13　在窗口中打开文件

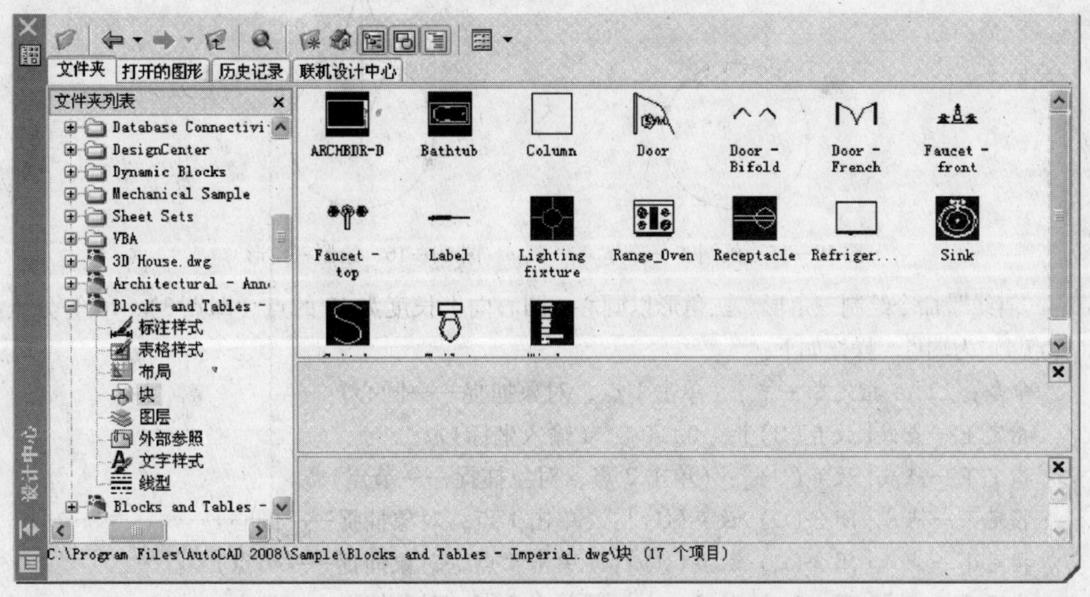

图10—14　“设计中心”列出图形文件中所有的图块文件

3）右键单击需要插入的图块文件，在弹出的命令菜单中选择“插入块”命令。屏幕弹出“插入”对话框，单击“确定”按钮。并在被插入图块的图形文件窗口中的适当位置单击，图块就被插入该图形文件中。

或者用鼠标左键点住需要插入的图块，将其直接拖入被插入图形文件的绘图区域，也可得到同样的效果。

1. 画圆等分

用“圆”命令绘制半径为5个单位长度（以下单位略）的圆。用点的“定数等分”命令将圆等分为16份。

命令:_divide

选择要定数等分的对象:(选择已经绘制的圆)

输入线段数目或[块(B)]:16↙

绘制效果如图10—15所示。

2. 绘制三角形

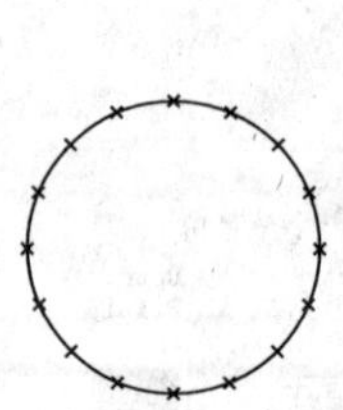
图10—15 画圆——等分

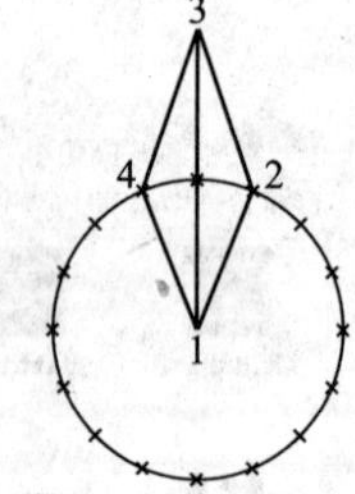

图10—16 绘制三角形

“直线”命令绘制三角形。三角形以圆心、圆心向上长度为10的点（即点3）、16等分点（如点4）为端点。操作如下：

命令:_line 指定第一点:（单击1点，对象捕捉——圆心）

指定下一点或[放弃(U)]:@ 0,10↙（输入坐标）

指定下一点或[放弃(U)]:（单击2点，对象捕捉——节点）

指定下一点或[闭合(C)/放弃(U)]:（单击1点，对象捕捉——圆心）

指定下一点或[闭合(C)/放弃(U)]:（单击4点，对象捕捉——节点）

指定下一点或[闭合(C)/放弃(U)]:（单击3点，对象捕捉——端点）

指定下一点或[闭合(C)/放弃(U)]:↙（结束命令）

然后，用“直线”命令绘制直线13。再绘制对称的另一半，如图10—16所示。画出的是2个三角形，不是菱形。

绘制效果如图10—16所示。

3. 环形阵列三角形

选择上一步骤所绘三角形为阵列对象，圆形1点为中心点，项目总数为8，填充角度为360°。绘制效果如图10—17所示。

4. 拉伸三角形

用“拉伸”命令分别拉伸12点方向、3点方向、6点方向、9点方向三角形。

(1) 拉伸12点方向三角形

1) 单击“绘图”工具栏上的“拉伸”按钮。

2) 以交叉窗口选择要拉伸的12点方向三角形。三角形拉伸的部分与交叉窗口相交，如图10—18所示。按回车键，结束选择。

图10—17 环形阵列三角形

图10—18 交叉窗口选择三角形

3) 单击竖直直线端点，指定基点，如图10—19所示。

4) 同样方法指定第二个点。因为拉伸长度为13，所以输入相对于基点的坐标（@0，13），回车确定。12点方向的三角形拉伸完成，效果如图10—20所示。

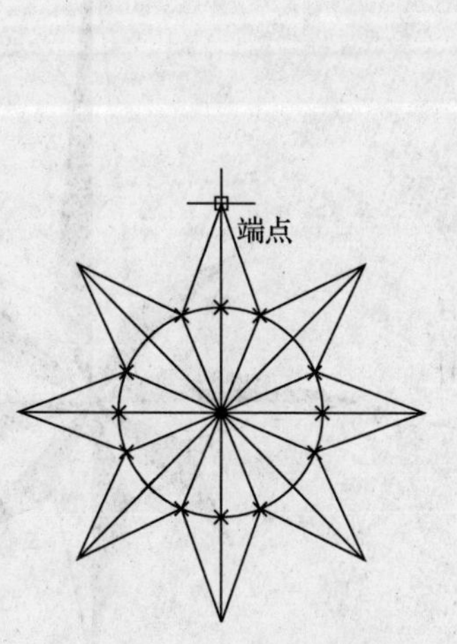

图10—19 指定基点

图10—20 指定第二点

（2）拉伸其他方向三角形

用同样的方法拉伸3点方向、6点方向、9点方向三角形。拉伸的长度均为3。

（3）删除圆

删除圆后，绘制效果如图10—21所示。

5. 图案填充

用“图案填充”命令，以拾取点的方式选择填充边界，图案类型为“SOLID”。填充效果如图10—22所示。

图10—21 拉伸结果　　图10—22 图案填充

6. 输入文字

用“单行文字”命令输入文字。字高为5，样式不限。设置点样式为▇。文字输入效果如图10—23所示。

7. 创建“指北针”块

（1）单击“绘图”工具栏上的“创建块”按钮。

（2）弹出“块定义”对话框。名称输入指北针，基点选择拾取中心点。点击按钮，用窗口选中图10—23所示指北针图形，选中“转换为块”选项，如图10—24所示。

（3）单击 确定 按钮，块定义完成。

8. 写块

（1）在命令行输入“WBLOCK”，启动写块命令。

图10—23 文字输入

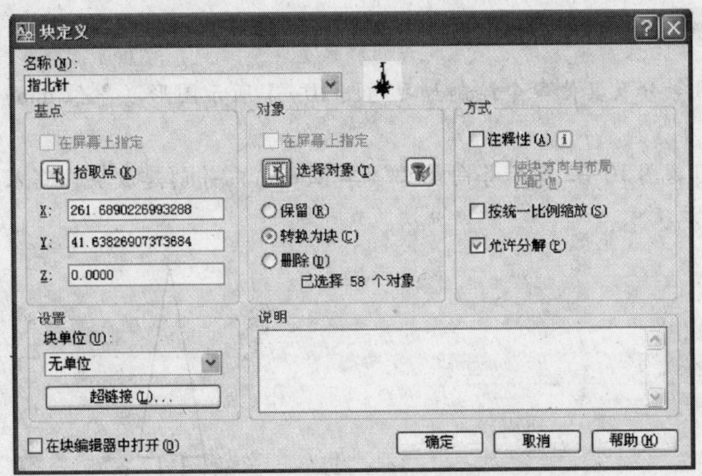

图 10—24　“块定义”对话框

（2）系统弹出“写块”对话框。选中“块”单选项，在“块”下拉菜单中选择“指北针”。在“文件名和路径”下拉列表框中，输入正确的保存路径和块名，如图 10—25 所示。

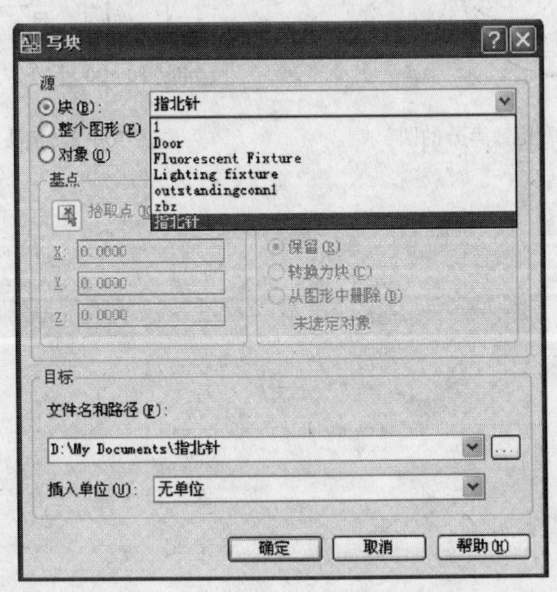

图 10—25　“写块”对话框

（3）单击 确定 按钮，写块完成。

“指北针”块制作完成后，就可以通过“插入块”命令或者“设计中心”向其他图形文件中插入该图块。

思考与练习

1. 使用定数等分及其他命令绘制如习题图 10—1 所示图形（单位 mm）。要求：只绘制图形，不标注尺寸。

2. 绘制如习题图 10—2 所示导向箭头（单位 cm），并创建成块，写入硬盘。要求：只绘制图形，不标注尺寸。

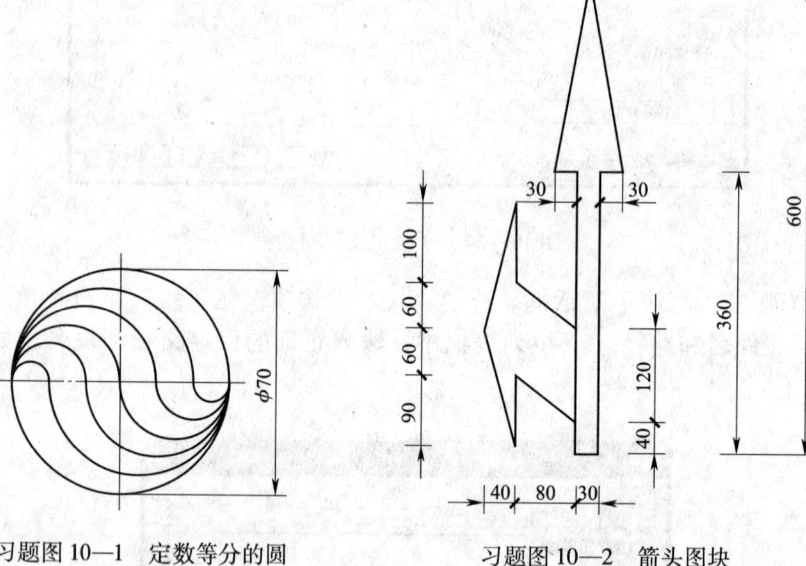

习题图 10—1　定数等分的圆

习题图 10—2　箭头图块

任务 11

绘制人行横道及标线图

学习目标

1. 熟练掌握多线的绘制方法，绘制一组平行线。
2. 熟练使用多线编辑命令编辑多线。
3. 熟练使用镜像命令、复制命令、旋转命令、矩形阵列命令编辑图形。
4. 熟练使用夹点编辑对象。

工作任务

绘制人行横道及标线图（单位 cm），如图 11—1 所示。要求：只绘制图形，不标注尺寸。图 11—1 中图形部分的尺寸及细节如下：

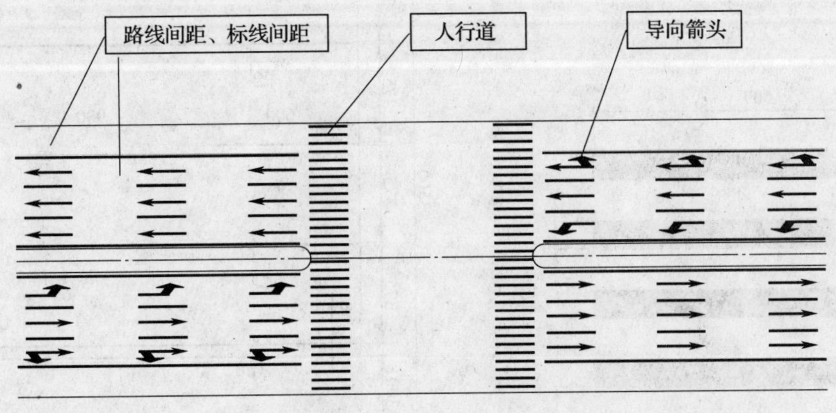

图 11—1　人行横道及标线图

1. 导向箭头尺寸（图 11—2）

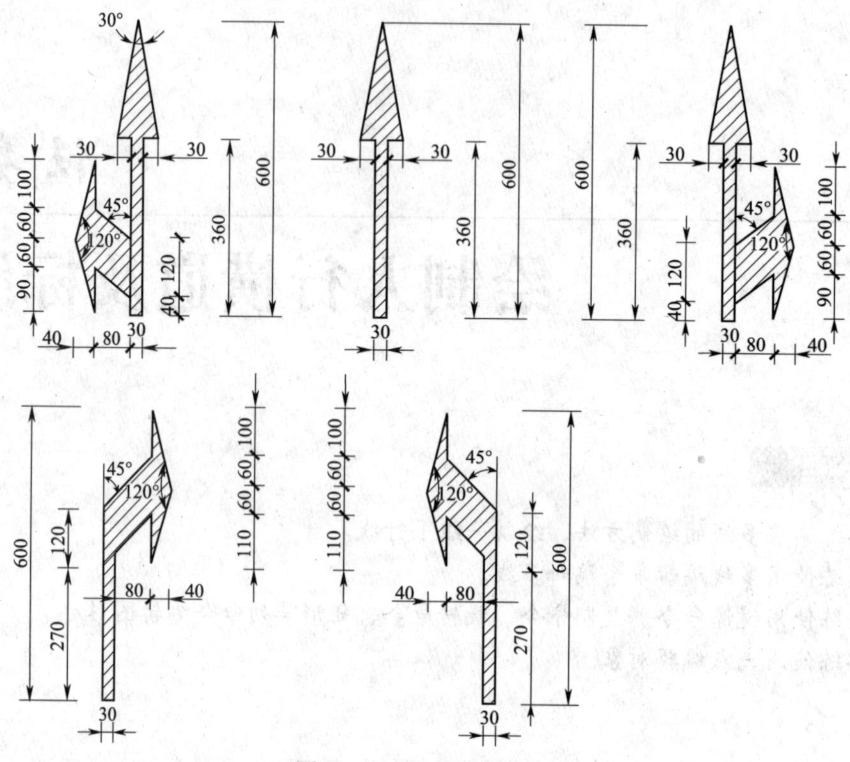

图 11—2 导向箭头尺寸

2. 人行道尺寸（图 11—3）

3. 路线间距、标线间距尺寸（图 11—4）

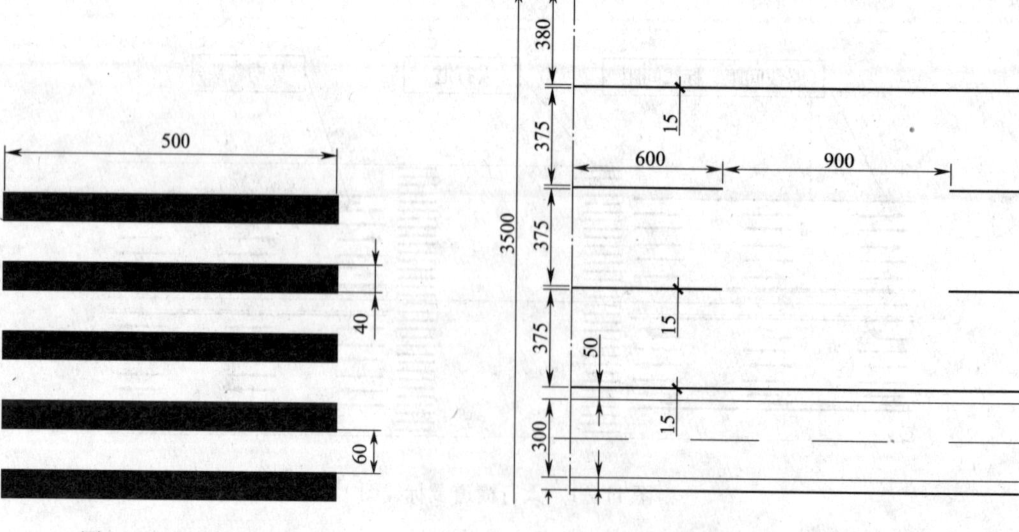

图 11—3 人行道尺寸

图 11—4 路线间距、标线间距尺寸

本任务需要绘制的人行横道及标线，是一组有一定宽度、有序排列的水平线。其包含的主要图形要素包括多段线、圆弧、粗实线、细实线和点画线。

道路路线包含一条路中线、两条路边线，可用“多线”命令进行绘制。人行横道及标线可用“多段线”命令绘制一个单元，通过“阵列”“镜像”命令复制出多个单元。

绘制导向箭头时，也可先绘制同类箭头的一个单元，再采用“旋转”“镜像”命令生成不同方向的箭头。

与前面任务中图形相比，人行横道及标线图形由多组单元复合而成，图形复杂，在绘制过程中仅仅使用绘图命令或绘图工具不能完全胜任这些复合图形的绘制。为了满足绘制需要，因此应该掌握相应的绘图技法——夹点。

一、多线的绘制

多线是由平行线组成的一种复合线，可以包含1~16条平行线。使用多线可以保持图线之间的统一性。

1. 绘制多线

(1) 启用“多线”命令

启用该命令有2种方法：

1) 在菜单栏单击“绘图”|“多线”。

2) 在命令行输入“ML（或MLINE)”。

(2) 命令格式

启用“多线”命令后，命令行提示如下：

```
命令:_mline
当前设置:对正 = 上,比例 =20.00,样式 = STANDARD
指定起点或[对正(J)/比例(S)/样式(ST)]:
```

(3) 参数

1) 当前设置：显示当前多线的设置属性。

2) 对正（J)：用于设置多线的对正方式。多线的对正方式有3种：上对正、无对正、下对正。其中，“上对正”是指多线顶端的直线将随着光标进行移动，其对正点位于多线最顶端直线的端点上；“无对正”是指绘制多线时，多线中间的直线将随着光标进行移动，其对正点位于多线的中间；“下对正”是指绘制多线时，多线最底端直线将随着光标进行移动，其对正点位于多线最底端直线的端点上。

3）比例（S）：用于设置多线的比例，即指定多线宽度相对于定义宽度的比例因子，该比例不影响线型的外观。

4）样式（ST）：用于选择和定义多线的样式，系统缺省的样式为STANDARD。

2．设置多线样式

“多线样式”用于定义多线的样式和特性（如多线中线条的数量、线条的颜色和线型、直线间的距离等），还能确定多线封口的形式。

（1）启用“多线样式”命令

启用该命令有2种方法：

1）在菜单栏单击“格式”|“多线样式”。

2）在命令行输入“MLSTYLE”。

（2）“多线样式”对话框选项的含义

启用“多线样式”命令后，弹出“多线样式”对话框，如图11—5所示。

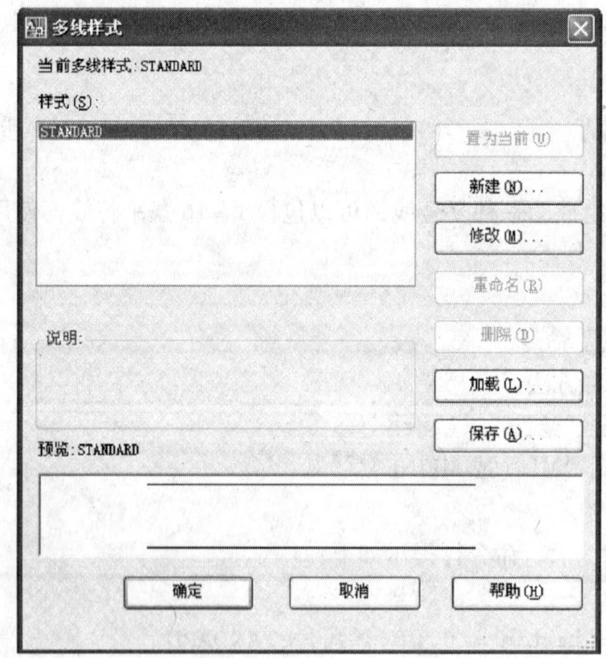

图11—5 “多线样式”对话框

1）“样式”显示框：用于显示所有已定义的多线样式。

2）“说明”区：显示对当前多线样式的说明。

3）“置为当前”按钮：将在样式列表框中选中的多线样式作为当前样式使用。

4）“修改”按钮：用于修改在样式列表框中选中的多线样式。

5）“重命名”按钮：用于更改在样式列表框中选中的多线样式。

6）“删除”按钮：用于删除列表框中选中的多线样式。

“STANDARD”（系统缺省样式）、当前多线样式或正在使用的多线样式不能被删除。

7）“加载”按钮：用于加载已定义的多线样式。单击该按钮，弹出“加载多线样式”对话框，如图 11—6 所示。从中可以选择“多线样式”中的样式或从文件中加载多线样式。

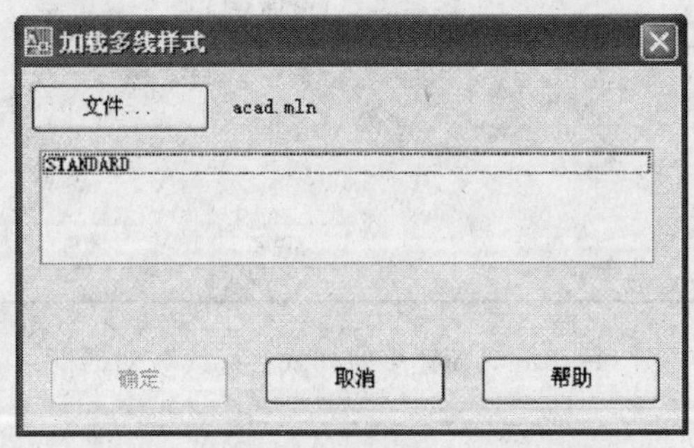

图 11—6 “加载多线样式”对话框

8）“保存”按钮：用于将当前的多线样式保存到多线文件中。

9）“新建”按钮：用于新建多线样式。单击该按钮，系统将弹出“创建新的多线样式”对话框，如图 11—7 所示。通过该对话框可以新建多线样式。在新样式名中输入所要创建新的多线样式的名称（如“标线”），弹出“新建多线样式：标线”对话框，如图 11—8 所示。“新建多线样式”对话框中的各个选项与按钮的含义如下：

图 11—7 “创建新的多线样式”对话框

①“说明（P）”文本框：对所定义的多线样式进行说明，其文本不能超过 256 个字符。

②“封口”选项组：该选项组中的“直线”“外弧”“内弧”以及“角度”复选框分别用于设置多线的封口式，如图 11—9 所示。

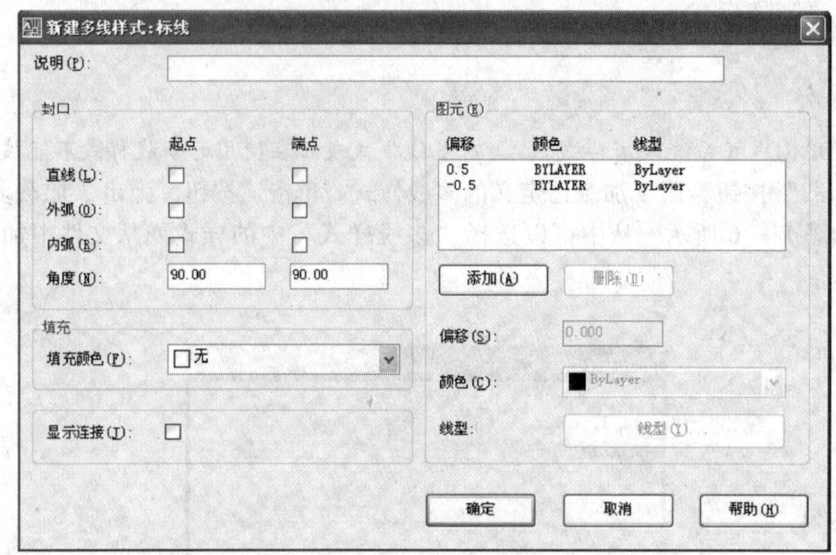

图 11—8　“新建多线样式：标线”对话框

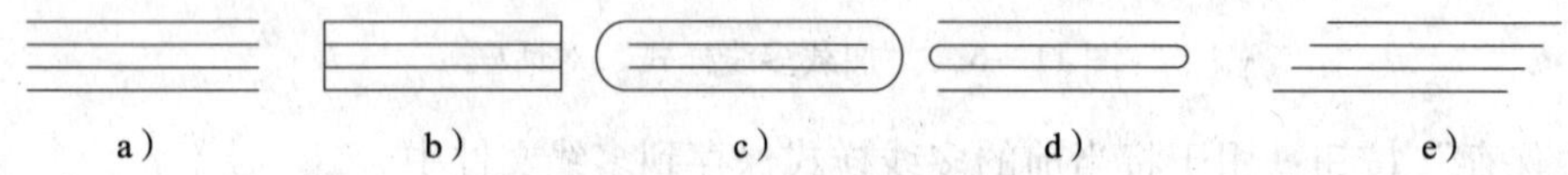

图 11—9　多线的封口形式

a）缺省状态　b）封口为直线　c）封口为外弧　d）封口为内弧　e）封口为角度

③“填充”列表框：用于设置填充的颜色，如图 11—10 所示。

④“显示连接”复选框：用于选择是否在多线的拐角处显示连接线。如果选择该复选框，则多线如图 11—11a 所示；否则，将不显示连接线，如图 11—11b 所示。

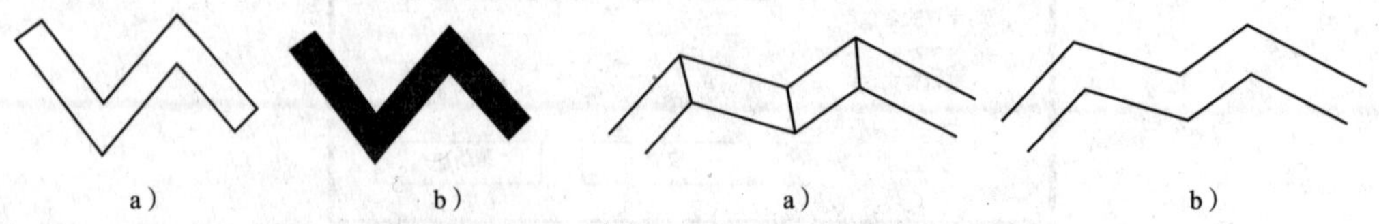

图 11—10　填充颜色

a）无填充颜色　b）有填充颜色

图 11—11　连接线显示

a）显示连接线　b）不显示连接线

⑤“图元”显示区：用于显示多线中线条的偏移量、线条的颜色、线型设置。

⑥“添加”按钮：用于添加一条新线，其间距可在“偏移”文本框中输入。

⑦“删除”按钮：用于删除在元素列表框中选定的直线元素。

⑧“偏移”文本框：为多线样式中的每个元素指定偏移值。多线总线宽为多线比例与

多线偏移量的乘积。

⑨“颜色”下拉列表框：用于设置元素列表框中选定的直线元素的颜色。

⑩“线型”按钮：用于设置元素列表框中选定的直线元素的线型。

3. 多线编辑

操作者可以对已经绘制的多线进行编辑，以便修改其形状。“多线编辑”命令可以控制多线之间相交时的连接方式、增加或删除多线的顶点、控制多线的打断结合。

(1) 启用“多线编辑”命令

启用该命令有以下2种方法：

1）在菜单栏单击“修改”|“对象”|多线。

2）在命令行输入“MLEDIT”。

(2)“多线编辑工具”对话框各选项的含义

启用“多线编辑”命令后，弹出“多线编辑工具”对话框，如图11—12所示。

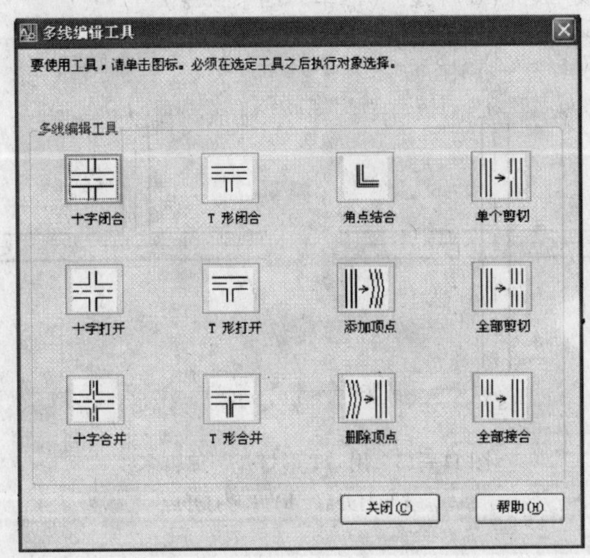

图11—12 “多线编辑工具”对话框

在“多线编辑工具”对话框中包含有4列（共计12种）修改多线的工具。第一列修改十字形多线，第二列修改T形多线，第三列修改角点和顶点，第四列用来剪切、结合多线。

1）“十字闭合”按钮：用于在两条多线之间创建闭合的十字交点。

2）“十字打开”按钮：用于在两条多线之间创建打开的十字交点。打断将插入第一条多线的所有元素和第二条多线的外部元素。

3）“十字合并”按钮：用于在两条多线之间创建合并的十字交点。

4）“T形闭合”按钮：用于在两条多线之间创建闭合的T形交点。

5）“T形打开”按钮：用于在两条多线之间创建打开的T形交点。

6）“T 形合并”按钮：用于在两条多线之间创建合并的 T 形交点。

7）“角点结合”按钮：用于使两条相交的多线型成一个角。

8）“添加顶点”按钮：用于在多线上增加顶点。

9）“删除顶点”按钮：用于在多线上删除顶点。

10）“单个剪切”按钮：用于将多线上所指定元素的两点之间的线段剪去。

11）“全部剪切”按钮：用于将多线上所指定两点之间的所有元素全部剪去。

12）“全部结合”按钮：用于将已被剪切的多线段重新接合起来。

【例】使用“T 形打开”按钮编辑多线，如图 11—13 所示。

命令：_ mledit（输入“多线编辑”命令，打开“多线编辑工具”对话框，单击“T 形打开”按钮）

选择第一条多线：（单击图 11—13a 竖直线 A 端）

选择第二条多线：（单击图 11—13a 水平线任意位置）

选择第一条多线或[放弃(U)]：↙（回车，结束命令）

多线编辑效果如图 11—13b 所示。

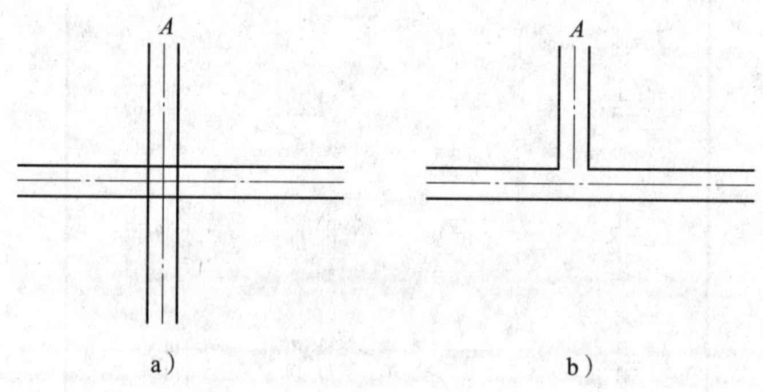

图 11—13 用“T 形打开”编辑多线

a）T 形打开前 b）T 形打开后

二、复制

对图形中相同的对象，不论其复杂程度，只要完成一个后，便可以通过复制命令产生其他的。复制对象过程中，在确定位移时应充分利用栅格和捕捉、对象捕捉等精确绘图的辅助工具。

1. 启用“复制”命令

启用该命令有以下 3 种方法：

（1）在菜单栏单击“修改” | “复制”。

（2）直接单击“修改”工具栏上的“复制”按钮。

（3）在命令行输入“CO（或 COPY）”。

2. 命令格式

启用该命令后，命令行提示如下：

命令:_copy

选择对象:（鼠标选中复制对象）

选择对象:（选择完毕，回车结束）

指定基点或位移,或者[重复(M)]:

指定位移的第二点或 <用第一点作位移>:

3. 参数

（1）选择对象：选择要复制的对象。

（2）基点：复制对象的参考点。

（3）位移：原对象和目标对象之间的位移。

（4）重复（M）：使用同样的基点重复复制对象。如果要将同一对象复制多次，应当使用该参数。

（5）指定位移的第二点：指定第二点来确定位移，第一点为基点。

（6）用第一确定位移：在提示输入第二点时回车，则以第一点的坐标作为位移。

AutoCAD 中的复制命令的应用

AutoCAD 中的图形复制可以分为同一图形文件内的复制和多个图形文件间的复制。不同的类型和复制要求，所应用的命令有所不同，具体参见表11—1。

表11—1 AutoCAD 中的复制命令的应用

复制的位置	图形复制要求	命令的应用
同一图形文件	将图形只复制一次	COPY（复制）
	将某图形随意复制多次	COPY 命令的“重复（M）”选项
	复制后的图形按一定规律排列，如矩形阵列或圆形阵列	ARRAY（阵列）
	生成多条彼此平行、间隔相等或不等的线条，或者生成一系列同心椭圆（弧）、圆（弧）等	OFFSET（偏移）
	需要复制的数量相当大，为了减少文件的大小，或便于日后统一修改	BLOCK（块）定义图形，再选用 INSERT（插入）或 MINSERT（插入块）命令将块插入

续表

复制的位置	图形复制要求	命令的应用
多个图形文件间		命令操作：先在打开的源文件中使用 COPYCLIP 或 COPY-BASE（带基点复制）命令将图形复制到剪贴板中，然后在打开的目的文件中用 PASTECLIP（选择性粘贴）、PASTEBLOCK（块粘贴）、PASTEORIG（粘贴到原坐标）中任一命令将图形复制到指定位置
		用鼠标直接拖拽被选图形。拖拽时，鼠标指针一定要指在选定图形的图线上，而不是指在图线的夹点上。如果用鼠标左键拖拽，应直接进行拖拽；如果用右键拖拽时，会弹出 1 个快捷菜单，依据菜单提供的选项，选择不同方式进行复制

三、旋转

旋转命令可以将某一个对象旋转一个指定角度，或参照一个对象进行旋转。

1. 启用“旋转”命令

启用该命令有以下 3 种方法：

(1) 在菜单栏单击“修改”|“旋转”。

(2) 单击“修改”工具栏上的“旋转”按钮。

(3) 在命令行输入“RO（或 ROTATE）”。

2. 命令格式

启用该命令后，命令行提示如下：

命令:_rotate

UCS 当前的正角方向:ANGDIR = 逆时针　ANGBASE = 0

选择对象:（鼠标选择旋转对象）

选择对象:（选择完毕，回车结束）

指定基点:

指定旋转角度,或[复制(C)/参照(R)] <0 >:

3. 参数

(1) 选择对象：选择要旋转的对象。

(2) 指定基点：指定旋转的基点。

(3) 指定旋转角度，或［复制（C）/参照（R）］ <0 >]：输入旋转的角度或采用参照方式旋转对象。“参照”指定当前的绝对旋转角度和所需的新旋转角度。“参照”选项用于将对象与操作者坐标系的 X 轴和 Y 轴对齐，或者与图形中的几何特征对齐。

【例】旋转如图 11—14a 所示五角星，使五角星的 AB 边竖直成 90°。

命令:_rotate（启用“旋转”命令）

UCS 当前的正角方向:ANGDIR = 逆时针 ANGBASE = 0

选择对象:找到 1 个（单击旋转对象）

选择对象:↙（选择完毕，回车结束）

指定基点:（单击 A 点）

指定旋转角度,或[复制(C)/参照(R)] <0>: r↙（输入“r”，选择参照项）

指定参照角 <0>:指定第二点:（单击 A 点，再单击 B 点）

指定新角度或[点(P)] <0>:90↙（输入 90，即 90°）

旋转效果如图 11—14b 所示。

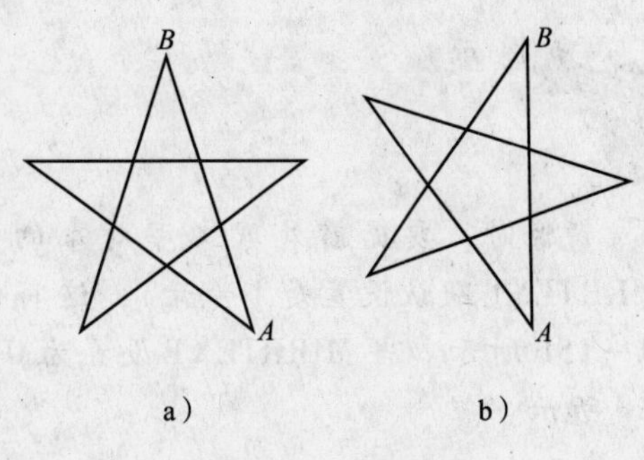

图 11—14　旋转

a）旋转前　b）旋转后

四、镜像

绘制工程图中，大量图形存在着对称结构，为了节约绘图时间、提高绘图效率，AutoCAD 软件提供了“镜像”命令用于对称图形的绘制。操作者可以先画出对称的图形一半，然后采用“镜像”命令产生对称的另一半部分，从而便捷地完成整个图像的绘制。

1. 启用“镜像”命令

启用该命令有以下 3 种方法：

（1）先选择对称图形，再在菜单栏单击“修改”｜“镜像”。

（2）单击“修改”工具栏上的“镜像”按钮。

（3）在命令行输入“MI（或 MIRROR）”。

2. 命令格式

启用“镜像”命令后，命令行提示如下：

命令_mirror

选择对象:（鼠标选择镜像对象）

选择对象:↙（选择完毕，回车结束）

指定镜像线的第一点:

指定镜像线的第二点:

是否删除源对象？[是(Y)/否(N)] <N>:

3. 参数

（1）选择对象：选择要镜像的对象。

（2）指定镜像线的第一点：确定镜像轴线上的第一点。

（3）指定镜像线的第二点：确定镜像轴线上的第二点。

（4）是否删除源对象？［是（Y）/否（N）］ <N>：Y，删除原对象；N 不删除原对象。

镜像时，要提前处理文字对象的反射特性，可以在命令行输入“MIRRTEXT”。MIRRTEXT 默认设置是 1（开），这将使文字对象同其他对象一样被镜像处理，如图 11—15b 所示。当 MIRRTEXT 设置为 0（关）时，文字对象不被镜像处理，如图 11—15c 所示。

图 11—15 文字镜像

a）镜像前 b）镜像后（MIRRTEXT = 1） c）（MIRRTEXT = 0）

五、矩形阵列

任务 10 中已经学习过环形矩阵，本任务重点讲述矩形阵列。矩形阵列用于创建由选定对象副本的行和列数所定义的阵列。

启用“阵列”命令后，弹出“阵列”对话框。矩形阵列是系统缺省选项，选择“矩形阵列”后“阵列”对话框显示如图 11—16 所示。

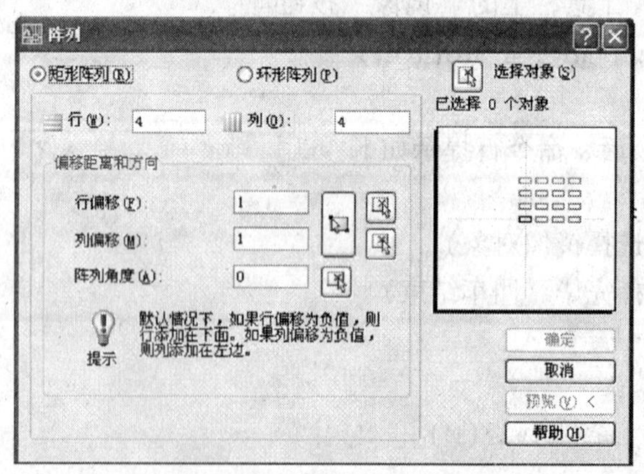

图 11—16 “阵列”对话框

其中的参数：

（1）“选择对象”按钮：单击该按钮，选择要进行阵列的图形对象，然后按回车键（或者鼠标右键单击）结束。

（2）“行”文本框：用于输入阵列对象的行数。如果只指定了一行，则必须指定多列。

（3）“列”文本框：用于输入阵列对象的列数。如果只指定了一列，则必须指定多行。

（4）“偏移距离和方向”选项组

1）“行偏移”文本框：指定行间距。向下添加行，数值为负值。操作者也可以单击其右侧的按钮，然后在绘图窗口中拾取2个点。

2）“列偏移”文本框：指定列间距。向左边添加列，数值为负值。操作者也可以单击其右侧的按钮，然后在绘图窗口中拾取2个点。

3）“阵列角度”文本框：用于输入阵列对象的旋转角度。

六、夹点

在AutoCAD中，单纯地使用绘图命令或绘图工具只能创建出一些基本图形对象，要绘制较为复杂的图形，就必须借助于图形编辑命令。在编辑图形之前，选择对象后，图形对象通常会显示夹点。夹点是一些实心的小方框，可以用来编辑图形。

在启用夹点的情况下，所选对象的关键点上将出现夹点。选择夹点后可以进行移动、拉伸、旋转等编辑。

1. 夹点控制

夹点的颜色、大小等特性可自行设置。启用方法：在菜单栏单击“工具”｜“选项”。启用命令后，弹出“选项”对话框，如图11—17所示。

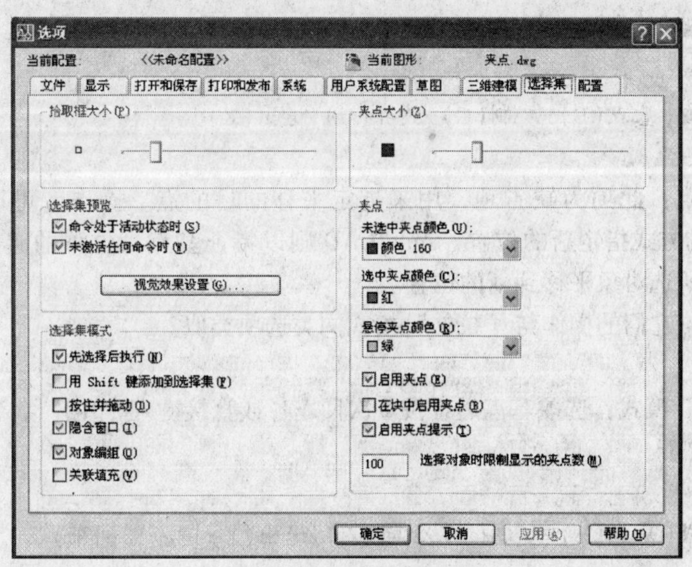

图11—17 “选项”对话框

切换到“选择集”选项卡，在“夹点”选项组中对夹点特性进行设置。一般来说，Auto CAD软件的默认设置可以满足绘图的需要，操作者无须自行修改。

2. 利用夹点进行修改

利用夹点对图形对象进行修改，实际上是利用特征点对选定的对象进行修改。此时，必须先选取一个特征点作为修改操作的基点。方法是：将光标移到希望其成为基点的特征点上，然后拾取，那么该特征点变为高亮度显示，即成为基点。

(1) 拉伸

选取基点后，系统默认编辑夹点首先执行拉伸命令。

1) 命令格式

* * 拉伸 * *

指定拉伸点或[基点(B)/复制(C)/放弃(U)/退出(X)]:

2) 参数

①指定拉伸点：此项为缺省项，用来指定基点被拉伸后的新位置。操作者可以用输入点坐标（或移动光标）的方式指定新的位置，再把选定的对象拉伸（或移动）到新的位置。

②基点（B）：此项允许操作者指定另外任意一点为基点，利用其进行拉伸操作。

③复制（C）：此项允许操作者多次进行拉伸操作及复制。

④放弃（U）：此项用于取消上一次操作。

⑤退出（X）：此项用于退出当前的操作。

(2) 移动

启用“移动”模式：选取基点后，按1次回车；或直接键入“MO”（“移动”命令）。

1) 命令格式

* * 拉伸 * *

指定拉伸点或[基点(B)/复制(C)/放弃(U)/退出(X)]:↙（回车）

* * 移动 * *

指定移动点或[基点(B)/复制(C)/放弃(U)/退出(X)]:

2) 参数

①指定移动点：此项为缺省项，用来指定平移的目的点。操作者可以用输入点坐标（或移动光标）的方式指定新的位置，Auto CAD 则以特征基点为位移的起始点，以输入的点作为终点，将所选对象平移到新的位置。

②其他选项：它们的操作与“拉伸”模式同类选项类似。

(3) 旋转

启用“旋转”模式：选取基点后，按2次回车；或直接键入“RO”（“旋转”命令）。

1) 命令格式

* * 拉伸 * *

指定拉伸点或[基点(B)/复制(C)/放弃(U)/退出(X)]:↙（回车）

* * 移动 * *

指定移动点或[基点(B)/复制(C)/放弃(U)/退出(X):↙（回车）

＊＊旋转＊＊指定旋转角度或[基点(B)/复制(C)/放弃(U)/参照(R)/退出(X)]:

2）参数

①指定旋转角：缺省设置，既可以直接输入角度值又可用拖动的方式，确定旋转角。这样，可把选定的对象绕特征基点旋转给定的角度。

②复制（C）/放弃（U）/退出（X）：它们的操作与拉伸模式类似。

③参照（R）：该选项是以参考方式旋转对象，与上述“旋转”（ROTATE）命令的参照（R）功能相同。

(4）缩放

启用“缩放”模式：选取基点后，按3次回车；或直接键入“SC”（“缩放”命令）。

1）命令格式

＊＊拉伸＊＊

指定拉伸点或[基点(B)/复制(C)/放弃(U)/退出(X)]:↙（回车）

＊＊移动＊＊

指定移动点或[基点(B)/复制(C)/放弃(U)/退出(X)]:↙（回车）

＊＊旋转＊＊

指定旋转角度或[基点(B)/复制C)/放弃(U)/参照(R)/退出(X)]:↙（回车）

＊＊比例缩放＊＊

指定比例因子或[基点(B)/复制(C)/放弃(U)/参照(R)/退出(X)]:

2）参数

①指定比例因子：为缺省项，既可直接输入比例因子的值，又可以用拖动的方式，给定比例因子，从而把选定的对象进行缩放。当比例因子>1，放大对象；当0<比例因子<1时，缩小对象。

②参照（R）：将欲编辑对象当前状态作为起始参照，然后选取一个新对象以指定原对象要编辑为的状态，也可以输入新值来指明要编辑为的状态。

③其他选项：它们的操作与拉伸模式类似。

(5）镜像

启用“镜像”模式：选取基点后，按4次回车；或直接键入“MI”（“镜像”命令）。

1）命令格式

＊＊拉伸＊＊

指定拉伸点或[基点(B)/复制(C)/放弃(U)/退出(X)]:↙（回车）

＊＊移动＊＊

指定移动点或[基点(B)/复制(C)/放弃(U)/退出(X)]:↙（回车）

＊＊旋转＊＊

指定旋转角度或[基点(B)/复制C)/放弃(U)/参照(R)/退出(X)]:↙（回车）

＊＊比例缩放＊＊

指定比例因子或[基点(B)/复制(C)/放弃(U)/参照(R)/退出(X)]:↙（回车）

＊＊镜像＊＊

指定第二点或[基点(B)/复制(C)/放弃(U)/退出(X)]:

2）参数

①指定第二点：为缺省项。AutoCAD 把特征基点作为镜像上的一个点。按照上述提示要求，操作者选择镜像线上的第二点选取后，将以这两点所确定的直线为镜像线，对操作者所选定的对象作镜像。

若要保留镜像对象，则需输入 C。

②其他选项：它们的操作与“拉伸”模式同类选项类似。

1. 设置图形界限

命令:_limits

重新设置模型空间界限:

指定左下角点或[开(ON)/关(OFF)]<0.0000,0.0000>:↙

指定右上角点<420.0000,297.0000>:20000,5000↙

命令:_zoom（启用窗口“缩放”命令）

指定窗口的角点,输入比例因子(nX 或 nXP),或者

[全部(A)↙中心(C)/动态(D)/范围(E)/上一个(P)/比例(S)/窗口(W)/对象(O)]<实时>:a↙（图形在窗口中显示为最大）

正在重生成模型。

2. 设置线型

加载 2 种线型：“Continuous”“DASHDOTX2”，其中“DASHDOTX2”线型的“当前对象缩放比例”设为 10.00，如图 11—18 所示。

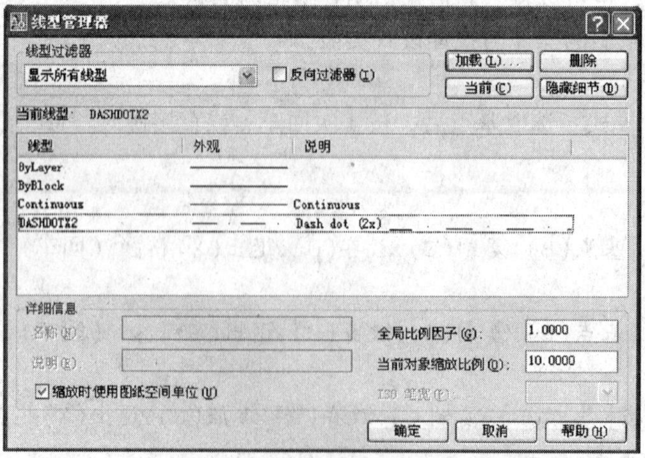

图 11—18 设置线型

3. 设置多线样式

（1）启动多线样式

在菜单栏单击“格式”｜“多线样式”，弹出“多线样式”对话框，如图11—5所示。单击“新建”按钮，弹出“创建新的多线样式”对话框，在“新样式名”文本框中键入“路线”，单击“继续”按钮，如图11—19所示。

图11—19　新建路线的多线样式名

（2）设置多线样式

系统将弹出“新建多线样式：路线”对话框，如图11—20所示。在该对话框内，设置多线样式，单击“确定”按钮返回。然后，在“多线样式”对话框内选中“路线”线型，单击“当前”按钮，“当前线型”栏中显示“路线”（即“路线”设置为当前线型），再单击“确定”按钮。

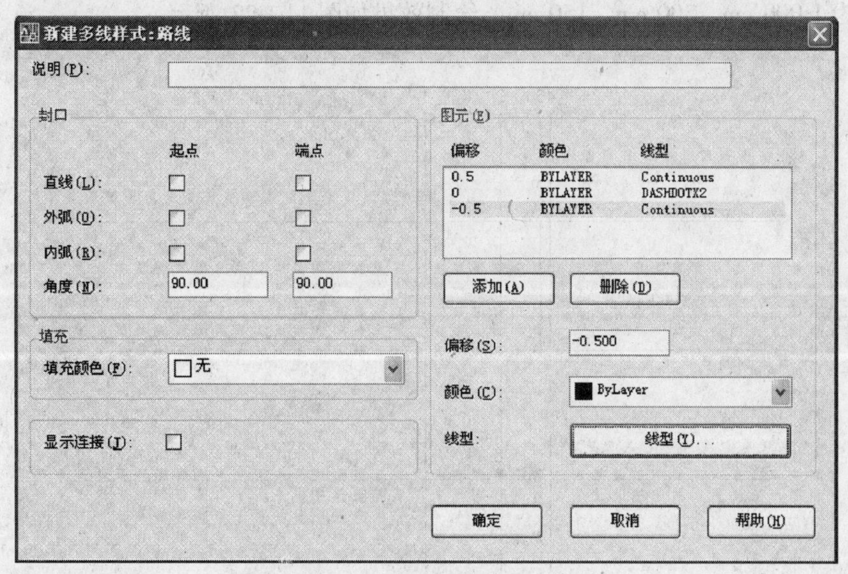

图11—20　设置路线的多线样式

4. 水平方向绘制多线

命令:_mline

当前设置:对正 = 上,比例 = 20.00,样式 = 路线

指定起点或[对正(J)/比例(S)/样式(ST)]:s↙（修改多线比例）

输入多线比例 <20.00 >:3 500 ↙（比例为 3 500，与多线偏移 1 相乘得到多线线宽 3 500）

当前设置:对正 = 上,比例 =3 500.00,样式 = 路线

指定起点或[对正(J)/比例(S)/样式(ST)]:（单击绘图区左侧）

指定下一点:（单击绘图区右侧。长度不计，保证多线长度大于 10 000 cm）

指定下一点或[放弃(U)]:↙（回车，结束命令）

绘制效果如图 11—21 所示。

图 11—21　绘制多线（水平）

5. 垂直方向绘制多线

绘制竖直方向中线（1 号），再使用“偏移”命令偏移出 2 号、3 号、4 号竖直线。偏移量分别为 1 000 cm、500 cm、150 cm。绘制效果如图 11—22 所示。

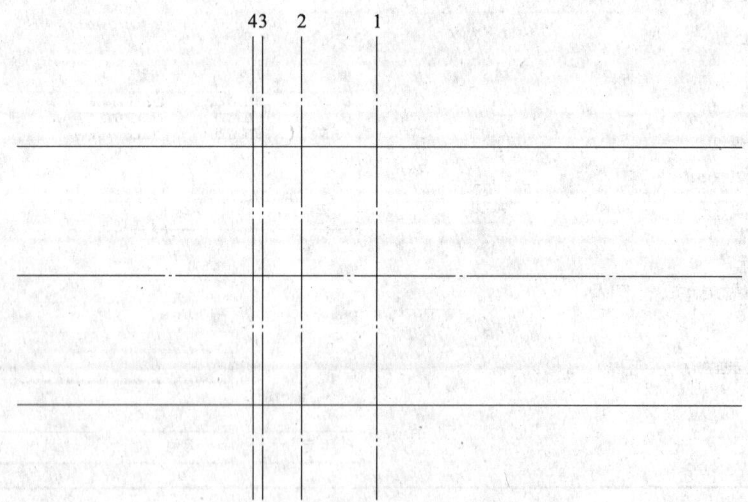

图 11—22　竖直中线偏移

6. 绘制机动车道与非机动车道分隔线

命令:_pline（启动“多段线”命令）

指定起点:_from 基点:<偏移 >:@ 0，-387.5 ↙（单击“捕捉自”按钮，单击 4

号线与上方路边线交点，键盘输入相对坐标）

指定下一个点或[圆弧(A)/半宽(H)/长度(L)/放弃(U)/宽度(W)]:w↙（输入“w”，回车）

指定起点宽度<0.0000>:15↙（键盘输入多段线起点宽度15）

指定端点宽度<15.0000>:↙（回车，端点宽度15）

指定下一个点或[圆弧(A)/半宽(H)/长度(L)/放弃(U)/宽度(W)]:<正交开>（打开正交，鼠标向左拖动，单击绘图区域左侧一点）

指定下一点或[圆弧(A)/闭合(C)/半宽(H)/长度(L)/放弃(U)/宽度(W)]:↙（回车，命令结束）

绘制效果如图11—23所示。

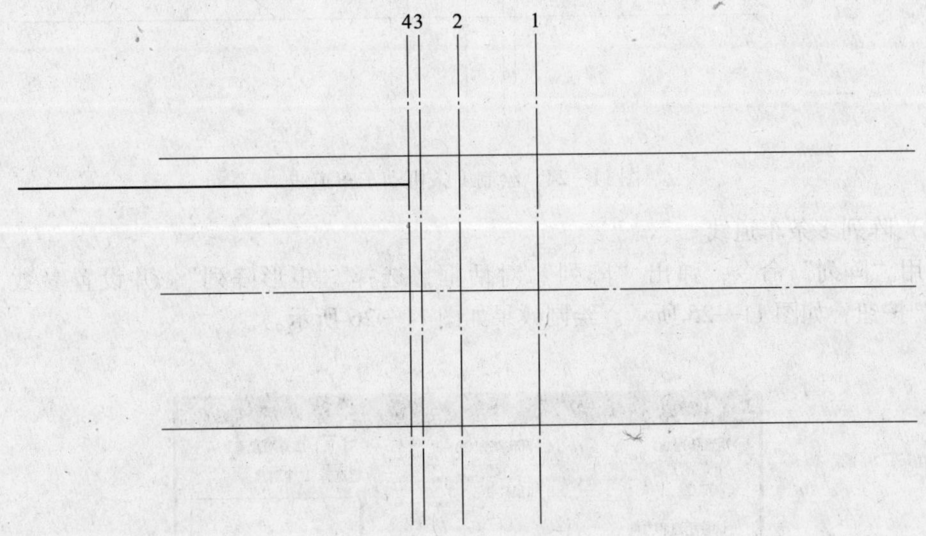

图11—23 绘制分隔线

7. 绘制机动车车道线

(1) 绘制1条车道线

命令:_pline（启用“多段线”命令）

指定起点:_from基点:<偏移>:@0,-777.5↙（单击“捕捉自”按钮，单击4号线与上方路边线交点，键盘输入相对坐标）

当前线宽为15.0000

指定下一个点或[圆弧(A)/半宽(H)/长度(L)/放弃(U)/宽度(W)]:600↙（保持正交打开，鼠标向左拖动，键盘输入600）

指定下一点或[圆弧(A)/闭合(C)/半宽(H)/长度(L)/放弃(U)/宽度(W)]:↙（回车，命令结束）

绘制效果如图11—24所示。

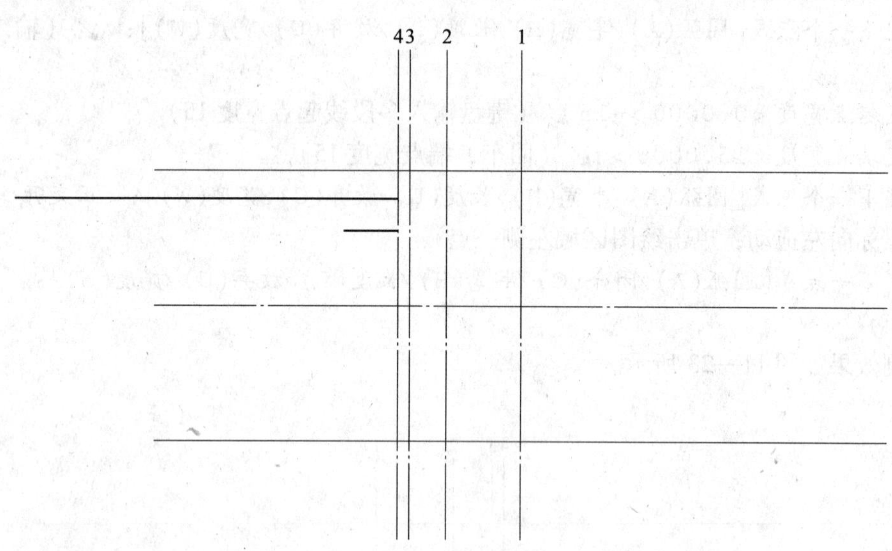

图 11—24　绘制 1 条机动车车道线

（2）阵列多条车道线

启用“阵列”命令，弹出“阵列”对话框，选择“矩形阵列”，并设置参数，单击“确定”按钮，如图 11—25 所示。绘制效果如图 11—26 所示。

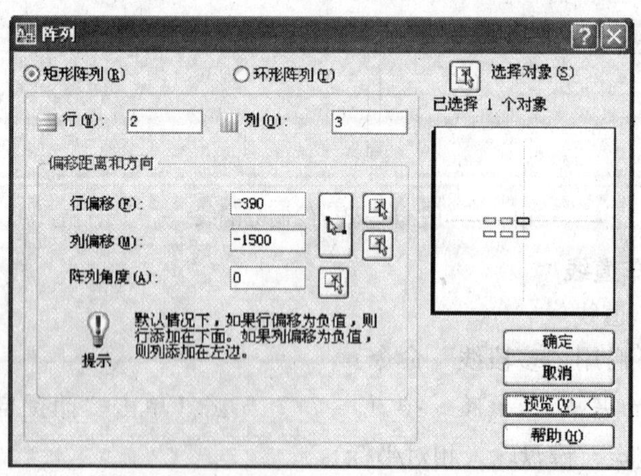

图 11—25　“矩形阵列”参数设置

8. 绘制中央分隔带及中央分隔带旁标线

用“偏移”命令偏移机动车道与非机动车道分隔线，偏移量分别为 1 162.5 和 50。偏移后，通过修改“对象特性”将中央分隔带多段线的起点宽度、端点宽度设为 0。绘制效果如图 11—27 所示。

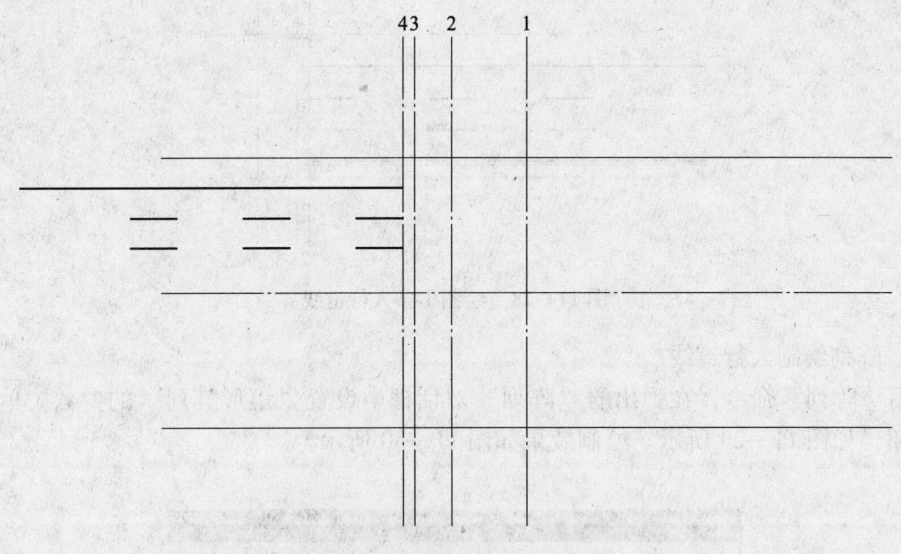

图 11—26　绘制机动车车道线

图 11—27　绘制中央分隔带及中央分隔带旁标线

9. 绘制人行道线

(1) 绘制 1 条人行道线

命令:_pline (启用“多段线”命令)

指定起点:_from 基点:<偏移>:@ 0, -37.5 ↙ (单击“捕捉自”按钮，单击 2 号线与上方路边线交点，键盘输入相对坐标)

当前线宽为 15.0000

指定下一个点或[圆弧(A)/半宽(H)/长度(L)/放弃(U)/宽度(W)]:500 ↙ (保持“正交”打开，鼠标向左拖动，键盘输入 600)

指定下一点或[圆弧(A)/闭合(C)/半宽(H)/长度(L)/放弃(U)/宽度(W)]:↙ (回车，命令结束)

绘制效果如图 11—28 所示。

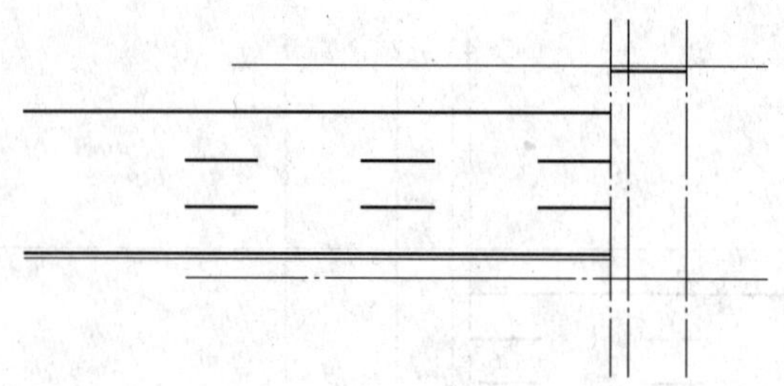

图 11—28　绘制 1 条人行道线

（2）阵列绘制人行道线

启用“阵列”命令，在弹出的“阵列”对话框中设置“矩形阵列”的参数，单击“确定”按钮，如图 11—29 所示。绘制效果如图 11—30 所示。

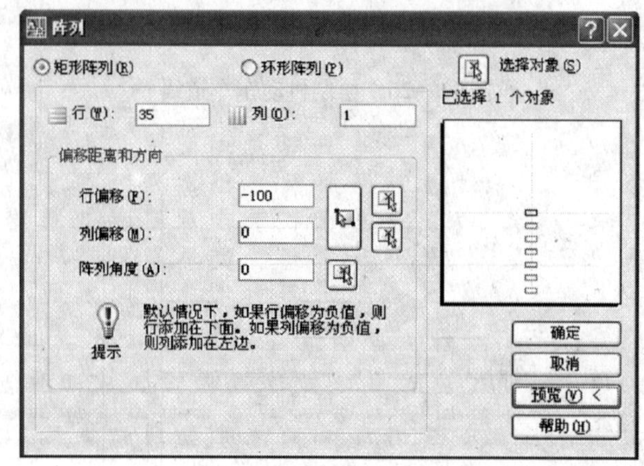

图 11—29　设置“矩形阵列”的参数

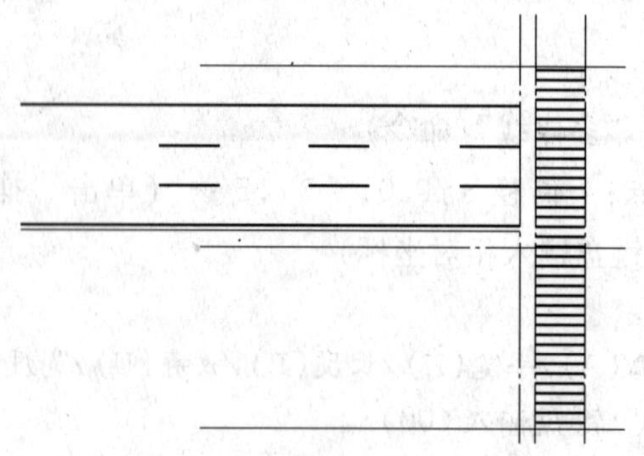

图 11—30　绘制人行道线

10. 镜像标线

（1）以多线中线为镜像线上下镜像。绘制效果如图 11—31 所示。

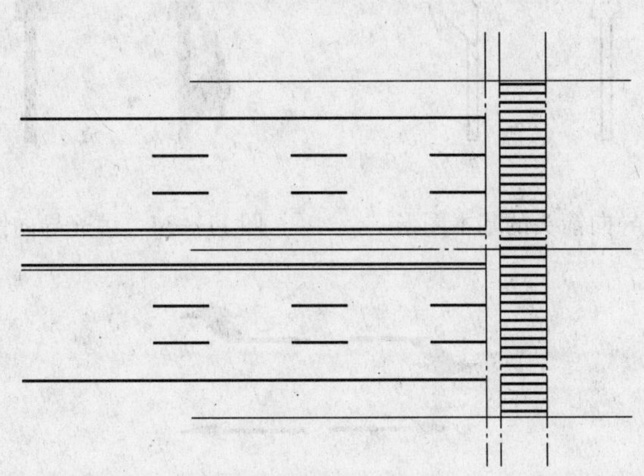

图 11—31　上下镜像

（2）以 1 号线为镜像线左右镜像。绘制效果如图 11—32 所示。

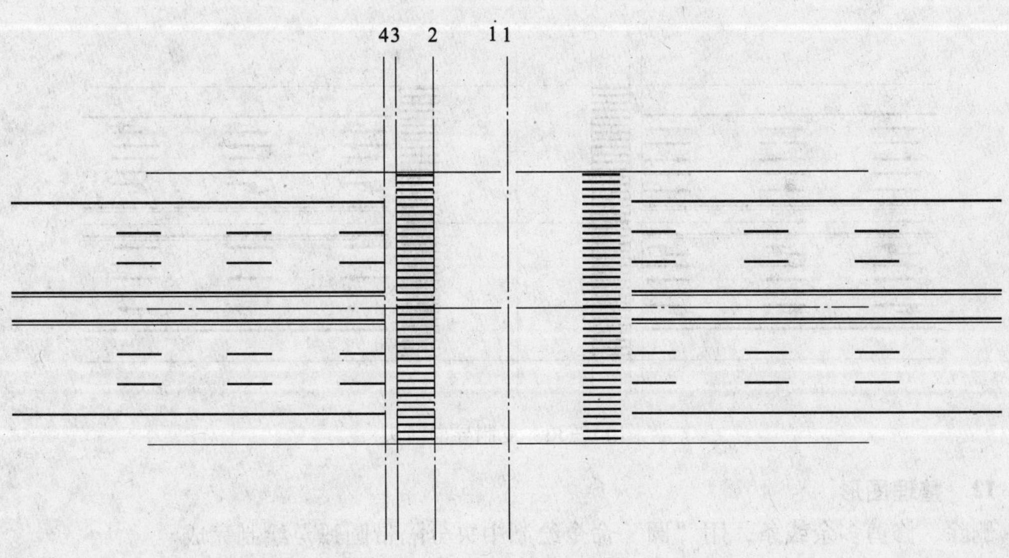

图 11—32　左右镜像

11. 绘制导向箭头

（1）用“直线”命令绘制导向箭头的 3 个基本图形，如图 11—33 所示。

（2）用“图案填充”填充满导向箭头基本图形的内部，如图 11—34 所示。

（3）通过“镜像”旋转 3 个基本的导向箭头得到其他方向的导向箭头，如图 11—35 所示。

（4）用“阵列”命令复制多组导向箭头。绘制效果如图 11—36 所示。

图 11—33 绘制导向箭头的基本图形　　　　图 11—34 填充导向箭头的基本图形

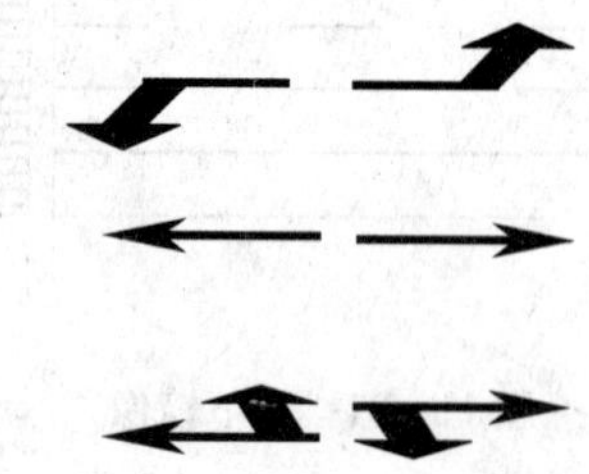

图 11—35 “镜像”旋转导向箭头

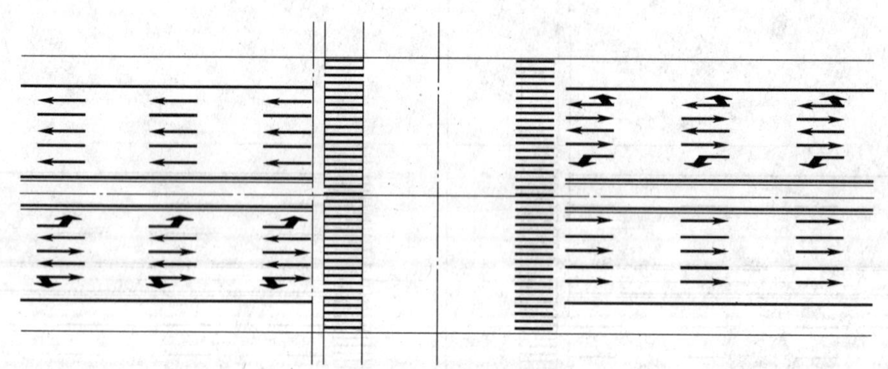

图 11—36 复制导向箭头

12. 整理图形

删除、修剪多余线条，用“圆”命令绘制中央分隔带圆弧。绘制完成。

1. 绘制如习题图 11—1 所示图形（单位 mm）。要求：只绘制图形，不标注尺寸。（提示：可使用“阵列”命令）

2. 绘制如习题图 11—2 所示图形（单位 mm）。要求：只绘制图形，不标注尺寸。（提示：可使用“旋转”命令）

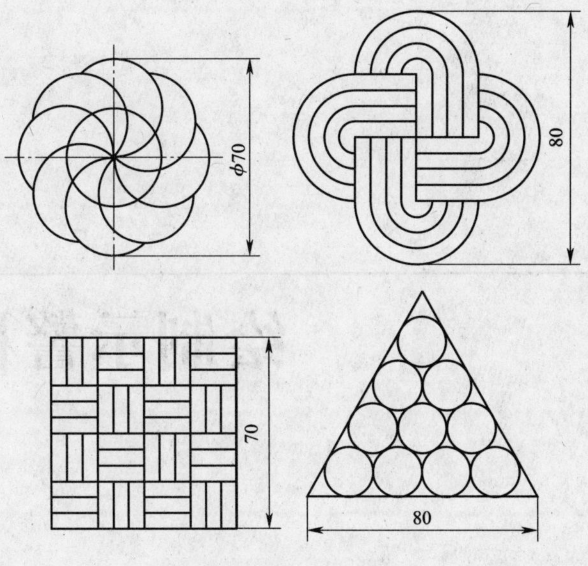

习题图 11—1　阵列图形

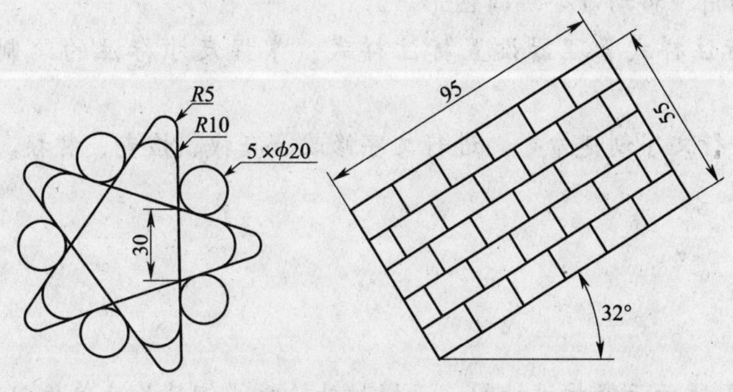

习题图 11—2　旋转图形

3. 绘制如习题图 11—3 所示标线图（单位 mm）。要求：只绘制图形，不标注尺寸。

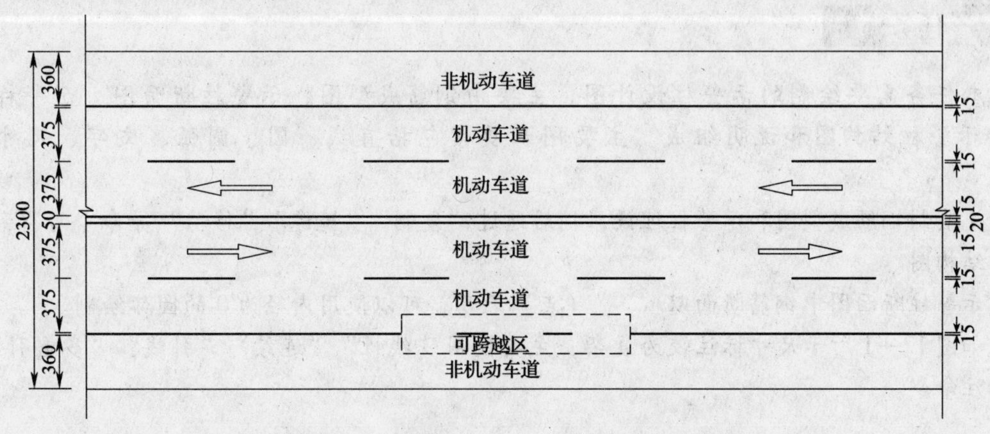

习题图 11—3　标线图

任务12

绘制示警柱设计图

学习目标

1. 熟练运用圆环命令绘制圆环。

2. 熟练使用倒角、移动命令编辑图形。

3. 熟练使用标注样式管理器设置标注样式，掌握尺寸标注的绘制方法进行尺寸标注。

4. 熟练使用多行文字创建命令，进行文字修改、查找、检查、替换。

工作任务

绘制如图12—1所示示警柱设计图。示警柱外轮廓、钢筋长度单位以厘米计，钢筋直径单位以毫米计。

任务分析

本任务需要绘制的示警柱设计图，主要由钢筋成型图、示警柱断面图、示警柱埋设、示警柱结构图和说明组成。主要图形要素包括直线、圆、圆弧、文字、尺寸标注。

先绘制钢筋成型图和示警柱埋设，稍后通过“复制”“镜像”“移动”等命令可得到示警柱结构图。

示警柱断面图中钢筋断面以“·”（点）表示，可以使用内径为0的圆环绘制。

如图12—1所示尺寸标注较为复杂，主要使用“线性”“连续”“引线”“多重引线”等标注命令。

15
8.5
150
6×20
15
6.5
示警柱结构图
15
11
2×2
80
150
示警埋设
70
示警柱埋设
6.3
156.6
②
144.0
6.3
10
①
3
3
10
3
9
3
3
9
3
ϕ10
②
ϕ8
①
示警柱断面图
说明:
1. 单位: 厘米，钢筋直径为毫米。比例: 示意。
2. 示警柱采用C25混凝土预制。
3. 示警柱埋置在路面边缘0.5m处，间距2m，外露高度80cm，自顶端以20cm间距涂以油漆，黑黄色颜色相间，顶端涂为黑色。
4. 一根示警柱材料用量:C25混凝土，0.034m^3；R235钢筋，5.3kg。

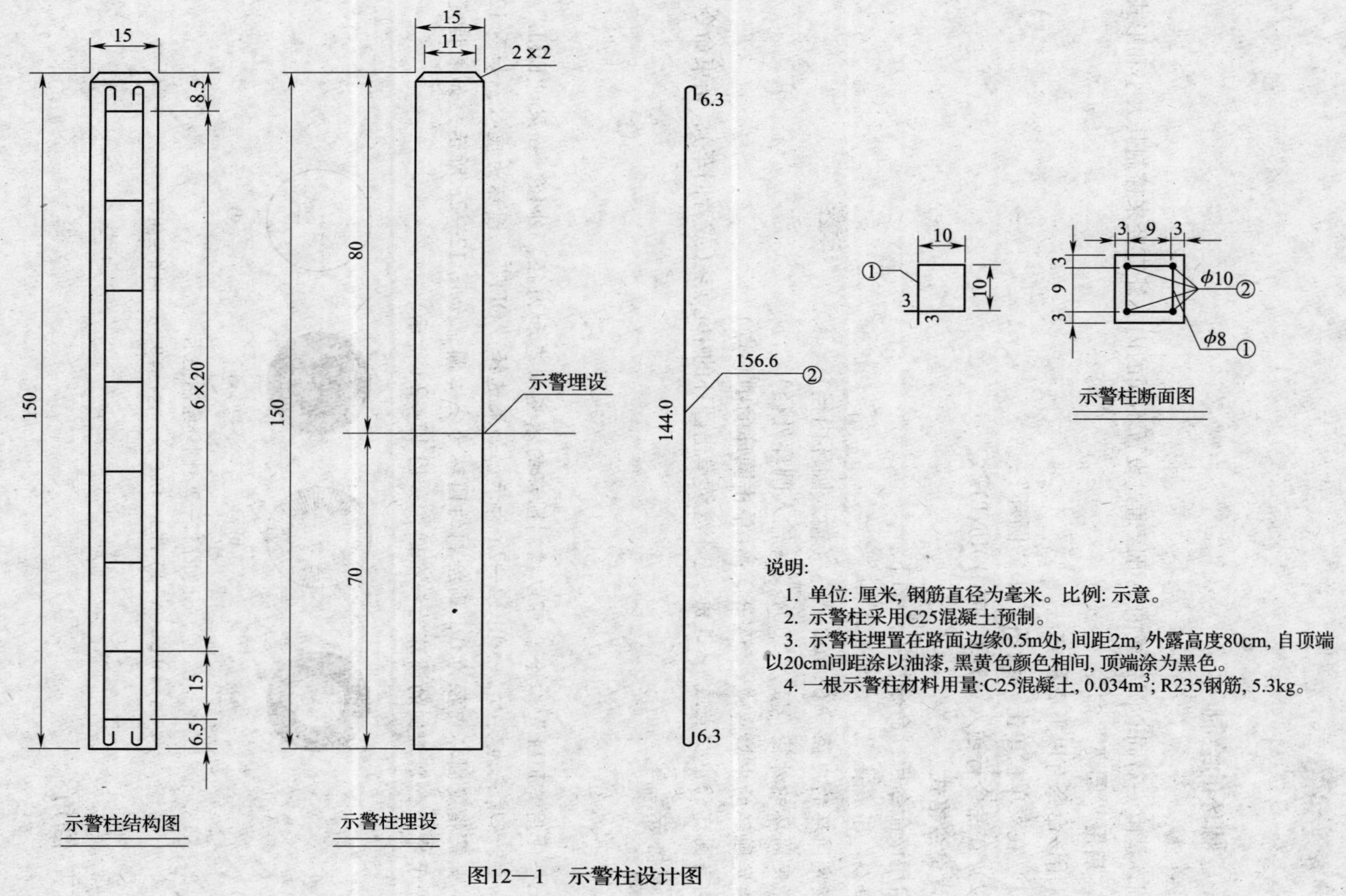

图12—1 示警柱设计图

一、圆环的绘制

圆环是由一对同心圆构成的，可以通过设置不同的内、外直径来控制其大小和形式。

1. 启用“圆环”命令

启用该命令有以下 2 种方法。

（1）在菜单栏单击“绘图”｜“圆环”。

（2）在命令行输入“DO（或 DOUNT）”。

2. 命令格式

启用该命令后，命令行提示如下：

命令：_dount

指定圆环的内径 <0.5000>：（输入圆环内径）

指定圆环的外径 <1.0000>：（输入圆环外径）

指定圆环的中心点或 <退出>：（单击圆环的中心点）

指定圆环的中心点或 <退出>：［继续单击圆环的中心点（或者回车），结束命令］

配合使用“FILL”命令，可以控制圆环的填充状态和内径、外径。如果“FILL”选择“ON”，圆环填充为实心，如图 12—2a 所示；如果选择“OFF”，圆环为虚心，如图 12—2b 所示。如果指定圆环内径为 0，则绘制的圆环为实心圆，如图 12—2c 所示；如果指定圆环内径等于外径，则绘制的圆环为一个圆，如图 12—2d 所示。

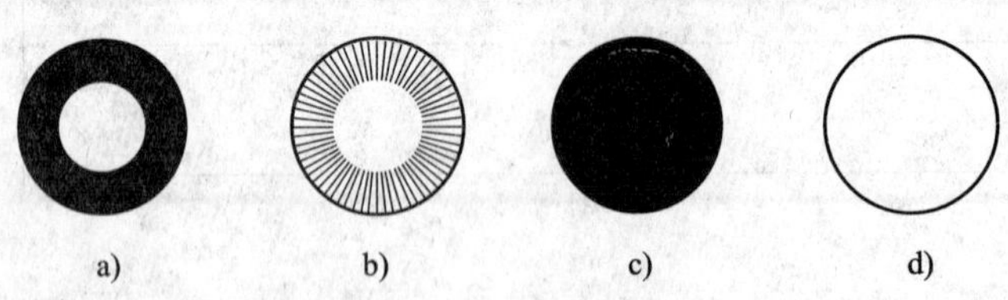

图 12—2 圆环绘制提示

a）FILL = ON b）FILL = OFF c）内径 = 0 d）内外径相等

二、倒角

1. 启用“倒直角”命令

启用该命令有以下 3 种方法：

（1）在菜单栏单击“修改”｜“倒直角”。

（2）单击“修改”工具栏上的“倒直角”按钮。

（3）在命令行输入“CHA（或CHAMFER）”。

2. 命令格式

启用该命令后，命令行提示如下：

命令:_chamfer

（“不修剪”模式）当前倒角距离1 =0.0000,距离2 =0.0000

选择第一条直线或[放弃(U)/多段线(P)/距离(D)/角度(A)/修剪(T)/方式(E)/]:

3. 参数

（1）放弃（U）：在多重倒角状态下放弃前一倒角操作。（与圆角命令中参数“放弃”意义相同）

（2）多段线（P）：用于对多段线每个顶点处的相交直线段进行倒直角，倒直角将成为多段线中的新线段；如果多段线包含的线段小于倒直角距离，则不对这些线段进行倒直角。（与圆角命令中参数“多段线”意义相同）

（3）距离（D）：用于设置倒直角至选定边端点的距离。如果将两个距离都设置为零，系统将延伸或修剪相应的两条线段，使两者相交于一点。

（4）角度（A）：通过设置第一条线的倒直角距离以及第二条线的角度来进行倒直角。

（5）修剪（T）：用于控制倒直角操作是否修剪对象。（与圆角命令中参数“修剪”意义相同）

（6）方式（E）：用于设置倒角角度或距离模式。

（7）多个（M）：用于完成连续倒角处理，此时系统将重复显示提示命令，直到操作者按回车键结束为止。（与圆角命令中参数“多个”意义相同）

【例】 对图12—3a所示矩形倒角，倒角效果如图12—3b所示。

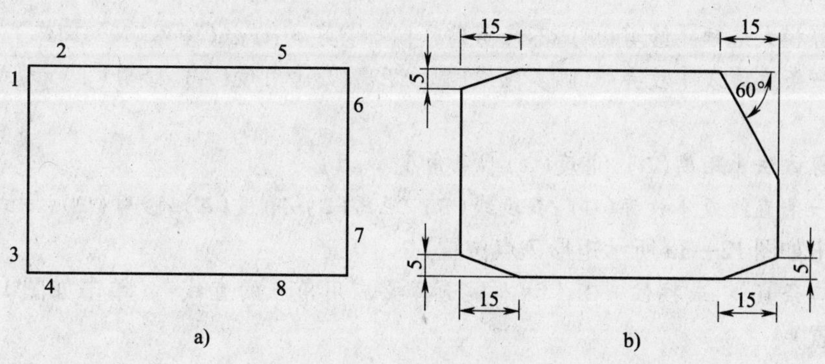

图12—3 矩形倒角

a）倒角前 b）倒角后

命令:_chamfer（启用“倒直角”命令）

（“修剪”模式）当前倒角距离1 =0.0000,距离2 = 0.0000

选择第一条直线或［放弃(U)/多段线(P)/距离(D)/角度(A)/修剪(T)/方式(E)/多个(M)］：m↙

选择第一条直线或［放弃(U)/多段线(P)/距离(D)/角度(A)/修剪(T)/方式(E)/多个(M)］：d↙

指定第一个倒角距离 <0.0000>：5↙

指定第二个倒角距离 <5.0000>：15↙

选择第一条直线或［放弃(U)/多段线(P)/距离(D)/角度(A)/修剪(T)/方式(E)/多个(M)］：(单击如图12—3a所示矩形1点位置)

选择第二条直线,或按住<Shift>键选择要应用角点的直线：(单击如图12—3a所示矩形2点位置)

选择第一条直线或［放弃(U)/多段线(P)/距离(D)/角度(A)/修剪(T)/方式(E)/多个(M)］：(单击如图12—3a所示矩形3点位置)

选择第二条直线,或按住<Shift>键选择要应用角点的直线：(单击如图12—3a所示矩形4点位置)

选择第一条直线或［放弃(U)/多段线(P)/距离(D)/角度(A)/修剪(T)/方式(E)/多个(M)］：a↙

指定第一条直线的倒角长度 <0.0000>：15↙

指定第一条直线的倒角角度 <0>：60↙（输入60，即角度60°，回车）

选择第一条直线或［放弃(U)/多段线(P)/距离(D)/角度(A)/修剪(T)/方式(E)/多个(M)］：(单击如图12—3a所示矩形5点位置)

选择第二条直线,或按住<Shift>键选择要应用角点的直线：(单击如图12—3a所示矩形6点位置)

选择第一条直线或［放弃(U)/多段线(P)/距离(D)/角度(A)/修剪(T)/方式(E)/多个(M)］:t↙

输入修剪模式选项［修剪(T)/不修剪(N)］<修剪>:N↙(输入“N”,回车)

选择第一条直线或［放弃(U)/多段线(P)/距离(D)/角度(A)/修剪(T)/方式(E)/多个(M)］:e↙

输入修剪方法［距离(D)/角度(A)］<角度>:d↙

选择第一条直线或［放弃(U)/多段线(P)/距离(D)/角度(A)/修剪(T)/方式(E)/多个(M)］：(单击如图12—3a所示矩形7点位置)

选择第二条直线,或按住<Shift>键选择要应用角点的直线：(单击如图12—3a所示矩形8点位置)

选择第一条直线或［放弃(U)/多段线(P)/距离(D)/角度(A)/修剪(T)/方式(E)/多个(M)］：↙（回车，结束命令）

4. 说明

(1)“倒直角”命令只能用于具有直线属性的图形对象中，如直线、射线、构造线、矩形、止多边形等。

（2）在修剪模式下设定两个倒角距离均为0，可以通过倒角命令修齐两条不平行直线，可起到修剪或延伸的作用，如图12—4所示。

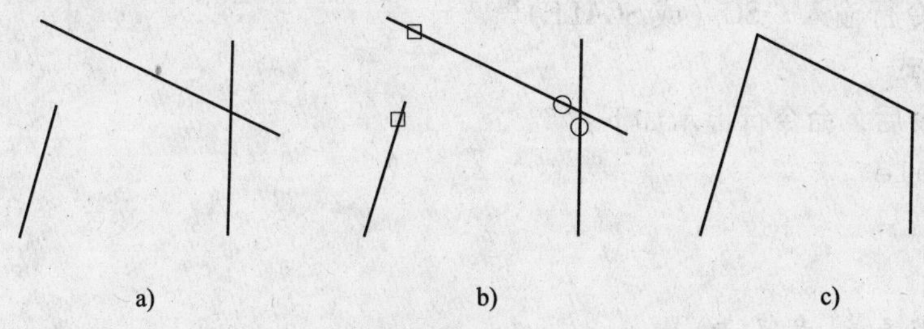

图12—4　倒角距离均为0时的倒角效果

a）倒角前　b）倒角中拾取点　c）倒角后

三、移动

移动命令可以用来改变对象的位置。

1. 启用“移动”命令

启用该命令有以下3种方法。

（1）在菜单栏单击“修改”｜“移动”。

（2）单击“修改”工具栏上的“移动”按钮。

（3）在命令行输入“M（或MOVE）”。

2. 命令格式

启用“移动”命令后，命令行提示如下：

命令：_move

选择对象：

选择对象：

指定基点或［位移(D)］<位移>：

指定第二个点或 <使用第一个点作为位移>：

3. 参数

（1）选择对象：选择要移动的对象。

（2）指定基点或［位移（D）］<位移>：指定移动的基点或直接输入位移距离。

（3）指定第二个点或 <使用第一个点作为位移>：如果选取了某点，则指定移动第二点。如果直接按回车键，则用第一点数值作为位移来移动对象。

四、比例缩放

1. 启用“缩放”命令

启用该命令有以下3种方法：

(1) 在菜单栏单击“修改” | “比例”。

(2) 单击“修改”工具栏上的比例缩放图标。

(3) 在命令行输入“SC (或 SCALE)”。

2. 命令格式

启用该命令后，命令行提示如下：

命令:_scale

选择对象:

指定基点:

指定比例因子或[参照(R)]:

3. 参数

(1) 比例因子：命令的下一步，可以采用不同的方法按此比例放大（比例因子 >1）或缩小（比例因子 <1）所选定的对象。

(2) 参照 (R)：如果键入 R 并按 <Enter> 键，命令行将提示：

指定参照长度 <1 >:

指定新长度:

此时，软件将以按新长度和参照长度的比值作为比例因子，缩放所选定的对象。

五、尺寸标注

尺寸标注是图样中的重要组成部分。通过尺寸标注，设计和施工人员才能明确图形各部分的大小和相互之间的尺寸关系。AutoCAD 中的尺寸标注是通过自动测量指定两点间的距离（或被标注对象）来完成的。

1. 尺寸标注的组成与规则

(1) 尺寸标注的组成

一个完整的尺寸标注都是由尺寸线、尺寸界线、尺寸箭头和尺寸数字 4 部分组成，某些特殊标注还包括引线和圆心标记等，如图 12—5 所示。

1) 尺寸线：表示尺寸标注的范围。通常是平行于被标注对象的单线段。标注文字沿尺寸线放置。对于角度标注，尺寸线可以是一段圆弧。

2) 尺寸界线：表示尺寸线的开始和结束。通常从被标注对象延长至尺寸线，一般与尺寸线垂直。有些情况下，也可以选用某些图形对象的轮廓线或中心线代替尺寸界限线。

3) 尺寸箭头：在尺寸线的两端，用于标记尺寸标注的起始、终止位置。AutoCAD 提供了多种形式的尺寸箭头，包括建筑标记、小斜线箭头、点和斜杠标记。绘图者也可以根据绘图需要创建自己的箭头形式。

4) 尺寸数字：用于表示实际测量值。可以使用由 AutoCAD 自动计算出的测量值，并且软件提供自定义的文字或完全不用文字。如果使用生成的文字，则可以附加“加/减公差、前缀和后缀”。

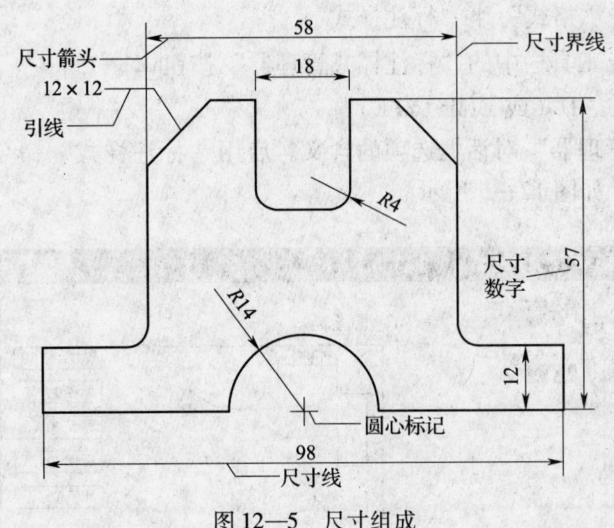

图 12—5 尺寸组成

5）引线：由从标注位置引出的直线或折线。它和注释文字组成引线标注，多用于图形对象比较密集，尺寸数字或注释无法标注在对象附近的情况。

6）圆心标记：用于标注圆和圆弧的圆心位置的十字标记。标记的大小可进行设置。

在 AutoCAD 中，尺寸的各个组成部分通常作为块处理，因此在绘图过程中，一个尺寸标注就是一个整体。

（2）尺寸标注规则

1）图形对象的大小以尺寸数值所表示的大小为准，与图线绘制的精度和输出时的精度无关。

2）一般情况下，采用毫米为单位时，尺寸不需要注写单位；否则，应该明确注写尺寸所用单位。

3）尺寸标注所用字符的大小和格式必须符合国家标准。在同一图形中，同一类尺寸起止符应该相同，尺寸数字大小应该相同，尺寸线间隔应该相同。

4）尺寸数字和图线重合时，必须将图线断开。如果图线不便于断开来表达对象时，应该调整尺寸标注的位置。

2. 标注样式的设置

AutoCAD 中自带的尺寸样式一般不符合我国的制图标准。不同的国家、专业尺寸标注的标准也不尽相同。所以在标注尺寸之前，应根据需要创建符合我国标准（或者图样使用者需要的）的标注样式。

（1）启用“标注样式”命令

1）启用命令的方法。方法有 3 种：

①在菜单栏单击“格式” | “标注样式”。

②单击“样式”工具栏中的“标注样式管理器”按钮。

③在命令行输入“D（或 DIMSTYLE）”。

2）“标注样式管理器”对话框选项的含义。启用“标注样式”命令后，弹出“标注样式管理器”对话框，如图 12—6 所示。

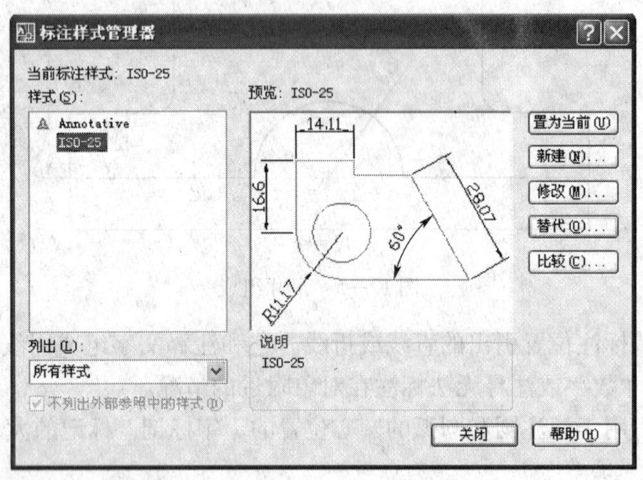

图 12—6 “标注样式管理器”对话框

①“样式”显示区：显示当前图形文件中已定义的所有尺寸标注样式。

②“预览”显示区：显示当前尺寸标注样式设置的各种特征参数的最终效果图。

③“列出”下拉列表框：用于控制在当前图形文件中是否全部显示所有的尺寸标注样式。

④ 置为当前(U) 按钮：用于设置当前标注样式。对每一种新建立的标注样式或对原式样的修改后，均要置为当前设置才有效。

⑤ 新建(N)... 按钮：用于创建新的标注样式。

⑥ 修改(M)... 按钮：用于修改已有标注样式中的某些尺寸变量。

⑦ 替代(O)... 按钮：用于创建临时的标注样式。当采用临时标注样式标注某个尺寸后，再继续采用原来的标注样式标注其他尺寸时，其标注效果不受临时标注样式的影响。

⑧ 比较(C)... 按钮：用于比较不同标注样式中不相同的尺寸变量，并用列表的形式显示出来。

（2）新建尺寸样式

在 AutoCAD 中创建尺寸标注时，缺省情况下使用的尺寸标注样式是“ISO－25”。操作者可以根据需要创建一种新的尺寸标注样式。创建尺寸样式的操作步骤如下：

1）启用“标注样式”命令，弹出“标注样式管理器”对话框。在“样式”显示区中列表显示了当前使用图形中已存在的标注样式，如图 12—6 所示。

2）单击 新建(N)... 按钮，弹出“创建新标注样式”对话框，如图 12—7 所示。

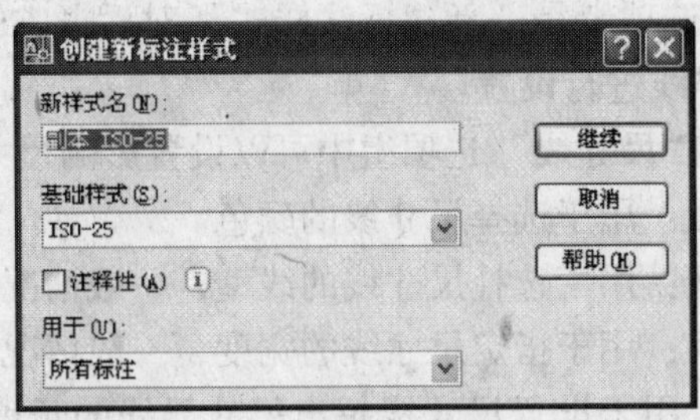

图12—7 “创建新标注样式”对话框

3）缺省情况下默认的新样式名为“副本 ISO－25”。操作者可以更改为其他名称。

4）在“基础样式”下拉列表中，选择作为新样式创建基础的样式选项。

5）在“用于”下拉列表中，可以限定新建标注的应用范围，创建一种仅适用于特定标注类型的标注子样式。

6）单击［继续］按钮，弹出“新建标注样式：副本 ISO－25”对话框。此时，操作者可应用对话框中的7个选项卡进行设置，如图12—8所示。

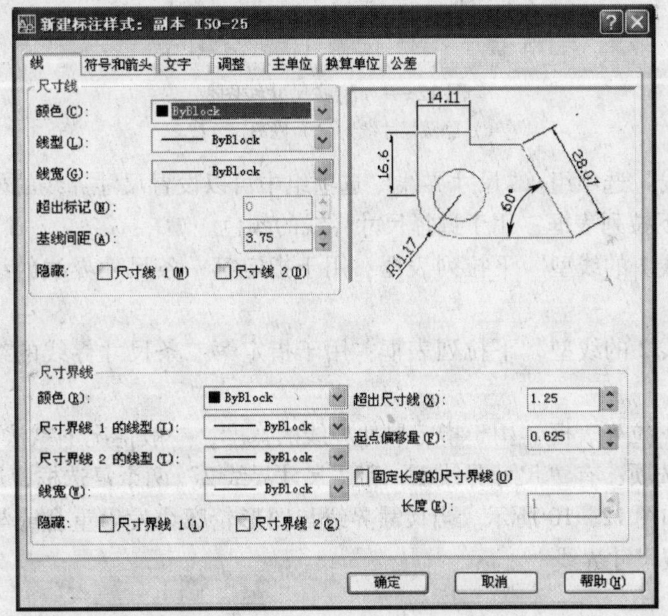

图12—8 “新建标注样式：副本 ISO－25”对话框

7）设置完成后，单击［确定］按钮，返回“标注样式管理器”对话框。在“样式”显示区的列表内选中刚创建的标注样式，单击“置为当前”按钮，即可将该样式设置为当前使用的标注样式。

8）单击“关闭”按钮，即可关闭对话框，返回绘图窗口。

(3) 线的设置

在前面创建标注样式时，如图12—8所示的“新建标注样式”对话框中有7个选项卡来设置标注的样式。“线”选项卡是“新建标注样式”对话框中的首张选项卡。在该选项卡中，可以对尺寸线、尺寸界线进行设置。

1）“尺寸线”选项组。“尺寸线”选项组中可以设置影响尺寸线的一些变量。

①“颜色”下拉列表框：用于选择尺寸线的颜色。

②“线型”下拉列表框：用于选择尺寸线的线型，一般情况下默认为“随层”。

③“线宽”下拉列表框：用于指定尺寸线的宽度，一般情况下默认为“随层”。

④“超出标记”选项：用于设置尺寸线超出尺寸界线的长度。系统默认值为“0”。当选择斜线等为尺寸线的终点标记时，就会激活“超出标记”文本框。

⑤“基线间距”选项：创建基线型尺寸标注时，相邻尺寸线间的距离由该选项控制。

⑥“隐藏”选项：有“尺寸线 1”和“尺寸线 2”两个复选框，用于控制尺寸线两端的可见性，如图 12—9 所示。同时选中 2 个复选框时，将不显示尺寸线。

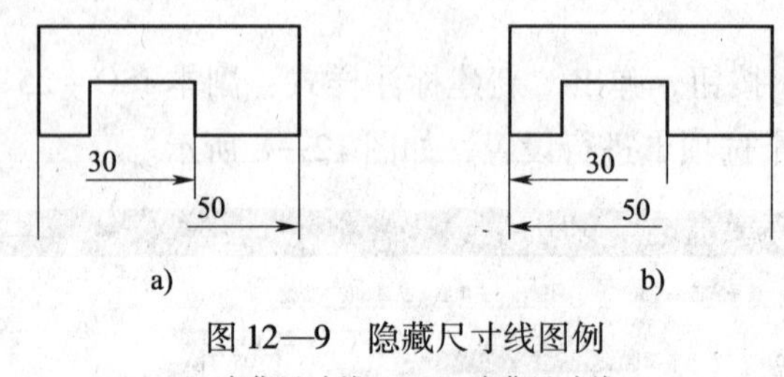

图 12—9　隐藏尺寸线图例

a）隐藏尺寸线 1　b）隐藏尺寸线 2

2）“尺寸界线”选项组。“尺寸界线”选项组中可以设置尺寸界线的外观。

①“颜色”下拉列表框：用于选择尺寸界线的颜色。

②“尺寸界线 1 的线型”下拉列表框：用于指定第一条尺寸界线的线型，一般情况下默认为“随层”。

③“尺寸界线 2 的线型”下拉列表框：用于指定第二条尺寸界线的线型，一般情况下默认为“随层”。

④“线宽”下拉列表框：用于指定尺寸界线的宽度，一般情况下默认为“随层”。

⑤“隐藏”选项：有“尺寸界线 1”和“尺寸界线 2”两个复选框，用于控制两条尺寸界线的可见性，如图 12—10 所示。当尺寸界线与图形轮廓线发生重合或与其他对象发生干涉时，可选择隐藏尺寸界线。

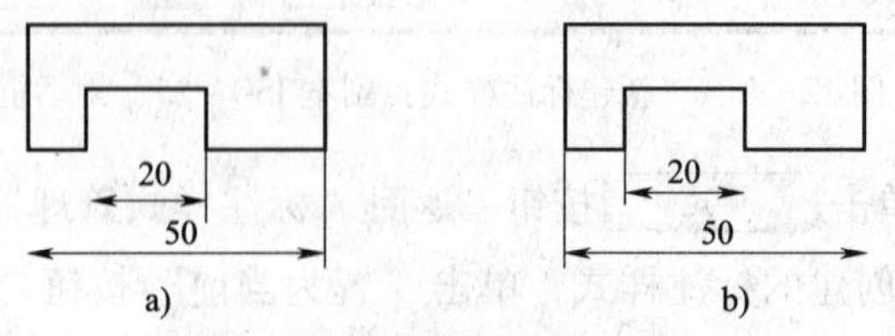

图 12—10　隐藏尺寸界线图例

a）隐藏尺寸界线 1　b）隐藏尺寸界线 2

⑥“超出尺寸线”选项：用于控制尺寸界线超出尺寸线的距离。通常规定尺寸界线的超出尺寸为 2 ~3 mm。使用 1∶1 的比例绘制图形时，设置此选项为 2 或 3。

⑦“起点偏移量”选项：用于设置自图形中定义标注的点到尺寸界线的偏移距离，工程制图中一般设置为起点偏移量为2。尺寸界线与标注对象间有一定的距离，能够较容易地区分尺寸标注和被标注对象。

⑧“固定长度的尺寸界线”复选框：用于指定尺寸界线从尺寸线开始到标注原点的总长度。

(4) 符号和箭头的设置

在“符号和箭头”选项卡中，可以对箭头、圆心标记、弧长符号和折弯半径标注的格式和位置进行设置，如图12—11所示。

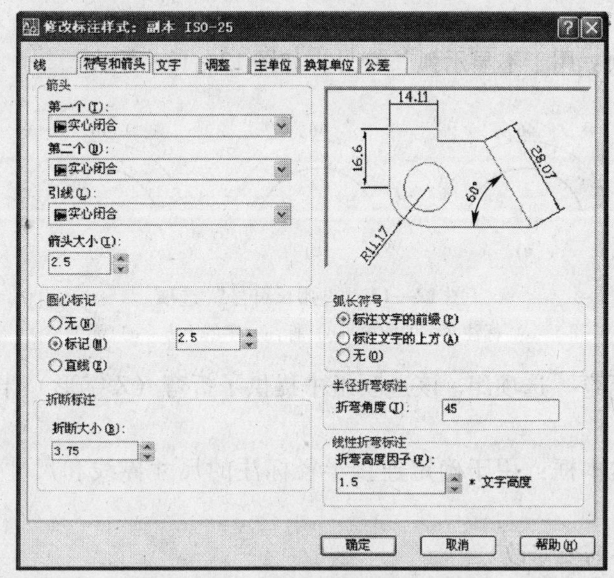

图12—11 “符号和箭头”选项卡

1)“箭头”选项组。该选项组中提供了对尺寸箭头的控制选项。

①“第一个”下拉列表框：用于设置第一条尺寸线的箭头样式。

②“第二个”下拉列表框：用于设置第二条尺寸线的箭头样式。当改变第一个箭头的类型时，第二个箭头将自动改变，以同第一个箭头相匹配。

③“引线”下拉列表框：用于设置引线标注时的箭头样式。

④“箭头大小”选项：用于设置箭头的大小。

2)“圆心标记”选项组。该选项组提供了对圆心标记的控制选项。

①该选项组提供了“无”“标记”和“直线”3个单选项，可以设置圆心标记或画中心线，如图12—12所示。

②大小选项：用于设置圆心标记或中心线的大小。

3)“弧长符号”选项组。该选项组中提供了弧长标注中圆弧符号的显示控制选项。

①“标注文字的前缀”单选项：用于将弧长符号放在标注文字的前面，如图12—13a所示。

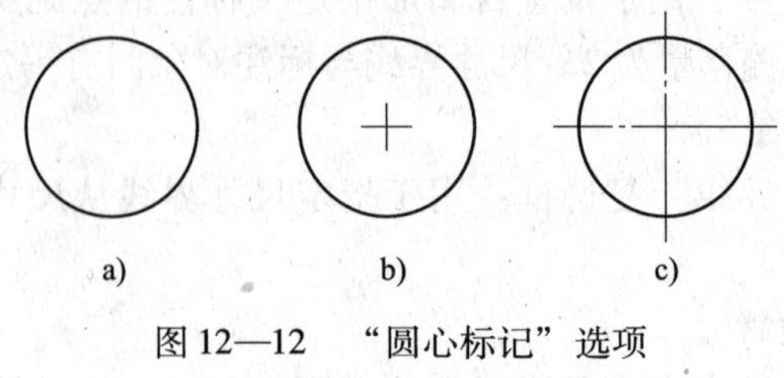

图 12—12　“圆心标记”选项

a）无　b）标记　c）直线

②“标注文字的上方”单选项：用于将弧长符号放在标注文字的上方，如图 12—13b 所示。

③“无”单选项：用于不显示弧长符号，如图 12—13c 所示。

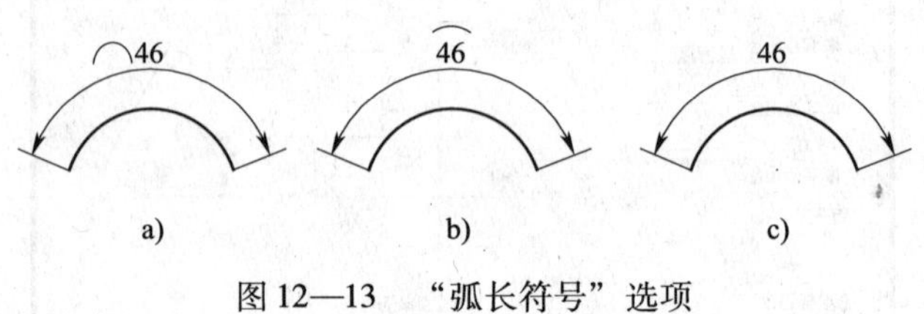

图 12—13　“弧长符号”选项

a）标注文字的前缀　b）标注文字的上方　c）无

4）“半径标注折弯”选项组。该选项组中提供了折弯（Z 字形）半径标注的显示控制选项。

“折弯角度”文本框：用于确定连接半径标注的尺寸界线和尺寸线的横向直线的角度。

其他选项基本不需要修改。

（5）文字的设置

在“文字”选项卡中，可以对标注文字的外观、位置进行设置，如图 12—14 所示。

1）“文字外观”选项组。该选项组中可以设置控制标注文字的格式和大小。

①“文字样式”下拉列表框：用于选择标注文字所用的文字样式。如果需要重新创建文字样式，可以单击右侧的按钮[...]，弹出“文字样式”对话框，创建新的文字样式即可。

②“文字颜色”下拉列表框：用于设置标注文字的颜色。

③“填充颜色”下拉列表框：用于设置标注中文字背景的颜色。

④“文字高度”选项：用于指定当前标注文字样式的高度。如果在当前使用的文字样式中设置了文字的高度，此项输入的数值无效。

⑤“分数高度比例”选项：用于指定分数形式字符与其他字符之间的比例。只有在选择支持分数的标注格式时，才可进行设置。

⑥“绘制文字边框”复选框：用于给标注文字添加一个矩形边框。

2）“文字位置”选项组。该选项组中可以设置控制标注文字的位置。

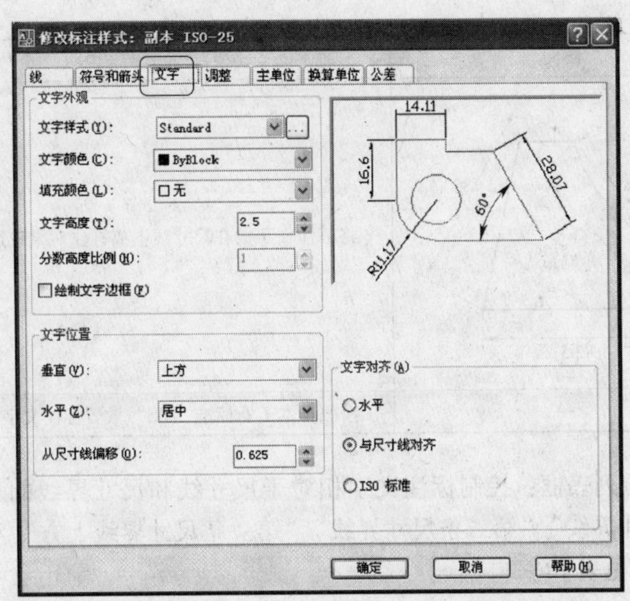

图 12—14 “文字”选项卡

①“垂直”下拉列表框：控制标注文字相对尺寸线的垂直位置。它包含“居中”“上方”“外部”和“JIS”4 个选项，见表 12—1。一般使用默认的“上方”选项。选择其中一项时，在对话框的预览框中可以观察到标注文字的变化。

表 12—1 “垂直”下拉列表框选项、图例及说明

选项	图例	说明
居中	55° 62 81 77° 25 82.5	将标注文字放在尺寸线的两部分中间
上方	55° 62 81 77° 25 82.5	将标注文字放在尺寸线上方

续表

选项	图例	说明
外部	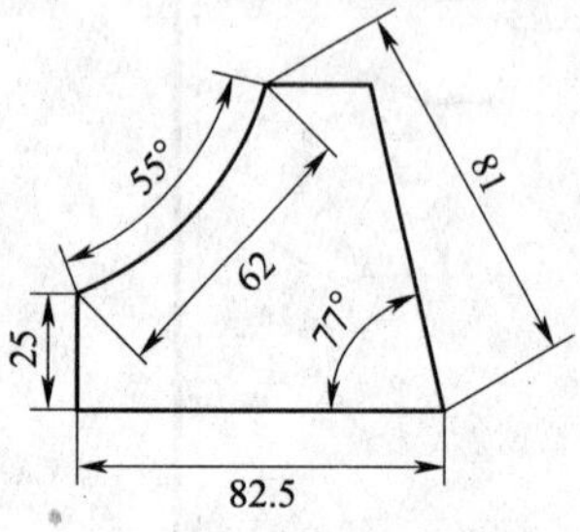 55° 81 62 77° 25 82.5	将标注文字放在尺寸线上离标注对象较远的一边
JIS	—	按照日本工业标准“JIS”放置标注文字（不在本书介绍）

②“水平”下拉列表框：控制标注文字相对于尺寸线和尺寸界线的水平位置。它包含“居中”“第一条尺寸界线”“第二条尺寸界线”“第一条尺寸界线上方”和“第二条尺寸界线上方”5 个选项，见表 12—2。

表 12—2　“水平”下拉列表框选项、图例及说明

选项	图例	说明
居中	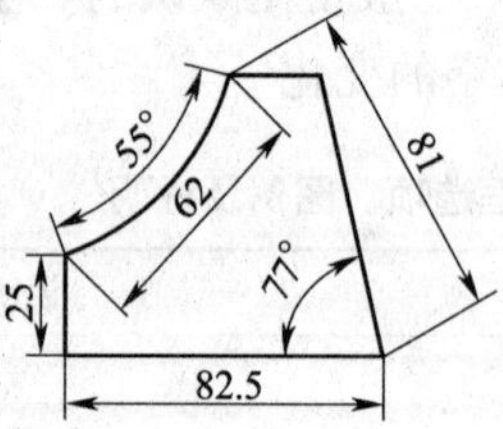 55° 81 62 77° 25 82.5	把标注文字沿着尺寸线放在两条尺寸界线的中间
第一条尺寸界线	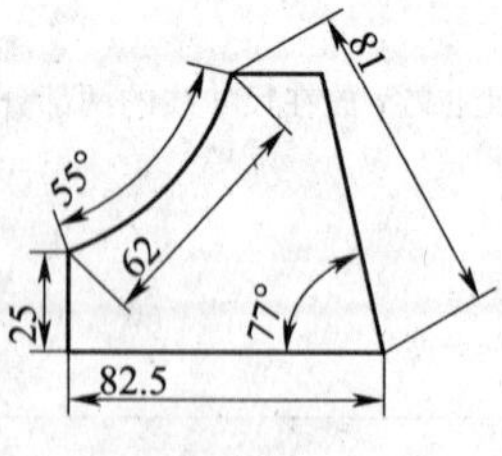 81 55° 62 25 77° 82.5	沿着尺寸线与第一条尺寸界线左对正
第二条尺寸界线	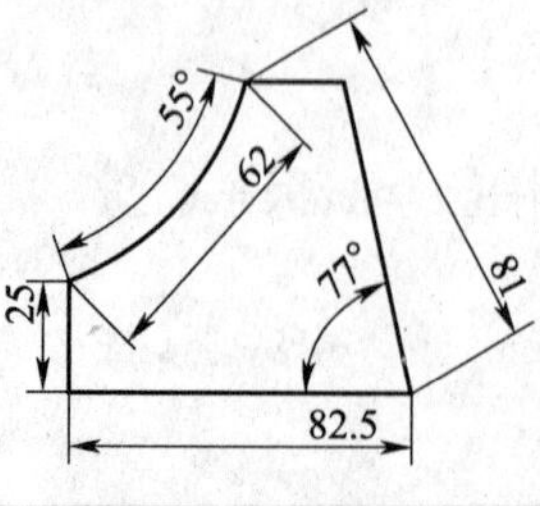 55° 62 77° 81 25 82.5	沿着尺寸线与第二条尺寸界线右对正。尺寸界线与标注文字的距离是箭头大小加上文字间距之和的两倍

续表

选项	图例	说明
第一条尺寸界线上方	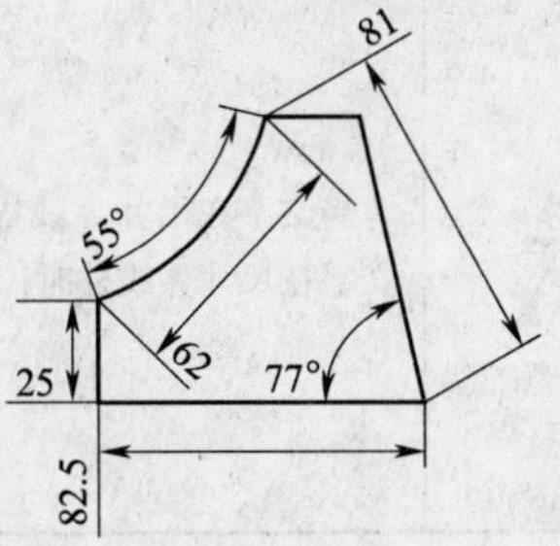	沿着第一条尺寸界线放置标注文字或把标注文字放在第一条尺寸界线之上
第二条尺寸界线上方	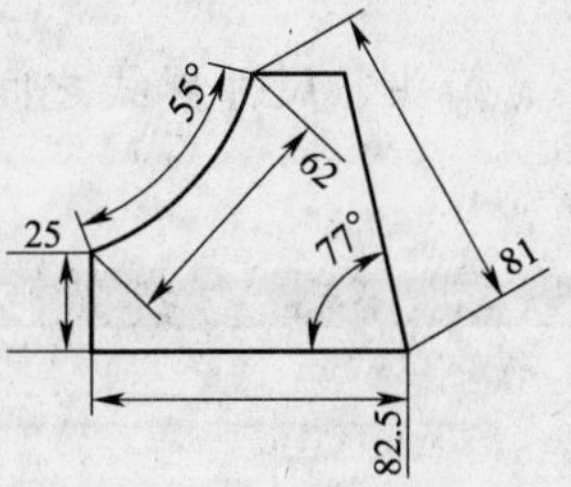	沿着第二条尺寸界线放置标注文字或把标注文字放在第二条尺寸界线之上

③“从尺寸线偏移”选项：用于设置当前文字与尺寸线之间的间距。

3）“文字对齐”选项组。该选项组用于控制标注文字放在尺寸界线外边或里边时的方向。提供的单选项具体见表 12—3。

表 12—3　　“文字对齐”选项组的单选项、图例及说明

单选项	图例	说明
水平	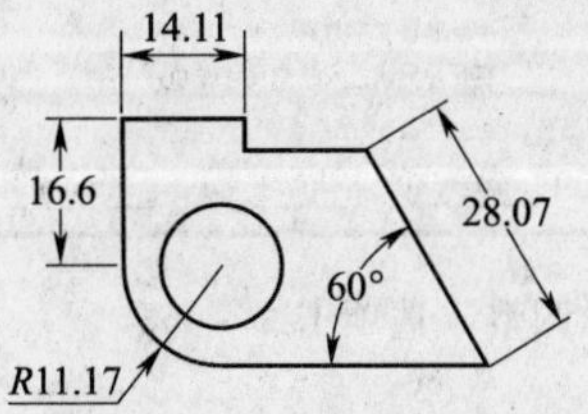	将水平放置标注文本
与尺寸线对齐	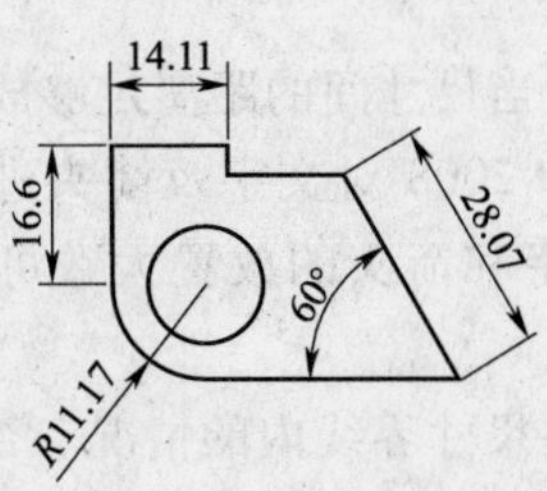	用于设置文本文字与尺寸线对齐

续表

单选项	图例	说明
ISO 标准	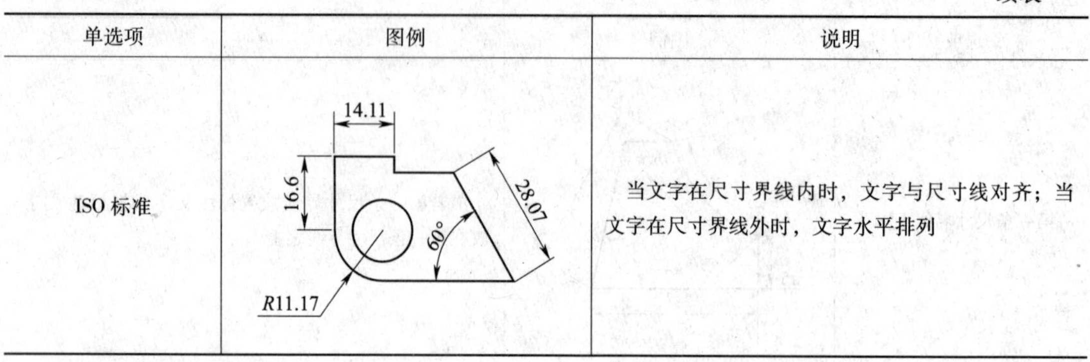	当文字在尺寸界线内时，文字与尺寸线对齐；当文字在尺寸界线外时，文字水平排列

（6）调整的设置

在“调整”选项卡中，可以对标注文字、箭头、尺寸界线之间的位置关系进行设置，如图 12—15 所示。

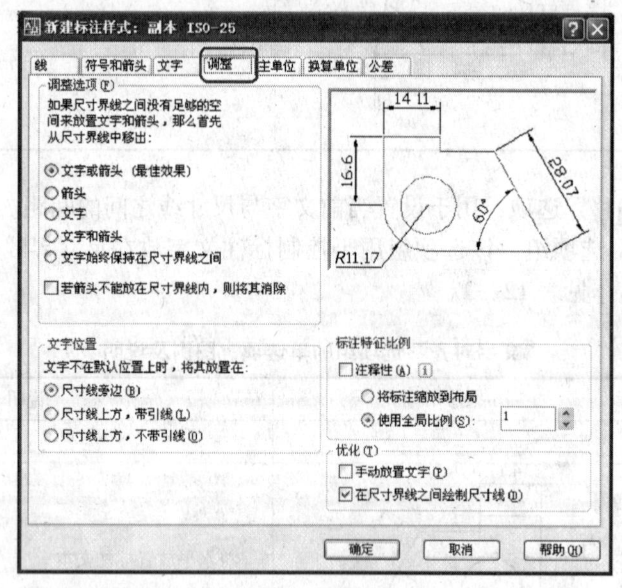

图 12—15　“调整”选项卡

1）“调整选项”选项组。该选项组主要用于控制基于尺寸界线之间可用空间的文字和箭头的位置。

①“文字或箭头”（最佳效果）单选项：当尺寸间的距离足够放置文字和箭头时，文字和箭头都放在尺寸界线内；否则，AutoCAD 2008 对文字及箭头进行综合的考虑，自动选择最佳效果移动文字或箭头进行显示。文字和箭头的放置大致可分为几种形式，见表 12—4。

②“箭头”单选项：用于将箭头尽量放在尺寸界线内的情况。否则，将文字和箭头都放在尺寸界线外。

表12—4　　文字和箭头的放置形式

尺寸界线间的距离	图例	放置形式（与尺寸界线的位置关系）	
		文字	箭头
既能容纳文字，又能容纳放箭头	30.80	在内	在内
仅够容纳文字	25.20	在内	在外
仅够容纳箭头	15.10	在外	在内
既不够容纳文字，又不够容纳放箭头	5.40	在外	外

③“文字”单选项：用于将文字尽量放在尺寸界线内的情况。否则，将文字和箭头都放在尺寸界线外。

④“文字和箭头”单选项：用于当尺寸界线间距离不足以放下文字和箭头时，文字和箭头都放在尺寸界线外的情况。

⑤“文字始终保持在尺寸界线之间”单选项：用于始终将文字放在尺寸界线之间的情况。

⑥“若不能放在尺寸界线内，则消除箭头”复选框：用于如果尺寸界线内没有足够的空间，则隐藏箭头的情况。

2）“文字位置”选项组。该选项组用于设置标注文字从默认位置移动时，标注文字的位置。

①“尺寸线旁边”单选项：用于将标注文字放在尺寸线旁边的情况。

②“尺寸线上方，带引线”单选项：如果文字移动到远离尺寸线处，AutoCAD 创建一条从文字到尺寸线的引线；但文字靠近尺寸线时，AutoCAD 将省略引线。

③“尺寸线上方，不带引线”单选项：用于在移动文字时保持尺寸线位置的情况。远离尺寸线的文字不与引线的尺寸线相连。

3）“标注特征比例”选项组。该选项组用于设置全局标注比例值或图纸空间比例。

①“使用全局比例”单选项：可以为所有标注样式设置一个比例，指定大小、距离或间距，包括文字和箭头大小，但并不更改标注的测量值。

②“将标注缩放到布局”单选项：可以根据当前模型空间视口与图纸空间之间的比例确定比例因子。

4）“优化”选项组。该选项组用于放置标注文字的其他选项。

①“手动放置文字”复选框：软件将忽略所有水平对正设置，并把文字放在“尺寸线位置”提示下指定的位置。

②“在尺寸界线之间绘制尺寸线”复选框：始终在测量点之间绘制尺寸线，即使 AutoCAD 将箭头放在测量点之外。

（7）主单位的设置

在“主单位”选项卡中，可以设置主标注单位的格式和精度，并设置标注文字的前缀和后缀，如图 12—16 所示。

1）“线性标注”选项组。该选项组中，可以设置线性标注的格式和精度。

①“单位格式”下拉列表框：用于选择设置除角度之外的标注类型的当前单位格式。

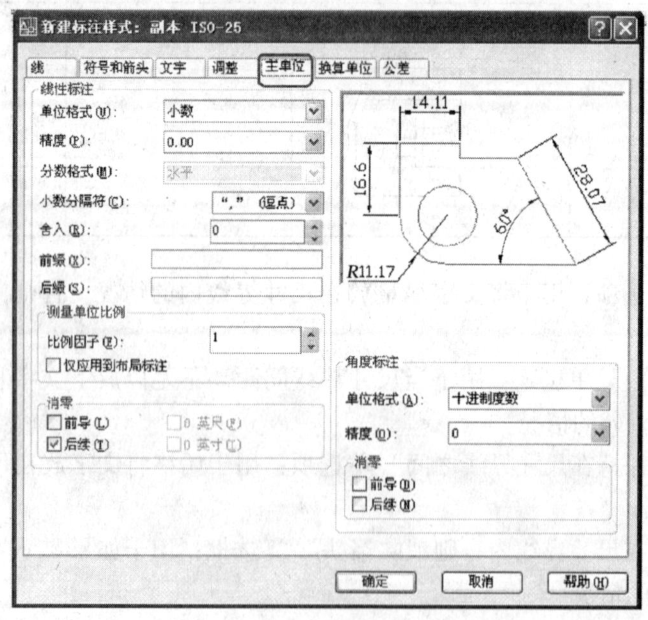

图 12—16 “主单位”选项卡

②“精度”下拉列表框：用于设置标注文字中的小数位数。

③“分数格式”下拉列表框：用于设置分数格式，可以选择“水平”“对角”“非堆叠”3种方式之一。

④“小数分隔符”下拉列表框：用于设置用于十进制格式的分隔符，包括“。”（句号）、“，”（逗号）、“ ”（空格）3种。AutoCAD系统缺省默认的分隔符是“，”（逗号）。而在工程制图中，一般习惯采用“句号”来分隔数值的小数与整数部分。

⑤“舍入”下拉列表框：用于除角度之外的所有标注类型设置标注测量值的舍入规则。例如，将舍入值设置为0.5，则AutoCAD将自动把大于0.5的小数值舍入为1。

⑥“前缀”文本框：用于为标注文字指示前缀，可以输入文字或用控制代码显示特殊符号。

⑦“后缀”文本框：用于为标注文字指示后缀，可以输入文字或用控制代码显示特殊符号。

2）“测量单位比例”选项组。该选项组中，可以定义测量单位比例选项，具体如下：

①“比例因子”选项：用于设置线性标注测量值的比例因子。AutoCAD 2008将标注测量值与此处输入的值相乘。

②“仅应用到布局标注”复选框：仅对在布局中创建的标注应用线性比例值。这使得长度比例因子可以反映模型空间视口中对象的缩放比例因子。

3）“消零”选项组。该选项组中，可以控制不输出前导零和后续零部分。

①“前导”复选框：不输出所有十进制标注中的前导零。例如，0.500变成.500。

②“后续”复选框：不输出所有十进制标注的后续零。例如，3.500 00变成3.5。

4）“角度标注”选项组。该选项组中，可以设置角度标注的当前角度格式。

①“单位格式”下拉列表框：用于设置角度单位格式。

②“精度”下拉列表框：用于设置角度标注的小数位数。

（8）换算单位的设置

在“换算单位”选项卡中，选择“显示换算单位”复选框，当前对话框变为可设置状态，如图12—17所示。此选项卡中的选项可用于设置文件的标注测量值中换算单位的显示，并设置其格式和精度。

1）“换算单位”选项组。该选项组中，可以设置除“角度标注”之外所有标注类型的当前换算单位格式。

①“单位格式”下拉列表框：用于设置换算单位的格式。

②“精度”下拉列表框：用于设置换算单位中的小数位数。

③“换算单位乘数”选项：用于指定一个乘数作为主单位和换算单位之间的换算因子，长度缩放比例将改变缺省的测量值。此选项的设置对角度标注没有影响，也不用于舍入或者加减公差值。

④“舍入精度”选项：用于设置除角度之外的所有标注类型的换算单位的舍入规则。

⑤“前缀”文本框：为换算标注文字指示前缀。

⑥“后缀”文本框：在换算标注文字中包含后缀。

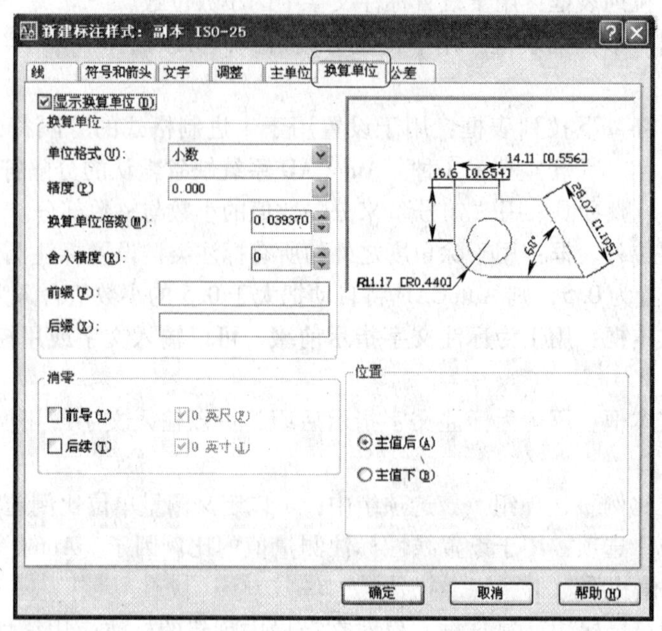

图 12—17 “换算单位”选项卡

2）“消零”选项组。该选项组中，选择“前导”或“后续”复选项，设置控制不输出前导零和后续零以及零英尺和零英寸部分。

3）“位置”选项组。该选项组中，可以设置换算单位标注上的显示位置。选择“主值后”单选项时，换算单位将显示在主单位之后；选择“主值下”单选项时，换算单位将显示在主单位下面。

“公差”选项卡中，可以设置标注文字中公差的格式及显示。公差标注主要应用在机械制图中，在公路、桥梁行业制图中不用，本教材不再占用篇幅介绍。

3. 尺寸标注操作

在设置好“尺寸样式”后，选择尺寸标注的样式，即可以采用设定好的“尺寸样式”进行尺寸标注：根据需要标注的尺寸类型选择尺寸标注命令，根据提示指定尺寸界线的原点或选择需要标注的对象，最后确定尺寸线位置，尺寸标注操作完成。下面按照不同的标注方法介绍标注命令的使用。

（1）线性标注

线性标注用于标注水平方向和垂直方向的尺寸。

1）启用“线性”标注命令。启用该命令有 3 种方法：

①在菜单栏单击“标注” | “线性”。

②单击标注工具栏上的“线性标注”按钮⊢⊣。

③在命令行输入“DLI（或 DIMLINEAR）”。

2）命令格式。启用命令后，命令行提示如下：

命令：_dimlinear

指定第一条尺寸界线原点或 <选择对象>：(指定尺寸标注的第一点或选择标注对象)

指定第二条尺寸界线原点：(指定尺寸标注的第二点)

指定尺寸线位置或[多行文字(M)/文字(T)/角度(A)/水平(H)/垂直(V)/旋转(R)]：(鼠标单击确定尺寸线位置或选择参数)

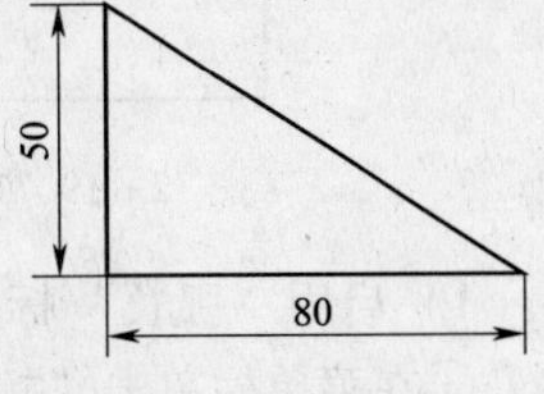

图 12—18 线性标注图例

标注效果图例如图 12—18 所示。

3) 参数

①“多行文字 (M)”选项：调用该参数后会打开多行文字编辑器，可以用它来编辑标注文字。

②“文字 (T)”选项：用于设置尺寸标注中的文本值。

③“角度 (A)”选项：用于设置尺寸标注中的文本数字的倾斜角度。

④“水平 (H)”选项：用于确定标注水平方向尺寸。

⑤“垂直 (V)”选项：用于确定标注垂直方向尺寸。

⑥“旋转 (R)”选项：用于确定尺寸线旋转的角度。尺寸线旋转后，测量值相应会发生变化。

(2) 对齐标注

对齐标注可以标注任意方向线段，主要用于对倾斜的对象进行标注。对齐尺寸的特点是：尺寸线平行于倾斜的标注对象。

1) 启用“对齐”标注命令。启用该命令有两种方法：

①在菜单栏单击“标注” | “对齐”。

② 单击标注工具栏中的“对齐标注”按钮。

③在命令行输入“DAL (或 DIMALIGNED)”。

2) 命令格式。启用命令后，命令行提示如下：

命令：_dimaligned

指定第一条尺寸界线原点或 <选择对象>：(指定尺寸标注的第一点，或选择标注对象)

指定第二条尺寸界线原点：(指定尺寸标注的第二点)

指定尺寸线位置或[多行文字(M)/文字(T)/角度(A)]：(鼠标单击确定尺寸线位置，或选择参数)

标注效果图例如图 12—19 所示。

参数含义与线性标注相同，此处不再介绍。

(3) 弧长标注

弧长尺寸的标注是 AutoCAD 2008 新增的功能，用于测量圆弧或多段线弧线段上的距离。为了与其他标注方式区分，系统默认情况下弧长标注将显示一个圆弧符号，如图 12—20 所示。

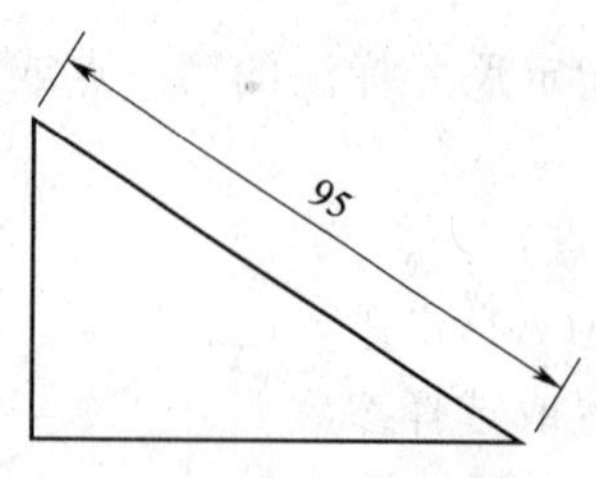

图 12—19　对齐标注图例

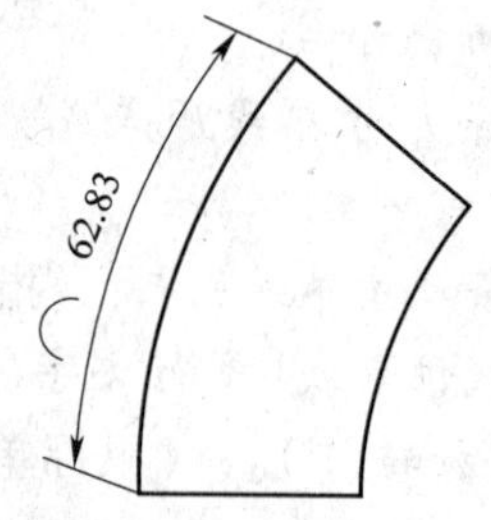

图 12—20　弧长标注图例

1）启用“弧长”标注命令。启用该命令有 2 种方法：

①在菜单栏单击“标注”｜“弧长”。

②单击标注工具栏中的“弧长”按钮。

③在命令行输入“DAR（或 DIMAROC）”。

2）命令格式。启用该命令后，命令行提示如下：

命令：_dimaroc

选择弧线段或多段线弧线段：(选择要进行弧长标注的对象)

指定弧长标注位置或［多行文字(M)/文字(T)/角度(A)/部分(P)/］：(移动鼠标确定弧长标注位置或选择参数)

（4）坐标标注

坐标标注是标注图形对象某点相对于坐标原点的 X 坐标值、Y 坐标值，每次只能标注 X 坐标值、Y 坐标值中的一个。坐标标注只能反映与坐标原点之间的距离关系而不能反映象限位置关系。

1）启用“坐标”标注命令。启用该命令有 3 种方法：

①在菜单栏单击“标注”｜“坐标”。

②单击标注工具栏上的“坐标标注”按钮。

③在命令行输入“DOR（或 DIMORDINATE）”。

2）命令格式。启用该命令后，命令行提示如下：

命令：_dimordinate

指定点坐标：(指定要进行坐标标注的点的位置)

指定引线端点或［X 基准(X)/Y 基准(Y)/多行文字(M)/文字(T)/角度(A)］：(移动鼠标确定坐标标注位置或选择参数)

标注效果图例如图 12—21 所示。

3）参数

①“X 基准（X）”选项：用于控制显示的测量值始终为被标注点到坐标原点的水平距离。

②“Y 基准（Y）”选项：用于控制显示的测量值始终为被标注点到坐标原点的垂直距离。

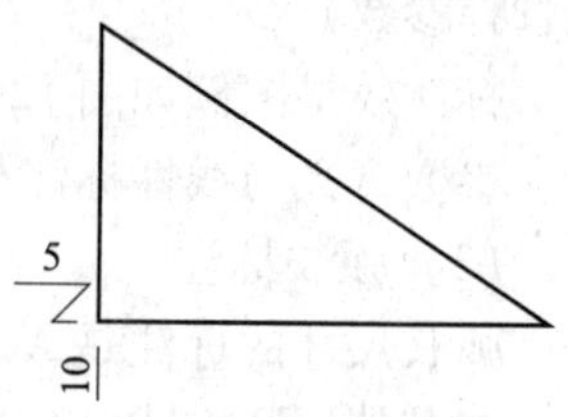

图 12—21　坐标标注

其余选项与前面参数相同，不再重复介绍。

(5) 半径标注

半径标注是由一条具有指向圆或圆弧的箭头的半径尺寸线组成的标注。测量圆或圆弧半径时，自动生成的标注文字前将显示一个表示半径长度的字母“*R*”。

1）启用“半径”标注命令。启用该命令有3种方法：

①在菜单栏单击“标注”｜“半径”。

②单击标注工具栏中的“半径标注”按钮。

③在命令行输入“DRA（或DIMRADIUS）”。

2）命令格式。启用该命令后，命令行提示如下：

命令:_dimradius

选择圆弧或圆:（选择标注的圆或圆弧对象）

指定尺寸线位置或［多行文字(M)/文字(T)/角度(A)］:（鼠标确定尺寸线位置，或选择参数）

标注效果图例如图12—22所示。

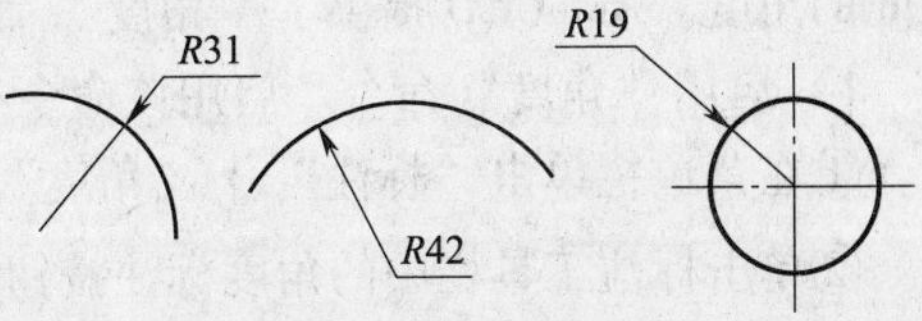

图12—22 半径标注

(6) 折弯标注

折弯标注是当圆弧或圆的中心位于布局外并且无法在其实际位置显示时使用的标注方式。使用“折弯”标注可以创建折弯半径标注，也称为“缩放的半径标注”。这种标注可以在更方便的位置指定标注的原点。

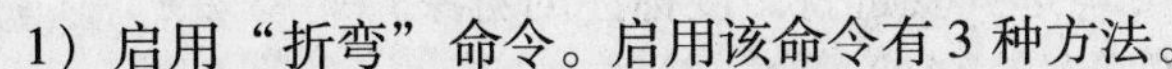

1）启用“折弯”命令。启用该命令有3种方法。

①在菜单栏单击“标注”｜“折弯”。

②单击标注工具栏中的“折弯”按钮。

③在命令行输入“DJO（或DIMJOGGED）”。

2）命令格式。启用该命令后，命令行提示如下：

命令:_dimjogged

选择圆弧或圆:（选择标注的圆或圆弧对象）

指定图示中心位置:（指定新中心点的位置，用于替代实际中心点）

标注文字 = ××

指定尺寸线位置或［多行文字(M)/文字(T)/角度(A)］:（鼠标单击确定尺寸线位置或选择参数）

指定折弯位置:（鼠标单击确定折弯的中点位置）

标注效果图例如图12—23所示。

(7) 直径标注

直径标注是在尺寸数字前加直径符号“ϕ”。

1）启用“直径”标注命令。启用该命令有3种方法。

①在菜单栏单击“标注”｜“直径”。

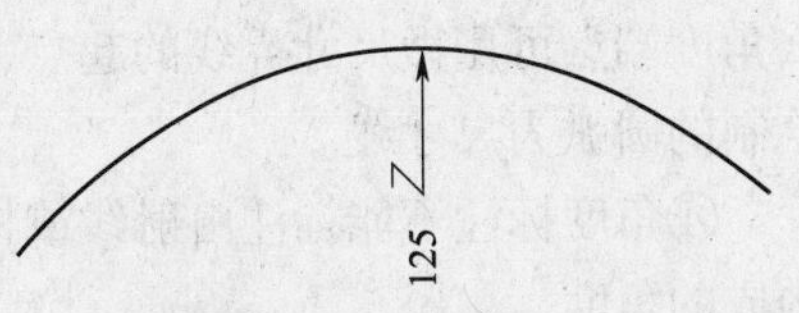

图12—23 折弯标注

②单击标注工具栏中的“直径标注”按钮。

③在命令行输入“DDI（或DIMDIAMETER）”。

2）命令格式。启用该命令后，命令行提示如下：

命令:_dimdiameter

选择圆弧或圆:（选择标注的圆或圆弧对象）

标注文字 = ××

指定尺寸线位置或[多行文字(M)/文字(T)/角度(A)]:（鼠标单击确定尺寸线位置，或选择参数）

（8）角度标注

角度标注不仅能够标注两条非平行直线间的角度，而且可以标注圆或圆弧的角度、三点之间的角度。AutoCAD提供了“角度”命令，用于创建角度标注。

1）启用“角度”命令。启用该命令有3种方法：

①在菜单栏单击“标注”|“角度”。

②单击标注工具栏中的角度标注按钮。

③在命令行输入“DAN（或DIMANGULAR）”。

2）命令格式。启用该命令后，命令行提示如下：

命令:_dimangular

选择圆弧、圆、直线或<指定顶点>:（选择要进行角度标注的对象）

选择第二条直线:（选择构成夹角的另外一条线）

指定标注弧线位置或[多行文字(M)/文字(T)/角度(A)]:（鼠标确定尺寸线位置，或选择参数）

3）说明

①角度标注的对象可以是直线构成的夹角、圆或圆弧。如果选择的标注对象是圆弧，系统自动标注圆弧对应圆心角的角度。如果选择的对象是圆，则系统将点选位置作为第一条尺寸界线的原点，同时提示“指定角的第二个端点:”，用鼠标指定点作为第二条尺寸界线的原点，角度标注将标注这两点与圆心构成的圆心角。

②标注两条非平行直线间的角度时，AutoCAD 2008自动将这两条直线作为角的边，直线之间的交点作为角度顶点来确定角度。如果尺寸线不与被标注的直线相交，AutoCAD 2008将根据需要通过延长一条或两条直线来添加尺寸界线。该尺寸线的张角始终小于180°，角度标注的位置由鼠标的位置来确定。

③标注三点之间的角度时，角度顶点可以同时为一个角度端点；如果需要尺寸界线，那么角度端点可用做尺寸界线的起点，尺寸界线从角度端点绘制到尺寸线交点；尺寸界线之间绘制的圆弧为尺寸线。

④角度标注不能标注由射线或构造线构成的角度，但是可以标注由射线或构造线截断后构成的角度。

（9）快速标注

使用“快速标注”，可以快速创建或编辑基线标注、连续标注，或为圆、圆弧创建标注。这种标注方式可以一次选择多个对象，AutoCAD 将自动完成所选对象的标注。

1）启用“快速标注”命令。启用该命令有 3 种方法：

①在菜单栏单击“标注” | “快速标注”。

②单击标注工具栏中的“快速标注”按钮。

③在命令行输入“QDIM”。

2）命令格式。启用该命令后，命令行提示如下：

命令：_qdim

关联标注优先级 = 端点

选择要标注的几何图形：（选择标注对象）

指定尺寸线位置或[连续(C)/并列(S)/基线(B)/坐标(O)/半径(R)/直径(D)/基准点(P)/编辑(E)/设置(T)]<连续>：（鼠标单击确定尺寸线位置或选择参数）

3）参数

①“连续（C）”选项：采用连续方式标注所选图形。

②“并列（S）”选项：采用并列方式标注所选图形。

③“基线（B）”选项：采用基线方式标注所选图形。

④“坐标（O）”选项：采用坐标方式标注所选图形。

⑤“半径（R）”选项：对所选圆或圆弧标注半径。

⑥“直径（D）”选项：对所选圆或圆弧标注直径。

⑦“基准点（P）”选项：设定坐标标注或基线标注的基准点。

⑧“编辑（E）”选项：对标注点进行编辑，用于显示所有的标注节点，可以在现有标注中添加或删除点。

⑨“设置（T）”选项：为指定尺寸界线原点而设置默认对象捕捉方式。

(10）基线标注

基线标注是自同一基线处测量的多个标注。这种方式标注快速，无需手动设置两条尺寸线之间的间隔。

在使用基线标注时，第一个尺寸要用线性标注，然后才可以用基线标注，否则命令无法执行。

1）启用“基线”标注命令。启用该命令有 3 种方法：

①在菜单栏单击“标注” | “基线”。

②单击标注工具栏中的“基线”按钮。

③在命令行输入“DBA（或 DIMBASELINE）”。

2）命令格式。启用该命令后，命令行提示如下：

命令：_dimbaseline

选择基准标注：(选择基线标注的基准标注。如果上一个尺寸标注为线性尺寸标注，则不出现该提示)

指定第二条尺寸界线原点或［放弃(U)/选择(S)］<选择>：(指定第二条尺寸界线的原点或选择参数)

标注效果图例如图 12—24 所示。

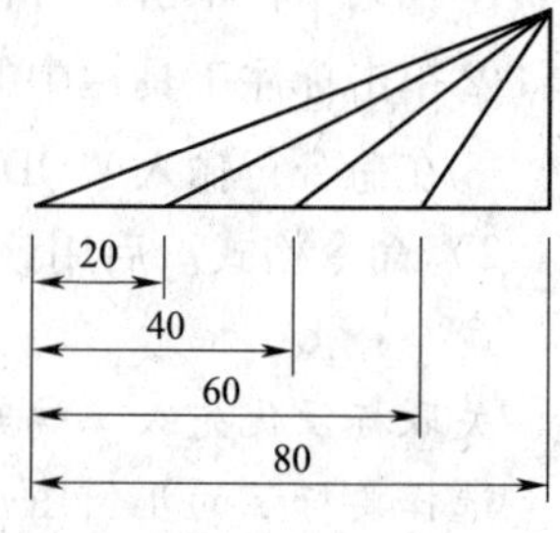

图 12—24　基线标注

3）参数

①“放弃（U）”选项：放弃上一个基线尺寸标注。

②“选择（S）”选项：选择基线标注基准。

（11）连续标注

连续标注是一系列首尾相连的尺寸标注方式。其中，相邻的两个尺寸标注间的尺寸界线作为公用界线。

在使用连续标注时，第一个尺寸要用线性标注，然后才可以用连续标注，否则命令无法执行。

1）启用“连续”标注命令。启用该命令有 3 种方法：

①在菜单栏单击“标注”｜“连续”。

②单击标注工具栏中的“连续”按钮。

③在命令行输入“DCO（DIMCONTINUE）”。

2）命令格式。启用该命令后，命令行提示如下：

命令：_dimcontinue

选择连续标注：(选择以线性标注为连续标注的基准标注。如果上一个尺寸标注为线性标注，则不出现该提示)

指定第二条尺寸界线原点或［放弃(U)/选择(S)］<选择>：(指定第二条尺寸界线的原点或选择参数)

标注效果图例如图 12—25 所示。

3）参数

①“放弃（U）”选项：放弃上一个连续标注。

②“选择（S）”选项：重新选择一个线性尺寸为连续标注的基准。

（12）标注间距

标注间距可以调整平行的线性标注与角度标注之间的距离。

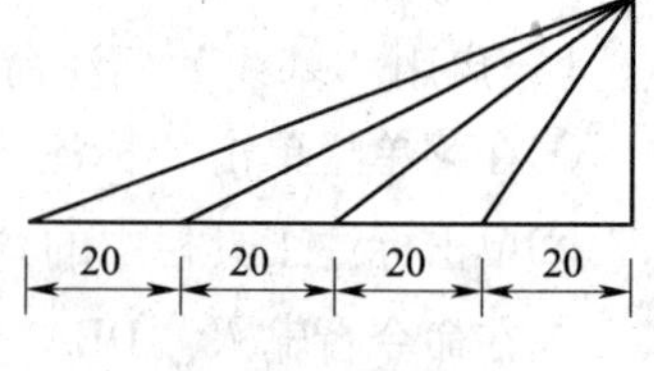

图 12—25　连续标注

1）启用“标注间距”命令。启用该命令有 3 种方法：

①在菜单栏单击“标注” | “标注间距”。

②单击标注工具栏中的“标注间距”按钮。

③在命令行输入“DIMSPACE”。

2）命令格式。启用该命令后，命令行提示如下：

命令：_dimspace

选择基准标注：（指定作为间距基准的标注）

选择要产生间距的标注：（选择要产生间距的标注）

选择要产生间距的标注：（选择完毕，回车结束命令）

输入值或［自动(A)］<自动>：（输入间距值，或直接回车，使系统自动调整间距）

标注效果图例如图12—26所示。

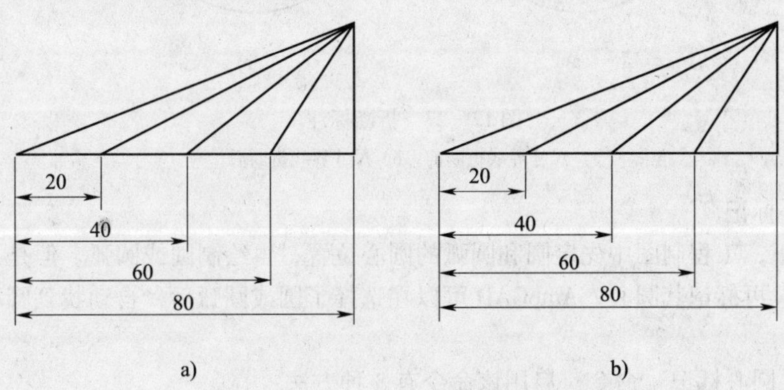

图12—26 标注间距

a）设置前 b）设置后

使用“标注间距”命令，如果间距值输入0，可使尺寸线相互对齐。

(13) 折断标注

折断标注可以在尺寸线（或尺寸界线）与几何对象（或其他标注）相交的位置，将其折断。

1）启用“折断标注”命令。启用该命令有3种方法：

①在菜单栏单击“标注” | “折断标注”。

②单击标注工具栏中的“折断标注”按钮。

③在命令行输入“DIMBREAK”。

2）命令格式。启用该命令后，命令行提示如下：

命令：_dimbreak

选择标注或［多个(M)］：（选择折断标注，或输入“m”）

选择标注：(选择完毕，回车结束)

输入选项［打断(B)/恢复(R)］<打断>：(打断尺寸线，或恢复尺寸线)

标注效果图例如图 12—27 所示。

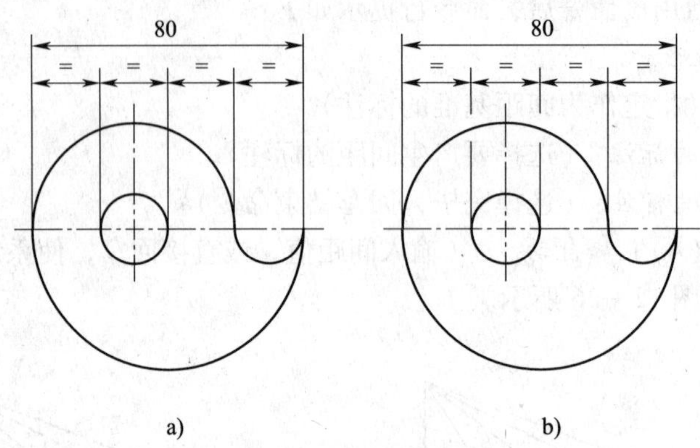

图 12—27　折断标注

a）尺寸界线折断前　b）尺寸界线折断后

(14) 圆心标记

一般情况下，工程制图中先定圆和圆弧的圆心位置，再绘制圆或圆弧。但是，有时却是先有圆或圆弧，再标记其圆心。AutoCAD 可以在选择了圆或圆弧后，自动找到圆心，并进行指定的标记。

1）启用“圆心标记”命令。启用该命令有 3 种方法：

①在菜单栏单击“标注”｜“圆心标记”。

②单击“标注”工具栏中的“圆心标记”按钮⊕。

③在命令行输入“DCE（或 DIMCENTER)”。

2）命令格式。启用该命令后，命令行提示如下：

命令：_dimcenter

选择圆弧或圆：(指定标记圆心的圆弧或圆)

(15) 折弯线性

折弯线性可以向线性标注添加折弯线，以表示实际测量值与尺寸界线之间的长度不同。如果显示的标注对象小于被标注对象的实际长度，则通常使用折弯尺寸线表示。

1）启用“折弯线性”命令。启用该命令有 3 种方法：

①在菜单栏单击“标注”｜“折弯线性”。

②单击“标注”工具栏中的“折弯线性”按钮。

③在命令行输入“DJL（或 DIMJOGLINE)”。

2）命令格式。启用该命令后，命令行提示如下：

命令：_dimjogline

选择要添加折弯的标注或［删除(R)］：(指定添加折弯的标注，如果要删除标注已有的弯折，需要输入“r”)

指定折弯位置（或按 <ENTER>键）:（在尺寸线上指定添加弯折的位置，或回车）

标注效果图例如图 12—28 所示。

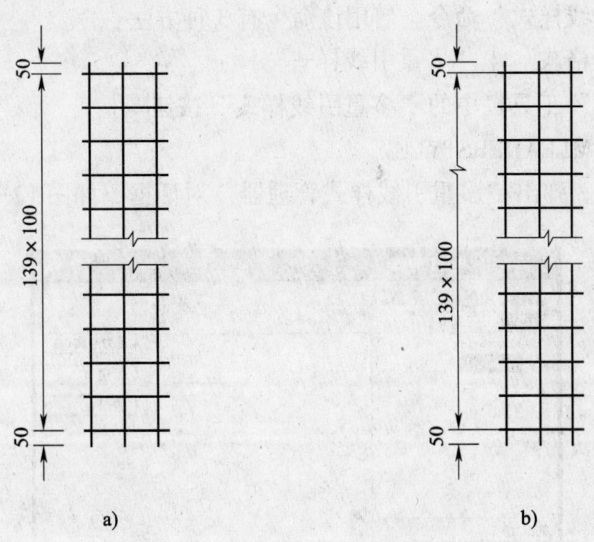

图 12—28　向线性尺寸添加折弯线

a）折弯前　b）折弯后

（16）多重引线标注

如果工程图中的空间较少，上述标注方式不能够实现，此时可以用引出线引到适当的地方，再注写文字说明。

1）创建多重引线。

①启用“多重引线”命令。启用该命令有 3 种方法:

在菜单栏单击“标注”｜“多重引线”。

单击“多重引线”工具栏中的“多重引线”按钮 。

在命令行输入“MLD（或 MLEADER)”。

②命令格式。启用该命令后，命令行提示如下:

命令:_mleader

指定引线箭头的位置或［引线基线优先(L)/内容优先(C)/选项(O)］<选项>:（指定引线箭头的位置，或输入参数)

③参数

“引线基线优先（L)”选项：首先指定多重引线对象的基线的位置，然后设置多重引线对象的箭头位置，最后输入相关联的文字。

“内容优先（C)”选项：首先指定与多重引线对象相关联的文字或块的位置，然后输入文字，最后指定引线箭头位置。

“选项（O)”选项：指定用于放置多重引线对象的选项。

2）创建多重引线样式。多重引线样式可以控制引线的外观，即可以指定基线、引线、箭头和内容的格式。操作者可以使用系统默认的多重引线样式——“Standard”，也可以创建自定义的多重引线样式。

①启用“多重引线样式”命令。启用该命令有 3 种方法：

在菜单栏单击“格式”｜“多重引线样式”。

单击“多重引线”工具栏中的“多重引线样式”按钮。

在命令行输入“MLEADERSTYLE”。

②启用该命令后，弹出“多重引线样式管理器”对话框，如图 12—29 所示。

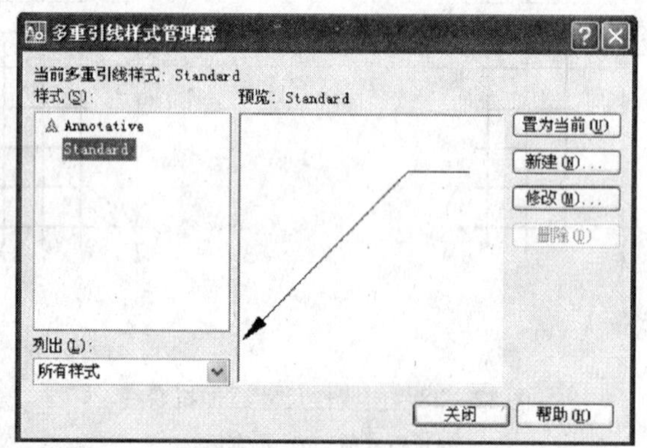

图 12—29　“多重引线样式管理器”对话框

单击 新建(N)... 按钮，在打开的“创建新多重引线样式”对话框中设置新样式的名称，然后单击 继续(O) 按钮，如图 12—30 所示。

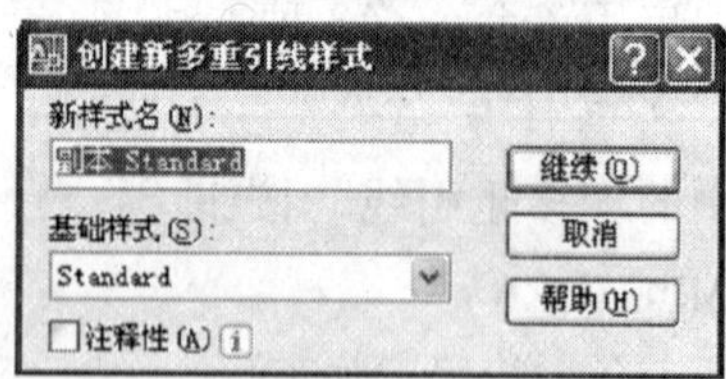

图 12—30　“创建新多重引线样式”对话框

③弹出“修改多重引线样式”对话框。对话框内包含 3 个选项卡。

“引线格式”选项卡如图 12—31 所示。各个选项含义具体见表 12—5。

“引线结构”选项卡如图 12—32 所示。各个选项含义具体见表 12—6。

“内容”选项卡如图 12—33 所示。各个选项含义如下：

“多重引线类型”选项：设置包括“多行文字”“块”“无”3 种类型。如果多重引线类型为“多行文字”，还可设置文字的样式、角度、颜色、高度等。

“引线连接”选项组：用于设置当文字位于引线左侧（或右侧）时，文字与基线的相对位置，以及文字与基线的距离。

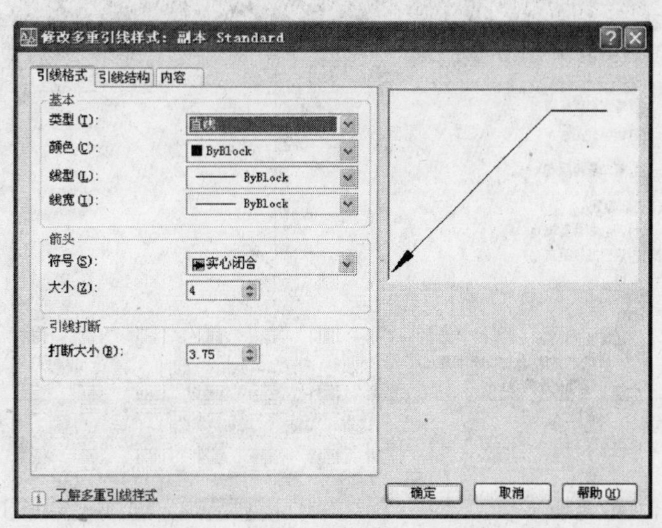

图12—31 “引线格式”选项卡

表12—5 “引线格式”选项卡中选项及其含义

选项组	选项	含义
基本	类型	设置引线类型。可以选择直线、样条曲线或无
	颜色	确定引线的颜色
	线型	确定引线的线型
	线宽	确定引线的线宽
箭头	符号	设置多重引线的箭头
	大小	显示和设置箭头的大小
引线打断	打断大小	显示引线打断后的折断大小

表12—6 “引线结构”选项卡中选项及其含义

选项组	选项	含义
约束	最大引线点数	设置引线中基线的最大点数，默认时最小值为2
	第一段角度	设置在绘制引线时指定的第一个点的角度
	第二段角度	设置在绘制引线时指定的第二个点的角度
基线设置	自动包含基线	设置引线是否自动附着水平基线
	设置基线距离	设置水平基线的固定长度
比例	注释性	指定多重引线样式的注释性
	将多重引线缩放到布局	根据模型空间视口和图纸空间视口的缩放比例，确定多重引线的比例因子
	指定比例	指定多重引线的缩放比例

修改多重引线样式：副本 Standard
引线格式
引线结构
内容
约束
最大引线点数(M)
2
第一段角度(F)
0
第二段角度(S)
0
基线设置
自动包含基线(A)
设置基线距离(D)
8
比例
注释性(A)
将多重引线缩放到布局(L)
指定比例(E):
1
了解多重引线样式
确定
取消
帮助(H)

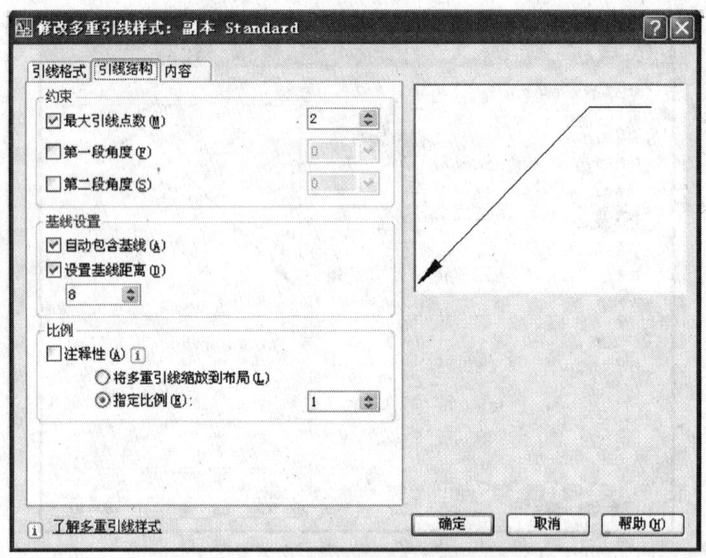

图 12—32 “引线结构”选项卡

修改多重引线样式：副本 Standard
引线格式
引线结构
内容
多重引线类型(M):
多行文字
文字选项
默认文字(D):
文字样式(S):
Standard
文字角度(A):
保持水平
文字颜色(C):
ByBlock
文字高度(T):
4
始终左对正(L)
文字加框(F)
引线连接
连接位置 一左:
第一行中间
连接位置 一右:
第一行中间
基线间距(G):
2
了解多重引线样式
确定
取消
帮助(H)

图 12—33 “内容”选项卡

例如，如果将“多重引线类型”设置为“块”，此时系统将显示“块选项”设置区。利用该设置区可设置块类型、块附着到引线的方式，以及块颜色等，如图 12—34 所示。

④设置结束后，单击 确定 按钮，返回“多重引线管理器”对话框。单击 关闭 按钮，关闭“多重引线样式管理器”对话框。

(17) 引线标注

在命令行输入“LE 或 (QLEADER)”，可启用“引线标注”命令。通常情况下，标注引线之前，要对引线标注进行设置。

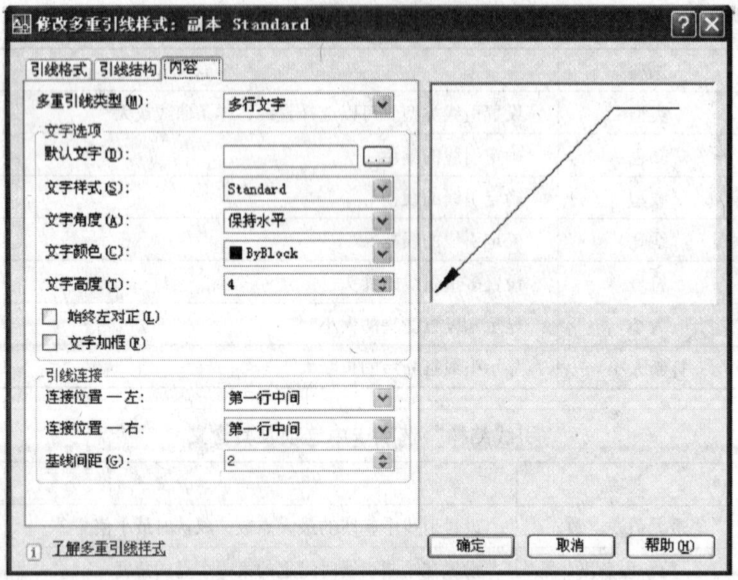

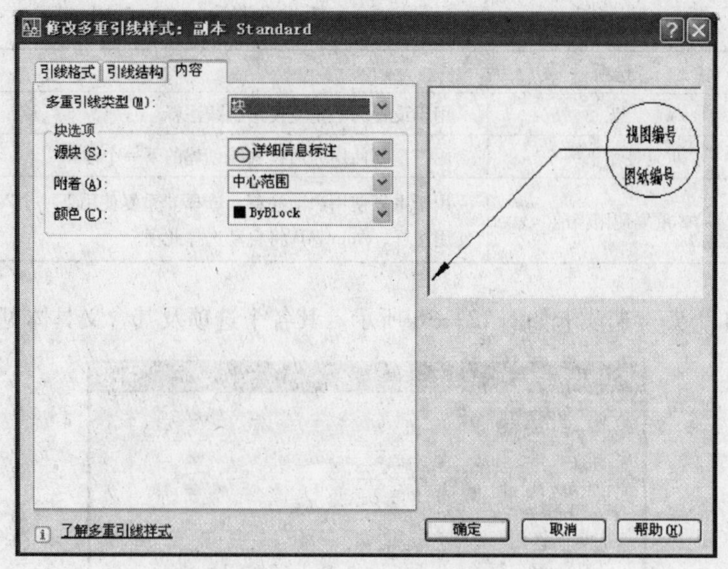

图 12—34　设置“多重引线类型”为块

1）设置引线注释的类型。启用该命令后，命令行提示如下：

命令:_qleader

指定第一个引线点或［设置(S)］＜设置＞:

在命令行的提示下，直接回车，系统弹出“引线设置”对话框，如图 12—35 所示。

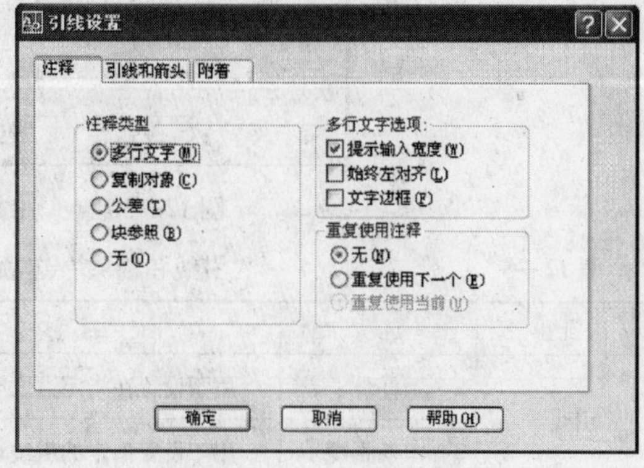

图 12—35　“注释”选项卡

2）参数

①“注释”选项卡。其各个选项及其含义具体见表 12—7。

表 12—7　“注释”选项卡的选项及其含义

选项组	选项	含义
注释类型	多行文字	用于提示创建多行文字注释
	复制对象	用于提示复制多行文字、单行文字、公差或块参照对象
	公差	用于显示“公差”对话框，可以创建将要附着到引线上的特征控制框（公路、桥梁工程图很少用到）
	块参照	用于插入块参照
	无	用于创建无注释的引线标注
多行文字选项	提示输入宽度	用于指定多行文字注释的宽度
	始终左对齐	设置引线位置无论在何处，多行文字注释都将靠左对齐
	文字边框	用于在多行文字注释周围放置边框

续表

选项组	选项	含义
重复使用注释	无	用于设置为不重复使用引线注释
	重复使用下一个	用于重复使用为后续引线创建的下一个注释
	重复使用当前	用于重复使用当前注释。选择“重复使用下一个”单选项之后重复使用注释，AutoCAD 将自动选择此项

②“引线和箭头”选项卡如图 12—36 所示。其各个选项及其含义具体见表 12—8。

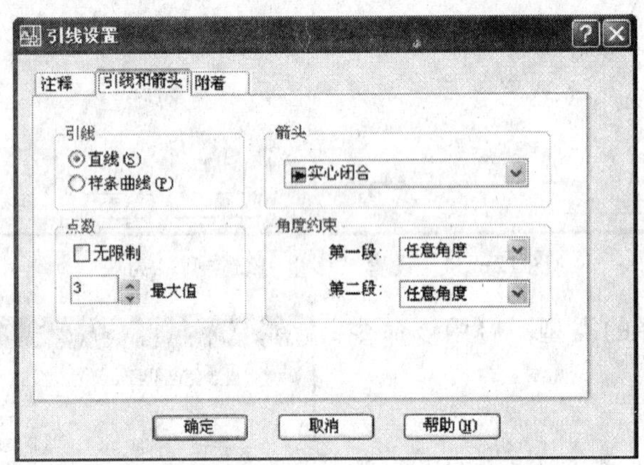

图 12—36 “引线和箭头”选项卡

表 12—8 “引线和箭头”选项卡的选项及其含义

选项组	选项	含义
引线	直线	用于设置在指定点之间创建直线段
	样条曲线	用于设置指定的引线点作为控制点创建样条曲线对象
箭头	箭头	可以在下拉列表中选择适当的箭头类型，这些箭头与尺寸线中的可用箭头一样
点数	无限制	可以设置确定引线形状控制点的数量。可以在数值框中输入 2 ~ 999 的任意整数；如果选择“无限制”复选框时，系统将一直提示指定引线点，直到操作者按 <回车> 键后确定
	最大值	
角度的约束	第一段	用于选择设置第一段引线的角度
	第二段	用于选择设置第二段引线的角度

③“附着”选项卡如图 12—37 所示。其各个选项及其含义具体见表 12—9。

4. 尺寸编辑

标注完成后，操作者有时需要对不同的标注样式进行切换、修改。使用编辑标注命令可以对标注特性中的文字内容、位置、相关性等进行调整。

(1) 编辑标注文字

在尺寸标注中，仅对标注文字进行编辑。启用并进行文字编辑有两种方法：

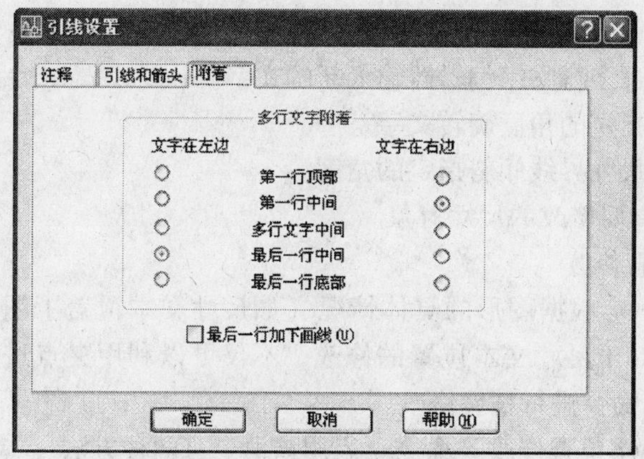

图 12—37 “附着”选项卡

表 12—9　　“附着”选项卡的选项及其含义

选项	含义
第一行顶部	将引线附着到多行文字的第一行顶部
第一行中间	将引线附着到多行文字的第一行中间
多行文字中间	将引线附着到多行文字的中间
最后一行中间	将引线附着到多行文字的最后一行中间
最后一行底部	将引线附着到多行文字的最后一行底部
最后一行加下划线	用于给多行文字的最后一行加下划线

1）在菜单栏单击“修改”｜“对象”｜“文字”｜“编辑”。

系统弹出“多行文字编辑器”对话框。其中，淡蓝色文本表示当前的标注文字，可以修改或添加其他字符。

2）在菜单栏单击“工具”｜“选项板”｜“特性”。

系统弹出“特性”对话框，选择需要修改的标注；拖动对话框的滑块到对话框的文字特性的控制区域；单击激活“文字替代”文本框，输入需要替代的文字，按 <回车> 键确认；按 <Esc> 键，退出标注的选择状态。

（2）编辑标注

用于改变已标注文本的内容、转角、位置，同时还可以改变尺寸界线与尺寸线的相对倾斜角。

1）启用“编辑标注”命令。启用该命令有两种方法：

①单击标注工具栏上的“编辑标注”按钮。

②在命令行输入“DED（或 DIMEDIT）”。

2）命令格式。启用该命令后，命令行提示如下：

```
命令：_dimedit
输入标注编辑类型［默认(H)/新建(N)/旋转(R)/倾斜(O)］<默认>：
```

3）参数

①默认（H）：修改指定的尺寸文字到缺省位置（即回到原始点）。

②新建（N）：通过多行文字编辑器输入新的文字。

③旋转（R）：按指定的角度旋转文字。

④倾斜（O）：将尺寸界线倾斜指定的角度。

⑤选择对象：选择要修改的尺寸对象。

（3）尺寸文本位置修改

尺寸文本位置有时会根据图形的具体情况（如尺寸文本覆盖了图线，或尺寸文本相互重叠等）适当调整。对于尺寸文本位置的修改，不仅可以利用夹点进行直观修改，而且可以使用“DIMTEDIT”命令进行精确修改。

1）启用“尺寸文本位置修改”命令。启用该命令有两种方法：

① 单击标注工具栏上的“编辑标注文字”按钮。

② 在命令行输入“DIMTEDIT”。

2）命令格式。启用该命令后，命令行提示如下：

命令：_dimtedit

选择标注：

指定标注文字的新位置或［左(L)/右(R)/中心(C)/默认(H)/角度(A)］：（指定标注文字的新位置或输入参数）

3）参数

①左（L）：沿尺寸线左对齐文本（对线性尺寸、半径、直径尺寸适用）。

②右（R）：沿尺寸线右对齐文本（对线性尺寸、半径、直径尺寸适用）。

③中心（C）：将尺寸文本放置在尺寸线的中间。

④缺省（H）：放置尺寸文本在缺省位置。

⑤角度（A）：将尺寸文本旋转指定的角度。

（4）尺寸变量替换

尺寸变量替换是指在不影响当前尺寸类型的前提下，覆盖某一尺寸变量。要正确使用“尺寸变量替换”命令，应知道要修改的尺寸变量名。

1）启用“尺寸变量替换”命令。启用该命令有两种方法：

①在菜单栏单击“标注”｜“替代”。

②在命令行输入“DOV（或 DIMOVERRIDE）”。

2）命令格式。启用该命令后，命令行提示如下：

命令：_dimoverride

输入要替代的标注变量名或［清除替代(C)］：（输入欲替代的尺寸变量名或清除替代，恢复原来的变量值）

输入标注变量的新值<XXI>：（输入变量新值）

选择对象：（选择修改的尺寸对象）

（5）更新标注

在使用替代标注样式时，图形中已经存在的标注不会自动更新为替代样式，需要使用

"更新"命令来更新所选标注，使它按当前替代的标注样式进行显示。

1）启用"更新"命令。启用该命令有3种方法：

①在菜单栏单击"标注"｜"更新"。

② 单击"标注"工具栏中的"标注更新"工具按钮。

③在命令行输入"D（或DIMSTYLE）"。

2）命令格式。启用该命令后，命令行提示如下：

命令：_dimstyle

当前标注样式：当前标注替代：

输入标注样式选项

[保存(S)/恢复(R)/状态(ST)/变量(V)/应用(A)/?]＜恢复＞：

3）参数

①保存（S）：将标注系统变量的当前设置保存到标注样式。

②恢复（R）：将标注系统变量设置恢复为选定标注样式的设置。

③状态（ST）：将显示所有标注系统变量的当前值；在列出变量后，该命令结束。

④变量（V）：不修改当前设置，列出某个标注样式或选定标注的标注系统变量设置。

⑤应用（A）：将当前尺寸标注系统变量设置应用到选定标注对象，永久替代应用于这些对象的任何现有标注样式。

六、多行文字

多行文字命令用于在图形文件中放置一段文本。这段文字具有统一的宽度，可以由任意行或任意段组成，但文字行或段均为一个实体对象。

1. 启用"多行文字"命令

启用该命令有3种方法：

(1) 在菜单栏单击"绘图"｜"文字"｜"多行文字"。

(2) 单击"绘图"工具栏上的"多行文字"按钮A。

(3) 在命令行输入"T（或MTEXT）"。

2. 命令格式

启用该命令后，命令行提示如下：

命令：_mtext

当前文字样式："Standard" 文字高度： 2.5 注释性： 否（显示当前状态）

指定第一角点：(指定多行文字范围的第一个角点)

指定对角点或[高度(H)/对正(J)/行距(L)/旋转(R)/样式(S)/宽度(W)/栏(C)]：(指定第二个角点或输入参数)

指定多行文字的范围后，绘图区弹出"文字格式"编辑器，如图12—38所示。

3. "文字格式"编辑器的参数

(1) Standard（文字样式）下拉列表：用于选择多行文字对象应用的文字样式。

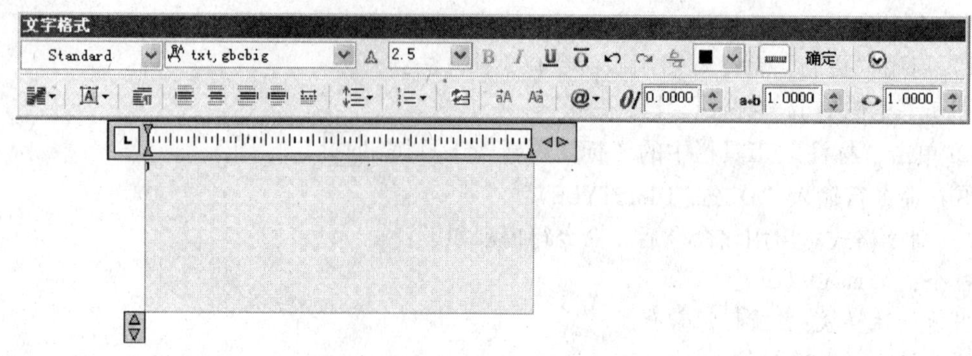

图 12—38 “文字格式”编辑器

（2）[txt, gbcbig]（文体）下拉列表：用于指定输入文字的字体，或改变选定文字的字体。

（3）[2.5]（字高）下拉列表：用于按图形单位设置新文字的字符高度或修改选定文字的高度。

（4）[B]（粗体）、[I]（斜体）按钮：分别用于对新建文字（或选定文字）打开（或关闭）粗体、斜体格式。

（5）[U]（下划线）按钮：用于对新建文字（或选定文字）打开（或关闭）下划线。

（6）[O]（上划线）按钮：用于将直线放置到选定文字上。

（7）[放弃]（放弃）、[重做]（重做）按钮：分别用于放弃、重做在“文字格式”编辑器中的操作。它们的操作互逆。

（8）[a/b]（堆叠）按钮：用于创建堆叠文字。堆叠文字可以分为分数、公差两种形式。这里主要介绍公路、桥梁工程图中常使用的分数形式。（由于公差形式不用，不再赘述）

分数形式的堆叠操作：使用“/”或“#”连接分子与分母，如图 12—39a 所示；选择分数文字，单击“堆叠”按钮[a/b]，即可显示出分数的表形式。分数形式的堆叠效果图例如图 12—39b 所示。

图 12—39 分数形式

a）堆叠前 b）堆叠后

（9）[■]（文字颜色）下拉列表：用于对新输入的文字指定颜色或修改选定文字的颜色。

（10）[标尺]（标尺）按钮：用于在编辑器顶部显示（或隐藏）标尺。拖动标尺末尾的箭头可更改多行文字对象的宽度。

(11) (列) 按钮：用于设置多行文字分栏。

(12) (多行文字对正)：用于设置文字对正情况。

(13) (段落) 按钮：用于设置段落间距、对齐、缩进等属性。

(14) (左对齐)、(居中对齐)、(右对齐) 按钮：分别用于设置文字边界左对齐、居中对齐、右对齐。

(15) (对正) 按钮：用于设置文字对正。

(16) (分布) 按钮：用于设置文字均匀分布。

(17) (行距) 按钮：用于设置文字每行的间距。

(18) (编号) 按钮：用于使用编号创建带有句点的列表。

(19) (插入字段) 按钮：用于向文字中插入字段。单击该按钮，屏幕弹出“字段”对话框，如图12—40所示。从中可以选择要插入文字中的字段。关闭该对话框后，字段的当前值将显示在文字中。

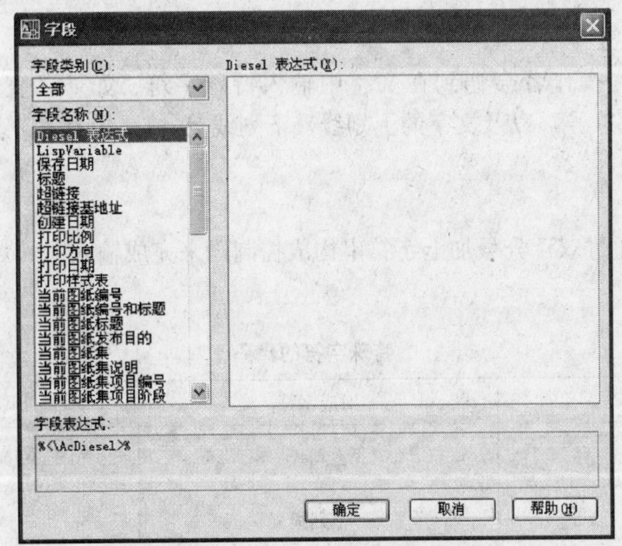

图12—40 “字段”对话框

(20) (大写)、(小写) 按钮：分别用于将选定文字更改为大写、小写。

(21) (符号) 按钮：用于在光标位置插入符号或不间断空格。

(22) 0.0000 (倾斜角度) 列表框：用于确定文字是向右倾斜还是向左倾斜。倾斜角度值为正时，文字向右倾斜；倾斜角度为负值时，文字向左倾斜。

(23) 1.0000 (追踪) 列表框：用于增大（或减小）选定字符之间的空间。默认值为1.0，这是字符的常规间距。设置值大于1.0时，可以增大该宽度；反之，则减小该宽度。

（24）（宽度比例）列表框：用于扩展或收缩选定字符。默认值为1.0，设置代表此字体中字母的常规宽度。设置大于1.0时，可以增大该宽度；反之，则减小该宽度。

（25）（选项）按钮：用于显示选项菜单，如图12—41所示。它控制“文字格式”工具栏的显示，并提供其他编辑命令。

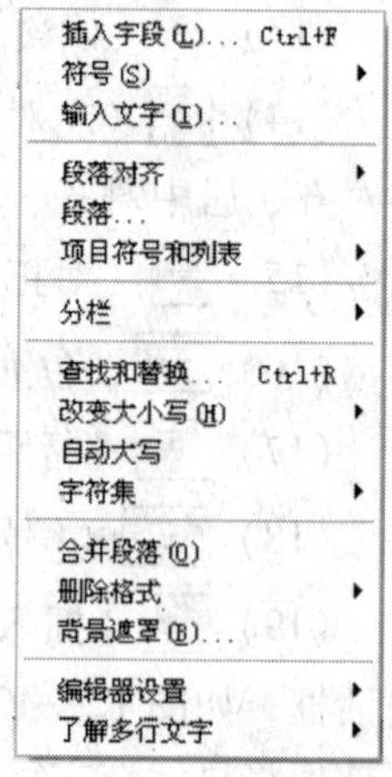

图12—41 选项菜单

4. 说明

（1）在“文字格式”编辑器完成设置后，输入多行文字，单击“确定”按钮，完成“多行文字”命令。

（2）多行文字的各种设置主要在“文字格式”编辑器中完成，也可在命令格式“指定对角点或［高度（H）/对正（J）/行距（L）/旋转（R）/样式（S）/宽度（W）/栏（C）］：”提示下，输入相应参数完成设置。

七、输入特殊字符以文字的编辑

1. 输入特殊字符

在制图过程中，操作者会遇到在文字中输入特殊字符，如ϕ（直径符号）、%（百分号）、±（正负公差符号）以及文字的上划线、下划线等。在AutoCAD系统中，输入这类特殊字符有4种方式。

（1）控制码

一些特殊符号通过双百分号加上字符串构成控制码来完成输入。其对应的格式及输入效果见表12—10。

表12—10 **特殊字符的代码**

控制码	对应字符	输入效果
%%O	上划线	$\overline{\text{文字说明}}$
%%U	下划线	$\underline{\text{文字说明}}$
%%D	°（度）	90°
%%P	±（正负符号）	±100
%%C	ϕ（直径符号）	ϕ80
%%%	%（百分号）	98%

（2）键盘输入

在用键盘输入时，利用自带的各种符号软键盘输入希腊字母、数学符号、标点符号、罗马数字等符号。使用完毕，应注意返回PC键盘。

（3）复制、粘贴

一些特殊符号可以从 Word 等文字编辑软件内复制到剪切板中。返回 AutoCAD 系统中，调用单行文字或多行文字命令，然后将特殊符号粘贴到文本窗口中。这样就在 CAD 图形中加入了所要的特殊符号。

(4) 符号列表

在“文字格式”编辑器中，一种方式是：单击 @ （符号）按钮，弹出符号列表，从中选取合适的符号，如图 12—42 所示；另一种方式：单击 （选项）按钮，再在打开的下拉列表中，选择“符号”菜单项（图 12—42），弹出符号列表。

度数(D)	%%d
正/负(P)	%%p
直径(I)	%%c
几乎相等	\U+2248
角度	\U+2220
边界线	\U+E100
中心线	\U+2104
差值	\U+0394
电相位	\U+0278
流线	\U+E101
标识	\U+2261
初始长度	\U+E200
界碑线	\U+E102
不相等	\U+2260
欧姆	\U+2126
欧米加	\U+03A9
地界线	\U+214A
下标 2	\U+2082
平方	\U+00B2
立方	\U+00B3
不间断空格(S)	Ctrl+Shift+Space
其他(O)...	

图 12—42 符号列表

2. 文字修改

(1) 双击编辑文字

无论是单行文字还是多行文字，均可直接通过双击来编辑。此时，实际上是执行了“DDEDIT”命令。该命令的特点如下：

1) 编辑单行文字时，文字全部被选中，因此如果此时直接输入文字，则文本原内容均被替换。如果希望修改文本内容，可首先在文本框中单击。如果希望退出单行文字编辑状态，可在其他位置单击或按回车键。

2) 编辑多行文字时，将打开“文字格式”工具栏和文本框，这和输入多行文字完全相同。

3) 退出当前文字编辑状态后，可单击编辑其他单行或多行文字。

4) 如果希望结束编辑命令，可在退出文字编辑状态后按回车键。

(2) 修改单行文字特性

修改单行文字的特性时，可在选中文字后单击“标准”工具栏中的“对象特性”按钮 ，打开单行文字的“特性”面板。利用该面板可修改文字的内容、样式、对正方式、高度、宽度比例、倾斜角度，以及是否颠倒、反向等。

3. 文字查找、检查

在 AutoCAD 2008 中，操作者可以快速查找、替换指定的文字，并对其进行拼写检查。

(1) 文字查找、替换

利用 AutoCAD 系统提供的“查找”命令，操作者可以快速查找指定的文字，并可以对查找到的文字进行替换、修改、选择以及缩放等。

1) 启用“查找”命令。启用该命令有 4 种方法：

①在菜单栏单击“编辑” | “查找”。

②单击“文字”工具栏中的“查找”按钮 。

③右键单击绘图窗口，在弹出的快捷菜单中选择“查找”选项。

④在命令行输入“FIND”。

2）“查找和替换”对话框中选项与按钮的含义。启用“查找”命令后，屏幕弹出“查找和替换”对话框，如图 12—43 所示。

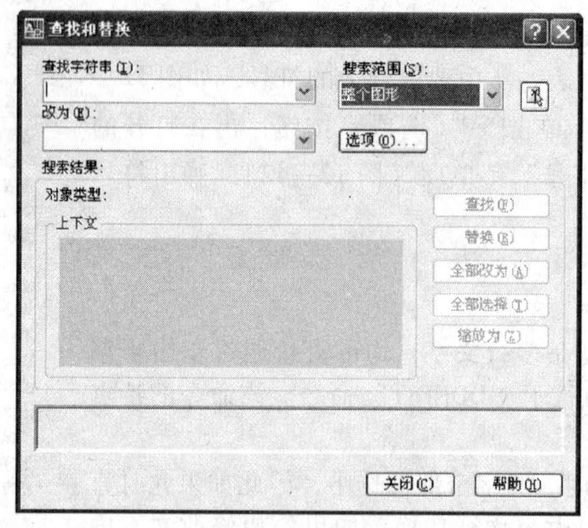

图 12—43 “查找和替换”对话框

①“查找字符串”文本框：用于输入或选择要查找的文字。

②“改为”文本框：用于输入替换后的文字。

③“搜索范围”下拉列表框：用于选择文字的查找范围。其中，“整个图形”选项用于在整个图形中查找文字；“当前选择”选项用于在指定的文字对象中查找文字。快捷的方法：单击按钮，然后选择图形中的文字即可。

（2）文字拼写检查

利用 AutoCAD 系统提供的“拼写检查”命令，操作者可以对当前图形的所有文字进行拼写检查，以便查找文字的错误。

1）启用“拼写检查”命令。启用该命令有 3 种方法：

①在菜单栏单击“工具”｜“拼写检查”。

②单击“文字”工具栏中的“拼写检查”按钮。

③在命令行输入“SPELL”。

2）启用“拼写检查”命令后，弹出“拼音检查”对话框，如图 12—44 所示，在对话框中可选择要进行拼写检查的文字，或者在命令行中输入“ALL”选择图形中的所有文字。

当图形中没有拼写错误的文字时，弹出“AutoCAD 信息”对话框，如图 12—45 所示，表示完成拼写检查；当 AutoCAD 检查到拼写错误的文字后，弹出“拼写检查”对话框，并在“当前词语”选项组中标出拼写错误的文字。此时，操作者即可在该对话框中进行修改等操作。

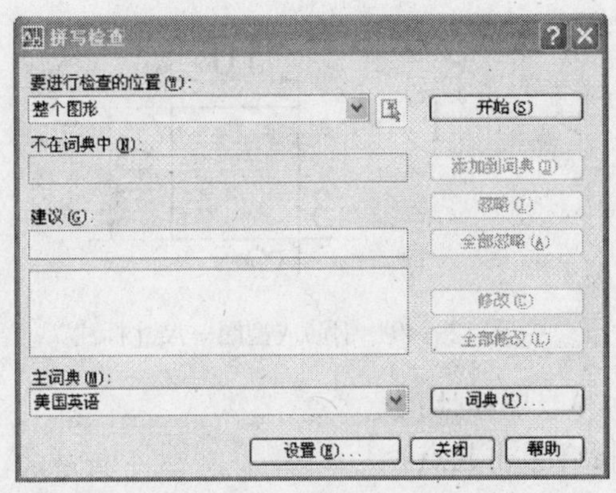

图12—44 “拼写检查”对话框

图12—45 “AutoCAD信息”对话框

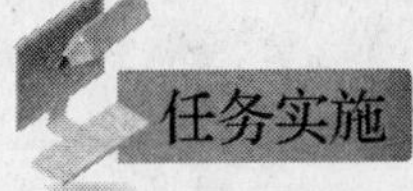

1. 设置图形界线

图形界线大小为800 cm×400 cm。使用缩放命令，将视图缩放至“全部”。

2. 绘制钢筋成型图

(1) 使用“直线”或“多段线”命令绘制1号钢筋断面图，如图12—46所示。

图12—46 钢筋成型图—1号钢筋

(2) 使用“多段线”命令绘制2号钢筋立面图。2号钢筋长度为144 cm，两侧有180°弯钩。查弯钩表可知弯钩的长度每侧为6.3 cm，故下料长度为156.6 cm。绘制钢筋弯钩示意图（无尺寸要求），如图12—47所示。

图12—47 钢筋成型图—2号钢筋

(3) 尺寸标注

1) 新建尺寸样式。新样式名为标注，以ISO-25作为基础样式。尺寸界线起点偏移量改为2，箭头大小改为3，文字高度改为3，文字对齐改为ISO标准，小数分隔符改为句号，其他设置不变，置为当前。

2) 设置文字样式。新文字样式名为“标注”，字高改为3。置为当前。

3) 使用“线性”标注命令标注1号钢筋的部分尺寸，如图12—48所示。

4) 使用“单行文本”以及“引线”标注命令标注1号钢筋的部分尺寸，使用“圆”命令，绘制钢筋编号圆圈。绘制效果如图12—49所示。

命令：_text（启动“单行文本”命令）

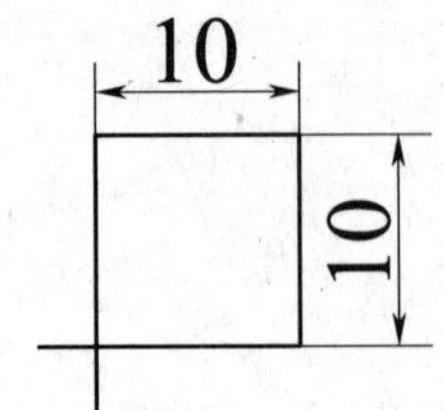

图 12—48 钢筋成型图—尺寸标注 1

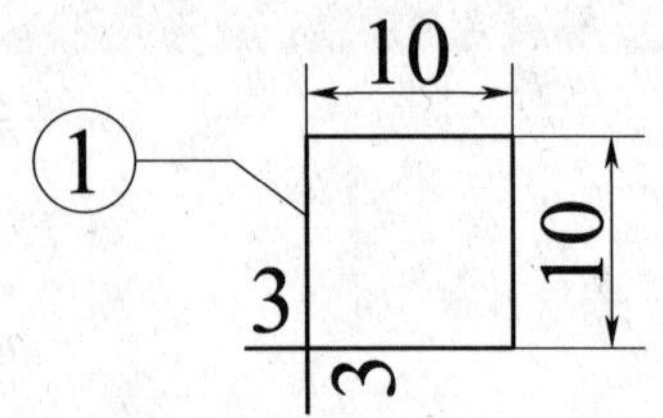

图 12—49 钢筋成型图—尺寸标注 2

当前文字样式:“标注” 文字高度:3.0000 注释性:否

指定文字的起点或[对正(J)/样式(S)]:(单击起点)

指定文字的旋转角度 <0>:↙(回车)

命令:_text(启动“单行文本”命令)

当前文字样式:“标注” 文字高度:3.0000 注释性:否

指定文字的起点或[对正(J)/样式(S)]:(单击起点)

指定文字的旋转角度 <0>:90↙(输入旋转角度,回车)

5)使用“单行文本”命令以及“引线”标注命令标注 2 号钢筋,使用“圆”命令绘制钢筋编号圆圈。绘制效果如图 12—50 所示。

3. 绘制示警柱断面图

(1)使用矩形命令绘制示警柱外轮廓 15 cm × 15 cm,如图 12—51 所示。

(2)使用偏移命令绘制 1 号钢筋,偏移距离为 2. 5 cm。

(3)使用圆环命令绘制 2 号钢筋断面。2 号钢筋直径为 10 mm(即 1 cm)。

命令:_donut

指定圆环的内径 <0.5000>:0(钢筋为实心圆环,输入内径 0)

指定圆环的外径 <1.0000>:↙(回车,钢筋外径为 1)

指定圆环的中心点或 <退出>:_from 基点 <偏移>:@0.5,-0.5(圆环与 1 号钢筋相切,圆环中心相对 1 号钢筋左上角点坐标为 0. 5,-0. 5)

绘制效果如图 12—51 所示。

使用镜像命令,复制出其他圆环,如图 12—52 所示。

(4)尺寸标注

1)使用“线性”标注命令和“连续”标注命令标注示警柱断面图的部分尺寸,如图 12—53 所示。

2)创建新的多重引线样式。新样式名为多重引线,以“Standard”作为基础样式,箭头符号改为“无”,文字样式改为“标注”,置为当前。

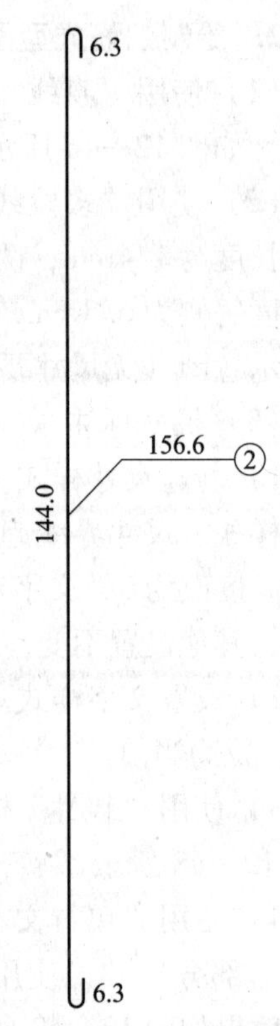

图 12—50 钢筋成型图—尺寸标注 3

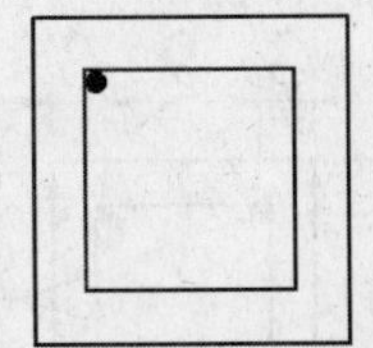
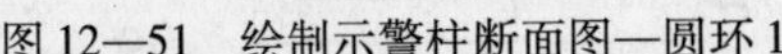

图 12—51　绘制示警柱断面图—圆环 1

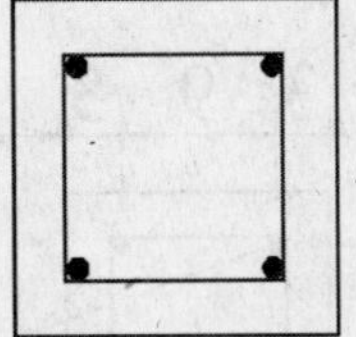

图 12—52　绘制示警柱断面图—圆环 2

3）创建多重引线。

①单击“多重引线”工具栏中的“多重引线”按钮。

命令：_mleader（启用“多重引线”命令）

指定引线箭头的位置或［引线基线优先(L)/内容优先(C)/选项(O)］<选项>：（单击圆环圆心）

指定引线基线的位置：（单击基线位置）

②弹出“文字格式”编辑器对话框，输入“2”，单击“确定”按钮，结束命令。绘制效果如图 12—54 所示。

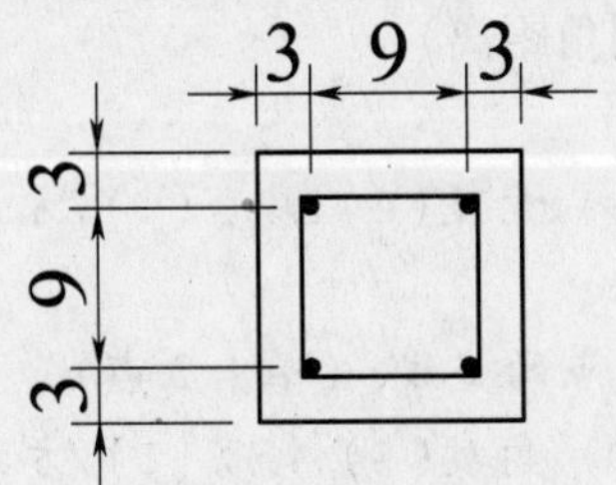

图 12—53　绘制示警柱断面图—标注 1

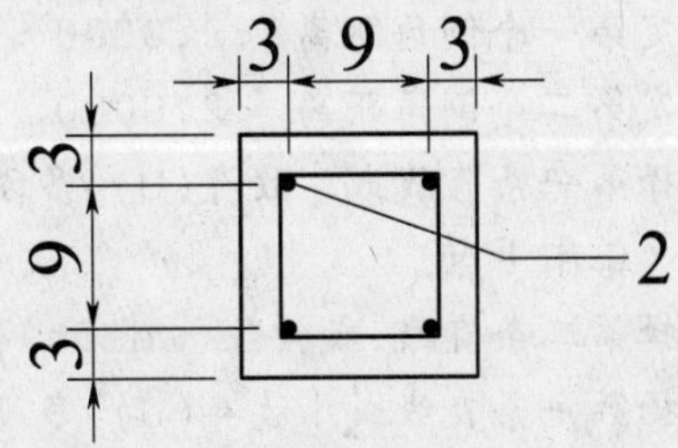

图 12—54　绘制示警柱断面图—标注 2

③使用“圆”命令，绘制钢筋编号圆圈。

④单击“多重引线”工具栏中的“添加引线”按钮。

命令：选择多重引线：（单击上一步骤绘制的多重引线）

找到 1 个

指定引线箭头的位置：（单击圆环圆心）

指定引线箭头的位置：（单击圆环圆心）

指定引线箭头的位置：（单击圆环圆心）

指定引线箭头的位置：↙（回车，结束命令）

绘制效果如图 12—55 所示。

⑤使用“多重引线”命令标注 1 号钢筋，使用“单行文字”命令标注钢筋直径，分别输入“%%c8”“%%c10”。绘制效果如图 12—56 所示。

4．绘制示警柱埋设

（1）使用“矩形”命令绘制 150 cm×15 cm 矩形。

（2）使用“倒角”命令对矩形进行倒角。

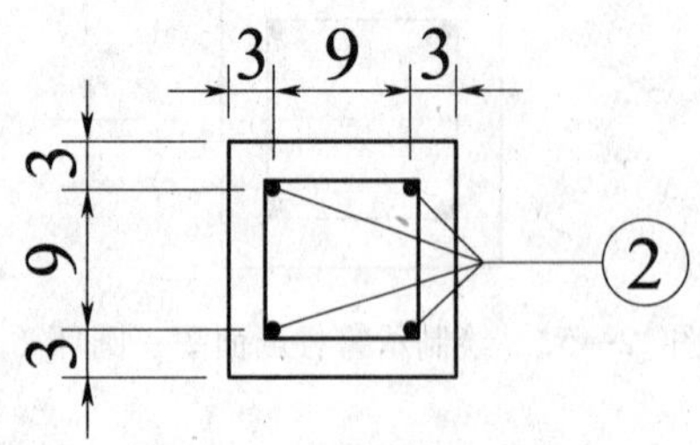

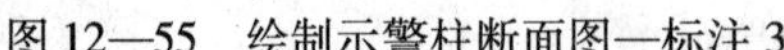

图 12—55 绘制示警柱断面图—标注 3

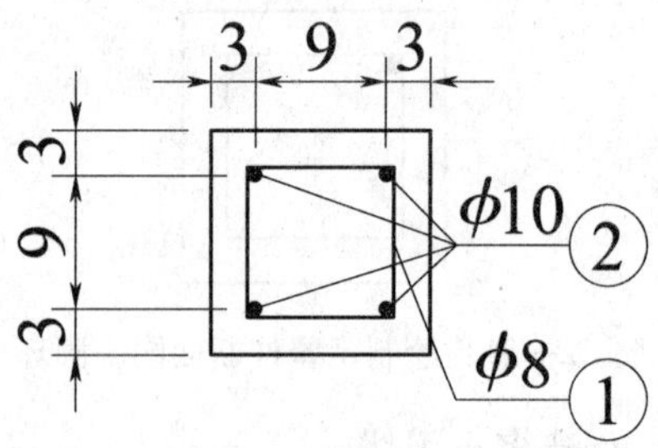

图 12—56 绘制示警柱断面图—标注 4

命令：_chamfer

（“修剪”模式）当前倒角距离 1 = 0.0000，距离 2 = 0.0000

选择第一条直线或［放弃(U)/多段线(P)/距离(D)/角度(A)/修剪(T)/方式(E)/多个(M)]：m↙（输入“m”，选择“多个”选项，回车）

选择第一条直线或［放弃(U)/多段线(P)/距离(D)/角度(A)/修剪(T)/方式(E)/多个(M)]：d↙（输入“d”，选择“距离”选项，回车）

指定第一个倒角距离 <2.0000 >：2↙（输入倒角距离）

指定第二个倒角距离 <2.0000 >：↙（回车）

选择第一条直线或［放弃(U)/多段线(P)/距离(D)/角度(A)/修剪(T)/方式(E)/多个(M)]：（单击 1 点）

选择第二条直线，或按住〈Shift〉键选择要应用角点的直线：（单击 2 点）

选择第一条直线或［放弃(U)/多段线(P)/距离(D)/角度(A)/修剪(T)/方式(E)/多个(M)]：（单击 3 点）

选择第二条直线，或按住〈Shift〉键选择要应用角点的直线：（单击 4 点）

选择第一条直线或［放弃(U)/多段线(P)/距离(D)/角度(A)/修剪(T)/方式(E)/多个(M)]：↙（回车，结束命令）

绘制效果如图 12—57 所示。

（3）使用“直线”命令画直线。绘制效果如图 12—58 所示。

（4）使用“引线”标注命令、“单行文本”命令、“线性”标注命令标注示警柱埋设。绘制效果如图 12—59 所示。

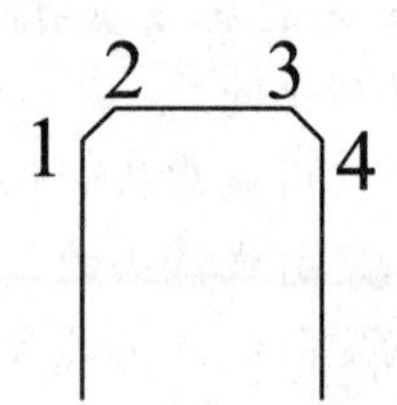

图 12—57 绘制示警柱埋设—倒角

5. 绘制示警柱结构图

使用“复制”“镜像”命令完成 2 号钢筋成型图，用“复制”命令复制示警柱埋设图。使用“移动”命令将图形各个部分组合在一起。

打开“特性”对话框，选择尺寸数字为“120”的标注，拖动对话框的滑块到对话框的文字特性的控制区域，单击激活“文字替代”文本框，输入“6×20”。绘制效果如图 12—60b 所示。

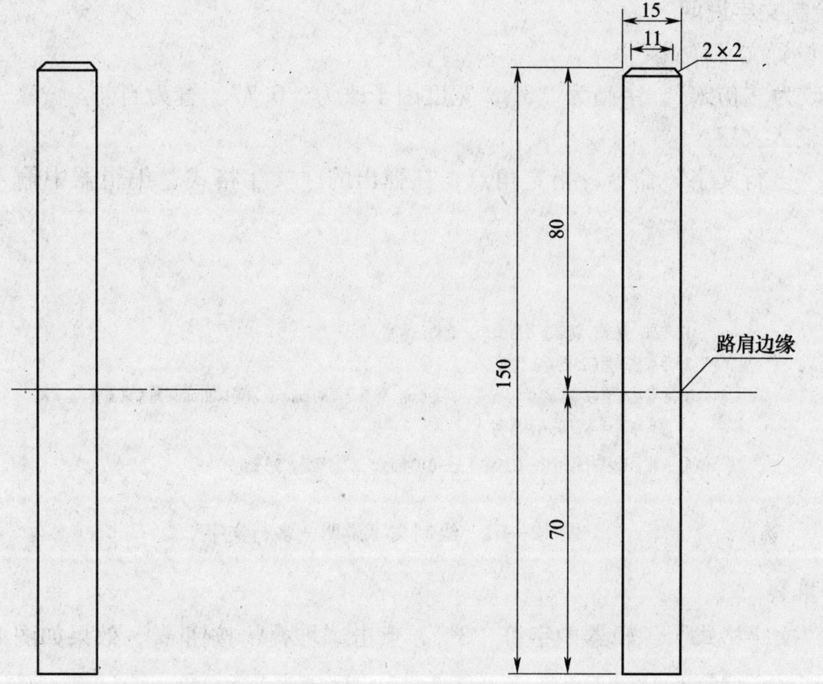

图 12—58　绘制示警柱埋设—直线　　　图 12—59　绘制示警柱埋设—尺寸标注

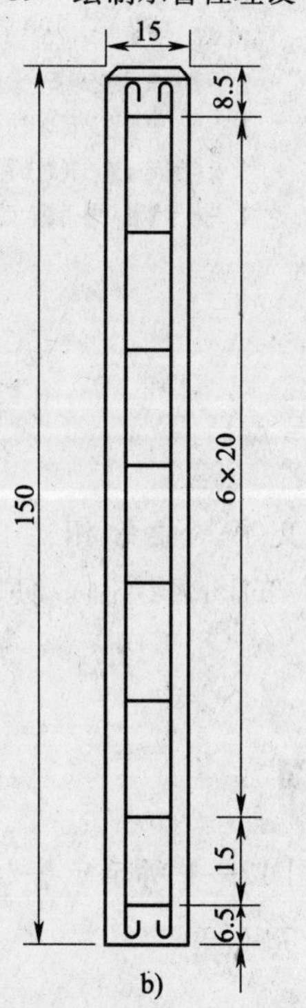

图 12—60　绘制示警柱结构图

a）文字替代前　b）文字替代后

6. 绘制文字说明

（1）设置文字样式

字体改为“仿宋”，字高为“3”，宽度因子改为“0. 7”。置为当前。

（2）输入文字

启动“多行文字”命令，指定角点，在弹出的“文字格式”编辑器中输入文字，如图12—61 所示。

说明：

1. 单位：厘米；钢筋直径为毫米。比例：示意。
2. 示警柱采用C25混凝土预制。
3. 示警柱埋置在路面边缘0.5 m处，间距2 m，外漏高度80 cm，自顶端以20 cm间距涂以黑黄颜色相间油漆，顶端为黑色。
4. 一根示警柱材料用量：C25混凝土，0.034m3^；R235钢筋，5.3 kg.

图 12—61　绘制文字说明—多行文字

（3）堆叠

选中“文字格式”编辑器中字符“3^”，点击“堆叠”按钮，效果如图 12—62 所示。

说明：

1. 单位：厘米；钢筋直径为毫米。比例：示意。
2. 示警柱采用C25混凝土预制。
3. 示警柱埋置在路面边缘0.5 m处，间距2 m，外漏高度80 cm，自顶端以20 cm间距涂以黑黄颜色相间油漆，顶端为黑色。
4. 一根示警柱材料用量：C25混凝土，0.034m^3；R235钢筋，5.3 kg.

堆叠效果

图 12—62　绘制文字说明—堆叠

（4）绘制图名

使用“单行文字”命令和“直线”命令，完成“示警柱断面图”“示警柱埋设”“示警柱结构图”的图名绘制。使用“移动”命令将图形各部分移动到适宜位置。任务完成。

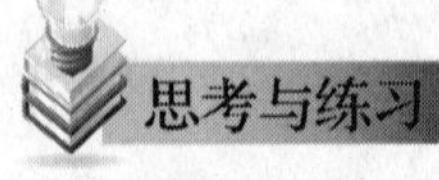

绘制如习题图 12—1 所示示警柱设计图。示警柱外轮廓、钢筋长度单位以厘米计，钢筋直径单位以毫米计。

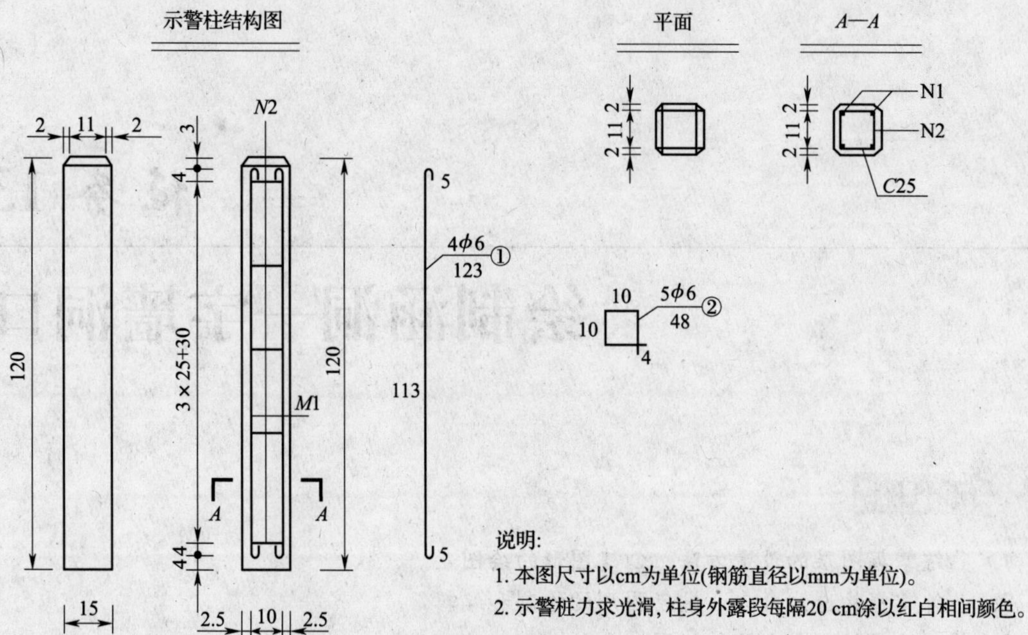

说明:

1. 本图尺寸以cm为单位(钢筋直径以mm为单位)。
2. 示警桩力求光滑,柱身外露段每隔20 cm涂以红白相间颜色。

习题图 12—1 示警柱设计图

任务13

绘制涵洞一字墙洞口

学习目标

1. 熟练掌握图层的设置方法，创建图形的绘图层。
2. 熟练掌握构造线命令，辅助图形的绘制和编辑。
3. 熟练应用椭圆命令绘制椭圆。

工作任务

如图13—1所示为涵洞一字墙洞口的立体图。绘制涵洞一字墙洞口的三面投影图和尺寸标注，如图13—2所示。要求：按照1:1比例绘制。

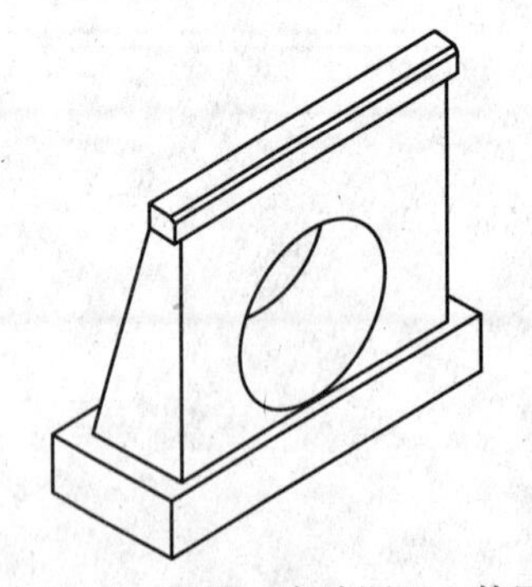

图13—1　涵洞一字墙洞口立体图

任务分析

从三面投影图可以看出，涵洞的一字墙洞口主要由三部分组成：

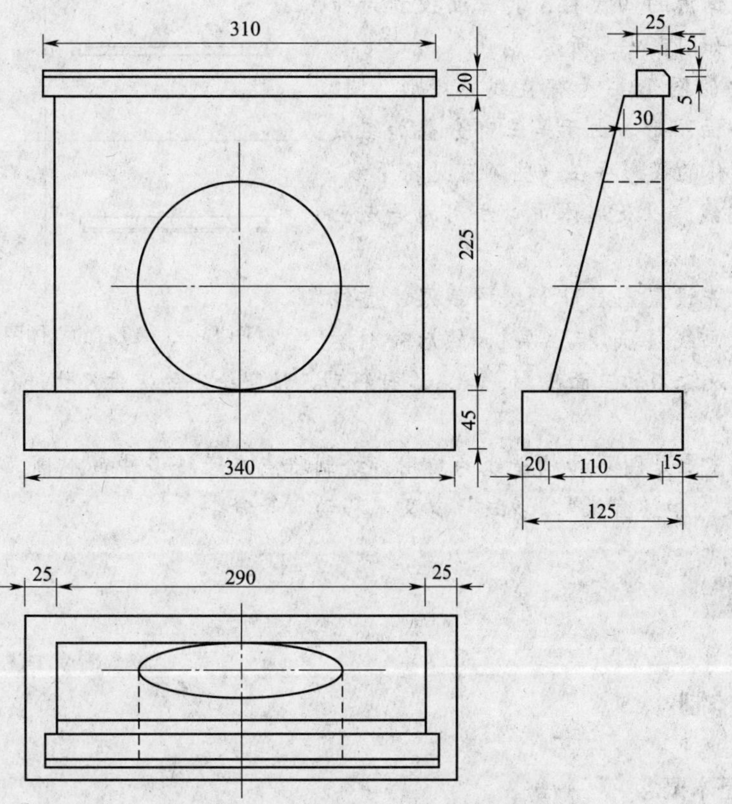

图 13—2 涵洞一字墙洞口投影图

基础部分：形状为长方体，其三面投影均为矩形，如图 13—3 所示。

墙身部分：是组合体，其三面投影中有矩形、圆、椭圆、梯形等，如图 13—4 所示。

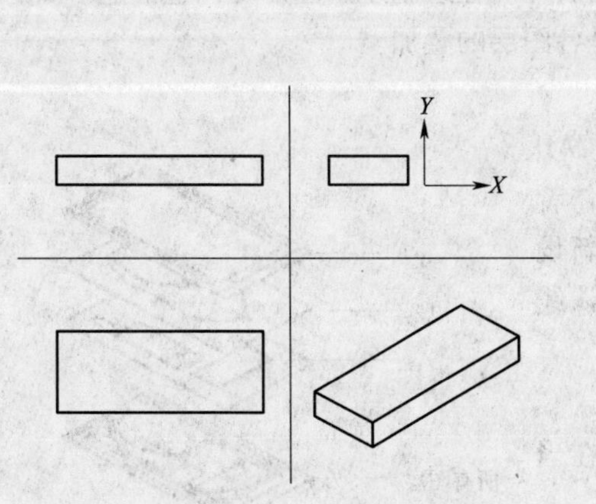

图 13—3 基础的立体图和投影图

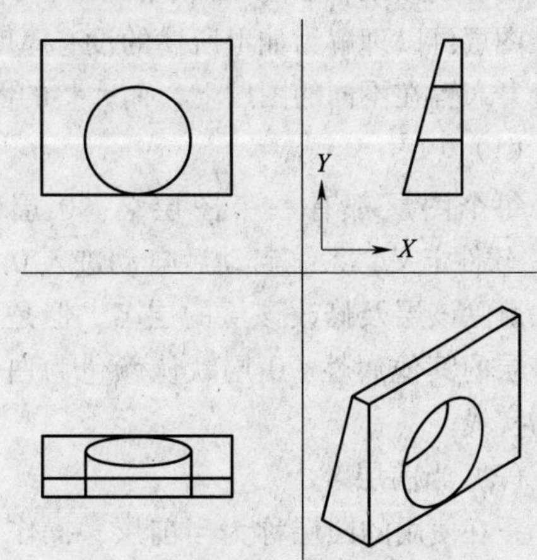

图 13—4 墙身的立体图和投影图

缘石：一边倒角的四棱柱，其三面投影为矩形框和五边形，如图 13—5 所示。

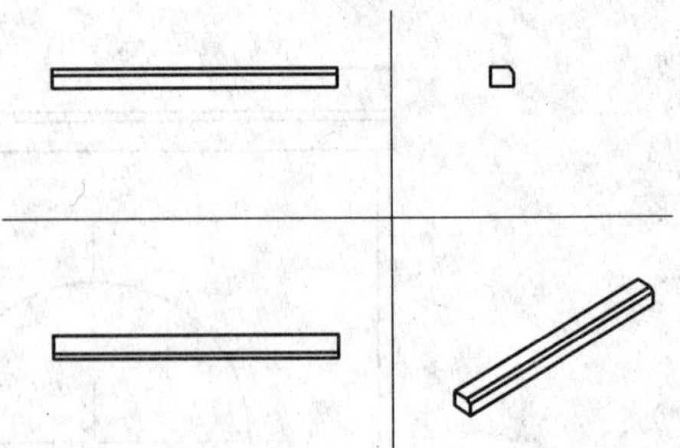

图 13—5 缘石的立体图和投影图

其中，主要的图形要素有直线、矩形、圆、椭圆、梯形等平面图形。由于是三部分叠加组成的形体，因此形体的投影存在一些不可见轮廓线，它们使用的是虚线，以及形体中心线用的是点画线。

绘制时，首先设置图层［如绘图线层、虚线层、轴线层（点画线层）、标注层］，然后分别绘制基础、墙身以及缘石的三面投影，接着进行移动，按照给定的定位尺寸进行组合，最后标注即完成。

其中，绘制重点是图层和构造线的应用；绘制难点在于墙身中的椭圆。同时，还应用“倒角”“多线段”和“直线”“多线”以及“移动”等命令。

一、图层控制

1. 图层的基本概念

传统的动画制作中，画师在一张张透明的胶片上做画，在一层胶片上绘画不会影响到其他的胶片；上一层胶片的图形会遮挡住下层的图形，但是透过上层的空白处可以看见下层上的内容。最后将所有胶片叠加，通过移动各层胶片的相对位置或者添加更多的胶片即可改变最后的合成效果，如图 13—6 所示。

图层可以理解为如上所述的没有厚度的透明胶片。在绘制复杂图形时，通常把不同的内容分开布置在不同的图层上，而完整的图形则是各图层的叠加。

（1）0 层

每个图层都有一个图层名。0 层由 AutoCAD 2008 软件定义，系统启动后自动进入 0 层。操作者无法删除该层及修改该层的层名，但是可以重新设置该层的其他属性。0 层默认颜色为白色，默认线型为实线。

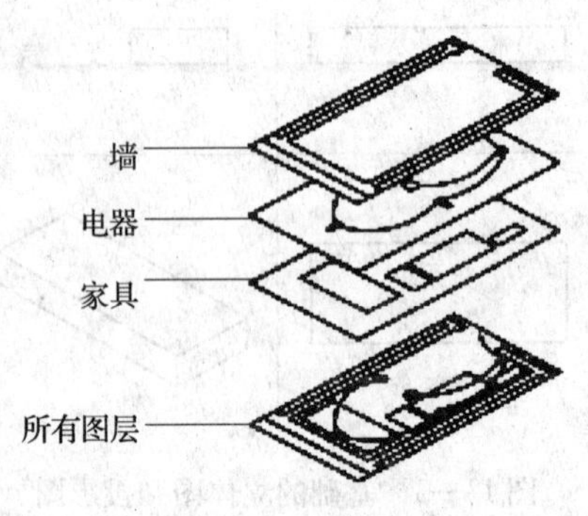

图 13—6 图层功能示意

（2）当前层

正在使用的图层称为当前层，操作者只能在当前层上绘图。

使用图层可以将图形中的信息按照功能进行分组，还可以设置图形对象的线型、颜色及其他参数。

图层是绘制图形的重要组织工具。

2. 新建图层

(1) 打开“图层特性管理器”对话框

打开“图层特性管理器”对话框有3种方法：

1) 在菜单栏单击“格式”|“图层”。

2) 单击属性工具栏上（图层）按钮。

3) 在命令行输入“LAYER”。

屏幕将弹出“图层特性管理器”对话框，如图13—7所示。

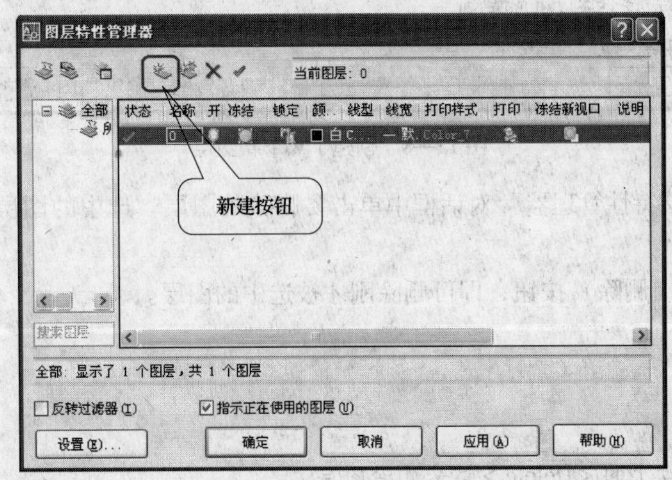

图13—7 “图层特性管理器”对话框

(2) 创建新图层

创建新图层的操作步骤如下：

1) 单击该对话框中的（新建）按钮，系统将会自动生成一个名叫“图层1”的图层，以后每按一下便会依次自动生成“图层2”“图层3”等。操作者可以更改自己需要的图层名称，如将“图层4”改为“标注层”。如图13—8所示，该图中已经创建了4个新图层，其中当前层为默认的“0”。

2) 在对话框内任一空白处单击，或按回车键可结束此操作。

图层名必须是独一无二的，不能有重名，否则系统不予承认。图层名最长可达31个字符，可以是数字、字母、“-”和“_”，但是不允许出现空格和逗号。

新创建图层的默认属性为：颜色—白（7号颜色）；线型—Continuous；线宽—0.30（系统缺省值）。操作者既可以接受，也可以根据需要更改。

3. 删除图层

在AutoCAD中对一些不用的图层应及时删除，减少空间的占用。操作步骤如下：

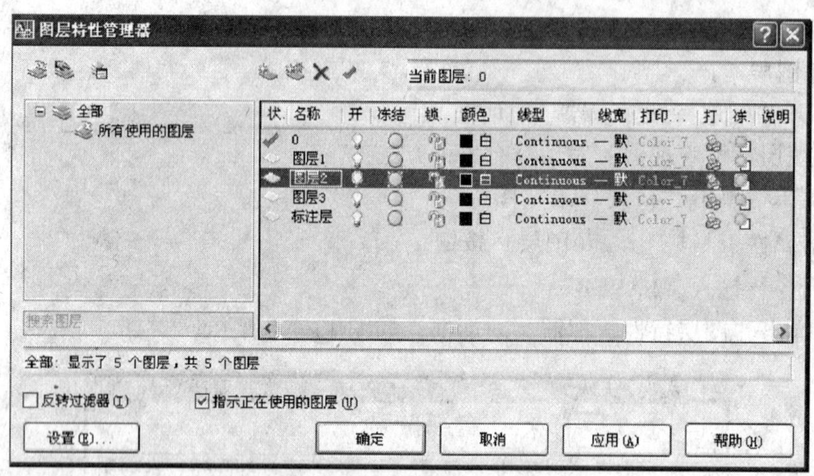

图 13—8 创建了 4 个新图层

（1）在“图层特性管理器”对话框中单击要删除的图层。选中的图层名称呈高亮度显示。

（2）单击 ✕（删除）按钮，即可删除刚才被选中的图层。

1．不能用键盘上的 <Delete> 键来删除图层。

2．下列图层不能删除：0 层和 Defpoint 层；当前层和含有实体的图层；外部应用依赖层（Xref－Depent Layers）。

4．设置当前图层

所谓当前图层就是指操作者当前使用的图层，简称当前层。绘制只能在当前层上进行。当前层的层名和属性状态都显示在属性工具栏上。设置当前层有 4 种方法：

（1）在“图层特性管理器”对话框中，选择欲设为当前层的图层名称，使其呈高亮度显示，然后单击 应用(A) 按钮，再单击 确定 按钮。

（2）单击“属性”工具栏上的（工具）按钮，然后在绘图区选择某个实体，系统即将该实体所在的图层设置为当前层。

（3）单击属性工具栏上的 图层2 下拉式列表框右侧的下拉箭头，单击选择某一图层，该图层名称呈现高亮度，新选的当前层即出现在图层控制区内，如图 13—9 所示，如设置图层 2 为当前层。

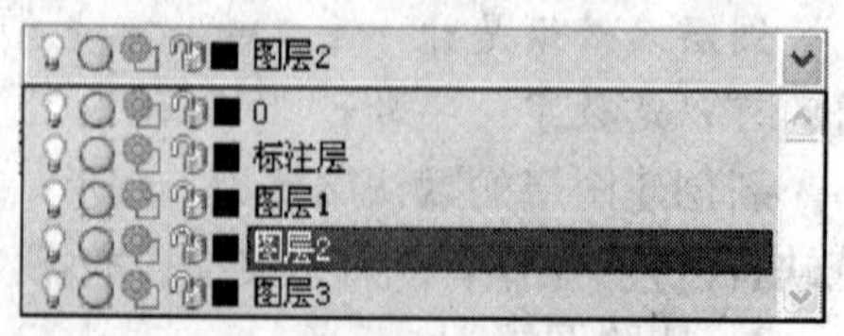

图 13—9 设置图层 2 为当前层

5．图层状态控制

在 AutoCAD 中图层状态由状态开关来控制，状态开关有：

（1）打开/关闭

图层关闭后，该层上的实体既不能在屏幕上显示，又不能由打印机输出。层上的实体可以被重生成。

（2）解冻/冻结

图层被冻结后，该层上的实体既不能在屏幕上显示，又不能由打印机输出。图上的实体不能被重生成。

（3）解锁/加锁

图层被锁住后，操作者只能看见该层上的实体，而不能对这些实体进行编辑和修改。但该层上的实体可以显示和打印。

图层状态可以相互切换。操作者在“图层特性管理器”对话框中，选择图层，再单击相应的图像按钮，在按“应用”按钮后，单击“确定”按钮即可，如图13—10所示。

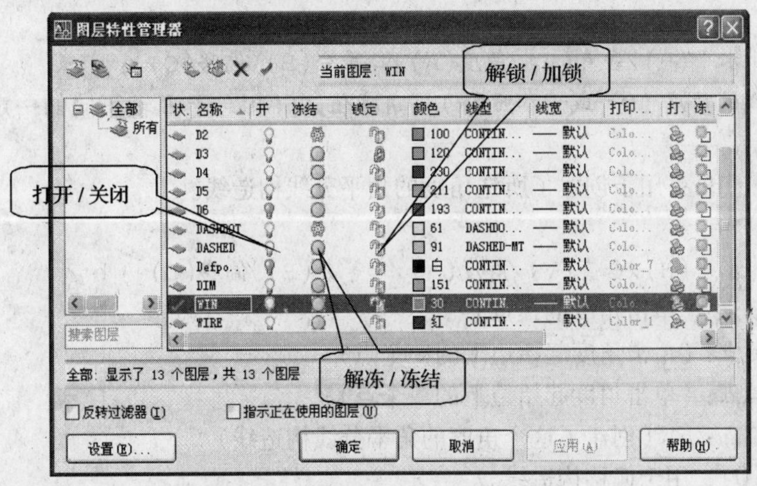

图13—10　图层3被关闭、冻结、加锁

二、构造线的绘制

1. 构造线的概念

向2个方向无限延伸的直线称为构造线，可作为创建其他对象的参照。例如，可以用构造线查找三角形的中心、准备同一个项目的多个视图或创建临时交点用于对象捕捉。

无限长线不会改变图形的总面积。因此，它们的无限长标注对缩放或视点没有影响，并被显示图形范围的命令所忽略。和其他对象一样，无限长线也可以移动、旋转和复制。在打印之前，可能需要在可以冻结或关闭的构造线图层上创建无限长线。

2. 创建构造线

（1）启用“构造线”命令

启用该命令有3种方法：

1）在菜单栏单击“绘图”｜“构造线”。

2）单击绘图工具栏上“构造线”按钮。

3）在命令行输入“XL（或 XLINE）”。

（2）命令格式

命令：_xline

指定点或［水平(H)/垂直(V)/角度(A)/二等分(B)/偏移(O)］：

（3）参数

1）水平（H）：用于创建过某点的水平构造线。输入 H，然后单击水平构造线需要通过的点即可。

2）垂直（V）：用于创建过某点的垂直构造线。输入 V，然后单击垂直构造线需要通过的点即可。

3）角度（A）：用于创建相对于 X 轴任意角度的构造线。

命令：_xline

指定点或［水平(H)/垂直(V)/角度(A)/二等分(B)/偏移(O)］：a↙

输入构造线的角度（O）或［参照(R)］：角度值↙（相对于 X 轴正向的一定角度值的构造线）

4）二等分（B）：用于创建了所选角度的角平分线构造线。

命令：_xline

指定点或［水平(H)/垂直(V)/角度(A)/二等分(B)/偏移(O)］：b↙

指定角的顶点：（单击角度的顶点）

指定角的起点：（单击角度起始边上的一个点）

指定角的端点：（单击角度起始边上的一个点）

指定角的端点：↙（创建了这个角度的角平分线构造线）

5）偏移（O）：用于偏移构造线。

命令：_xline 指定点或［水平(H)/垂直(V)/角度(A)/二等分(B)/偏移(O)］：o↙

指定偏移距离或［通过(T)］＜通过＞：偏移距离值↙

选择直线对象：（单击要偏移的构造线）

指定向哪侧偏移：（单击要偏移的一侧）

三、椭圆的绘制

椭圆由定义其长度和宽度的两条轴决定。较长的轴称为长轴，较短的轴称为短轴。在工程制图中，椭圆也是一种基本的图形元素。在 AutoCAD 2008 中，绘制椭圆和椭圆弧的命令都是 ELLIPSE。

1. 启用“椭圆”命令

启用该命令有 3 种方法：

（1）在菜单栏单击“绘图”｜“椭圆”｜“中心点（或轴、端点或圆弧）”，如图 13—11 所示。

(2) 单击绘图工具栏上“椭圆”按钮 。

(3) 在命令行输入“EL (或 ELLIPSE)”。

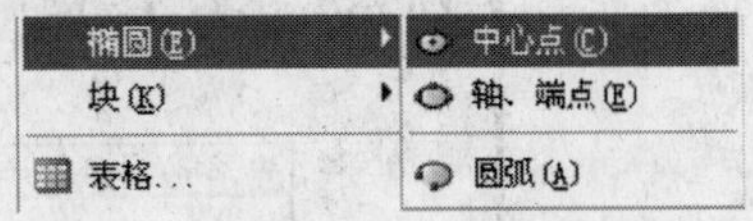

图 13—11 “椭圆”菜单命令

2. 绘制椭圆的方法

(1) 利用椭圆长轴、短轴端点绘制

命令：_ellipse

指定椭圆的轴端点或［圆弧(A)/中心点(C)］：(单击横直线左端点)

指定轴的另一个端点：(单击横直线右端点)

指定另一条半轴长度或［旋转(R)］：(单击竖直线上端点)

椭圆绘制的效果如图 13—12 所示。

(2) 利用椭圆中心点及轴端点

命令：_ellipse

指定椭圆的轴端点或［圆弧(A)/中心点(C)］：c↙

指定椭圆的中心点：(单击椭圆中心点位置)

指定轴的端点：(单击横直线的右端点)

指定另一条半轴长度或［旋转(R)］：(单击竖直线上端点)

椭圆绘制效果如图 13—13 所示。

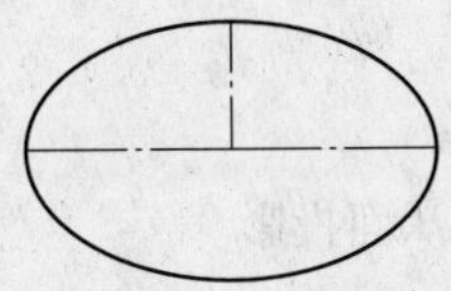

图 13—12 利用长轴、短轴端点绘制椭圆

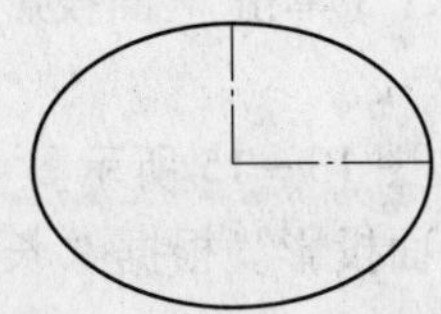

图 13—13 利用椭圆中心点及轴端点绘制椭圆

任务实施

1. 设置图层

单击“属性”工具栏上 (图层) 按钮。单击“图层特性管理器”对话框中的 (新建) 按钮，打开“图层特性管理器”对话框，如图 13—14 所示。按照任务分析中对涵洞口一字墙洞口图形的分析，在对话框内创建图层“0”“标注层”“辅助线”“基础”“墙身”“缘石”“轴线”。

2. 绘制涵洞口一字墙洞口的三面投影

(1) 绘制基础的三面投影

1) 绘制 *V*、*W* 面投影。先将“基础”图层置为当前层，并用“矩形”命令绘制基础的 *V* 面投影矩形，利用“对象追踪”绘制 *W* 面投影矩形。然后，将辅助线图层置为当前层。

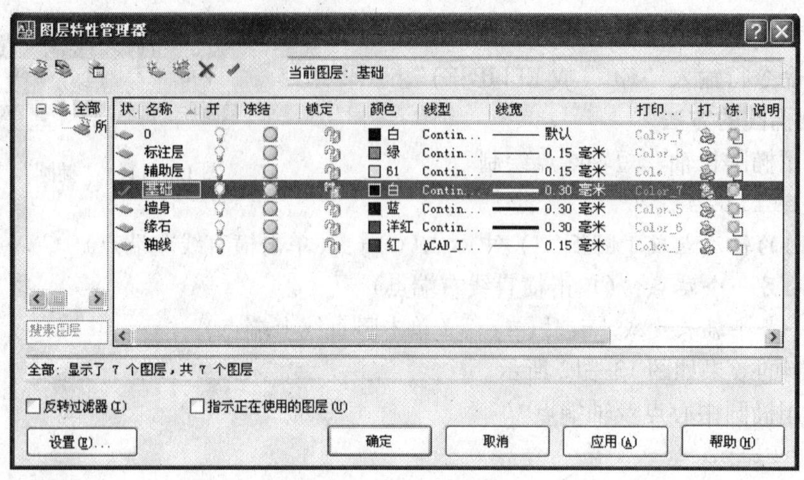

图 13—14 图层的设置

命令：_xline

指定点或［水平(H)/垂直(V)/角度(A)/二等分(B)/偏移(O)]：a↙

输入构造线的角度（0）或［参照(R)]：-45↙

指定通过点：（单击 *W* 面投影下方合适的位置）

指定通过点：↙

绘制效果如图 13—15 所示。

2）绘制 *H* 面投影。根据“长对正，宽相等”原则，绘制 *H* 面投影。

命令：_xline

指定点或［水平(H)/垂直(V)/角度(A)/二等分(B)/偏移(O)]：v↙

指定通过点：（单击 *W* 面矩形投影的任一左端点）

指定通过点：（单击 *W* 面矩形投影的任一右端点）

指定通过点：（单击 *V* 面矩形投影的任一左端点）

指定通过点：（单击 *V* 面矩形投影的任一右端点）

指定通过点：↙

绘制效果如图 13—16 所示。

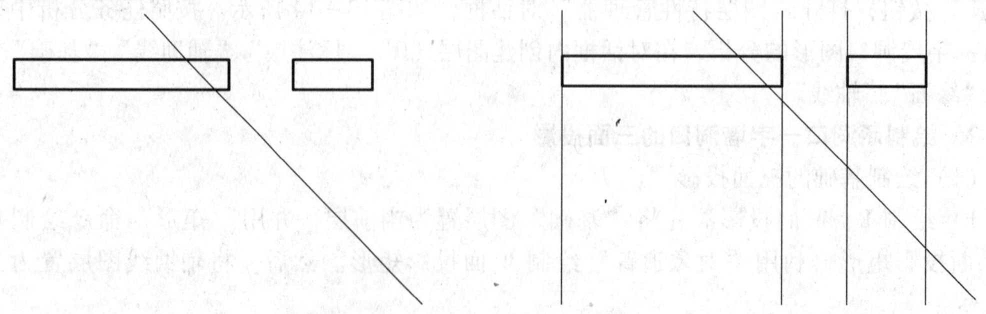

图 13—15 绘制 V、W 面投影　　　图 13—16 绘制 H 面投影 1

V、*W* 面投影中矩形两边由于构造线与其重合，显示构造线特性，在整体绘制完后可以关闭辅助线层，不影响图形。后面的图中也有此种情况，不再重复解释。

命令：_xline

指定点或［水平(H)/垂直(V)/角度(A)/二等分(B)/偏移(O)］：h↙

指定通过点：（单击 *W* 面下方构造线相交的第一点）

指定通过点：（单击 *W* 面下方构造线相交的另一点）

指定通过点：↙

绘制效果如图 13—17 所示。

命令：_rectang

指定第一个角点或［倒角(C)/标高(E)/圆角(F)/厚度(T)/宽度(W)］：（单击构造线所围矩形的左上点）

指定另一个角点或［面积(A)/尺寸(D)/旋转(R)］：（单击构造线所围矩形的右下点）

绘制效果如图 13—18 所示。

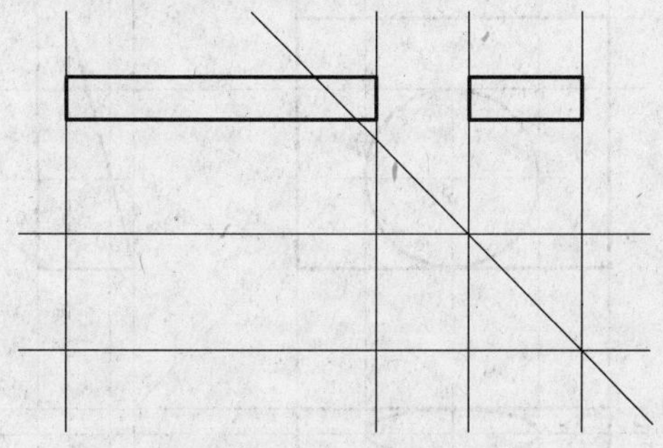

图 13—17　绘制 H 面投影 2

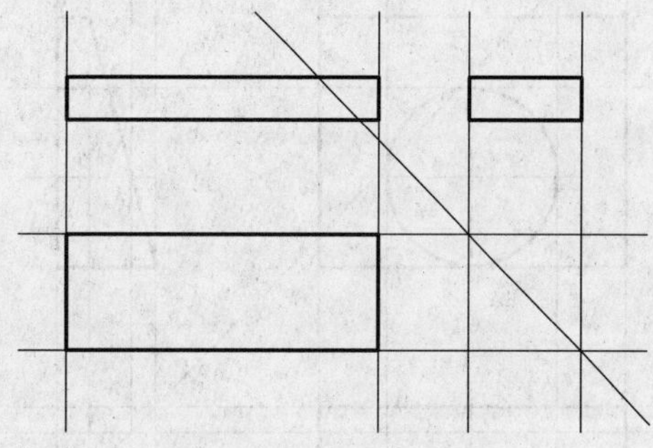

图 13—18　绘制 H 面投影 3

（2）绘制墙身的三面投影

1）绘制未挖涵洞前身的三面投影。首先，用“矩形”命令绘制未挖洞的墙身的 *V* 面投影（矩形），然后利用“多线段”命令和“对象追踪”命令绘制 *W* 面投影梯形。然后，参照步骤（1）的操作，用“构造线”命令根据“长对正、宽相等”的原理绘制 *H* 面投影，如图 13—19 所示。

2）绘制墙身涵洞投影。接着，在 *V* 面投影中于轴线层（点画线层）按照图示尺寸找到圆心，并画圆，同时用“构造线”命令辅助画出 *W* 面内的不可见轮廓线和轴线，如图 13—20 所示。

再根据“长对正、宽相等”的原理，用构造线辅助确定涵洞的圆心，并绘制轴线（点画线）标示，如图 13—21 所示。

命令：_ellipse

指定椭圆的轴端点或［圆弧(A)/中心点(C)］：c↙

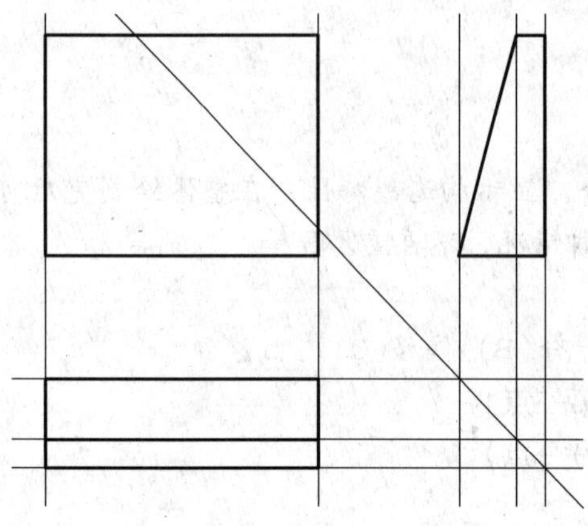
图 13—19　绘制 H 面投影

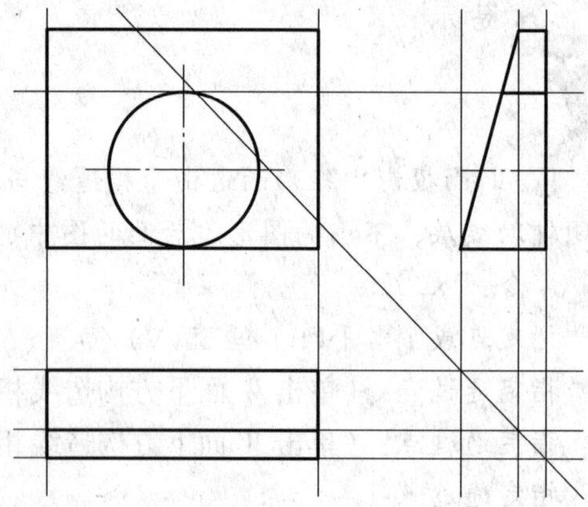
图 13—20　绘制墙身涵洞的投影 1

指定椭圆的中心点：(单击 H 面内轴线所相交的点)

指定轴的端点：(单击 H 面内横轴线与垂直构造线所相交的点)

指定另一条半轴长度或［旋转(R)］：(单击 H 面内竖轴线与墙身上边框的交点)

绘制效果如图 13—22 所示。

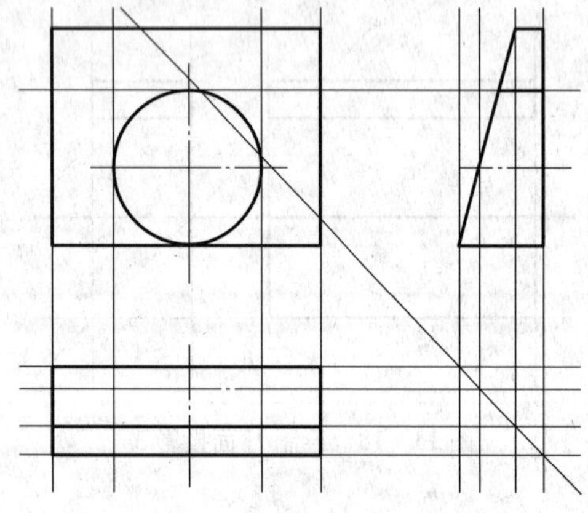
图 13—21　绘制墙身涵洞的投影 2

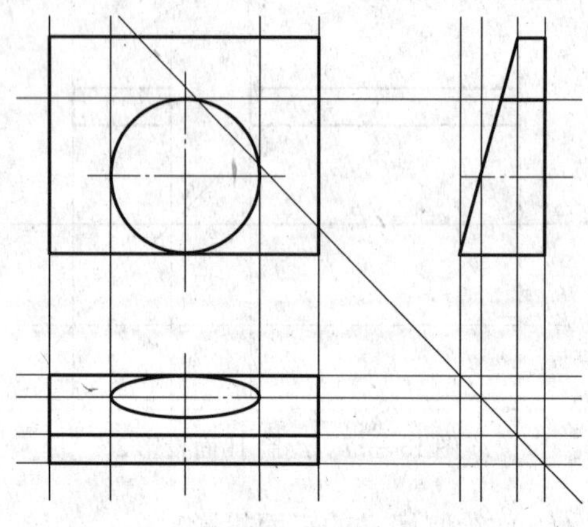
图 13—22　绘制墙身涵洞的投影 3

最后，绘制圆洞 H 面不可见轮廓线，绘制完后将其线型改变为虚线，如图 13—23 所示。

(3) 绘制缘石的三面投影

将“缘石层”置为当前层，参照步骤（1）绘制缘石，如图 13—24 所示。具体操作步骤不再赘述，请自行练习。

(4) 平移所有三面投影

按照定位尺寸，将所绘制的基础、墙身和缘石的三面投影进行平移，得到涵洞一字墙洞口三面投影图，如图 13—25 所示。

3. 对所绘制图形进行尺寸标注

将“标注层”置为当前层，按照组合体尺寸标注的原则对图形进行标注。

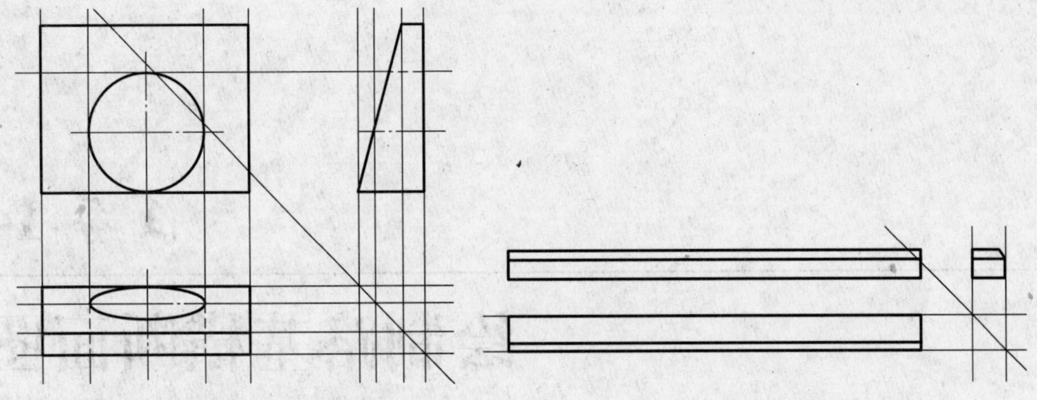

图 13—23　绘制墙身涵洞的投影 4

图 13—24　绘制缘石的三面投影

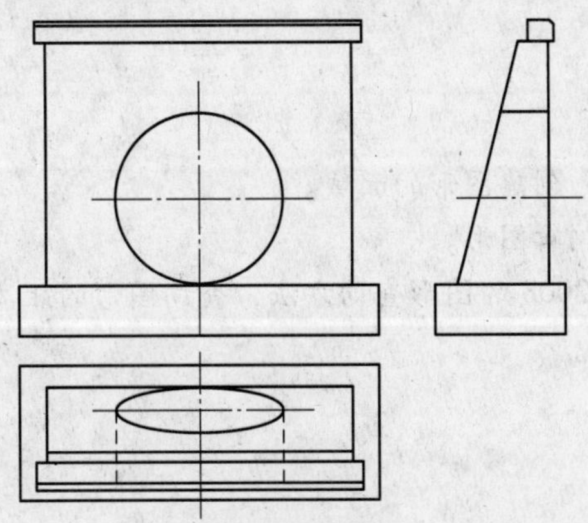

图 13—25　平移后得到的涵洞一字墙洞口图

思考与练习

绘制习题图 13—1 所示隧道口的三面投影图。习题图 13—2 所示为隧道口立体图。

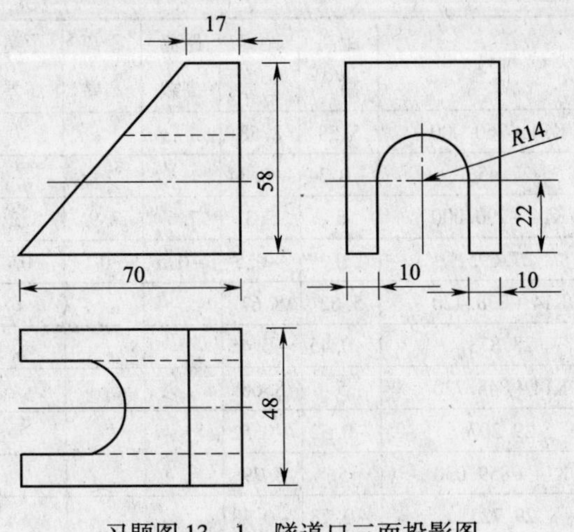

习题图 13—1　隧道口三面投影图

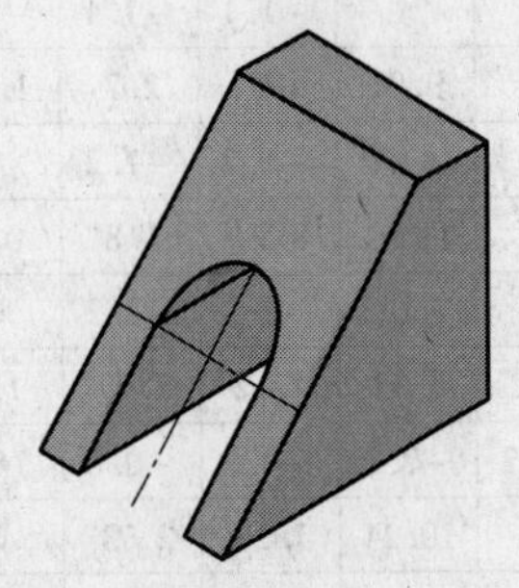

习题图 13—2　隧道口立体图

任务 14

绘制路基横断面图

1. 熟练掌握面域命令，创建图形的面域。
2. 熟练运用打断命令编辑图形。
3. 熟练掌握 AutoCAD 2008 的图形查询方法，查询图形的距离、面积等信息。

根据路基原始地面测量记录表（表 14—1）、路基设计表（表 14—2），绘制路基横断面图。该路基属于有 6 个桩号的路段。路基边坡坡度均为 1∶1.5。绘图后，要求查询填挖高度与填挖面积，以文字形式绘入图中（单位：m）。

表 14—1　　路基原始地面测量记录表

距离 高差	距离 高差	距离 高差	距离 高差	距离 高差	距离 高差	桩号	距离 高差	距离 高差	距离 高差	距离 高差	距离 高差	距离 高差
			9. 14	6. 14	0. 47	K14 + 760. 000	5. 58	8. 58				
			−1. 1	−1. 1	−1. 1	27. 458	−0. 34	−0. 34				
		9. 92	6. 92	2. 7	1. 42	K14 + 790. 000	5	5. 3	7. 6	7. 9	8. 2	8. 3
		−1. 2	−1. 2	−1. 2	0	27. 695	0	−0. 5	−0. 5	0	0	0
		11. 94	8. 94	1. 8	0. 4	K14 + 838. 420	5. 62	8. 67				
		−2. 2	−2. 2	−2. 2	0	28. 873	−0. 45	−0. 45				
1. 82	8. 82	5. 32	4. 12	2. 67	1. 8	K14 + 848. 720	5	8. 66				
−2. 2	−2. 2	−2. 2	−0. 6	−0. 6	0	29. 207	−0. 52	−0. 52				
		10. 24	7. 56	2. 71	2	K14 + 859. 030	5	8. 79				
		−1. 62	−1. 62	−1. 62	0	29. 723	−0. 78	−0. 78				

续表

距离 高差	距离 高差	距离 高差	距离 高差	距离 高差	距离 高差	桩号	距离 高差	距离 高差	距离 高差	距离 高差	距离 高差	距离 高差
		8.38	5.46	4.45	4.1	K14+900.000	3.41	5	8.21			
		−0.18	−0.18	−0.18	0	30.745	−0.2	−0.52	−0.52			

表14—2　　路基设计表

桩号	设计标高（m）	地面标高（m）	路基宽度（m）		路肩高程（m）	
			左	右	左路肩	右路肩
K14+760.000	27.445	27.458	4.600	4.600	27.384	27.506
K14+790.000	27.979	27.695	4.600	4.600	28.042	27.916
K14+838.420	29.196	28.873	4.600	4.600	29.564	28.828
K14+848.720	29.455	29.207	4.600	4.600	29.823	29.087
K14+859.030	29.715	29.723	4.600	4.600	30.083	29.347
K14+900.000	30.745	30.745	4.600	4.600	30.840	30.650

任务分析

本任务要绘制路基横断面图，由6个不同桩号的路基横断面图组成。主要图形要素包括直线与文字。

中桩的位置、地面线、设计线均可以使用多段线命令绘制。

路基横断面图应顺序沿着桩号从下到上，从左到右画出；横断面图的地面线一律画细实线，设计线一律画粗实线。

绘图完成后，在所绘制图形上，使用查询命令查询填挖高度与填挖面积。填挖区域多为不规则图形，查询面积前宜将其设为面域，使用“查询面积”命令或“查询面积/质量特性”命令都可以查得填挖面积。

相关知识

一、创建面域

1．面域的概念、组成及作用

面域是用闭合的形状创建的二维区域。该闭合的形状可以由多段线、直线、圆弧、圆、椭圆弧、椭圆或样条曲线等对象构成。面域的外观与平面图形外观相同，但面域是一个单独对象，具有面积、周长、形心等几何特征。面域之间可以进行并、差、交等布尔运算（具体见任务16），因此常常采用面域来创建边界较为复杂的图形。因为利用面域的拉伸或旋转可以实现平面到三维立体模型的转换，所以面域的创建是三维建模的基础。

2. 启用“面域”命令

在 AutoCAD 2008 中，操作者不能直接绘制面域，而是需要利用现有的封闭对象，或者由多个对象组成的封闭区域和系统提供的“面域”命令来创建面域。

启用“面域”命令有3种方法：

（1）在绘图窗口选择封闭对象，在菜单栏单击“绘图”|“面域”。

（2）单击“绘图”工具栏中的“面域”按钮。

（3）在命令行输入“REG（或 REGION）”。

3. 创建面域操作

启用“面域”命令后，选择一个或多个封闭对象，或者组成封闭区域的多个对象，然后按 <Enter> 键，即可创建面域。

【例】 创建如图14—1b 所示的面域。

命令:_region（启用面域外命令）

选择对象:指定对角点:找到 4 个（利用框选方式选择图形边界，如图14—1a 所示）

选择对象:↙（按 <Enter> 键）

已提取 1 个环。

已创建 1 个面域。

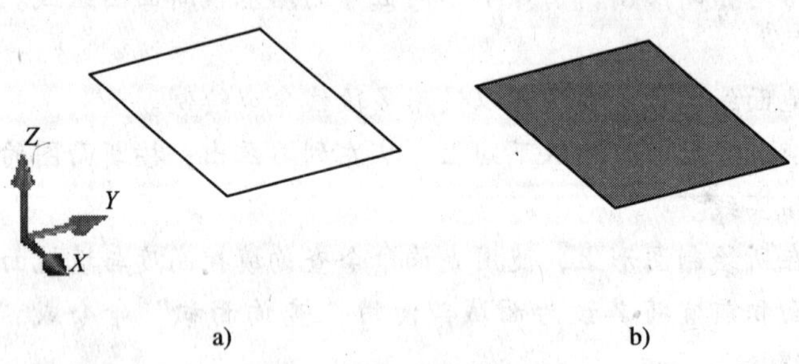

图14—1　创建面域图例

a）创建面域前　b）已创建的面域

系统缺省情况下，AutoCAD 在创建面域时将删除原对象。如果要保留原对象，则需要在命令行输入“DELOBJ”，将其当前值设置为0。

二、打断对象

打断命令可将某一对象一分为二，或去掉其中一段减少其长度。AutoCAD 2008 提供了两种具有打断功能的命令："打断"和"打断于点"命令。可以进行打断操作的对象包括直线、圆、圆弧、多段线、椭圆、样条曲线等。

1. "打断"命令

"打断"命令可将对象打断，并删除所选对象的一部分，从而将其分为2个部分。

(1) 启用"打断"命令

启用该命令有3种方法：

1) 选择被打断对象，在菜单栏单击"修改"|"打断"。

2) 直接单击"标准"工具栏上的"打断"按钮。

3) 在命令行输入"BR（或 BREAK）"。

(2) 命令格式

启用该命令后，命令行提示如下：

命令：_break

选择对象：

指定第二个打断点或[第一点(F)]：

(3) 参数

1) 选择对象：选择打断的对象。如果在后面的提示中不输入"F"来重新定义第一点，则拾取该对象的点为第一点。

2) 指定第二个打断点或［第一点（F）]：拾取打断的第二点。如果输入@指第二点和第一点相同，即将选择对象分成两段。

【例】 将圆在 A 点、B 点打断，将直线在 C 点、D 点打断，如图14—2所示。

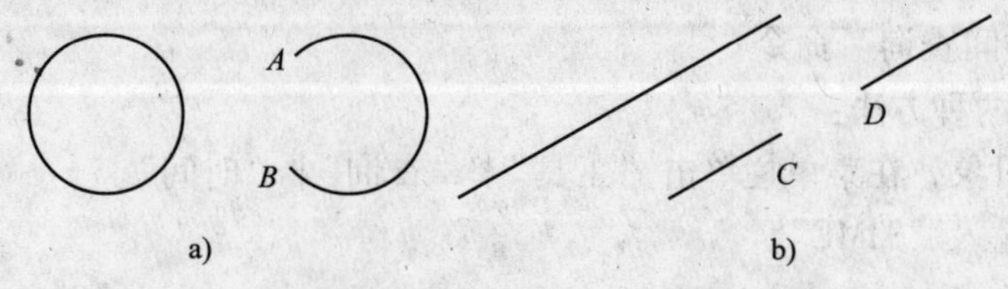

图14—2 "打断"图例

a）整圆和被打断圆 b）直线和被打断直线

命令：_break（启用"打断"命令）

选择对象：（分别单击圆的 A 点和直线的 C 点，选择第一点）

指定第二个打断点或[第一点(F)]：（在直线的 D 点和圆的 B 点附近单击，拾取第二点）

2. "打断于点"命令

"打断于点"命令用于打断所选的对象，使之成为两个对象，但不删除其中的部分。启用“打断于点”命令的方法：

（1）在菜单栏单击“修改”|“打断于点”。

（2）直接单击“标准”工具栏上的“打断于点”按钮。

【例】 将圆弧在A点打断，如图14—3所示。

命令：_break（选择“打断于点”命令）

选择对象：（单击圆弧）

指定第二个打断点 或［第一点(F)］：f↙

指定第一个打断点：（在圆弧上单击，确定打断点）

指定第二个打断点：↙（按<Enter>键，如图14—3所示，单击右端圆弧上，可以看到圆弧变成两个部分）

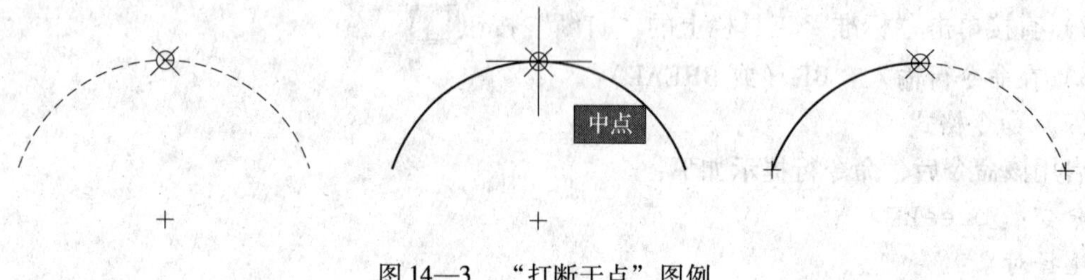

图14—3 “打断于点”图例

三、AutoCAD 2008图形查询

操作者在绘图过程中，经常会对图形中的某一对象的坐标、距离、面积、属性等进行了解，AutoCAD系统提供了查询图形信息功能，极大地方便了广大操作者。

1．时间查询

“时间”命令可以提示当前时间、图形的编辑时间及其最后一次修改时间等信息。

（1）启用“时间查询”命令

启用该命令有两种方法：

1）选择查询对象，在菜单栏单击“工具”|“查询”|“时间”。

2）在命令行输入“TIME”。

（2）命令格式

启用该命令后，屏幕弹出AutoCAD文本窗口，如图14—4所示。

在文本窗口中，显示当前时间、图形编辑次数、创建时间、上次更新时间、累计编辑时间、经过计时器时间、下次自动保存时间等信息。并出现以下提示：

输入选项［显示(D)/开(ON)/关(OFF)/重置(R)］：

（3）参数

1）显示（D）：显示以上信息。

2）开（ON）：打开计时器。

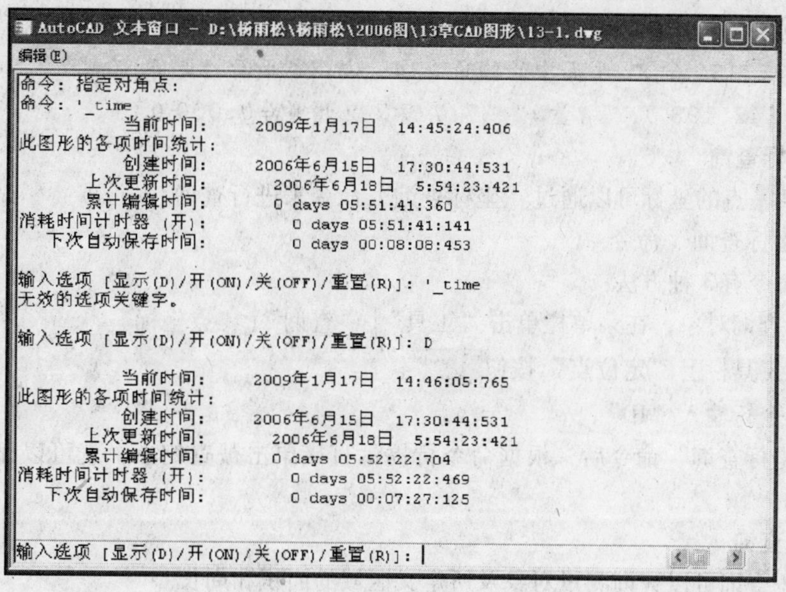

图 14—4 AutoCAD 文本窗口

3）关（OFF）：关闭计时器。

4）重置（R）：将计时器重置为零

2. 距离查询

通过“距离查询”命令可以直接查询屏幕上两点之间的距离、*XY* 平面的夹角、在 *XY* 平面中倾角，以及 *X*、*Y*、*Z* 方向上的增量。

(1) 启用“距离查询”命令

启用该命令有 3 种方法：

1）选择查询对象，在菜单栏单击“工具”|“查询”|“距离”。

2）单击工具栏上“距离”按钮，在弹出的工具栏上右键单击，选择“查询”命令，屏幕弹出“查询”工具条，如图 14—5 所示。

图 14—5 查询工具条

3）在命令行输入“DI（或 DIST）”。

(2) 命令格式

启用“距离查询”命令后，命令行提示如下：

命令:_dist

指定第一点：(指定第一点的位置)

指定第二点：(指定第二点的位置)

【例】 查询直线 *AB* 两端点间的距离，如图 14—6 所示。

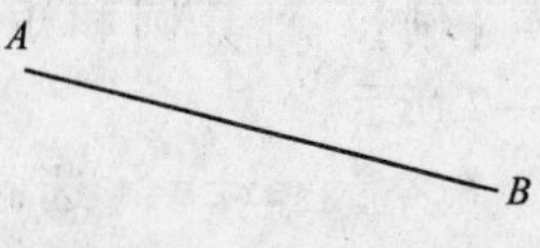

图 14—6 查询距离图例

命令:_dist（选择“查询距离”命令）

指定第一点：(单击 *A* 点)

指定第二点：(单击 B 点)

查询信息如下：

距离 =147.130 6,XY 平面中的倾角 =345,与 XY 平面的夹角 =0

X 增量 =142.198 0,Y 增量 = -37.777 7,Z 增量 =0.000 0

3. 点坐标查询

屏幕上某一点的坐标可以通过“坐标查询”命令来进行查询。

启用“坐标查询”命令

启用该命令有 3 种方法：

1）选择查询对象，在菜单栏单击“工具”|“查询”|“点坐标”。

2）单击工具栏上“定位点”按钮”。

3）在命令行输入“ID”。

启用“坐标查询”命令后，根据命令行提示直接单击被查询点，就可以显示出该点的坐标值。

4. 面积查询

通过面积查询可以查询测量对象及所定义区域的面积和周长。

(1) 启用“面积查询”命令

启用该命令有 3 种方法：

1）选择查询的面积，在菜单栏单击“工具”|“查询”|“面积”。

2）单击“查询”工具栏上的“查询”按钮。

3）在命令行输入“AA（或 AREA)”。

(2) 命令格式

启用“面积查询”命令后，命令行提示如下：

命令：_area

指定第一个角点或[对象(O)/加(A)/减(S)]：

(3) 参数

1）第一个角点：指定要被计算面积的一个角点，随后指定其他角点，回车后结束角点输入，自动封闭指定的角点，并计算面积和周长。

2）对象（O)：选择一个封闭对象来计算它的面积和周长。

3）加（A)：选择 2 个上以上的封闭对象，将它们的面积相加。

4）减（S)：选择 2 上以上的封闭对象，将它们的面积相减。

【例】 计算圆和矩形的总面积，如图 14—7 所示。

命令：_area（选择“查询面积”命令）

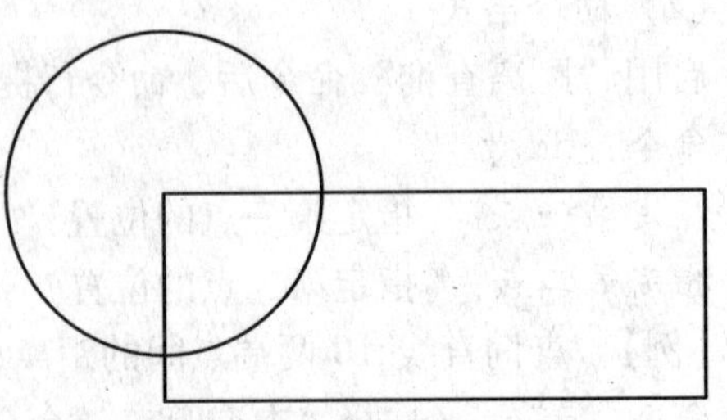

图 14—7 查询面积图例

指定第一个角点或[对象(O)/加(A)/减(S)]:a（输入“a”，选择“加”选项）

指定第一个角点或[对象(O)/减(S)]:o（输入“o”，选择“对象”选项）

(“加”模式)选择对象:(单击圆)

查询圆的信息如下:

面积=5 515.985 0,周长=311.572 3

总面积=5 515.985 0

(“加”模式)选择对象:(单击矩形)

查询信息如下:

面积=5 006.192 2,圆周长=250.818 0

总面积=10 522.177 2

5. 质量特性查询

通过“质量特性查询”可以查询某实体（或面域）的质量特性。面域的质量特性一般是指其面积、周长、质心、惯性矩、惯性积、旋转半经等。

(1) 启用“质量特性查询”命令

启用该命令有3种方法:

1）选择查询对象，在菜单栏单击“工具”|“查询”|“质量特性”。

2）单击工具栏上“面域/质量特性”按钮。

3）在命令行输入“MASSPROP”

(2) 命令格式

启用该命令后，命令行提示如下:

命令:_massprop

选择对象:

随即显示选择对象（实体或面域）的质量特性信息，并询问是否将分析结果写入文件。

【例】 计算如图14—7所示圆和矩形的质量特性。

首先通过面域命令，将矩形和圆改成面域，然后执行“质量特性”命令。

命令:_massprop（选择查询“质量特性”命令）

选择对象:找到1个（单击圆）

选择对象:找到个,总计2个（单击矩形）

选择对象:↙（按<Enter>键）

查询结果如图14—8所示。

最后，按<Enter>键，系统缺省默认“否”，查询结果不写入文件。

----------------------------面域----------------

面积: 11256.9854

周长: 607.9920

边界框: X: 47.1839--219.0783

Y: 88.419--176.28867

质心: X: 124.6112

Y: 123.2715

惯性矩: X: 175798143.7097

Y: 198376168.4723

惯性积: XY: 168437779.4850

旋转半径: X 124.9672

Y: 132.7497

主力矩与质心的 X-Y 方向:

I: 3727095.3594 沿 [0.9755-0.2202]

J: 24589788.0670 沿 [0.2202 0.9755]

是否将分析结果写入文件? [是(Y)/否(N)] <否>: ↙

图 14—8　圆和矩形的“质量特性”查询结果

1. 设置图形界线

图形界线大小为 297 m×210 m。使用“缩放”命令，将视图缩放至“全部”。

2. 设置图层

设置路基横断面图的图层，包括“0”“查询”“地面线”“设计线”“文字”“中桩”，如图 14—10 所示。

3. 绘制路基横断面图

以 K14+760.000 中桩为例，介绍绘制路基横断面图的操作。

(1) 在“中桩”图层使用“多段线”命令绘制公路中桩的位置。绘制结果如图 14—10 所示。

(2) 在“地面线”图层，根据路基原始地面测量记录表，使用“多段线”命令绘制地面线。绘制效果如图 14—11 所示。

(3) 在“设计线”图层，根据路基设计表，使用“多段线”命令绘制设计线。绘制效果如图 14—12 所示。

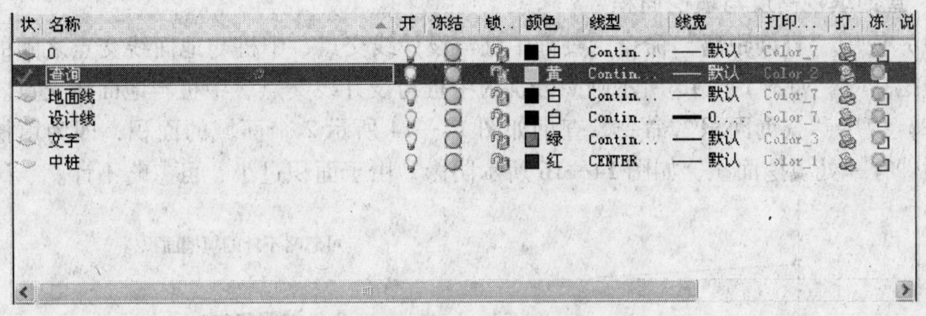

图 14—9 设置图层

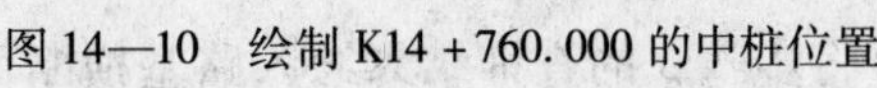

图 14—10 绘制 K14 + 760. 000 的中桩位置

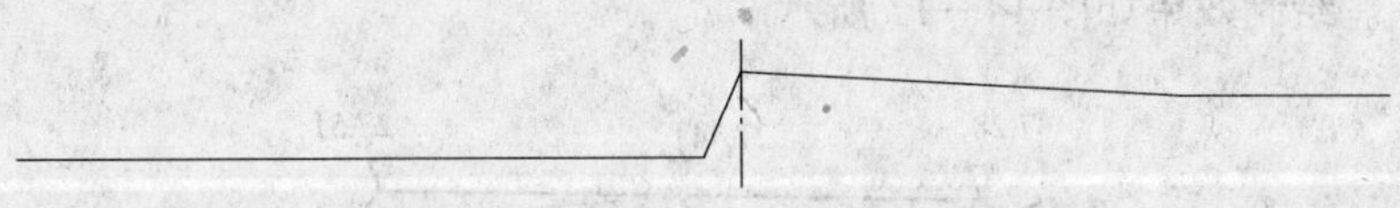

图 14—11 绘制 K14 + 760. 000 的地面线

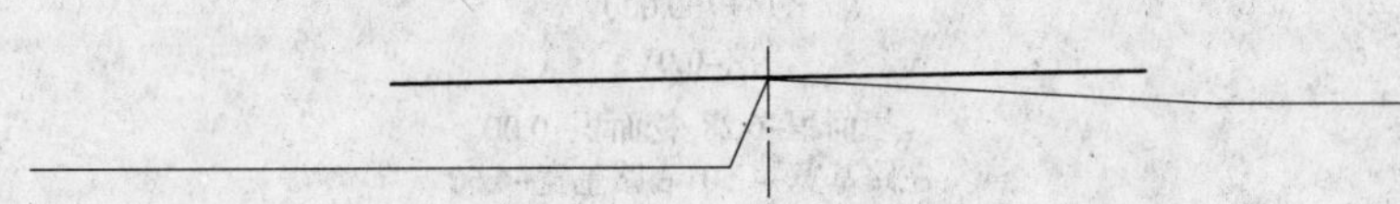

图 14—12 绘制 K14 + 760. 000 的设计线

（4）绘制设计线边坡，并进行修剪。绘制效果如图 14—13 所示。

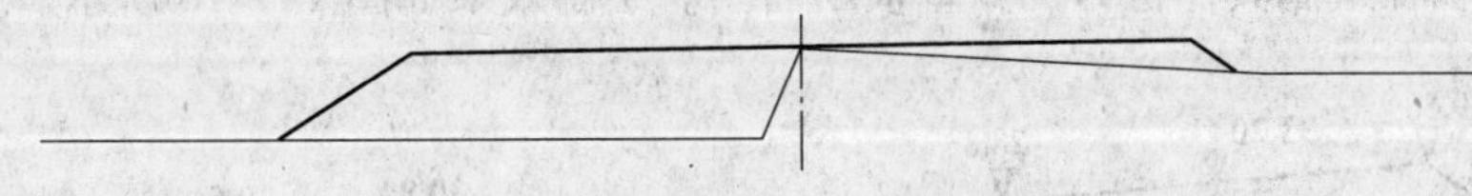

图 14—13 绘制 K14 + 760. 000 的边坡

4. 打断

将地面线与设计线打断。使用“打断于点”命令，打断点为地面线与设计线的交点。

5. 创建面域

使用“面域”命令，将如图 14—14 所示区域设为 2 个面域。

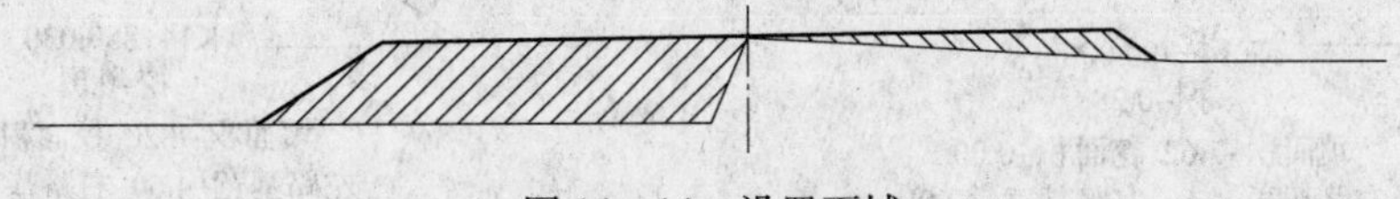

图 14—14 设置面域

6. 查询填挖高度与填挖面积

(1) 使用“查询距离”命令，查询中桩与设计线交点、中桩与地面线交点之间的距离，即为填挖高度。如图 14—15 所示圆圈分别为中桩与设计线交点、中桩与地面线交点。

(2) 使用“查询面积”命令，查询如图 14—14 所示 2 个面域的面积，即为填挖面积。中桩附件有一处填挖面积，如图 14—16 所示阴影，由于面积过小，可忽略不计。

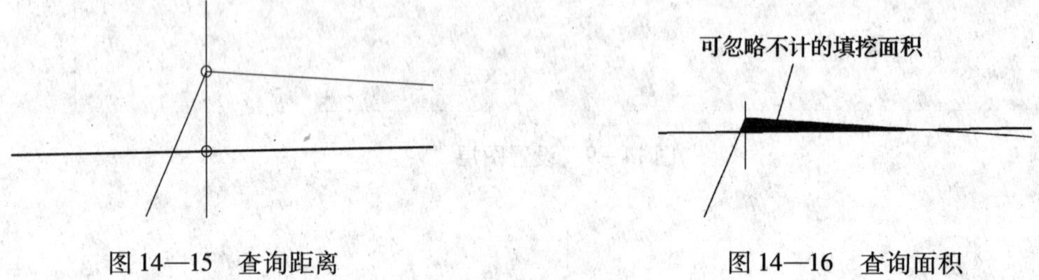

图 14—15 查询距离　　图 14—16 查询面积

7. 文字输入

使用“多行文字”命令将步骤 6 的查询结果绘入路基横断面图中，并进行其他文字输入与尺寸标注。绘制效果如图 14—17 所示。

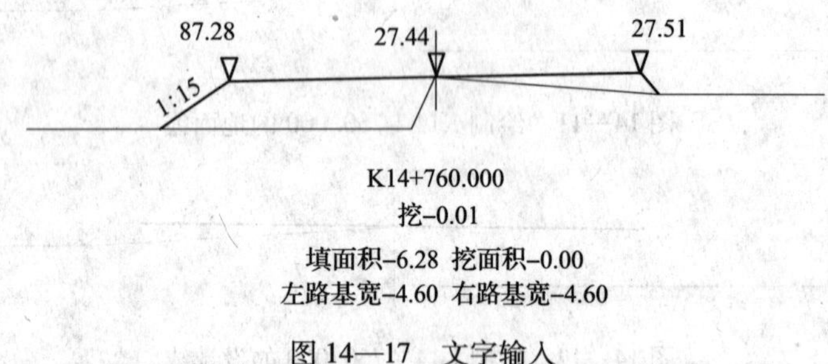

图 14—17 文字输入

8. 绘制其他路基横断面图

参照上述步骤绘制其他桩号的路基横断面图。绘制效果如图 14—18 所示。

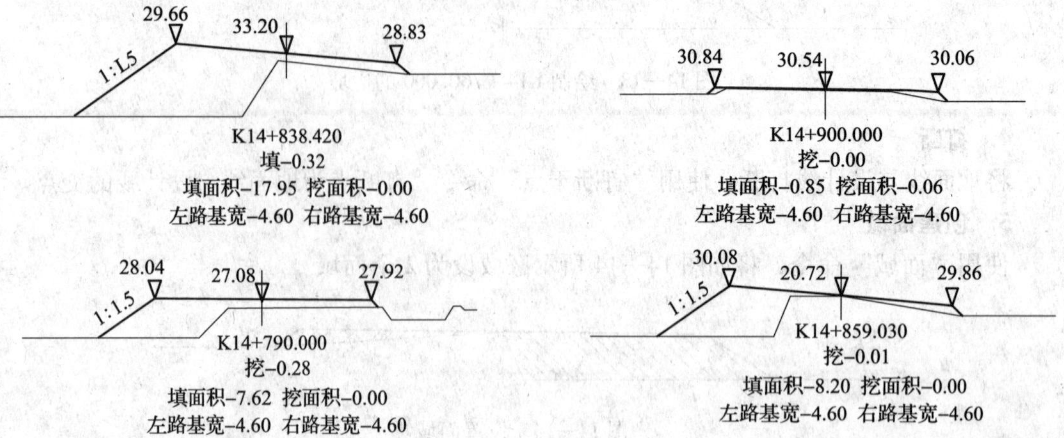

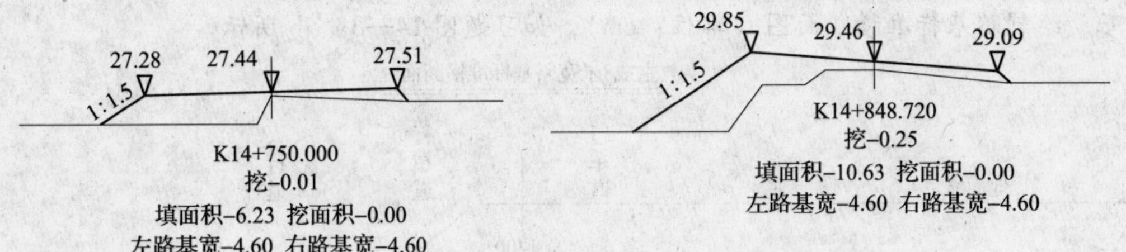

图 14—18　6个中桩的路基横断面图

思考与练习

1. (1) 按照1:1的比例，绘制习题图14—1。

(2) 查询所绘图形并回答下列问题：*D*的弧长是多少？*E*区域的面积是多少？*A*区域的周长是多少？*B*区域的面积是多少？(答案以文本形式输入图形同一文件中)

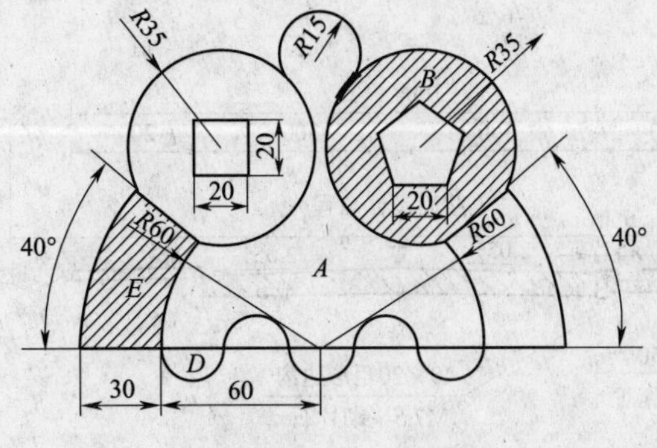

习题图14—1　练习1

2. (1) 按照1:1的比例绘制习题图14—2。

(2) 查询所绘图形并回答下列问题：*A*的弧长是多少？*BE*的长度是多少？*F*区域的面积是多少？*H*区域的周长是多少？(答案以文本形式输入图形同一文件中)

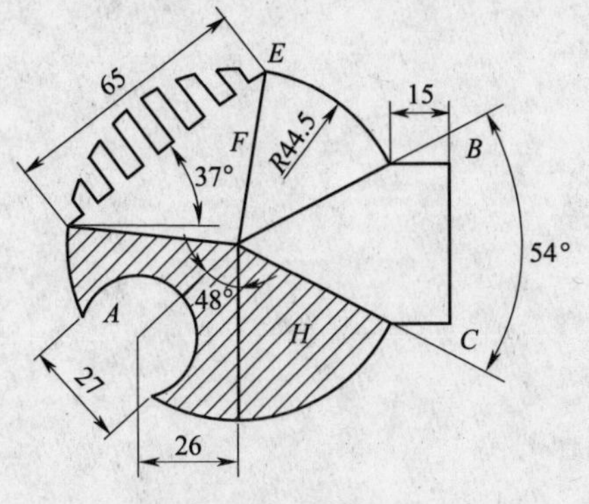

习题图14—2　练习2

3. 绘制路基标准横断面图（单位：cm），如习题图 14—3a、b 所示。

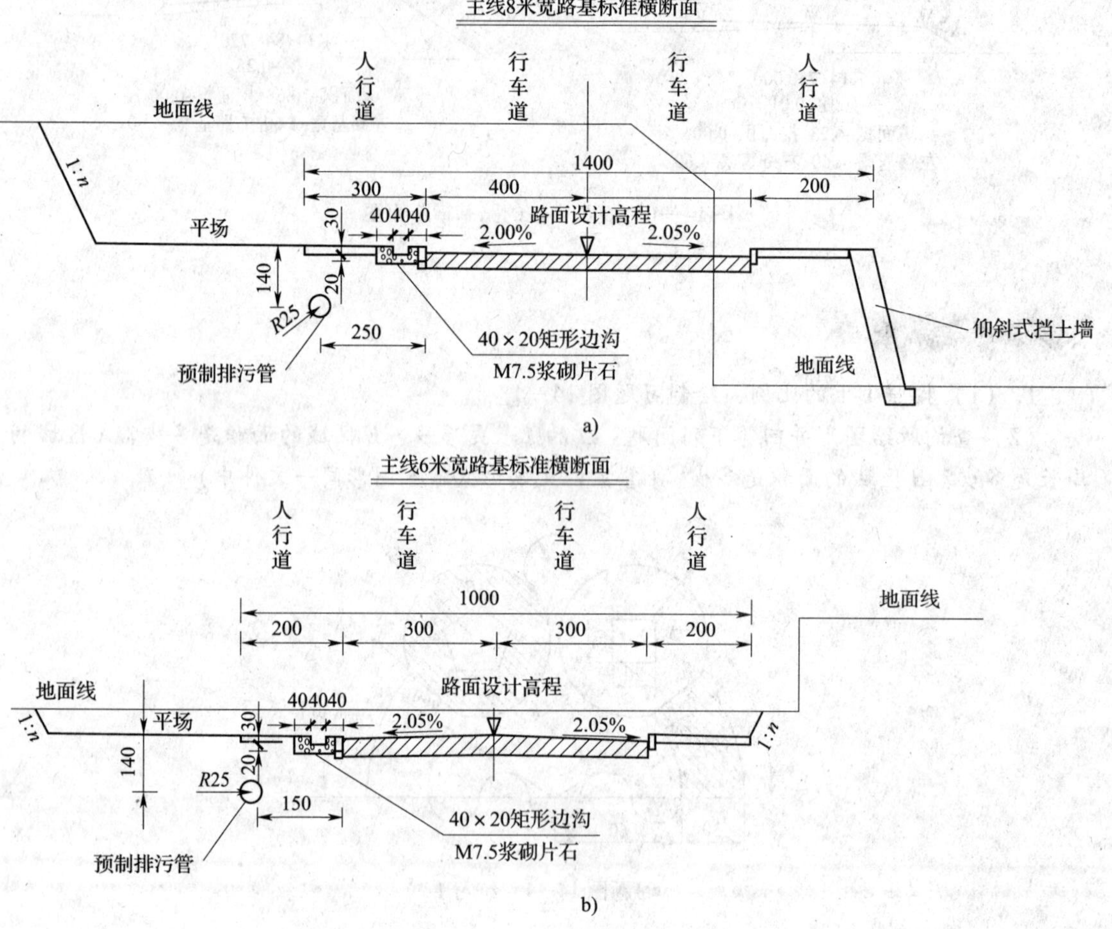

习题图 14—3　路基标准横断面图

任务15

绘制路基防护工程图

学习目标

1. 熟练掌握创建和修改表格样式，设置表格样式。
2. 熟练掌握创建表格的方法，在图形中创建表格。
3. 能熟练运用带属性的图块，在图形中多处插入同类型图块。
4. 了解动态块的创建和编辑。

工作任务

绘制路基防护工程图（单位：cm），如图15—1所示。

任务分析

本任务要绘制的路基防护工程图，主要由植草护坡图、植草护坡平面展开图、表格、图框和说明组成。主要图形要素包括直线、圆角、文字、尺寸标注、表格。

植草护坡图、植草护坡平面展开图中没有尺寸标注的部分，可采用示意图方式绘制（即不计尺寸数据）。

图15—1中表格可采用直线命令绘制表格线，采用单行文字命令输入表格内容；也可采用CAD中的表格命令绘制，使用表格命令绘制较为简单。

本图采用A0号图框。为了提高绘图速度，可将A0号图框创建为带属性的图块。插入块时可一并输入文字信息。

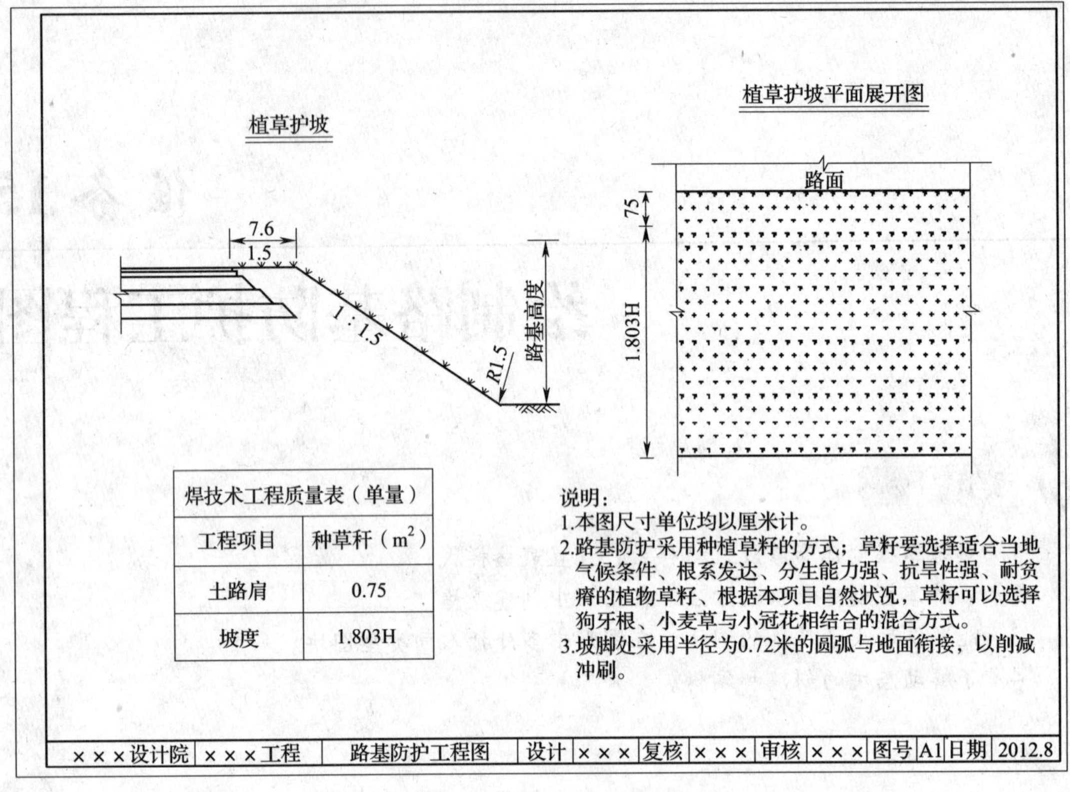

图 15—1　路基防护工程图

一、创建和修改表格样式

在绘制表格之前，操作者需要启用“表格样式”命令来设置表格的样式。表格样式用于控制表格单元的填充颜色、内容对齐方式、数据格式，表格文本的文字样式、高度、颜色，以及表格边框等。

1. 启用“表格样式”命令

启用该命令有 3 种方法：

（1）在菜单栏单击“格式”｜“表格样式”。

（2）单击“样式”工具栏中的“表格样式管理器”按钮。

（3）在命令行输入“TABLESTYLE”。

2. “表格样式”对话框中选项的含义

启用该命令后，系统将弹出“表格样式”对话框，如图 15—2 所示。

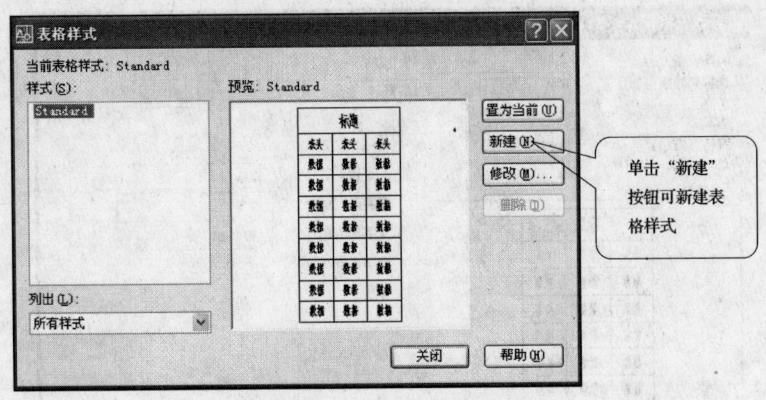

图 15—2 “表格样式”对话框

(1) 单击[修改(M)...]按钮，弹出“修改表格样式：Standard”对话框，如图 15—3 所示。

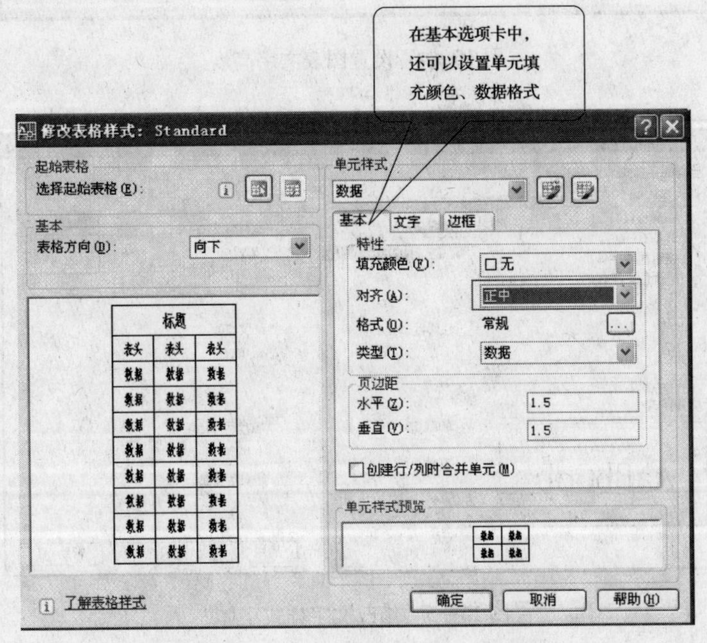

图 15—3 “修改表格样式”对话框

(2) 单击“基本”选项卡中的“对齐”右侧箭头，打开其下拉列表，选择“正中”，如图 15—3 所示。

(3) 单击“文字”选项卡，“文字高度”数值框输入“4.5”，如图 15—4 所示。

单击“文字样式”下拉列表框右侧的[...]按钮，打开“文字样式”对话框，取消“大字体”复选框，将“字体名”设置为“宋体”，如图 15—5 所示。依次单击[应用(A)]和[关闭(C)]按钮，关闭“文字样式”对话框。

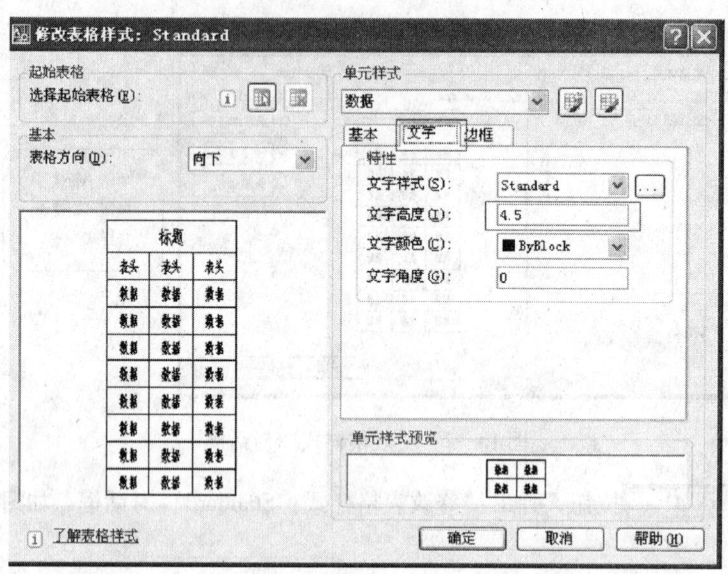

图 15—4　设置图表文字高度

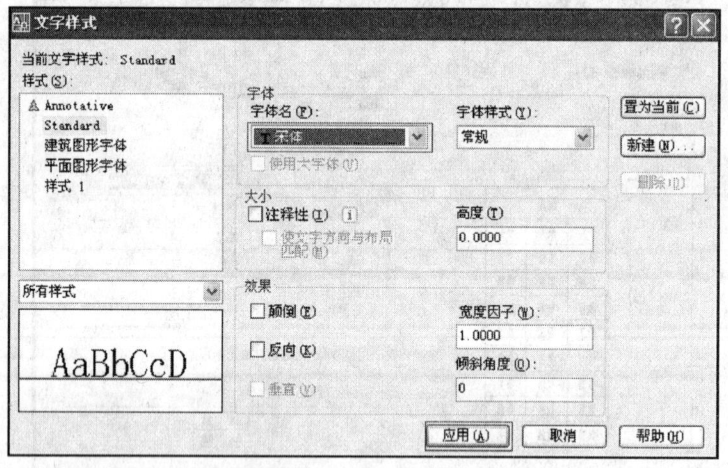

图 15—5　修改文字样式字体

（4）单击 确定 按钮，关闭“修改表格样式”对话框。单击 关闭(C) 按钮，关闭“表格样式”对话框。

表格中，单元类型被分为 3 类：标题（表格第一行）、表头（表格第二行）和数据。通过表格预览区可以看到这一点。

在系统缺省默认情况下，“修改表格样式”对话框中“单元样式”选项组中设置的是数据单元的格式。设置标题、表头单元的格式时，可打开“单元样式”选项组中下拉列表，然后选择“表头”和“标题”。

二、创建表格

创建表格时，可设置表格的表格样式，表格列数、列宽、行数、行高等。创建结束后，系统自动进入表格内容编辑状态。

1．启用绘制“表格”命令

启用该命令有两种方法。

（1）单击“绘图”工具栏中的“表格”工具。

（2）在菜单栏单击“绘图”｜“表格”。

2．“插入表格”对话框选项的含义

启用“表格”命令后，屏幕弹出“插入表格”对话框，如图15—6所示。

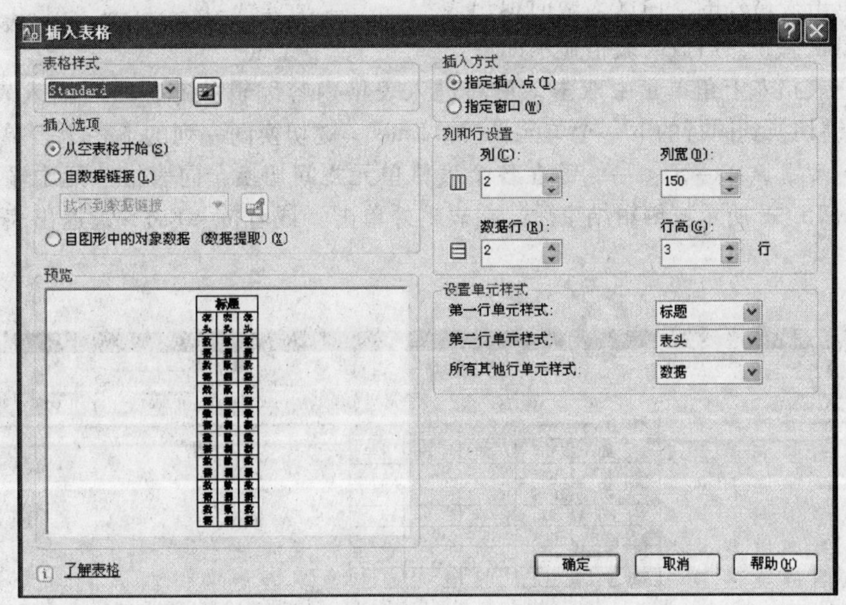

图15—6 “插入”表格

（1）“表格样式”选项组：下拉列表框中，系统默认“Standard”。

（2）“插入选项”选项组：用于确定插入表格的来源形式。有3个单选项，即“从空表格开始”“自数据链接”“自图形中的对象数据（数据提取）”。系统默认“从空表格开始”。

（3）“插入方式”选项组：用于指定表格插入的方式。单选项“指定插入点”为系统默认项。

（4）“设置单元样式”选项组：用于设置表格行单元的样式。第一行单元、第二行单元一般分别对应表格的标题行和表头，通过其下拉列表可以分别设置相应的样式；其他行单元对应表格的具体内容行，一般在下列列表中选择为“数据”样式。如果“第一行单元样式”和“第二行单元样式”，选择了“数据”，即表示表格中不含标题行和表头行，如图 15—6 所示。

（5）“列和行设置”选项组：可以设置表格的列数、列宽、行数、行高。其中，系统默认行高为为 1 行。如果上述“设置单元样式”选项组将第一行、第二行单元均设置为“数据样式”，则本选项组的“行”选项就改变“数据行”。

3. 插入表格单元内容

（1）在“插入表格”对话框中设置表格参数后，单击 确定 按钮，关闭该对话框。单击绘图区域，确定表格放置位置。此时，系统将自动打开“文字格式”工具栏，并进入表格内容编辑状态，如图 15—7 所示。如果表格尺寸较小，无法看到编辑效果时，可单击表格外的空白区，暂时退出表格内容编辑状态，然后放大表格显示即可。

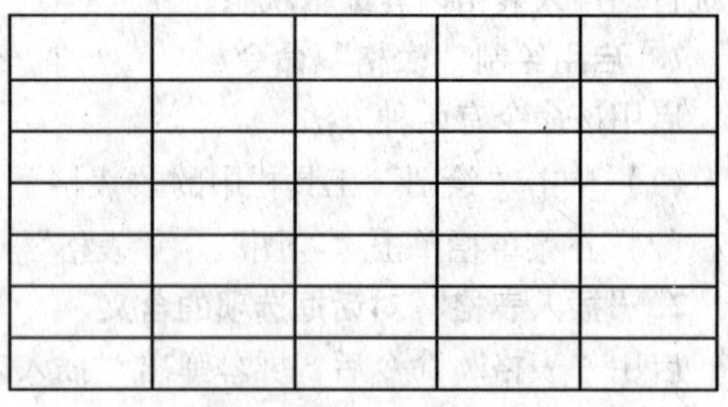

图 15—7　在绘图区域单击放置表格

（2）在表格左上角单元中双击，重新进入表格内容编辑状态，然后输入表格内容。按 <Tab> 键切换到同行的下一个单元，按 <Enter> 键切换同一列的下一个表单元，或者使用 <↑> <↓> <←> <→> 键在各个表格单元之间切换，向表格单元中输入相应的内容，如图 15—8 所示。编辑结束后，在表格外单击（或者按 <Esc> 键退出表格编辑状态。

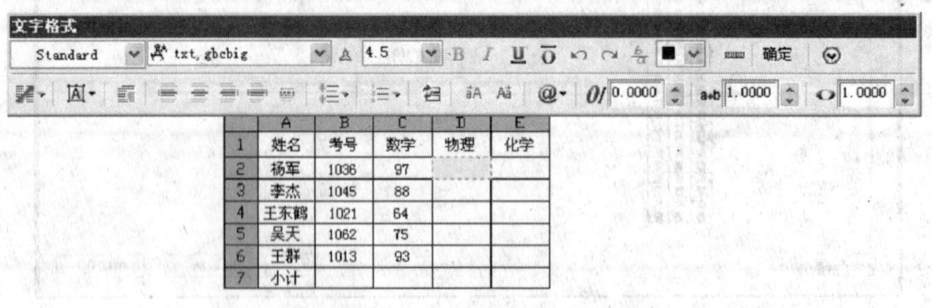

	A	B	C	D	E
1	姓名	考号	数学	物理	化学
2	杨军	1036	97		
3	李杰	1045	88		
4	王东鹤	1021	64		
5	吴天	1062	75		
6	王群	1013	93		
7	小计				

图 15—8　向表格单元输入内容

三、在表格中使用公式

通过在表格中插入公式，可以对表格单元执行求和、均值等各种运算。

【例】在如图 15—9 所示表格中，使用求和公式计算表中数学、物理和化学之和。具体操作步骤如下：

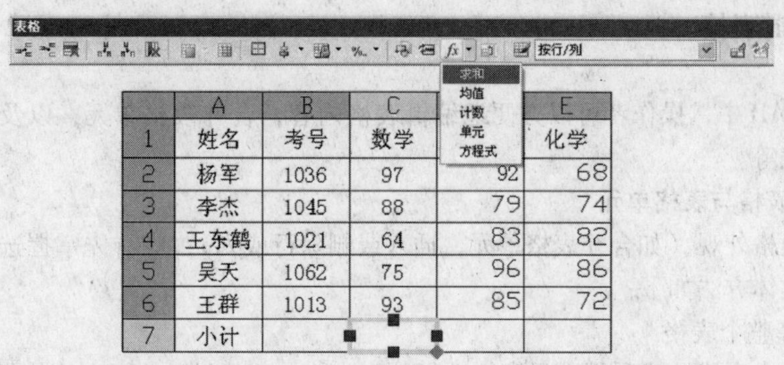

	A	B	C	D	E
1	姓名	考号	数学		化学
2	杨军	1036	97	92	68
3	李杰	1045	88	79	74
4	王东鹤	1021	64	83	82
5	吴天	1062	75	96	86
6	王群	1013	93	85	72
7	小计				

图 15—9　插入“求和”公式

（1）单击选中表格单元 C6，单击“表格”工具栏中的“公式” fx 按钮，从弹出的公式列表中选择“求和”，如图 15—9 所示。

（2）分别单击 C2 和 C6 表格单元中确定选取表格单元范围的第一个角点和第二个角点，显示并进入公式编辑状态，如图 15—10、图 15—11 所示。

	A	B	C	D	E
1	姓名	考号	数学	物理	化学
2	杨军	1036	97	92	68
3	李杰	1045	88	79	74
4	王东鹤	1021	64	83	82
5	吴天	1062	75	96	86
6	王群	1013	93	85	72
7	小计				

图 15—10　选择要求和的表单元

	A	B	C	D	E
1	姓名	考号	数学	物理	化学
2	杨军	1036	97	92	68
3	李杰	1045	88	79	74
4	王东鹤	1021	64	83	82
5	吴天	1062	75	96	86
6	王群	1013	93	85	72
7	小计		=Sum(C2:C6)		

图 15—11　进入公式编辑状态

（3）单击“文字格式”工具栏中的 确定 按钮，“数学”列求和结果如图 15—12a 所示。按照同样方法，对其他表单元进行求和。各科成绩的求和结果如图 15—12b 所示。

姓名	考号	数学	物理	化学
杨军	1036	97	92	68
李杰	1045	88	79	74
王东鹤	1021	64	83	82
吴天	1062	75	96	86
王群	1013	93	85	72
小计		417		

a)

姓名	考号	数学	物理	化学
杨军	1036	97	92	68
李杰	1045	88	79	74
王东鹤	1021	64	83	82
吴天	1062	75	96	86
王群	1013	93	85	72
小计		417	435	382

b)

图 15—12　显示求和结果

a）“数学”列求和结果　b）全部求和结果

四、编辑表格

在 AutoCAD 中，操作者可以方便地编辑表格内容，合并表格单元，以及调整表格单元的行高与列宽等。

1. 选择表格与表格单元

要调整表格外观（如合并表格单元，插入或删除行或列），应首先掌握选择表格或表单元的方法。具体方法如下：

（1）选择整个表格

可直接单击表线，或利用选择窗口选择整个表格。表格被选中后，表格框线将显示为断续线，并显示了一组夹点，如图 15—13 所示。

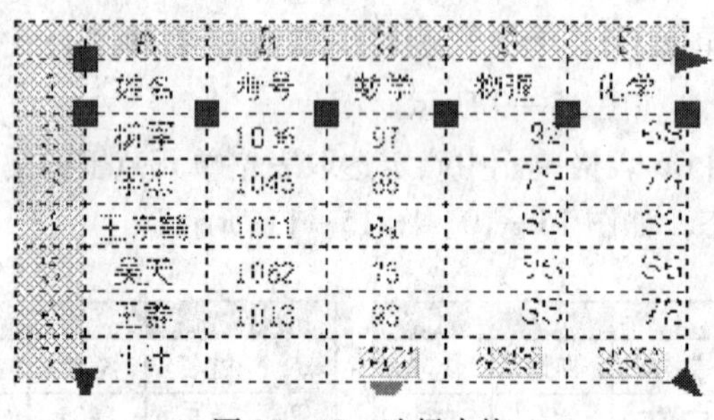

图 15—13　选择表格

（2）选择一个表格单元

可直接在该表单元中单击。此时，所选表单元四周将显示夹点，如图 15—14 所示。

表格

按行/列

	A	B	C	D	E
1	姓名	考号	数学	物理	化学
2	杨军	1036	97	92	68
3	李杰	1045	88	79	74
4	王东鹤	1021	64	83	82
5	吴天	1062	75	96	86
6	王群	1013	93	85	72
7	小计		417	435	382

图 15—14　选择表单元

（3）选择表格单元区域

1）方法一：首先单击选中表格单元区域的左上角表格单元，然后向表格单元区域的右下角表格单元中拖动鼠标。释放鼠标后，选择框所包含或与选择框相交的表单元均被选中，如图 15—15 所示。

	A	B	C	D	E
1	姓名	考号	数学	物理	化学
2	杨军	1036	97	92	68
3	李杰	1045	88	79	74
4	王东鹤	1021	64	83	82
5	吴天	1062	75	96	86
6	王群	1013	93	85	72
7	小计		417	435	382

图 15—15　选择表格单元区域

2）方法二：单击选中表格单元区域中某个角点的表格单元后，按住 <Shift> 键不放，移动鼠标到达已选中表格单元的对角表格单元，单击该表格单元，即可选中2个对角表格单元所覆盖的表格单元区域。

(4) 要取消表格单元选择状态，可按<Esc>键，或者直接在表格单元区域外单击。

2. 编辑表格内容

要编辑表格内容，只需要双击表格单元，进入文字编辑状态即可。要删除表单元中的内容，可先选中表格单元，然后按<Delete>键。

3. 调整表格的行高与列宽

当表格样式设置的行高、列宽不能满足表格内容需要时，需要调整这两个参数。选中表格、表格单元或表格单元区域后，通过拖动不同夹点可移动表格的位置，或者调整表格的行高与列宽。这些夹点的功能如图15—16所示。

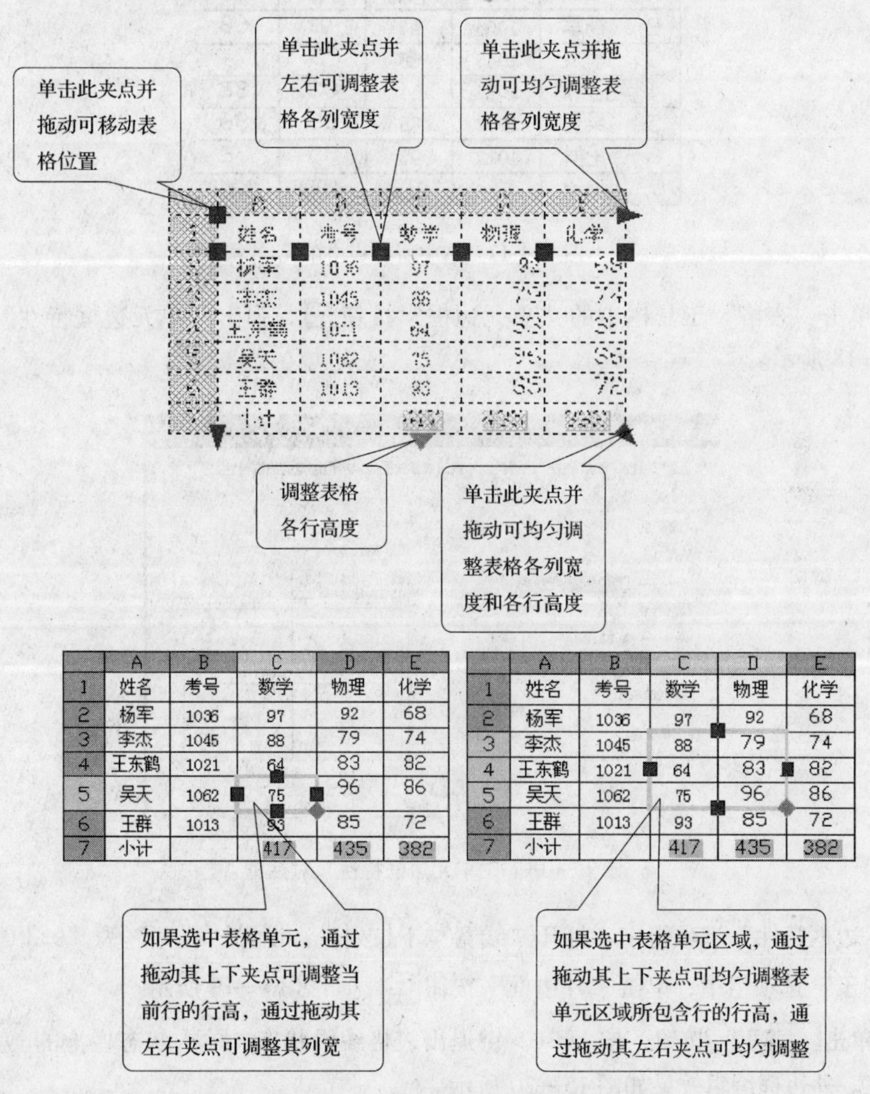

图15—16 表格各夹点的不同用途

4. 利用“表格”工具栏编辑表格

在选中表格单元或表格单元区域后，“表格”工具栏自动弹出，通过单击其中的工具按钮，可对表格插入或删除行（或列），以及合并单元、取消单元合并、调整单元边框等。

（1）编辑表格边框

【例】将如图15—17所示表格的外边框的线宽调整为0.30 mm。

1）单击表格左上角的表格单元，然后按住<Shift>键，在表格右下角表单元再次单击，从而选中所有表单元，如图15—17所示。

	A	B	C	D	E
1	姓名	考号	数学	物理	化学
2	杨军	1036	97	92	68
3	李杰	1045	88	79	74
4	王东鹤	1021	64	83	82
5	吴天	1062	75	96	86
6	王群	1013	93	85	72
7	小计		417	435	382

图15—17　选中所有表格单元

2）单击“表格”工具栏中的“单元边框”按钮，弹出“单元边框特性”对话框，如图15—18所示。

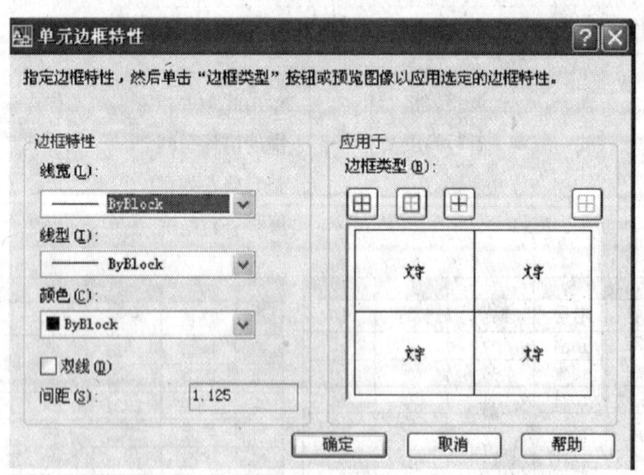

图15—18　“单元边框特性”对话框

在“边框特性”选项组中，打开“线宽”下拉列表，设置“线宽”为“0.30 mm”。再在“应用于”选项组中，单击“外边框”按钮，如图15—19所示。

3）单击 确定 按钮，按<Esc>键退出表格编辑状态。单击状态栏上的 线宽 按钮以显示线宽。外边框编辑效果如图15—20所示。

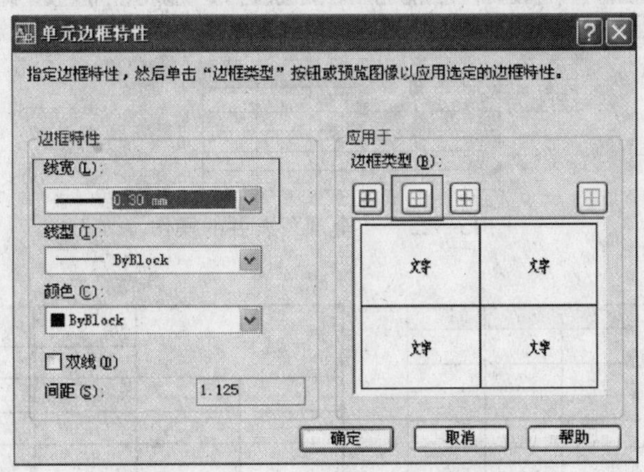

图 15—19 设置线宽和应用范围

姓名	考号	数学	物理	化学
杨军	1036	97	92	68
李杰	1045	88	79	74
王东鹤	1021	64	83	82
吴天	1062	75	96	86
王群	1013	93	85	72
小计		417	435	382

图 15—20 调整表格外边框线宽

（2）合并表格

以图 15—21 所示表格为例，介绍合并表格的操作。

1）选定要合并的表格。用鼠标左键选定 A1、B2 区域，系统弹出如图 15—21 所示对话框。

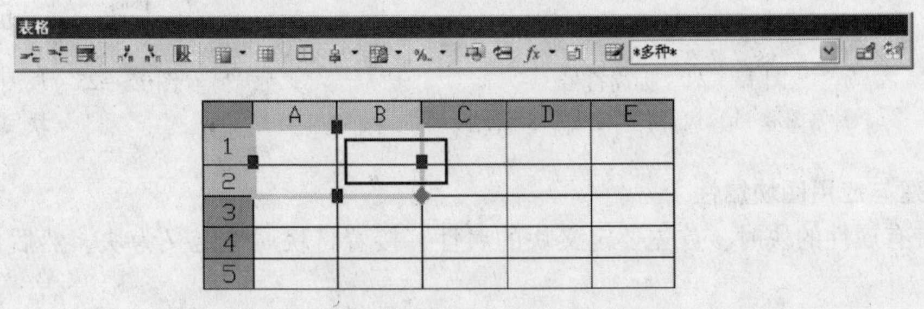

图 15—21 选定要合并的单元格

2）单击表格工具栏上按钮，在下拉命令菜单中选择“全部”，如图 15—22 所示。双击命令，表格合并完成，如图 15—23 所示。

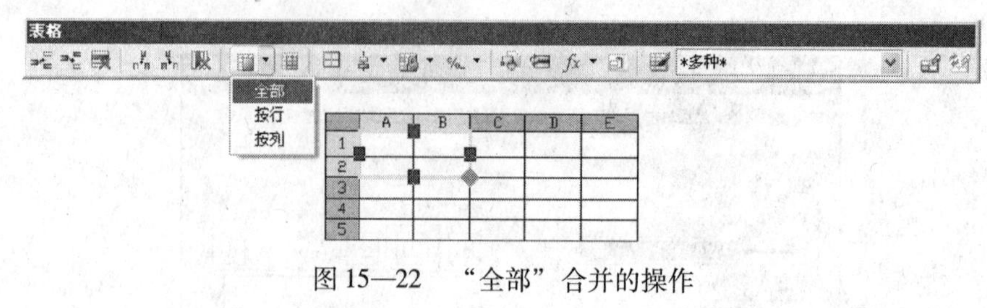

图 15—22 “全部”合并的操作

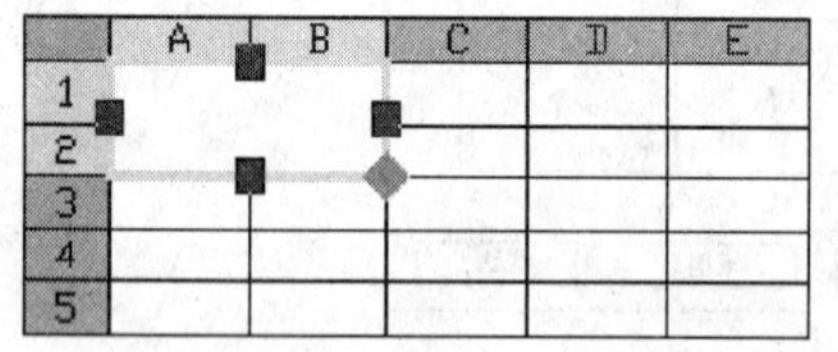

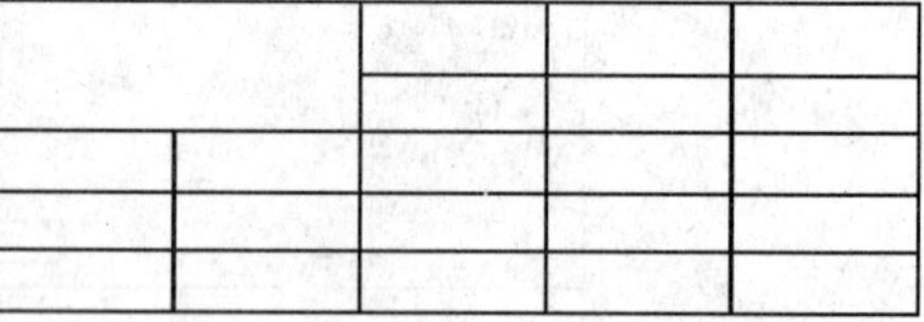

图 15—23 合并过程显示

五、创建带属性的图块

图块属性是附加在图块上的文字信息。在 AutoCAD 2008 中经常利用图块属性来预定义文字的位置、内容或缺省值等。在插入图块时，输入不同的文字信息，可以使相同的图块表达不同的信息。例如，公路、桥梁工程制图中常出现的标高符号（图 15—24），其中代表标高标志的图形不变，而经常需要改变其图形上的数字。因此，可以利用图块属性将标高符号设置为带属性的图块，提高绘制的效率，如图 15—25 所示。

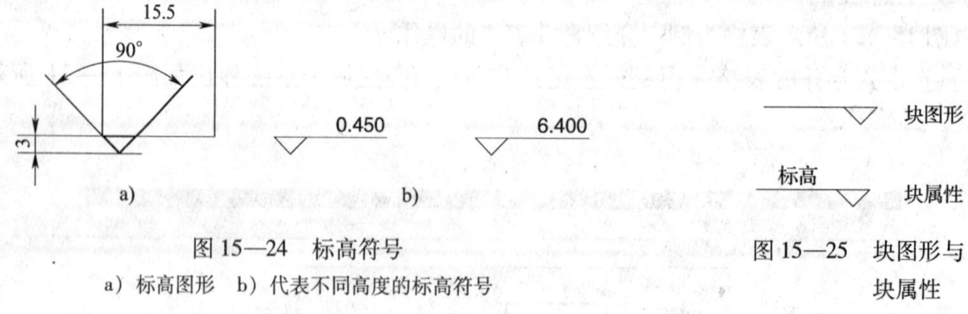

图 15—24 标高符号

a）标高图形 b）代表不同高度的标高符号

图 15—25 块图形与块属性

1. 创建与应用图块属性

定义带有属性的块时，首先要定义块的属性，接着将块属性定义为块，然后再插入块即可。

2. 启用“定义属性”命令

启用该命令有 2 种方法。

（1）选择创建块的对象，在菜单栏单击“绘图”|“块”|“定义属性”。

（2）在命令行输入“ATTDEF”。

3. “属性定义”对话框及应用

启用“定义属性”命令后，屏幕弹出“属性定义”对话框，如图15—26所示。在该对话框中，可以定义模式、属性标记、属性提示、属性值、插入点以及属性的文字选项等。

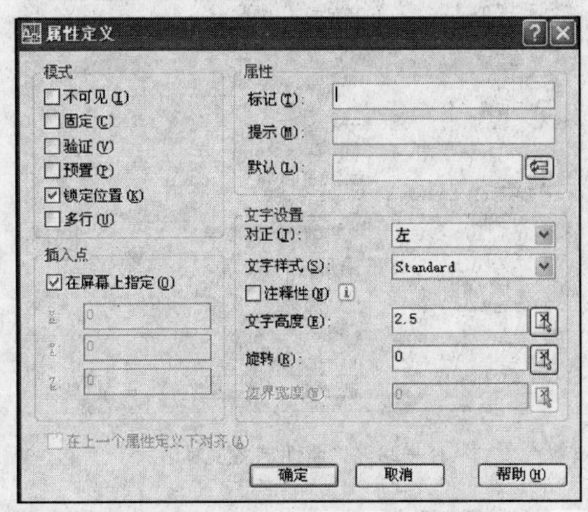

图15—26 “属性定义”对话框

【例】如图15—26b所示为某公路大桥南引桥的27—28号位桥台桩位所处的坡面图，其中多处标高。创建带有属性的标高（BG）图块（图15—27a），并把它插入图15—27b中。

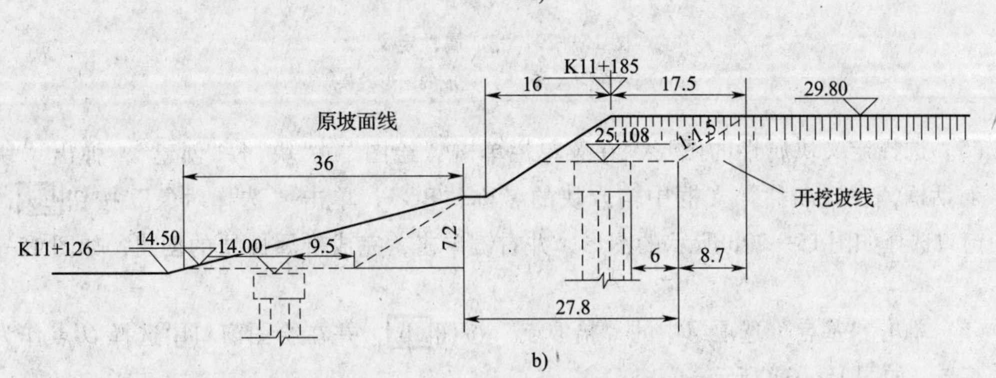

图15—27 插入带属性的标高图块图例

a）标高块图形（放大） b）27—28号位坡面示意图

（1）根据所绘制图形的大小，首先绘制一个标高符号，如图15—26a所示。

（2）选择标高图形，在菜单栏单击“绘图”|“块”|“定义属性”，弹出“属性定义”对话框。

（3）在“属性”选项组的“标记”文本框中输入“标高”，在“提示”文本框中输入提示文字“输入标高值”，如图 15—28 所示。

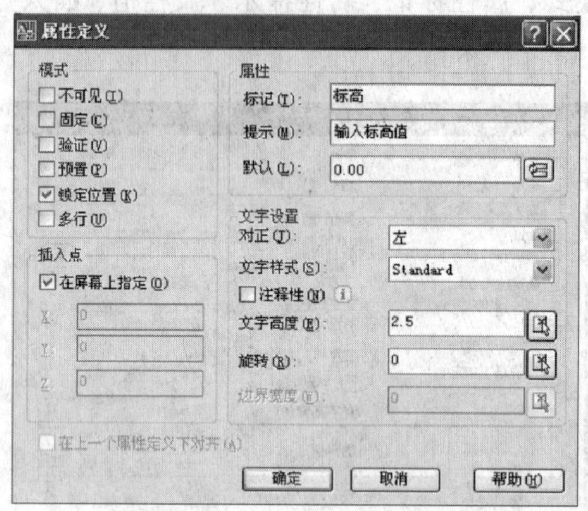

图 15—28 “属性定义”对话框

（4）单击对话框中的 确定 按钮，在绘图窗口中指定属性的插入点，如图 15—29a 所示，在文本的左下角单击鼠标，完成的图形效果如图 15—29b 所示。

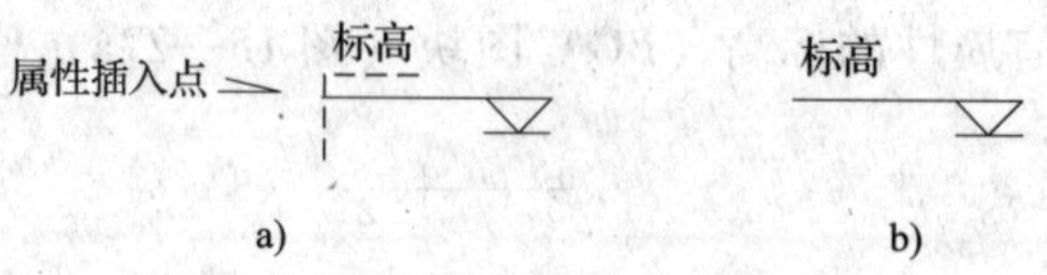

图 15—29 完成属性定义

a）属性插入点 b）完成的图形效果

（5）选择定义块属性的图形，在菜单栏单击“绘图”|“块”|“创建”，弹出“块定义”对话框，在“名称”文框中输入块的名称“BG”，单击“选择对象”按钮，在绘图窗口选择如图 15—29b 所示的图形，并右键单击，完成带属性块的创建，如图 15—30 所示。

（6）单击“基点”选项组中的“拾取点”按钮，并在绘图窗口中选择 O 点作为图块的基点，如图 15—31 所示。

（7）单击“块定义”对话框中的 确定 按钮，弹出“编辑属性”对话框，如图 15—32 所示，直接单击该对话框中的 确定 按钮即可。完成后图形效果如图 15—33 所示。

（8）选择“BG”图块，在菜单栏单击“插入”｜“块”菜单命令，弹出“插入”对话框，如图 15—34 所示，单击 确定 按钮，并在绘图窗口内相应的位置单击。

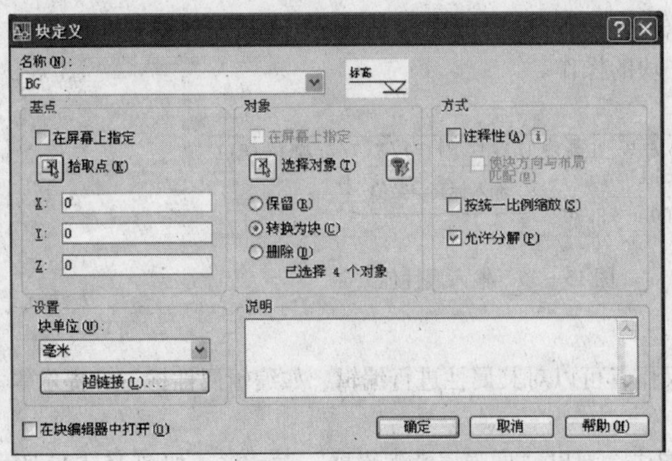

图 15—30　完成“带属性块”的创建

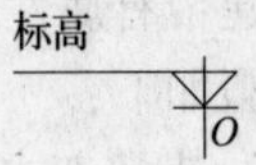

图 15—31　选择基点

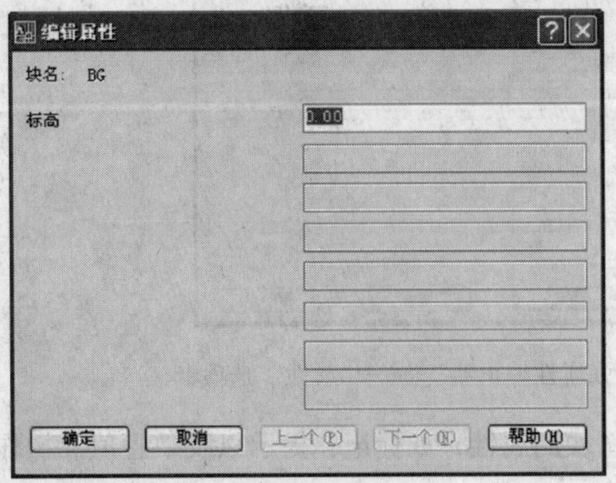

图 15—32　“编辑属性”对话框

图 15—33　完成后图形效果

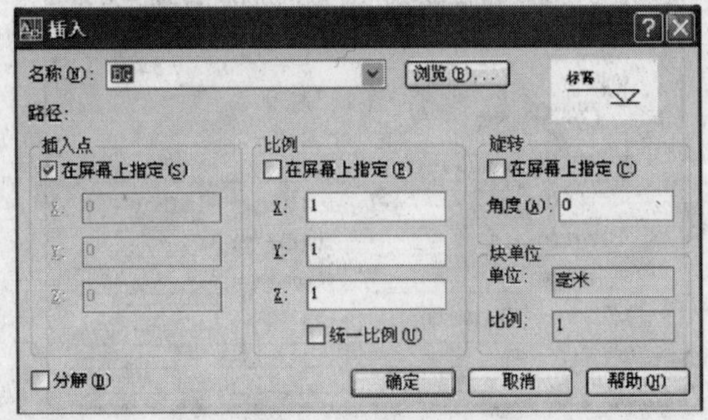

图 15—34　插入带属性的块

（9）在命令提示行输入标高参数值的大小即可。在命令行中输入“29.80”，如图 15—35 所示。此时，将块插入如图 15—27b 所示图中合适位置；同理，插入其他标高（如“14.00”“14.50”等），完成图块的操作。

图 15—35　输入属性值

4. 编辑图块属性

创建带有属性的块以后，操作者可以对其属性进行编辑，如编辑属性标记、提示等。其操作步骤如下：

（1）直接双击带有属性的图块，弹出“增强属性编辑器”对话框，如图 15—36 所示。

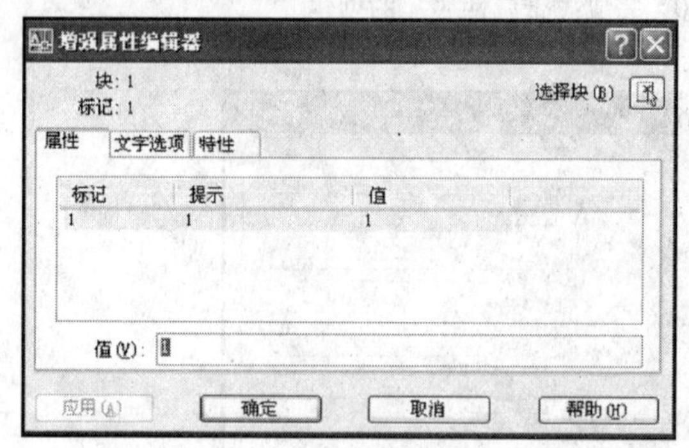

图 15—36　“增强属性编辑器”——“属性”选项卡

1）单击“属性”选项卡，显示图块的属性，如标记、提示以及缺省值。操作者可以在“值”数值框中修改图块属性的缺省值。

2）单击“文字选项”选项卡，在其中可以设置属性文字在图形中的显示方式，如文字样式、对正方式、文字高度、旋转角度等，如图 15—37 所示。

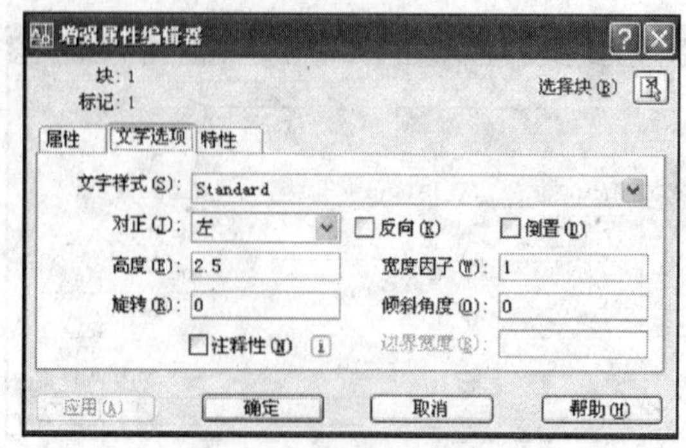

图 15—37　“增强属性编辑器”——“文字选项”选项卡

3）单击“特性”选项卡，在其中可以定义图块属性所在的图层以及线型、颜色、线宽等，如图15—38所示。

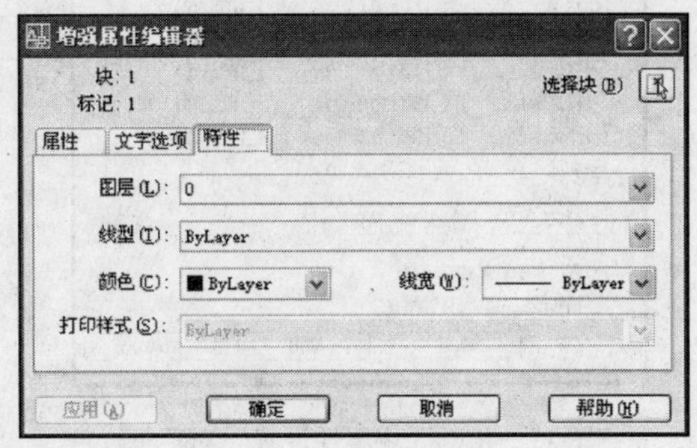

图15—38 “增强属性编辑器”特性

（2）设置完成后，单击 应用(A) 按钮，即可修改图块属性。如果单击 确定 按钮，既修改图块属性，又同时关闭对话框。

5. 块属性管理器

图形中存在多种图块时，可以通过“块属性管理器”来管理图形中所有图块的属性。

（1）启用“块属性管理器”命令

选择块，在菜单栏单击“修改”｜“对象”｜“属性”｜“块属性管理器”。

（2）“块属性管理器”对话框选项的含义

启用该命令，弹出“块属性管理器”对话框，如图15—39所示。在对话框中，可以对选择的块进行属性编辑。

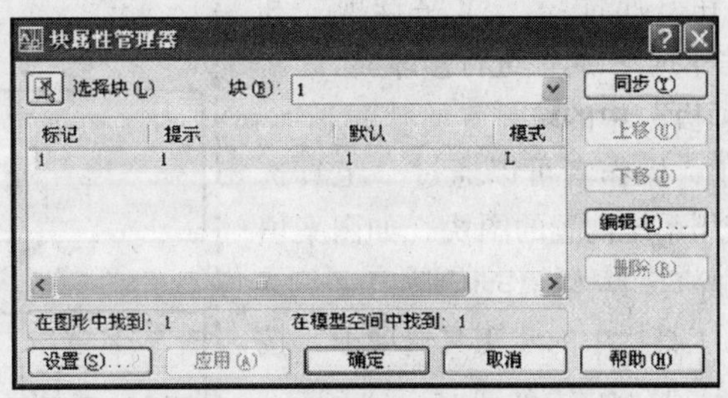

图15—39 “块属性管理器”对话框

1）“选择块”按钮：单击该按钮，可暂时隐藏对话框，在图形中选中要进行编辑的图块，返回到“块属性管理器”对话框中进行编辑。

2）“块”选项下拉列表：可以指定要编辑的块，在列表中将显示块所具有的属性定义。单击 设置(S)... 按钮，弹出“块属性设置”对话框，可以设置“块属性管理器”中属性信息的列出方式，设置完成后，如图15—40所示。单击 确定 按钮即可。

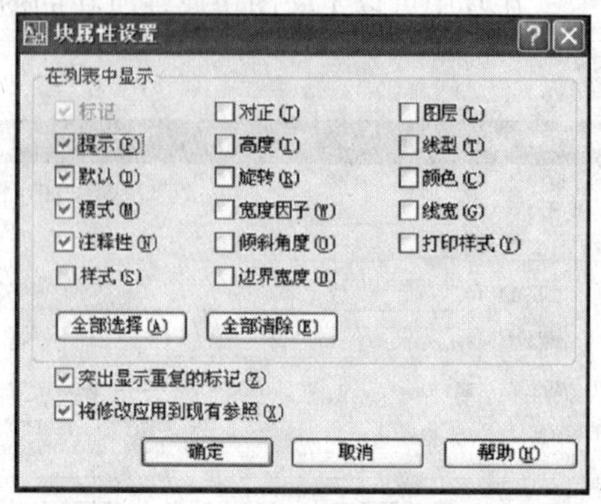

图 15—40 “块属性设置”对话框

3）“同步”按钮：当修改块的某一属性定义后，单击 同步(Y) 按钮，更新所有具有当前定义属性特性的选定块的全部实例。

4）“上移”按钮：单击该按钮，在提示序列中，向上一行移动选定的属性标签。

5）“下移”按钮：单击该按钮，在提示序列中，向下一行移动选定的属性标签。

选定固定属性时，“上移”“下移”按钮为不可用状态。

6）“编辑”按钮：单击 编辑(E)... 按钮，弹出“编辑属性”对话框，在“属性”“文字选项”和“特性”选项卡中，对块的各项属性进行修改。

6. 使用“工具选项板”中的块

在 AutoCAD 2008 中，操作者可以通过“工具选项板”窗口，方便地使用系统内置的图块（如图案填充图块、土木工程图块等）。具体操作步骤如下：

（1）单击“标准”工具栏中的“工具选项板”按钮，打开“工具选项板”窗口，如图 15—41 所示。

（2）单击“工具选项板”窗口中的选项卡，选中选项卡中显示的图块。例如，单击选中“图案填充”选项卡中的“砖块”图块，如图 15—41 所示。

（3）如果需要的话，通过输入 S、X、Y 或 Z，可设置插入块时的全局比例，或者块在 X、Y 或 Z 轴方向的比例。

（4）鼠标单击绘图区，确定插入点位置，即可将

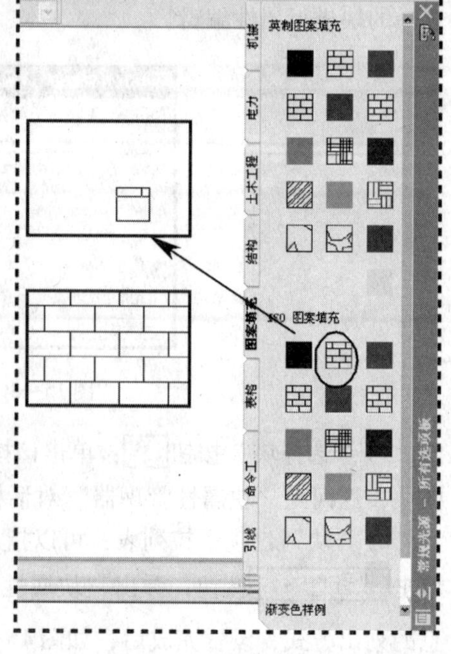

图 15—41 工具选项板

块插入该处。

7. 使用动态块

以往工程制图中要定义各种规格的标准件或基本图形，就必须创建多个图块。在 AutoCAD 中利用动态块功能，操作者能够快速编辑块图形外观。

所谓动态块实际上就是定义了参数及其关联动作的块。它的主要特点有 2 个：一是，一个动态块相当于集成了一组块，操作者可以直接通过选择某个参数快速改变块的外观；二是，操作者可直接利用块夹点编辑块内容，而无须像编辑普通块时，必须先炸开块，才能编辑其内容。在 AutoCAD 的工具选项板中，系统提供的块基基本都是动态块。下面简单介绍动态块插入与修改的操作。

（1）单击工具选项板中“土木工程”选项卡中“国际限速标志－公制”，如图 15—42 所示。

（2）输入“S”并按 <Enter> 键，接下来输入“0.5”并按回车键，将块放大 20 倍。

（3）在选定位置单击，放置“国际限速标志”，如图 15—44a 所示。

（4）单击“国际限速标志”动态块，此时将显示“增强属性编辑器”，如图 15—43 所示。

图 15—42 “土木工程”选项卡

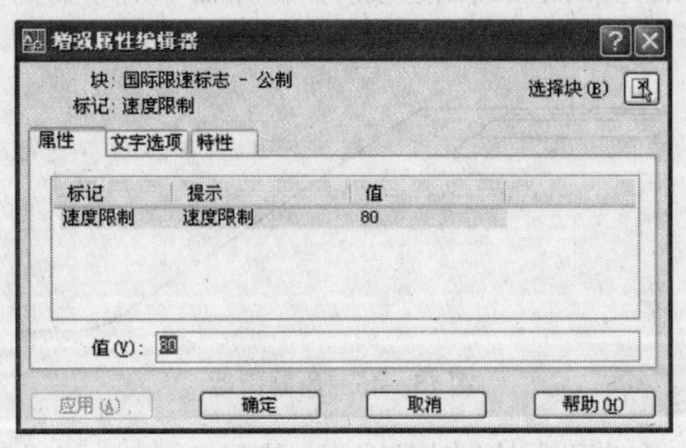

图 15—43 增强属性编辑器

（5）选择“属性”选项卡，将“值”从“80”改为“90”，单击“确定”。限速标志中的数字改为 90，如图 15—44b 所示。

图 15—44 “国际限速标志”动态块

a）原始动态块 b）编辑动态块效果

1. 设置图形界线

图形界线大小为 841 cm × 1 189 cm。使用“缩放”命令，将视图缩放至“全部”。

2. 设置图层

根据绘制图形的要求，设置图层，包括“0”“边坡”“标注”“表格”“文字”“植草”，如图 15—45 所示。

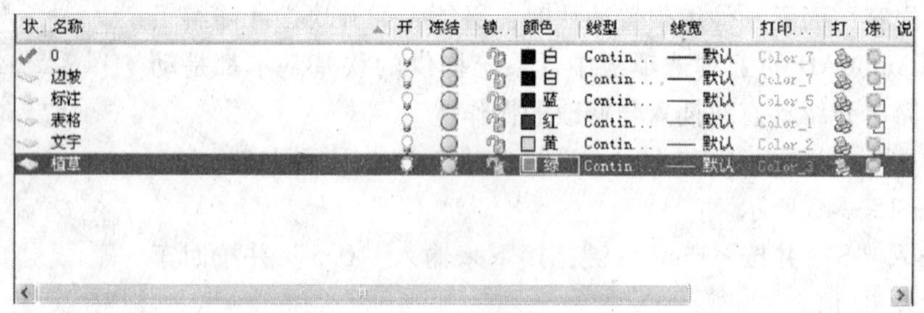

图 15—45 设置图层

3. 绘制植草护坡图

（1）使用直线命令在边坡图层绘制边坡。用圆角命令对坡脚处倒圆角。绘制边坡如图 15—46 所示。

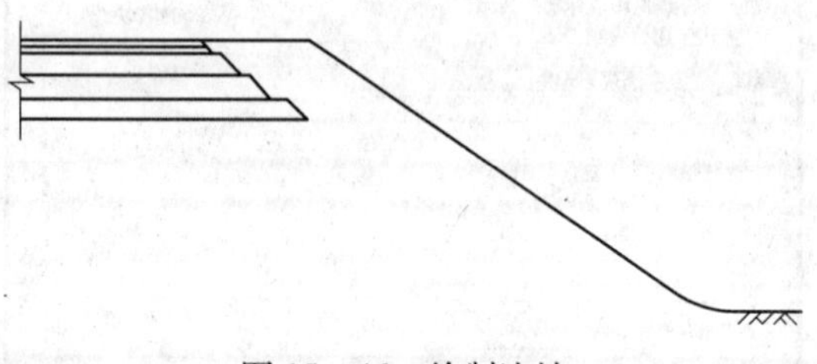

图 15—46 绘制边坡

（2）使用直线命令在植草图层绘制草的图例。使用复制命令复制多个，如图 15—47 所示。

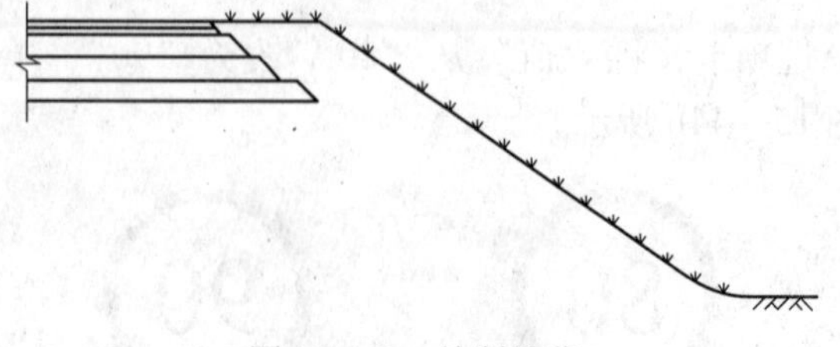

图 15—47 绘制植草

（3）在标注图层绘制尺寸标注，如图 15—48 所示。

4. 绘制植草护坡平面展开图

其中植草可用阵列命令绘制，如图 15—49 所示。

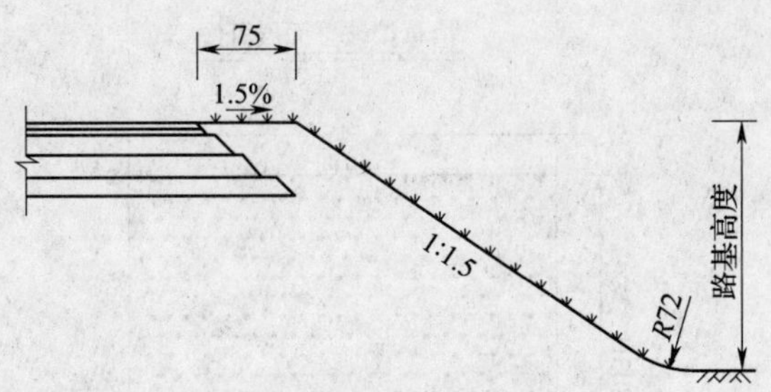

图 15—48　绘制尺寸标注

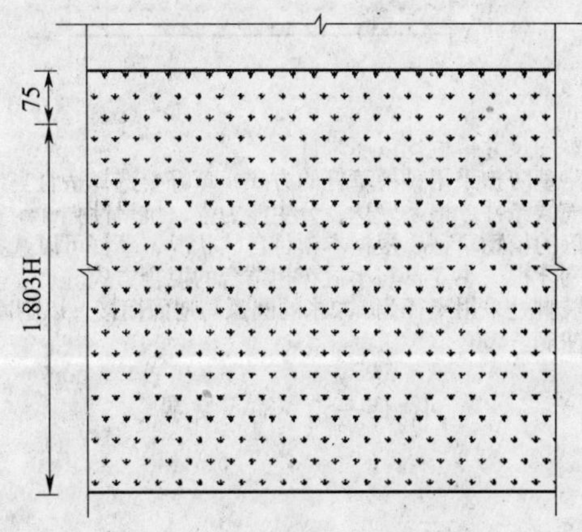

图 15—49　绘制植草护坡平面展开图

5. 在表格图层绘制表格

（1）设置表格样式，设置文字样式。

（2）插入表格，如图 15—50 所示。

（3）编辑表格内容，如图 15—51 所示。

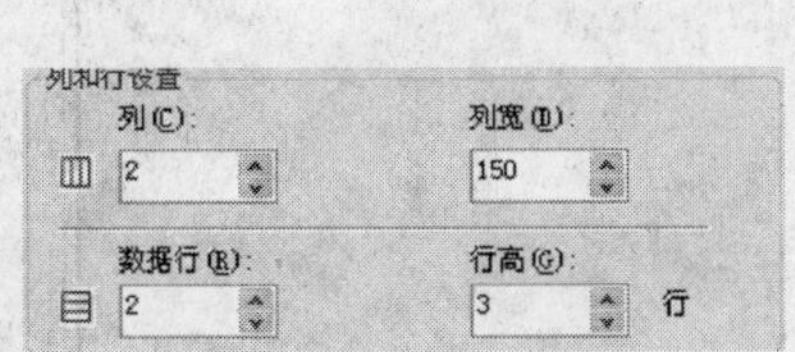

图 15—50　插入表格

每延米工程数量表（单侧）	
工程项目	种草子（m^3）
土 路 肩	0.75
边　坡	1.803H

图 15—51　编辑表格内容

6. 输入文字

在文字图层使用单行文字或多行文字命令输入文字，如图 15—52 所示。

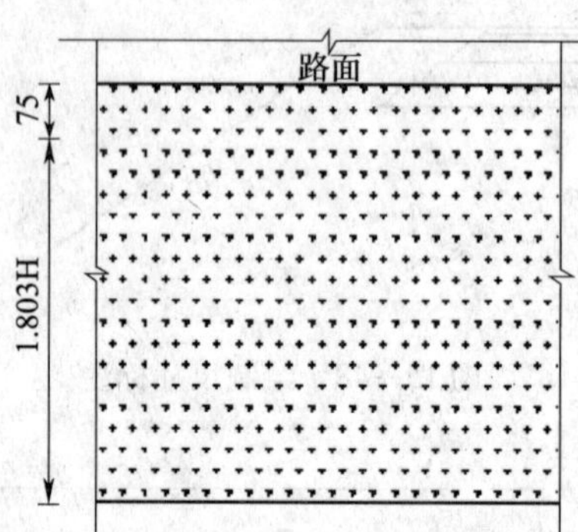

说明：
1.本图尺寸单位均以厘米计。
2.路基防护采用种植草籽的方式；草籽要选择适合当地气候条件、根系发达、分生能力强、抗旱性强、耐贫瘠的植物草籽、根据本项目自然状况，草籽可以选择狗牙根、小麦草与小冠花相结合的混合方式。
3.坡脚处采用半径为0.72米的圆弧与地面衔接，以削减冲刷。

图 15—52　输入文字

7. 插入图框

（1）绘制图框，如图 15—53 所示。

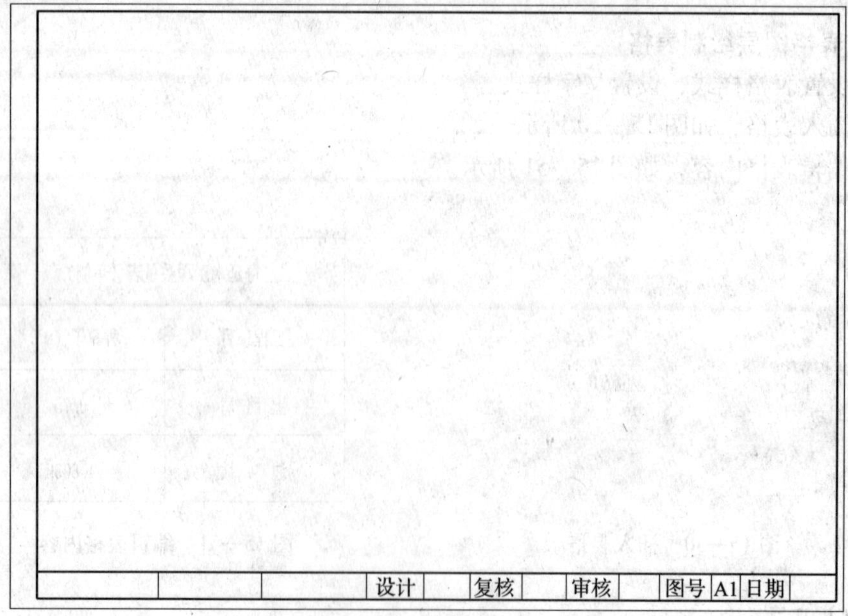

图 15—53　绘制图框

(2) 为图框定义属性。以“图名”属性为例，如图 15—54 所示。

图 15—54 定义属性

(3) 创建属性块，如图 15—55 所示。

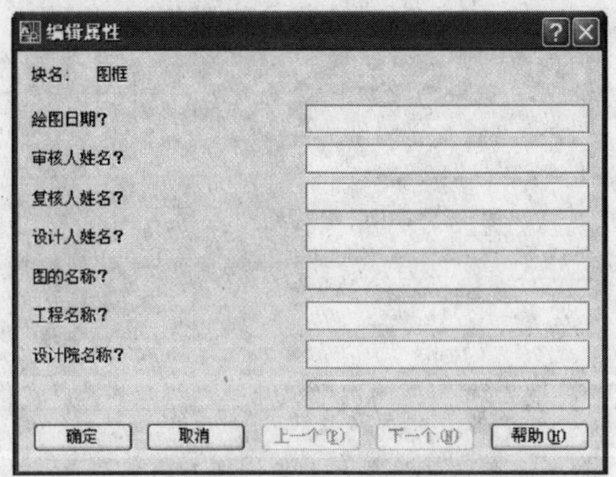

图 15—55 创建属性块

(4) 插入块，并编辑属性。任务完成。

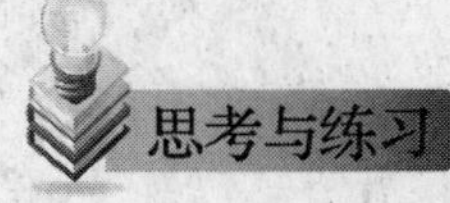

思考与练习

1. 用绘制表格方式绘制如习题图 15—1 所示的标题栏。

2. 将如习题图 15—1 所示标题栏各项目内容创建属性，然后在标题栏中填写相应的属性信息（信息内容自定）。

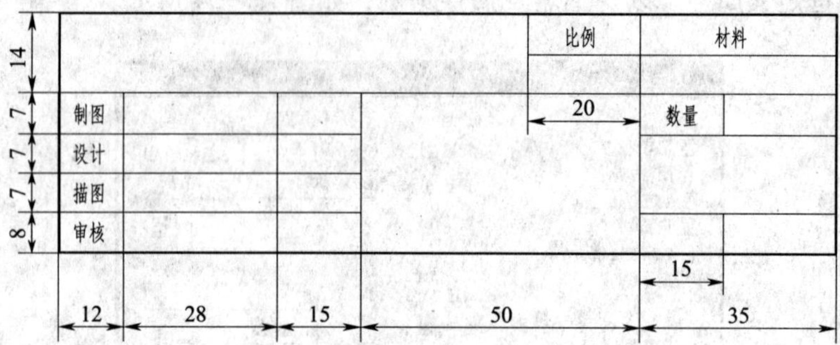

习题图 15—1　标题栏

任务16

绘制简支梁桥的三维图

学习目标

1. 掌握实体模型的概念，认识三维实体。

2. 掌握三维实体图轴测观察角的设置。

3. 掌握三维实体图的用户坐标系的创建和设置。

4. 熟练掌握标高、实体拉伸、长方体、圆柱体、剖切、消隐命令等，运用恰当的绘制方法，绘制三维实体图形。

5. 掌握三维实体的布尔运算，绘制并组装较复杂的三维实体图。

工作任务

某路桥设计院接受一项工程，设计一架跨河道的简支梁五孔桥。该桥结构设计完成，图16—1～图16—3所示为该桥梁的各个部分的结构图。为了让投资方能够直观了解该桥梁的结构，需要绘制三维图，如图16—4所示。(图中尺寸以毫米计)

任务分析

1. 这座桥简支梁五孔桥三维立体图是省略了桥面内容的三维图。

2. 整座桥梁可分解为桥台、上部结构和下部结构。

(1) 重力式桥台是由基础、前墙、左墙、右墙、台帽5部分组成。

(2) 上部结构是由10 m跨主梁和20 m跨主梁构成。

(3) 下部结构是由桥墩、桥桩构成。

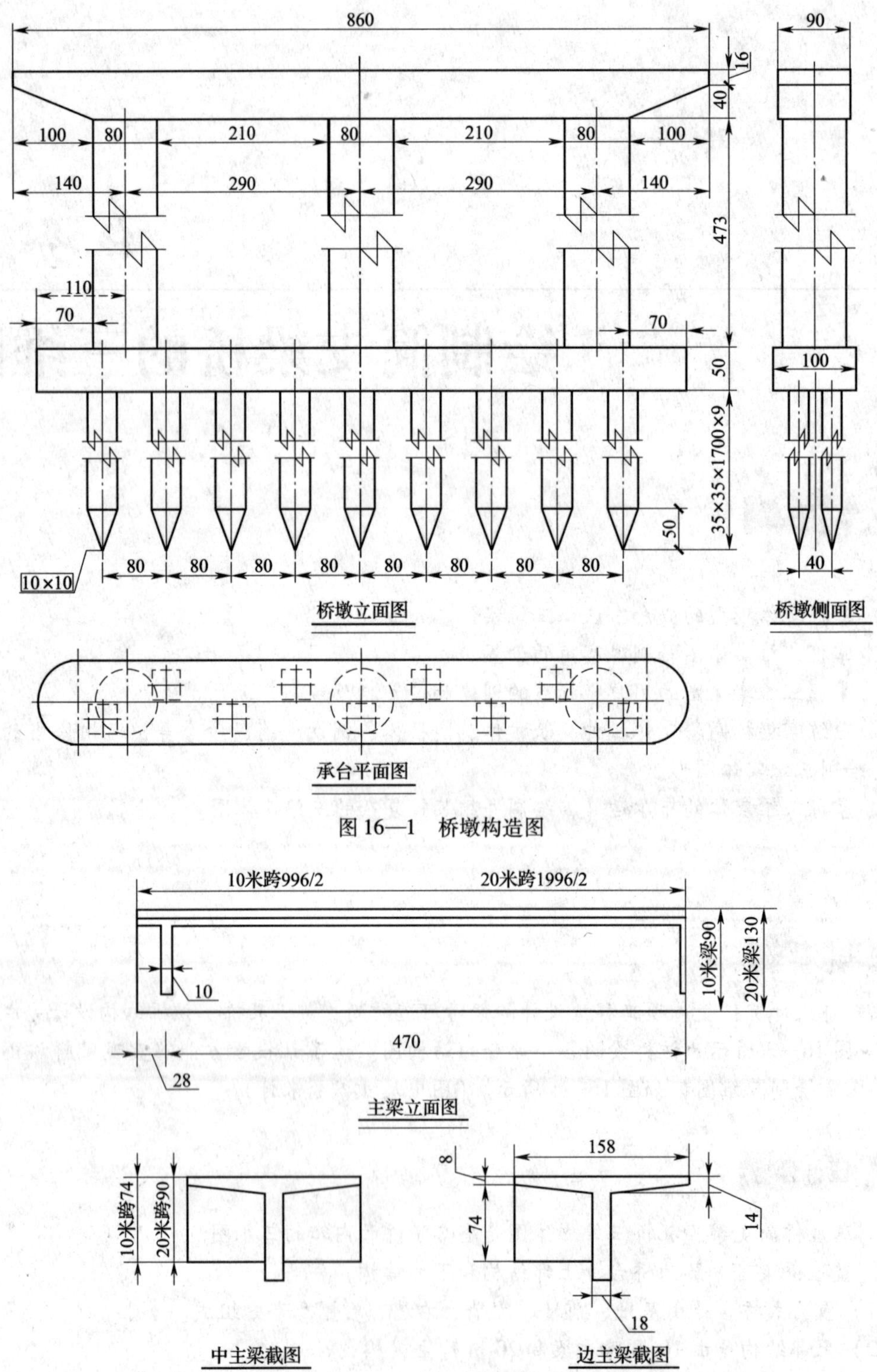

图 16—1　桥墩构造图

图 16—2　主梁结构图

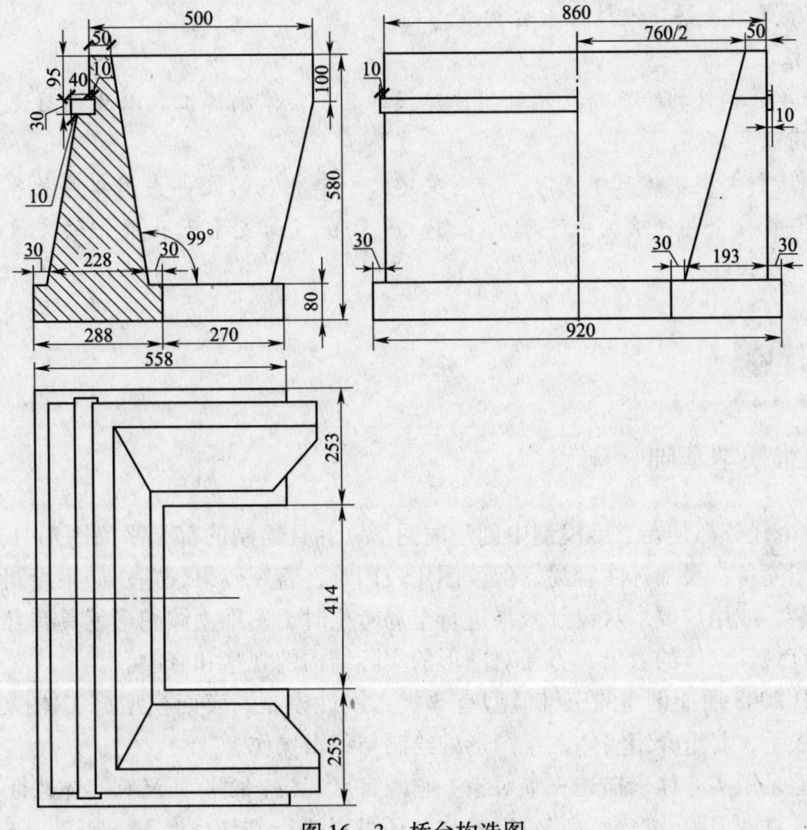

图 16—3　桥台构造图

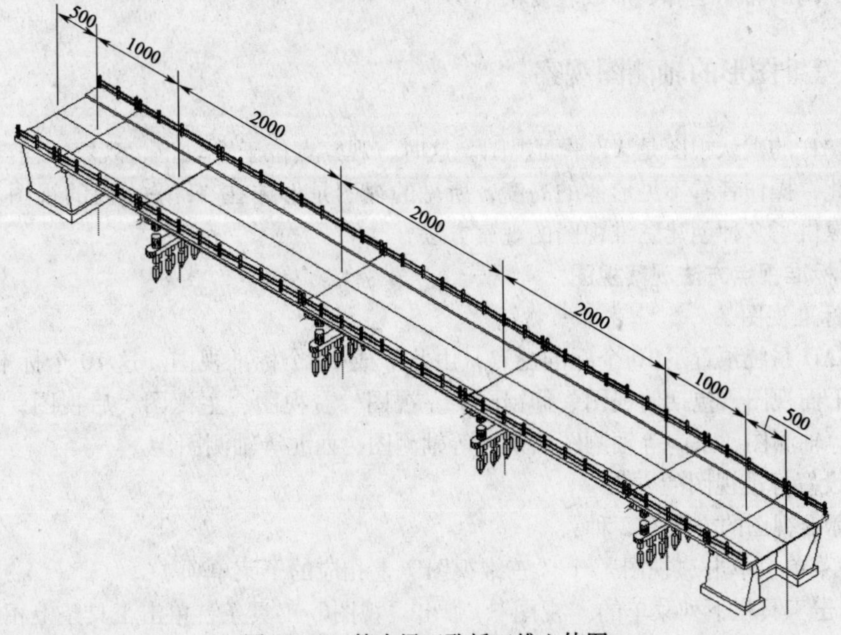

图 16—4　简支梁五孔桥三维立体图

（4）桥墩是由盖梁、墩柱、承台构成。

（5）桩柱。

3. 各个单一构件的绘制将要用到实体建模工具、实体编辑工具以及视图设置和 UCS 坐标的灵活应用。

4. 绘制这种大型实体三维图时，首先要建立一个相应的文件夹用以存放各部件的相关文件，其次要将每个部件绘制成单独的文件，最后在“简支梁五孔桥”的文件中组装各部件，完成全部绘图。

一、三维模型基础

前面 15 个任务都是在二维模型中创建的图形，并且绘制的都是平面图形（二维图形）。平面图形作图简单，尺寸标注容易，但读图比较困难，直观效果较差。如果绘制内容的空间结构相当复杂，或用户要求对设计效果进行全局考察时，三维立体图形就具有二维平面图形所不具备的直观、立体的效果，方便对图形的实际结构的观察和修改。

AutoCAD 2008 所能创建的三维模型有 3 类：线性模型、表面模型、实体模型。本教材从实体模型入手，着重介绍实体三维图形的绘制与编辑操作。

实体模型是用实心体来描述三维对象。它既有点、线、面特征又有实体特征，它不仅可以进行物理计算和消隐、渲染、着色等操作，还可以进行剖切、装配、干涉、检查等操作，以及实体之间的布尔运算，形成较复杂的形体。

二、三维图形的轴测图观察

AutoCAD 的默认视图是 *XY* 平面视图。这时，观察点位于 *Z* 轴上，观察方向与 *Z* 轴反向重合。因此，操作者看不见形体的高度，所见的视图是形体在 *XY* 平面内的视图。AutoCAD 为操作者提供了多种创建三维视图的观察方法。

1. 用标准视点方法观察视图

（1）标准视图

AutoCAD 系统预置了 10 个标准视点，由此形成 10 个标准视图。这 10 个标准视图分为两大类：平面视图，包括俯视图、仰视图、左视图、右视图、主视图、后视图；三维视图，包括西南等轴测图、东南等轴测图、东北等轴测图、西北等轴测图。

（2）设置标准视图的方法

启用标准视图的方法有 2 种：

1）在菜单栏单击“视图” | “三维视图”上相应的子菜单项。

2）单击工具栏下列菜单的“视图”，弹出“视图”工具条，单击工具条上相应的 10 个视图工具按钮（图 16—5）。

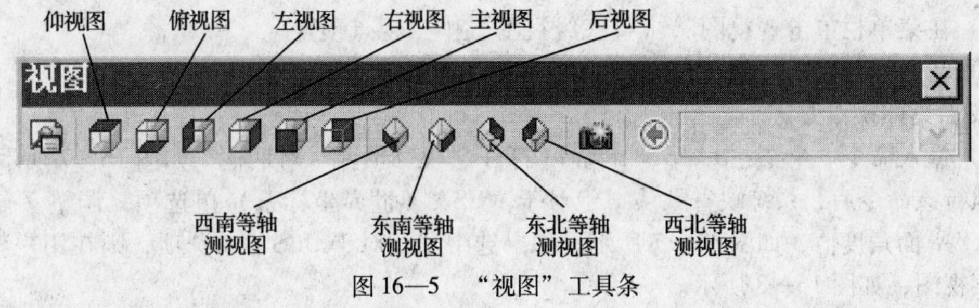

图 16—5 “视图”工具条

2. 用任意确定视点的方法观察视图

（1）命令的启用方法

1）在菜单栏单击“视图” | “三维视图” | “视点”。

2）在命令行输入“VPOINT”

（2）具体操作方法

1）输入三维视点的坐标确定视线方向。

命令:_vpoint↙（启用“视点”命令）

指定视点或[旋转(R)]<现实坐标球和三轴架>:X,Y,Z↙[输入视点坐标的(X,Y,Z)坐标,该点与当前 UCS 原点的连线即为视线方向]

2）使用罗盘和坐标轴三脚架确定视线方向。

命令:_vpoint↙（启用“视点”命令）

指定视点或[旋转(R)]<现实坐标球和三轴图架>:↙（按<Enter>键选用坐标球和三轴架的方法确定视线方向）

按<Enter>键，罗盘和坐标轴三脚架显示在屏幕上(图 16—6)。罗盘表示平展开的地球表面。罗盘中心表示北极，视点为（0，0，1）。内圆表示赤道，视点坐标为(n，n，0)。外圆表示南极，视点坐标为（0，0，-1）。

操作者在罗盘内拾取点的位置，确定了视线在 XY 平面内的投影与 X 轴的夹角，与罗盘中心的相对距离决定了视线与 XY 平面的夹角。

在球面上移动视点时，三脚架同步指示 X、Y 和 Z 轴的旋转角度。

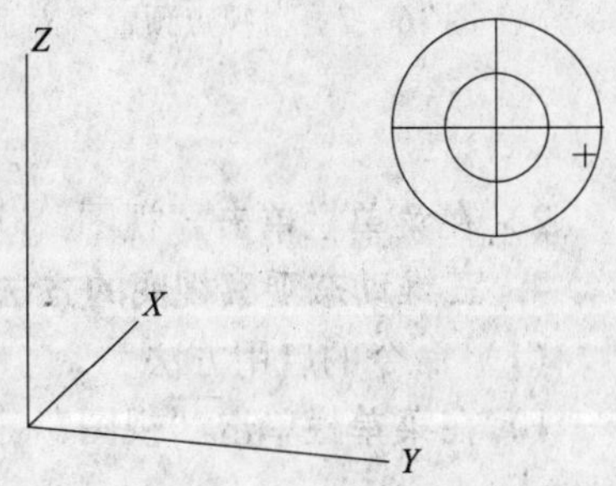

图 16—6 罗盘（右上角）和坐标轴三脚架

3）使用球面坐标确定视线方向。

命令:_vpoint↙（启用“视点”命令）

指定视点或[旋转(R)]<现实坐标球和三轴架>:r↙（输入“r”,表示选择旋转选项）

输入 XY 平面中与 X 轴的夹角<284>:θ_1↙（输入视线在 XY 平面上的投影与正 X 轴的夹角 θ_1 的值）

输入与 XY 平面的夹角<-3>:θ_2↙（输入视线与 XY 平面的夹角 θ_2 的值）

3. 用预先设定视点的方法观察视图

（1）命令的启用方法

1）在菜单栏单击“视图”｜“三维视图”｜“视点预置”。

2）在命令行输入“DDVPOINT”。

（2）具体操作方法

1）输入命令。命令:_ddvpoint↙（打开“视点预置”对话框，如图 16—7 所示）

执行该命令后，系统缺省默认“绝对于 WCS”（世界坐标系）单选项，调整 *X* 轴角度值和 *XY* 平面角度值，如图 16—7 所示。如果选中“相对于 UCS”单选项，则在用户坐标系上观察视图，如图 16—8 所示。

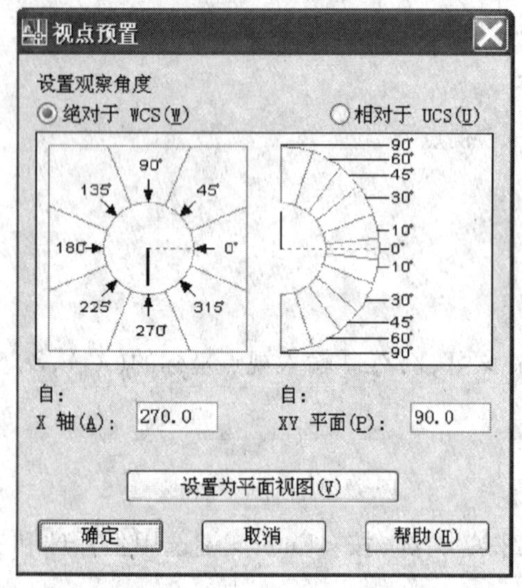

图 16—7　“视点预置”对话框

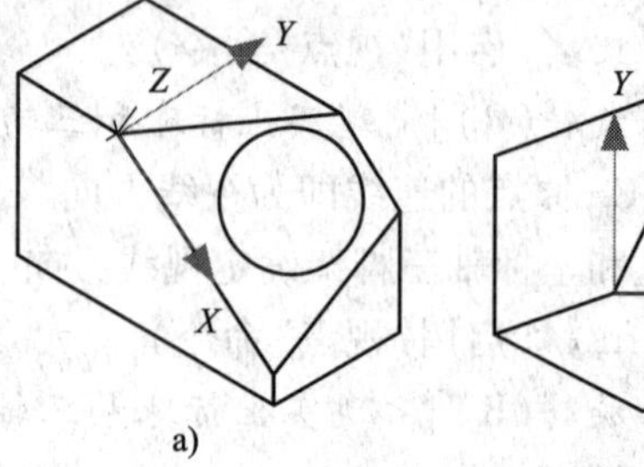

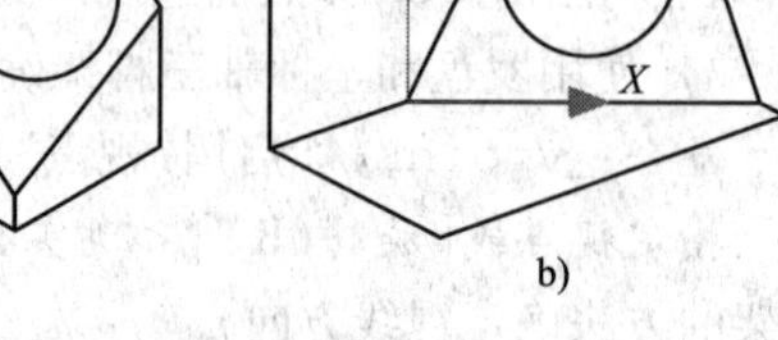

图 16—8　视点预置的比较

a）视点预置在“绝对于 WCS”

b）视点预置在“相对于 UCS”

2）在菜单栏单击“视图”｜“三维视图”｜“平面视图”｜“当前 UCS”。

4. 三维动态观察视图的方法

（1）命令的启用方法

1）在菜单栏单击“视图”｜“动态观察”。

2）在工具菜单栏单击“动态观察”命令，弹出“动态观察”工具条 。

3）在命令行输入“3DORBIT”。

（2）具体操作方法

单击“动态观察”工具条上相应的按钮，即可观察三维动态视图。

三、三维实体模型绘制中用户坐标系（UCS）的应用

1. 创建用户坐标系的命令格式

命令:UCS（创建用户坐标系 ）

当前 UCS 名称：*世界*

指定 UCS 的原点或[面(F)/命名(NA)/对象(OB)/上一个(P)/视图(V)/世界(W)/X/Y/Z/Z 轴(ZA)](世界)：

在系统缺省状态下，操作者可以用单击的方法将坐标原点移动到任意位置点，并可以任意指定 X 轴方向。

2. UCS 命令主要参数的含义

只要选择相应的参数，即可以使用相应的功能完成坐标系的定义、存储、设置和删除。现介绍 UCS 命令主要参数的含义。

(1) 默认项

该项用于指定原点定义用户坐标系。

指定新 UCS 的原点或[Z 轴(ZA)/三点(3)/对象(OB)/面(F)/视图(V)/X/Y/Z] < 0,0,0 >：$X_{原}$，$Y_{原}$，$Z_{原}$↙(输入新原点坐标值)

指定新原点后，将建立一个绝对坐标为（$X_{原}$，$Y_{原}$，$Z_{原}$）的点为新原点，X、Y 和 Z 轴与当前坐标系完全平行的用户坐标系。如果在系统默认下，用鼠标捕捉图中某点，则会使坐标移动到该点。

(2) "Z 轴（ZA）"选项（ ）

它采用原点和 Z 轴上一点定义用户坐标系。

指定新 UCS 的原点或[Z 轴(ZA)/三点(3)/对象(OB)/面(F)/视图(V)/X/Y/Z] < 0,0,0 >：za↙

指定新原点或[对象(O)] < 0,0,0 >：(此时用鼠标捕捉第一点作为新坐标原点，捕捉第二点确定 Z 轴的正方向，XY 平面垂直于新的 Z 轴)

指定新 UCS 的原点或[Z 轴(ZA)/三点(3)/对象(OB)/面(F)/视图(V)/X/Y/Z] < 0,0,0 >：za↙

指定新原点或[对象(O)] < 0,0,0 >：$X_{原}$，$Y_{原}$，$Z_{原}$↙(输入新原点坐标值)

在正 Z 轴范围上指定点 < $X_{原}$，$Y_{原}$，$Z_{原}$ >：X_Z，Y_Z，Z_Z↙

AutoCAD 将根据新原点和指定的 Z 轴上一点确定新 Z 轴的正方向，并定义用户坐标系。新建的用户坐标系原点将通过指定的新原点；Z 轴正方向将通过新原点与 Z 轴上的指定点；用户坐标系的 XY 平面，为当前坐标系 XY 平面将其 Z 轴向新用户坐标系的 Z 轴倾斜，并与之平行后，再严格移至新原点确定。

(3) "三点（3）"选项（ ）

它采用三点定义用户坐标系。

指定新 UCS 的原点或[Z 轴(ZA)/三点(3)/对象(OB)/面(F)/视图(V)/X/Y/Z] < 0,0,0 >：3↙

用三点定义用户坐标系时，捕捉第一点为原点，所定义的用户坐标系的 X 轴将从原点指向第二点，由原点、第二点、第三点确定的平面为用户坐标系的 XY 平面，第三点所在的一侧为用户坐标系 Y 轴的正方向。

第三点不一定正好在 Y 轴上，它只是表示 Y 轴的正方向在 X 轴的哪一侧。

用三点法定义 UCS 时，要求这三点不在同一条直线上。

(4)“对象（OB)”选项（ ）

它采用指定实体定义用户坐标系。

指定新 UCS 的原点或[Z 轴(ZA)/三点(3)/对象(OB)/面(F)/视图(V)/X/Y/Z] < 0,0,0 >:ob↙

选择对齐 UCS 的对象:(用鼠标捕捉实体中任意点为新坐标原点,即选择实体)

除三维多段线外，其他实体均可用来定义用户坐标系。根据所选择的实体类型不同，所确定用户坐标系的原点、X 轴、Y 轴的方向也不同。

(5)“面（F)”选项（ ）

它采用指定实体某个面定义用户坐标系。

指定新 UCS 的原点或[Z 轴(ZA)/三点(3)/对象(OB)/面(F)/视图(V)/X/Y/Z] < 0,0,0 >:f↙

选择实体对象的面:

(6)“视图（V)”选项（ ）

它采用当前视图方向定义用户坐标

指定新 UCS 的原点或[Z 轴(ZA)/三点(3)/对象(OB)/面(F)/视图(V)/X/Y/Z] < 0,0,0 >:v↙

新建立的用户坐标的原点不变，XY 平面平行于屏幕，即与当前视图方向（Z 轴）垂直。

在对三维显示状态下的图形进行文字标注时，这一方法很实用。

(7)“X”选项（ ）

它采用于围绕指定的 X 坐标轴旋转来定义用户坐标系。

指定新 UCS 的原点或[Z 轴(ZA)/三点(3)/对象(OB)/面(F)/视图(V)/X/Y/Z] < 0,0,0 >:x↙

指定绕 X 轴的旋转角度 <90 >:θ↙(围绕 X 轴旋转角度值 θ)

用户坐标系的原点不变，AutoCAD 用右手法则确定坐标轴方向。

右手法则确定坐标轴方向 1：右手拇指为 X 轴方向，食指为 Y 轴方向，中指为 Z 轴方

向，如图16—9所示。

右手法则确定坐标轴方向2：右手拇指指向为旋转轴的正方向，即旋转轴线起点到终点的方向，四指为旋转方向。

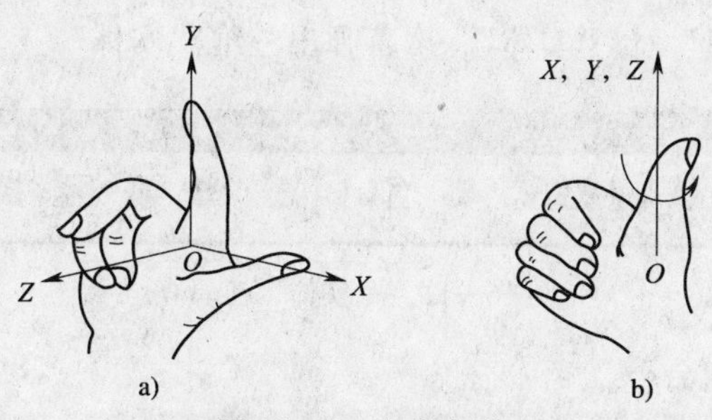

图16—9 右手法则

a）确定坐标轴方向1 b）确定坐标轴方向2

围绕Y、Z坐标轴旋转定义用户坐标系的方法与“X”选项相同。

【例】在处于世界坐标系中的切角长方体的三维实体模型（图16—10a）上建立UCS。要求：以A点为新原点，AB为X轴，斜切面为UCS的XY平面。

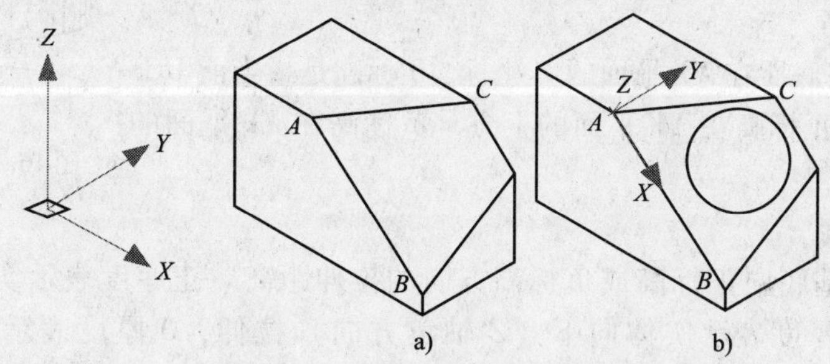

图16—10 两种坐标系的比较

a）世界坐标系东南等轴测图 b）用户坐标系XY平面（平面ACB）

具体操作方法如下：

鼠标单击捕捉A点为新原点位置（如果只想移动坐标，回车即可），第二点捕捉B点确定X轴方向，第三点捕捉C点确定Y轴的方向，Z轴方向由右手法则自动确定，如图16—10所示。

指定UCS的原点或[面(F)/命名(NA)/对象(OB)/上一个(P)/视图(V)/世界(W)/X/Y/Z/Z轴(ZA)](世界):n↙

指定新UCS的原点或[Z轴(ZA)/三点(3)/对象(OB)/面(F)/视图(V)/X/Y/Z] < 0,0,0 >:↙

一旦定义了新的用户坐标系，该用户坐标系就成为当前坐标系，坐标系图标将按当前坐标系的坐标轴方向显示。所绘图形、标注的尺寸和文字都在当前坐标系下XY平面内。

四、三维实体图的常用绘制命令

在菜单栏单击“工具” | “实体”，屏幕弹出三维“实体”工具条，如图 16—11 所示。

图 16—11 “实体”工具条

本教材介绍其中常用命令。

1. 标高命令

“标高”命令设定了三维图形在空间的标高和物体的厚度，以绘出立体图形，如图 16—12 所示。三维图形与二维图形的重要区别在于：三维图形具有一定的实体标高（Elevation）和实体厚度（Thickness）。

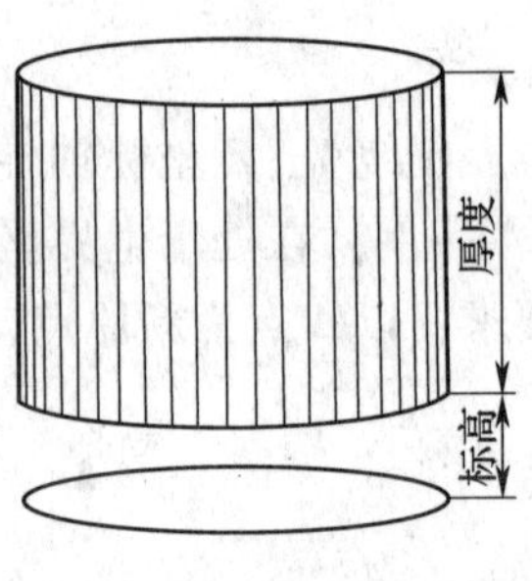

图 16—12 标高和厚度

（1）实体标高

它是指实体基底所在 *XY* 平面的 *Z* 坐标。0 标高是指当前 UCS 的基准 *XY* 平面，正标高在 *XY* 平面的上方，负标高在 *XY* 平面的下方。

（2）实体厚度

它是指实体基底向正标高或负标高方向的拉伸距离。正厚度表示实体向上（*Z* 轴正方向）拉伸，负厚度表示实体向下（*Z* 轴负方向）拉伸，0 厚度表示实体不拉伸。例如，位于 0 标高、厚度为 -1 的实体与一个位于 -1 标高、厚度为 1 的实体，从外观看是一样的。

一个实体被创建时，当前 UCS 确定了拉伸方向。

（3）实体标高设置和实体厚度设置

“ELEV”命令可以设置系统的当前标高和厚度。命令具体格式如下：

```
命令:_elev↙
指定新的默认高度 <0.000 >↙
指定新的默认厚度 <0.000 >
```

在二维图形的绘制中，标高和厚度始终使用的是系统的默认值 0。

对于已经绘制的二维实体，可以使用实体性质修改命令，将它们的厚度从0值改变为非0值，从而将它们改变为具有一定厚度的三维实体。修改后的当前标高和厚度只影响设置后所绘制实体的标高和厚度。

2. 实体拉伸命令

实体拉伸（EXTRUDE）命令以指定的路径或指定的高度值和倾斜角度拉伸选定的对象，来创建实体。即用该命令可以通过拉伸（添加厚度）选定的对象来创建实体。如图16—13所示为五角星平面图形利用实体拉伸快速形成三维立体的五角星。

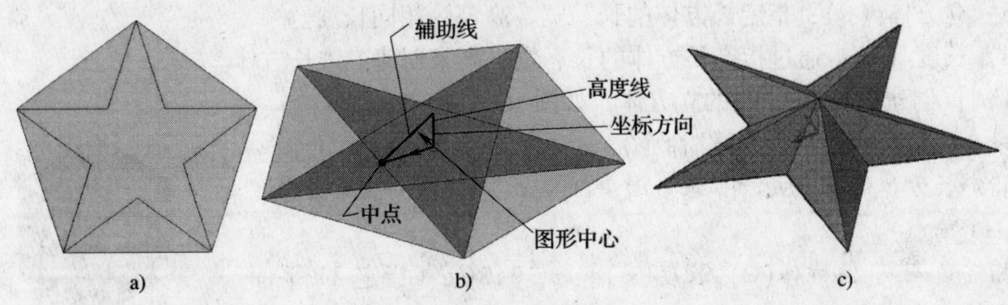

图16—13　五角星实体拉伸

a）平面五角星　b）拉伸过程　c）五角星实体拉伸效果

(1) 启用“实体拉伸”命令

启用该命令的方法有3种：

1）在菜单栏单击“绘图” | “实体” | “拉伸”。

2）单击“实体”工具条的“实体拉伸”按钮。

3）在命令行输入“EXT（或EXTRUDE）”。

(2) 命令格式

命令:_extrude↙

当前线框密度:ISOLINES＝当前线密度

选择要拉伸的对象:

选择要拉伸的对象:

指定拉伸的高度或[方向(D)/路径(P)/倾斜角(T)]<0.0000>:

3. 长方体命令

长方体是三维图形中的常见实体之一。

(1) 启用“长方体”命令的方法

启用该命令的方法有3种：

1）在菜单栏单击“绘图” | “实体” | “长方体”。

2）在工具栏单击“实体” | “长方体”按钮。

3）在命令行输入“BOX”。

(2) 命令格式

启用该命令后，命令行提示如下：

命令:_box

指定长方体的角点或[中心点(CE)]<0,0,0>:

指定角点或[立方体(C)/长度(L)]:

(3) 参数

各参数选项含义如下:

1) 长方体的角点:指定长方体的第一个角点。

2) 中心(C):通过指定长方体的中心点绘制长方体。

3) 立方体(C):指定长方体的长、宽、高都为相同长度。

4) 长度(L):通过指定长方体的长、宽、高来创建三维长方体。

【例】创建边长都为30的立方体,如图16—14所示。

命令:_box(启用“长方体”命令)

指定长方体的角点或[中心(C)]<0,0,0>:单击一点(指定图形的一个角点)

指定角点或[立方体(C)/长度(L)]:@ 30,30↙(指定 *XY* 平面上正方体大小)

长方体高度:30↙(指定高度,回车,结束命令)

图16—14 边长30的立方体

如果输入的长度值或坐标值是正值,则以当前UCS坐标的 *X*、*Y*、*Z* 轴的正向创建立图形;若为负值,则以 *X*、*Y*、*Z* 轴的负向创建立图形。

4. 圆柱体命令

圆柱体是与拉伸圆或椭圆相似的实体原型,但不倾斜。

(1) 启用“圆柱体”命令

1) 在菜单栏单击“绘图” | “实体” | “圆柱体”。

2) 单击“实体”工具栏的“圆柱体”按钮。

3) 在命令行输入“CYL(或CYLINDER)”

(2) 命令格式

启用该命令后,命令行提示如下:

命令:_cylinder(启用“圆柱体”命令)

当前线框图密度:ISOLINES=当前密度

指定圆柱体底面的中心点或[椭圆(E)]<0,0,0>:(指定中心点1,或输入“e”,或按<Enter>键)

(3) 参数

1) 圆柱体底面的中心点:通过指定圆柱体底面圆的圆心来创建圆柱体对象。命令行提示如下:

指定圆柱体半径或[直径(D)]:(指定半径距离,或输入"d")

或者，指定圆柱体高度或[另一个圆心(C)]:（指定圆柱体的高度距离，或输入一个高度数值，或输入“c”)

其中，圆柱体高度是为三维圆柱体对象设置高度。如果输入的高度数值为正数，则以当前用户坐标系统 UCS 的 Z 轴正方向创建圆柱体对象；若输入的高度数值为负数，则以当前用户坐标系统 UCS 的 Z 轴负方向创建圆柱体对象。另一个圆心是指圆柱体顶部的圆心。

2）椭圆（E）：绘制底面为椭圆的三维圆柱体对象。命令行提示如下：

指定椭圆轴线第一端点或[中心点(C)]:(指定点1,或输入"c")

椭圆轴线第二端点:(指定点2)

另一轴线长度:(指定点3)

椭圆轴线第一和第二端点的指定可定义圆柱体椭圆底面的一个直径，接着指定的第三个端点可定义圆柱体椭圆底面的一个半径。

5. 剖切命令

剖切通过指定一个剖切平面将三维实体对象切为两半，切开的实体的两部分可以保留一侧，也可以都保留。另外，被切开的实体仍然保持原实体的颜色和图层状态。例如，如图16—15所示为一个异形实体被剖切平面切成对称的两部分。

图16—15 异形实体剖切

（1）启用“剖切”命令

启用该命令的方法有3种：

1）在菜单栏单击“绘图”｜“实体”｜“剖切”。

2）单击“实体”工具条的“剖切”按钮。

3）在命令行输入“SL（或SLICE）”

（2）命令格式

启用该命令后，命令行提示如下：

命令:_slice

选择要剖切的对象:(使用对象选择方式,并在完成时按 <ENTER> 键)

选择要剖切的对象:指定剖切面的起点或[平面对象(O)/曲面(S)/Z 轴(Z)/视图(V)/XY(XY)/YZ(YZ)/ZX(ZX)/三点(3)] <三点>:（指定点、输入选项或按 <Enter> 键)

（3）参数

1）指定切面的起点：通过指定三个点来定义剖切平面。命令行提示如下：

在平面上指定第二点:(指定一个点2)

在平面上指定第三点:(指定一个点3)

在所需的侧面上指定点或[保留两个侧面(B)] <保留两个侧面>:(指定一个点1,或输入"b")

①在要保留的一侧指定一点：指定一个点来确定图形将保留剖切实体的哪一侧。该点不能位于剖切平面上。

②保留两侧：保留剖切实体的两侧。将单个实体剖切为两块，在剖切后，将创建两个实体。对于每个选定的实体，SLICE 不会创建超过两个的新组合实体。命令行提示如下：

选择一个圆/椭圆/弧/2D 样条曲线[或 2D 多段线]：

2）对象（O）：定义剖切面与选取的圆、椭圆、弧、2D 样条曲线或二维多段线对象对齐。

3）轴（Z）：通过指定剖切平面上的一个点，以及在 *Z* 轴平面（法向）面上指定的一点来定义剖切平面。

4）视图（V）：指定剖切平面与当前视口的视图平面对齐。

5）平面（XY）：通过在 *XY* 平面指定一个点来确定剖切平面所在的位置，并使剖切平面与当前用户坐标系统 UCS 的 *XY* 平面对齐。

6）平面（YZ）、平面（ZX）选项：与平面（XY）含义相似，不再重复。

7）三点（3）：通过指定 3 个点来确定剖切平面所在的位置。

6. 消隐命令

消隐就是指重生成三维模型时隐藏三维模型的不可见面（即不显示隐藏线）。消隐命令认定圆、实体、宽线、文字、面域、宽多段线线段、三维面、多边形网格和非零厚度对象的拉伸边是不透明的表面，它们是可以隐藏对象。如果进行了拉伸操作，则圆、实体、宽线和宽多段线线段将被 AutoCAD 当做是具有顶面和底面的实体对象。如图 16—16 所示为凹形实体消隐的效果。

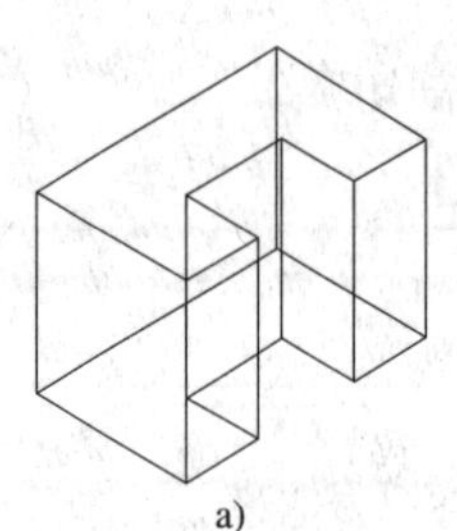

a)

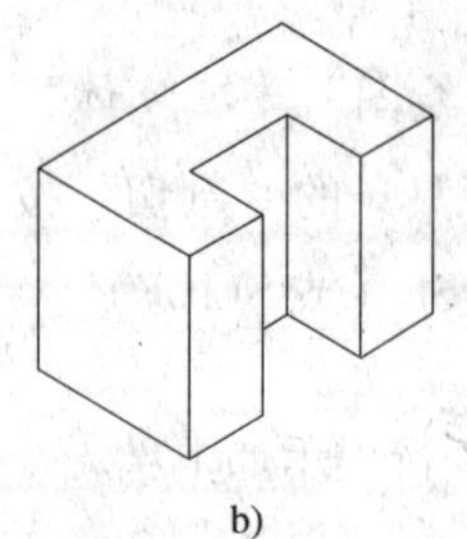

b)

图 16—16 凹形实体消隐

a）消隐前 b）消隐后

（1）启用“消隐”命令

启用该命令的方法有 3 种：

1）在菜单栏单击“视图”｜“消隐”。

2）单击“渲染”工具栏的“消隐”按钮。

3）在命令行输入“HIDE”。

（2）参数

1）如果 DISPSILH 系统变量设置为“开”，则 HIDE 命令只显示三维实体对象的轮廓边。它不显示由具有镶嵌面的对象产生的内部边。

2）如果 HIDETEXT 系统变量设置为“开”，生成隐藏视图时，HIDE 将忽略文字对象。系统始终显示文字对象（无论是否被其他对象遮盖），同时文字对象遮盖的对象也不受影响。

执行“消隐”命令后，实施平移和缩放命令都会失效。

HIDE 不可以用于其图层被冻结的对象，但可以用于图层被关闭的对象。

五、三维实体图的绘制方法

常见的实体包括长方体、球体、圆柱体、锥体、楔形体、环形体及经拉伸、旋转得到的其他实体。绘制三维实体的方法有两种：

1. 利用建模工具绘制实体三维图

【例】绘制如图16—17所示的圆柱体。圆柱底面半径为30，圆柱高为100。

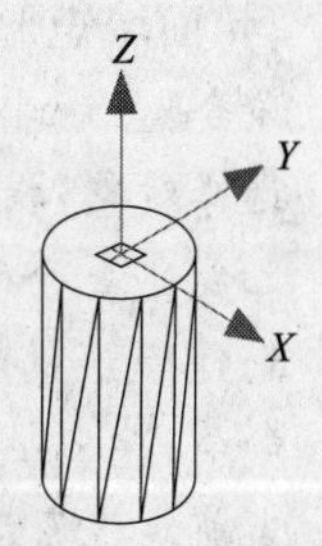

图16—17 圆柱体

(1) 视图设置

在菜单栏单击“视图” | “三维视图” | “东南等轴测”。

另一种常用的设置方法是：单击“工具”栏的“视图” | “东南等轴测”按钮。

(2) 启用命令绘图

命令:_circle

指定圆的圆心或[三点(3P)/两点(2P)/相切、相切、半径(T)]:(捕捉坐标原点)

指定圆的半径或[直径(D)]<0.0000>:30↙

命令:_extrude

当前线框密度:ISOLINES=4

选择要拉伸的对象:(捕捉圆)找到1个

选择要拉伸的对象:↙

指定拉伸的高度或[方向(D)/路径(P)/倾斜角(T)]<0.0000>: -100↙

命令:_hide(重生成三维模型,消隐处理后得到图16—17)

2. 拉伸法绘制三维实体图

将二维线框经过面域后再经实体工具拉伸形成三维实体。

【例】绘制如图16—18所示的长方体。它的长、宽、高分别是100、50、60。

(1) 设置视图

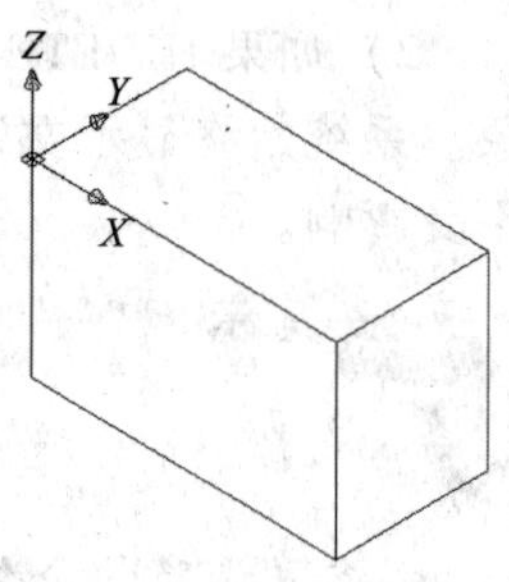

图 16—18　长方体

单击“工具”栏的“视图”｜“东南等轴测”按钮。

（2）启动命令绘图

1）绘制矩形

命令:_line

指定第一点:0,0,0↙(输入第一点坐标)

指定下一点或[放弃(U)]:@ 100,0,0↙(输入第二点坐标)

指定下一点或[放弃(U)]:@ 0,50,0,0↙(输入第三点坐标)

指定下一点或[闭合(C)/放弃(U)]:@ -100,0,0↙(输入第四点坐标)

指定下一点或[闭合(C)/放弃(U)]:c↙(闭合矩形)

2）面域矩形成面

命令:_region

选择对象:指定对角点:(鼠标框选矩形)找到 4 个↙

已创建 1 个面域。

3)建模工具拉伸立方体:

命令:_extrude

当前线框密度:ISOLINES = 4

选择要拉伸的对象:(鼠标框选矩形)找到 1 个↙

选择要拉伸的对象:

指定拉伸的高度或[方向(D)/路径(P)/倾斜角(T)]:-60↙(输入长方体的高)

命令:_hide(重生成三维模型,消隐处理后得到图 16—18)

六、三维实体的布尔运算

三维图形的布尔运算（Boolean）用于两个或者两个以上的实体进行编辑，通过它可以完成并集、差集、交集运算，各种运算的结果均将产生新的实体。操作者可以在公路工程设计中使用布尔运算，完成一些复杂的设计任务。

物体在进行布尔运算后随时可以对两个运算对象进行修改操作，布尔运算的方式、效果也可以编辑修改，布尔运算修改的过程可以记录为动画，表现神奇的切割效果。

启用布尔运算的方法：单击“工具”栏菜单，勾选“实体编辑”，打开“实体编辑”工具条，如图 16—19 所示。

图 16—19　实体编辑工具

只有三维实体图才能进行布尔运算，而轴测图不能进行。

1. 并集运算

并集运算（UNION）所建立的实体是参加运算的实体叠加在一起而形成的。并集操作可以将两个或两个以上的原对象合并成一个新的组合对象。例如，如图16—20所示1个长方体和1个圆柱体实体叠加，合并在一起。

启用“并集”命令的方法有3种：

（1）在菜单栏单击“修改”｜“实体编辑”｜“并集”。

（2）单击“绘图”工具栏的“建模”，打开“建模工具条”，单击（并集）按钮。

（3）在命令行输入“UNI（或UNION）”。

2. 交集运算

交集运算（INTERSECT）从两个或者多个相交的实体中建立一个合成实体，所建立的合成实体是参加运算实体的共同部分。交集操作可以将两个或两个以上的原对象的共有部分形成一个新的组合对象。例如，1个长方体和1个圆柱体实体叠加，去掉未相交部分，留下两个实体重叠的共同部分，如图16—21所示。

图16—20 圆柱体和长方体的并集

图16—21 圆柱体和长方体的交集

启用“交集”命令的方法有3种：

（1）在菜单栏单击“修改”｜“实体编辑”｜“交集”。

（2）单击“绘图”工具栏的“建模”，打开“建模工具条”，单击（交集）按钮。

（3）在命令行输入“IN（或INTERSECT）”。

3. 差集运算

差集运算（SUBTRACT）所建立的实体是以参加运算的母体为基础去掉与子体共同的部分而形成的。差集操作可以从1个对象开始，从中减去与第二个对象共有的部分，从而形成一个新的组合对象。例如，1个长方体和1个圆柱体实体叠加，从长方体中去掉与圆柱体共有的部分，留下长方体未与圆柱体重叠的部分，如图16—22所示。

启用“差集”命令有3种方法

（1）在菜单栏单击“修改”｜“实体编辑”｜“差集”。

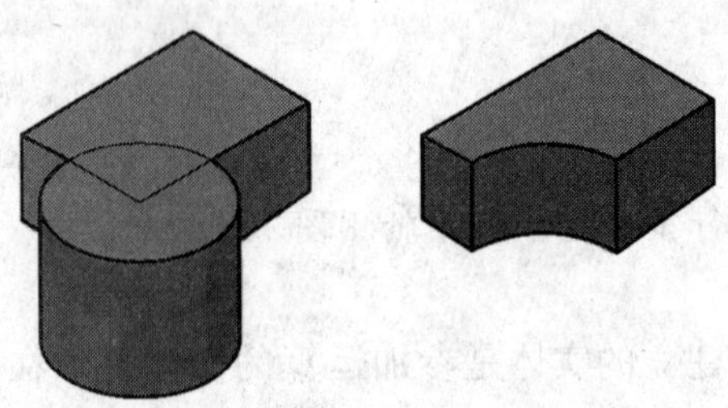

图 16—22　圆柱体和长方体的差集

(2) 单击“绘图”工具栏的“建模”，打开“建模工具条”，单击 (差集) 按钮。

(3) 在命令行输入“SU（或 SUBTRACT）”。

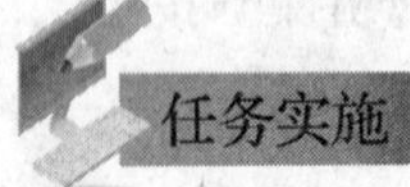

1. 绘制重力式桥台的三维实体图形

(1) 设置图层

启动 AutoCAD 2008，新建图形文件，文件命名为“桥台.dwg”。并按照任务分析设置图层：“0”“基础”“前墙”“左墙”“右墙”“台帽”等。

(2) 根据桥台构造图绘制桥台三维实体图（图 16—23）

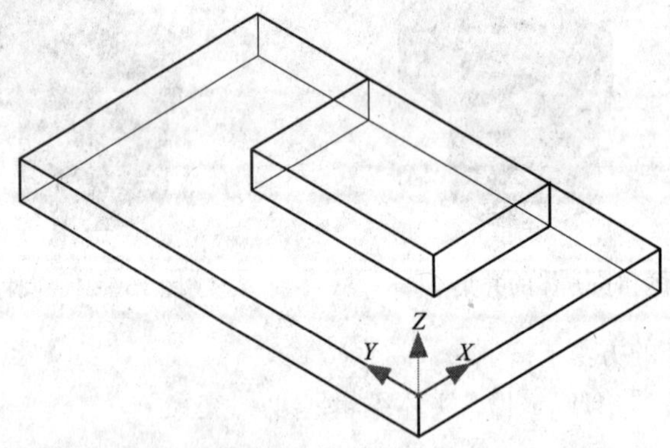

图 16—23　桥墩基础

1）在基础层上绘制基础。

①设置视图：西南等轴测 。

②使用建模工具中的长方体命令 绘制桥台基础的外部实体图。

```
命令:_box
指定第一个角点或[中心(C)]:0,0,0↙
指定其他角点或[立方体(C)/长度(L)]:@ 558,920,0↙
指定高度或[两点(2P)]:@ -80↙
```

③使用建模工具中的长方体命令绘制桥台基础的内部实体图。

命令:_box

指定第一个角点或[中心(C)]:_from 基点:<偏移>:@0,253,0↙(用对象捕捉工具中的“捕捉自”命令捕捉右后上面的角点)

指定其他角点或[立方体(C)/长度(L)]:@-270,414,0↙

指定高度或[两点(2P)]<-80.0000>:80↙

④使用实体编辑工具中的“差集”命令形成基础。

命令:_subtract

选择对象:找到 1 个(捕捉基础外部实体)

选择对象:↙

选择要减去的实体或面域…

选择对象:找到 1 个(捕捉基础内部实体)

选择对象:↙(获得桥墩基础如图 16—23 所示)

2）在前墙层上绘制前墙和台帽端面线框。

①绘制前墙底线。

命令:_line( )

指定第一点:30,30,0↙

指定下一点或[放弃(U)]:@ 228,0,0↙

指定下一点或[放弃(U)]:↙

②移动坐标原点到前墙底线前端点，并旋转坐标如图 16—24 所示位置。

③绘制前墙端面线框。关闭基础层，绘制前墙端面线框，如图 16—24 所示。将端面底线向上偏移 500 形成“端面顶线”。

命令:_offset( )

当前设置:删除源 = 否　图层 = 源　OFFSETGAPTYPE = 0

指定偏移距离或[通过(T)/删除(E)/图层(L)]<0.0000>:500↙

选择要偏移的对象,或[退出(E)/放弃(U)]<退出>:(捕捉底线，在上方点击)

指定要偏移的那一侧上的点,或[退出(E)/多个(M)/放弃(U)]<退出>:

选择要偏移的对象,或[退出(E)/放弃(U)]<退出>:↙

命令:_line( )指定第一点:(在图 16—24 中捕捉 *A* 点)

指定下一点或[放弃(U)]:<99↙

角度替代:99(拉出线长超过 *B* 点结束)

指定下一点或[放弃(U)]:↙

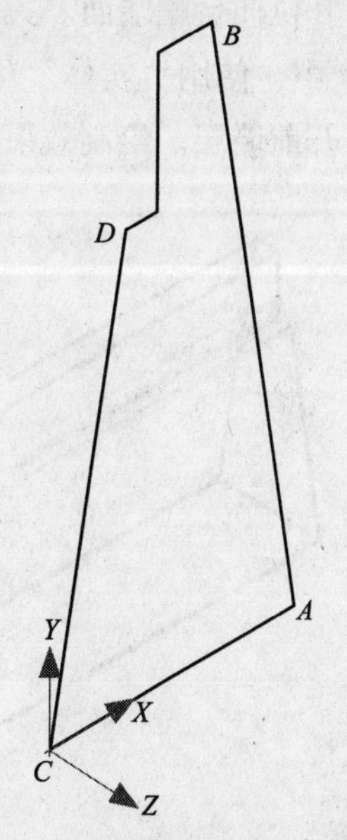

图 16—24　绘制前墙端面线框

命令:_trim(修剪多余的线头,过程省略,只保留底线 CA 和斜线 AB)

④完成前墙端面线框图的绘制,如图 16—24 所示。

命令:_line 指定第一点:(捕捉 B 点)

指定下一点或[放弃(U)]:<正交开>50↙

指定下一点或[放弃(U)]:125↙

指定下一点或[闭合(C)/放弃(U)]:30↙

指定下一点或[闭合(C)/放弃(U)]:<极轴开>(捕捉 C 点)

指定下一点或[闭合(C)/放弃(U)]:↙

⑤绘制台帽端面。打开正交状态,在台帽层上绘制台帽的端面,如图 16—25 所示。

命令:_line 指定第一点:↙(捕捉前墙端面 A 点)

指定下一点或[放弃(U)]:10↙(向右)

指定下一点或[放弃(U)]:30↙(向上)

指定下一点或[闭合(C)/放弃(U)]:50↙(向左)

指定下一点或[闭合(C)/放弃(U)]:30↙(向下)

指定下一点或[闭合(C)/放弃(U)]:c↙

⑥面域线框成面。分别面域台帽端面和前墙端面,如图 16—25 所示。

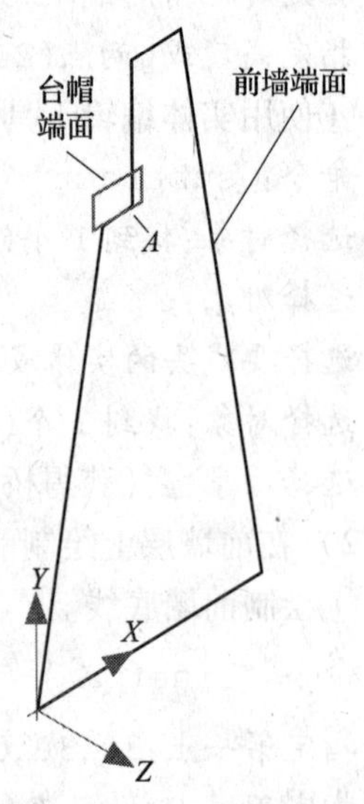

图 16—25　面域线框成面

⑦拉伸前墙和台帽成实体。用建模工具中的"拉伸"命令分别在各自层上拉伸前墙和台帽(拉伸高度均为 860 cm)。绘制效果如图 16—26 所示。

⑧拉伸台帽端面。关闭前墙层。在台帽层上分别在西南等轴测视图和东北等轴测视图中,使用"实体"编辑工具中的"拉伸"命令,将台帽的 2 个端面拉伸出 10 cm。然后打开前墙层。绘制效果如图 16—27 所示。

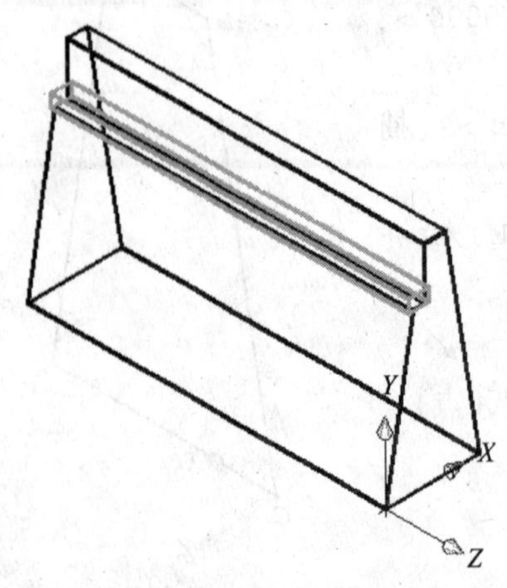

图 16—26　拉伸前墙和台帽成实体

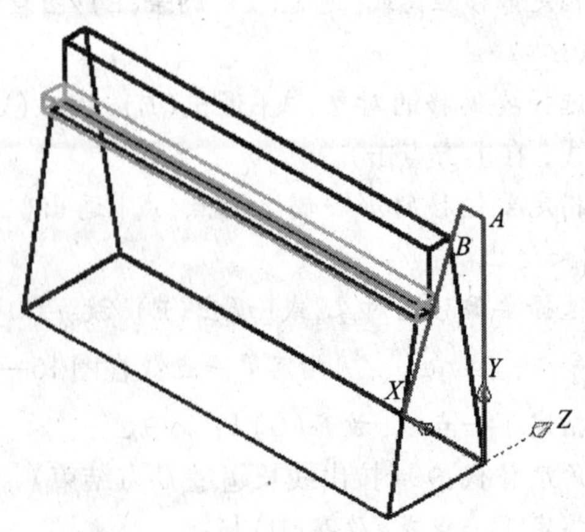

图 16—27　面绘制右墙端面

3）在右墙层上绘制右墙。

①绘制右墙端面。用“多段线”命令绘制右墙端面，如图16—27所示。

②拉伸。用建模工具中的“拉伸”命令拉伸右墙，拉伸高度为500 cm。

③对齐。用修改工具中的“移动”命令使右墙*A*点与前墙*B*点对齐，如图16—28所示。

④绘制辅助面。打开基础层，在辅助线层上用“直线”和“偏移”命令绘制切割辅助面空间四边形*ABCD*，如图16—29所示。

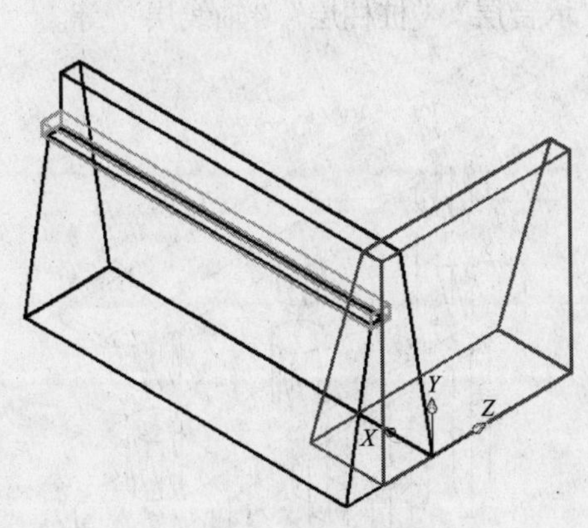

图16—28　对齐

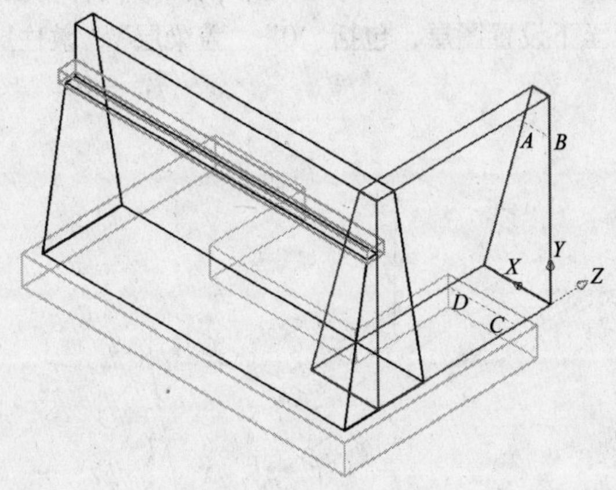

图16—29　绘制辅助面

⑤切割。在菜单栏单击“修改”｜“三维操作”｜“剖切”。

命令:_slice

选择要剖切的对象:找到1个(捕捉右墙)

选择要剖切的对象:↙

指定切面的起点或[平面对象(O)/曲面(S)/Z轴(Z)/视图(V)/XY(XY)/YZ(YZ)/ZX(ZX)/三点(3)]<三点>:3↙

指定平面上的第一个点:(捕捉*A*点)

指定平面上的第二个点:(捕捉*B*点)

指定平面上的第三个点:(捕捉*C*点或*D*点)

在所需的侧面上指定点或[保留两个侧面(B)]<保留两个侧面>:(捕捉保留侧面)

4）绘制左墙。用“修改”工具中“镜像”命令，以右墙镜像生成左墙，如图16—30所示。

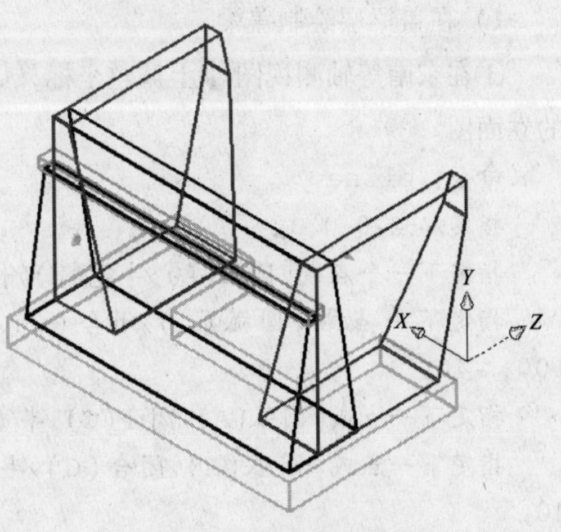

图16—30　镜像绘制左墙

5）组合桥台。

①并集处理：用实体编辑工具中的“并集”命令，将基础、前墙、台帽、左墙、

右墙并集成桥台实体。

逐个捕捉基础、前墙、台帽、左墙、右墙，然后右键单击。

②“消隐”处理后得到桥台三维实体图，如图 16—31 所示。

2. 绘制桥墩三维实体图（图 16—32）

（1）按桥墩构造设置图层

打开 AutoCAD 2008，创建新的图形文件，文件命名为“桥墩 . dwg”。并按照桥墩结构由上至下设置图层，包括“0”“盖梁层”“墩柱层”“承台层”“桩柱层”“轴线层”等。

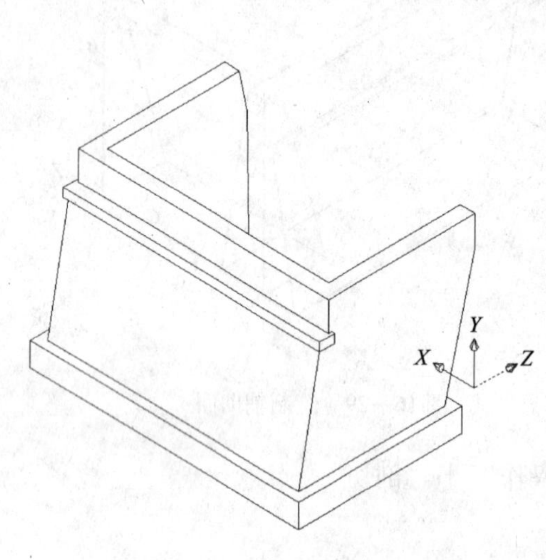

图 16—31 并集处理

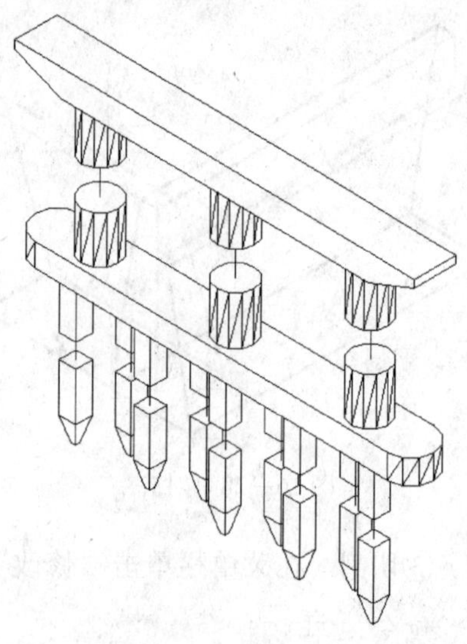

图 16—32 桥墩的三维实体图

（2）绘制桥墩三维实体图

根据桥墩构造图（图 16—1）绘制桥墩的三维实体图。

1）在盖梁层绘制盖梁。

①在东南等轴测视图上调整坐标，如图 16—33 所示。用“多段线”命令画出盖梁的立面图。

```
命令:_pline
指定起点:0,0,0↙
指定下一个点或[圆弧(A)/半宽(H)/长度(L)/放弃(U)/宽度(W)]:@ 0,-16↙
指定下一点或[圆弧(A)/闭合(C)/半宽(H)/长度(L)/放弃(U)/宽度(W)]:@100,-40↙
指定下一点或[圆弧(A)/闭合(C)/半宽(H)/长度(L)/放弃(U)/宽度(W)]:@660,0↙
指定下一点或[圆弧(A)/闭合(C)/半宽(H)/长度(L)/放弃(U)/宽度(W)]:@100,40↙
指定下一点或[圆弧(A)/闭合(C)/半宽(H)/长度(L)/放弃(U)/宽度(W)]:@ 0,16↙
指定下一点或[圆弧(A)/闭合(C)/半宽(H)/长度(L)/放弃(U)/宽度(W)]:c↙
```

②用建模工具中的“拉伸”命令将如图16—33所示的立面拉伸成实体。

命令:_extrude

当前线框密度:ISOLINES = 4

选择要拉伸的对象:找到 1 个(捕捉盖梁立面)

选择要拉伸的对象:↙

指定拉伸的高度或[方向(D)/路径(P)/倾斜角(T)]<0.0>:-90↙

2）绘制墩柱的实体图。

①在盖梁层调整坐标到盖梁底面位置，如图16—34所示。

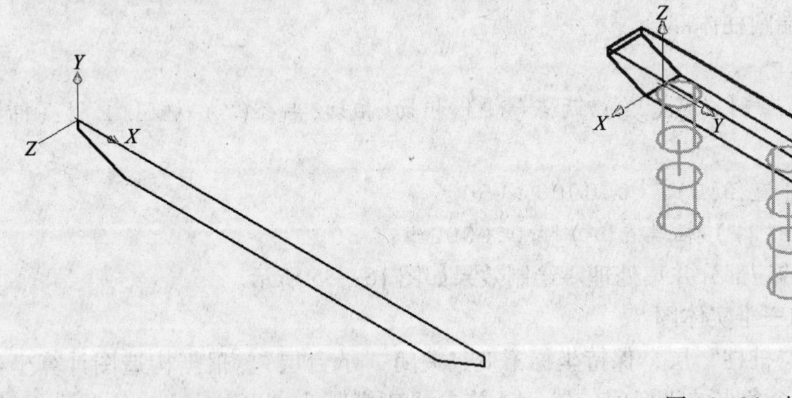

图16—33　盖梁立面图　　图16—34　墩柱位置图

②在墩柱层上画墩柱。用建模工具中的“圆柱体”命令（此时可关闭其他层）绘制。

命令:_cylinder

指定底面的中心点或[三点(3P)/两点(2P)/相切、相切、半径(T)/椭圆(E)]:_from 基点:<偏移>:@ 0,40,0↙(用“对象捕捉”工具中的“捕捉自”命令捕捉坐标原点)

指定底面半径或[直径(D)]:40↙

指定高度或[两点(2P)/轴端点(A)]:-100↙

③用“复制”命令复制下半个墩柱，间距80。

命令:_copy

选择对象:找到 1 个(捕捉半个墩柱)

选择对象:↙

当前设置:复制模式 = 多个

指定基点或[位移(D)/模式(O)]<位移>:指定第二个点或<使用第一个点作为位移>:180↙(捕捉坐标原点)

指定第二个点或[退出(E)/放弃(U)]<退出>:↙

画出连接2个半截墩柱的轴线（轴线两端点分别在上、下圆的圆心上）。

④阵列出其他2个墩柱。用“矩形阵列”命令：1行，3列，列偏移290，阵列角度90。绘制效果如图16—34所示。

(3) 绘制承台三维实体图（图16—35)

1）在“墩柱层”上移动坐标到下半个墩柱的底平面圆心位置，各轴向不变，然后关闭“墩柱层”和“盖梁层”。

2）绘制承台中间长方体部分。

命令:_box

指定第一个角点或[中心(C)]:_from 基点:<偏移>:@50,-90↙(捕捉原点)

指定其他角点或[立方体(C)/长度(L)]:@-100,760↙

指定高度或[两点(2P)]<-100.0000>:-50↙

3）绘制承台两端圆柱体部分。

命令:_cylinder

指定底面的中心点或[三点(3P)/两点(2P)/相切、相切、半径(T)/椭圆(E)]:(捕捉中点)

指定底面半径或[直径(D)]<0.0000>:50↙

指定高度或[两点(2P)/轴端点(A)]<0.0000>:-50↙

4）对以上承台的三部分并集处理。绘制效果如图16—35所示。

(4) 绘制桩柱的三维实体图

1）转换图层到“桩柱”层，保持坐标不变，关闭“承台层”。根据构造图计算坐标原点到桩柱顶平面上一个角点的坐标值。然后，单击“建模” | “长方体”，绘制半根桩柱，如图16—36所示。

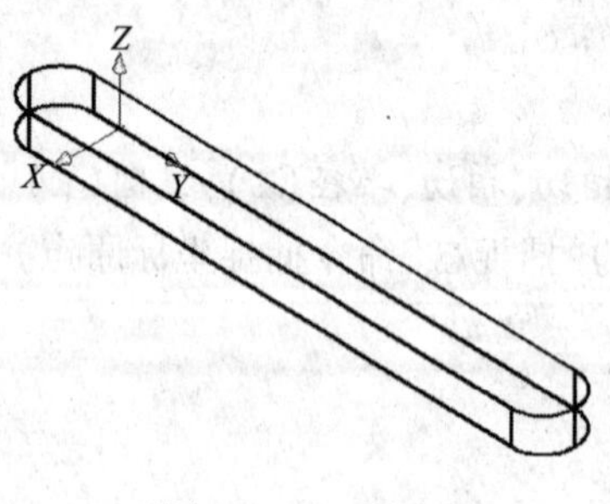

图16—35 承台

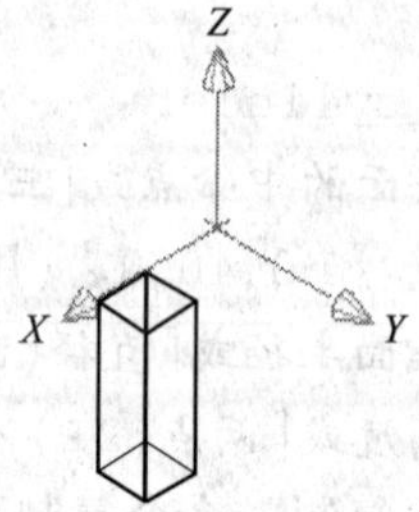

图16—36 半根桩柱

命令:_box

指定第一个角点或[中心(C)]:2.5,-12.5↙

指定其他角点或[立方体(C)/长度(L)]:@35,-35↙

指定高度或[两点(2P)]<0.0000>:-100↙

垂直向下位移50。

2）复制出下半根桩柱间距50，并画出连接2个半截桩柱的轴线（轴线两端点分别在上、下正方形的形心上)。

3）拉伸锥尖。

①计算锥尖角度 α：$\alpha = \arctan 12.5/50 = 14.04°$。

②移动坐标到下半截桩柱的底平面中心，如图16—37所示。

```
命令:_extrude("实体编辑"|"拉伸")
当前线框密度:ISOLINES=4
选择对象:找到1个(捕捉底面)
选择对象:
指定拉伸高度或[路径(P)]:-50↙
指定拉伸的倾斜角度<0>:14.04↙(拉伸出桩柱锥尖,如图16—37所示)
```

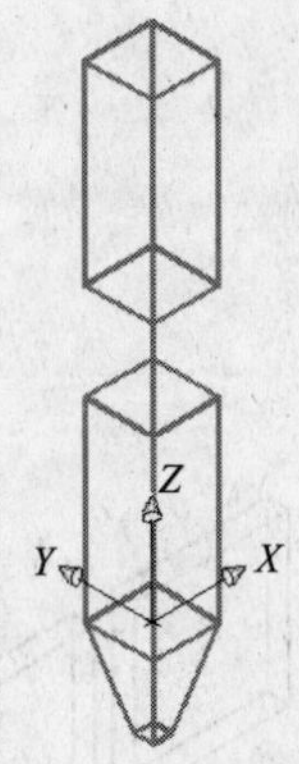

图16—37 整根桩柱

4）阵列和复制出所有的桩柱。

（5）并集处理全部构件

打开4个构件图层，关闭其他所有图层，并集全部构件，然后消隐处理，获得图16—32。

3. 绘制主梁三维实体图

根据图16—2主梁结构图（尺寸以cm计）绘制10 m跨主梁和20 m跨中主梁。

（1）新建文件，命名为“10 m跨主梁.dwg”，并作相应的图层设置。

（2）根据主梁结构图绘制主梁三维实体图。

1）绘制中主梁截面图。

2）画主梁梁体。

①在东南等轴测视图上，画出中主梁截面，不含两侧翼板。然后，面域成面。

②用建模工具的“拉伸”命令拉伸成主梁梁体的三维实体。

3）画翼板。

①在梁体的端部画翼板面的封闭线框，并面域成面。

②用建模工具的“拉伸”命令拉伸出翼板实体。

③用“镜像”命令绘出另一侧的翼板实体，如图16—38所示。关闭“主梁梁体层”。

④调整坐标至如图16—38所示的位置，移动两侧翼板到端翼板位置，移动距离23。

⑤再调整坐标至图16—38所示位置，用“阵列”绘制两侧翼板：列偏移470。

4）打开主梁体层和翼板层，关闭其他层，对所有实体进行并集处理，如图16—39所示。

（3）绘制边主梁，方法同上。只是左边主梁没有左翼板，右边主梁没有右翼板。

（4）绘制20 m跨中主梁和边主梁，方法同上，只是尺寸不同。

4. 绘制简支梁五孔桥三维实体图

按照总体布置图（图16—40），将各个构件组装成整体桥梁，然后并集处理。绘制步骤参照图16—41～图16—43所示的各个构件连接位置的节点图。

（1）新建文件，命名为“五孔桥.dwg”，并作相应的图层设置。

（2）设置东南等轴测视图。先建立桥梁的坐标，即绘制出横向、纵向各个轴线，如图16—44所示。

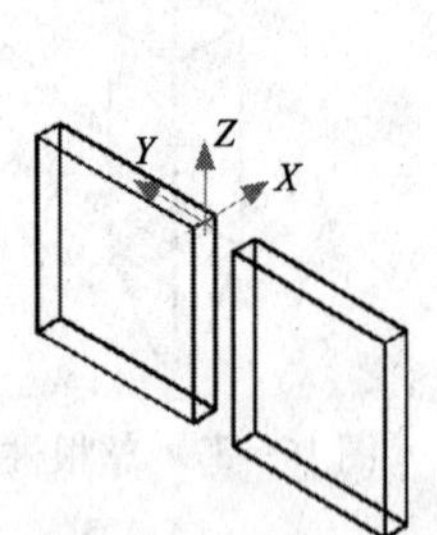

图 16—38　两侧翼板

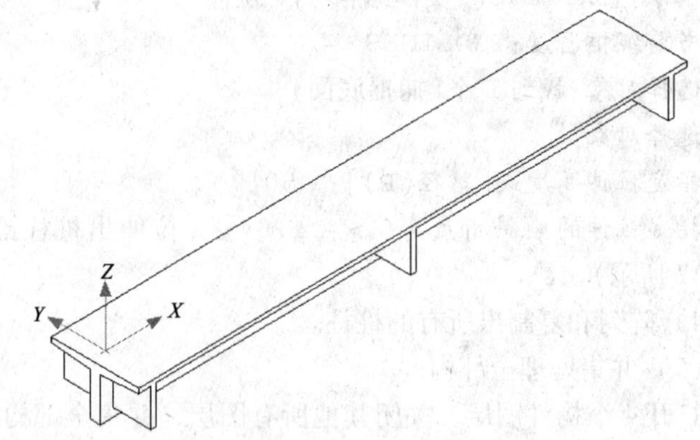

图 16—39　主梁三维实体图

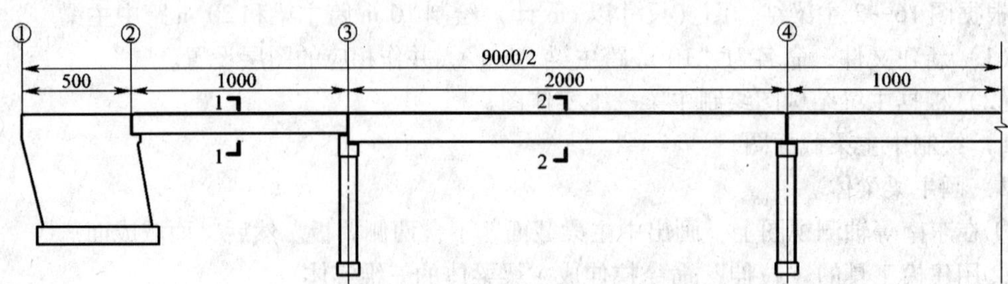

图 16—40　五孔桥总体布置图（立面图）

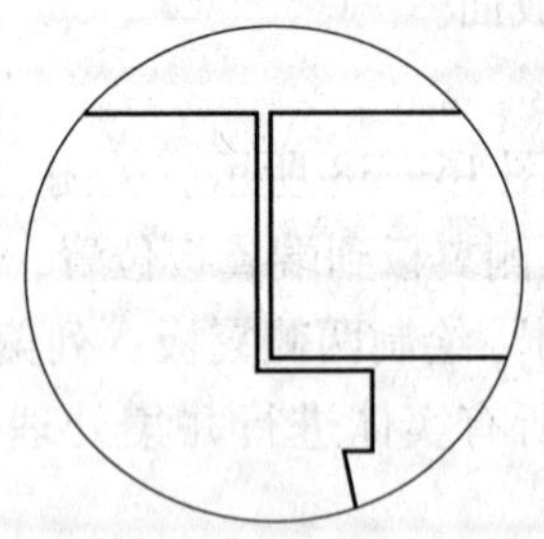

图 16—41　立面 2 号桩节点图

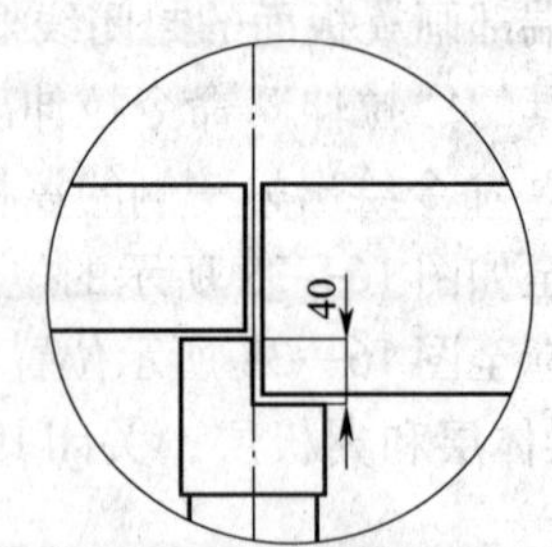

图 16—42　立面 3 号桩节点图

（3）插入桥台的三维实体图。以桥台顶平面前沿的中心点为移动基点，使其与到 2 号桩下的定位点重合，如图 16—45 所示。

（4）按照如图 16—46 所示布置 6 片 10 m 跨主梁。

1）先绘出每片梁顶平面上的纵轴线，再绘出边主梁位置的纵轴线。

2）将中主梁放在最边上，以上述 2 个轴线的中点为对齐点。

图 16—43　立面 4 号桩节点图

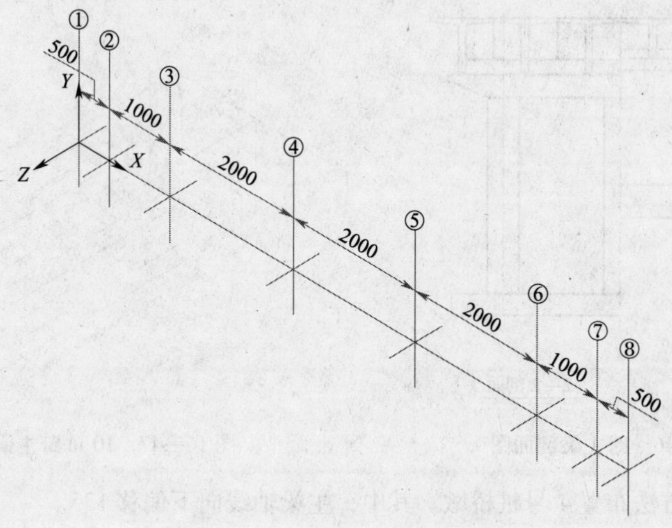

图 16—44　坐标（横向、纵向轴线）

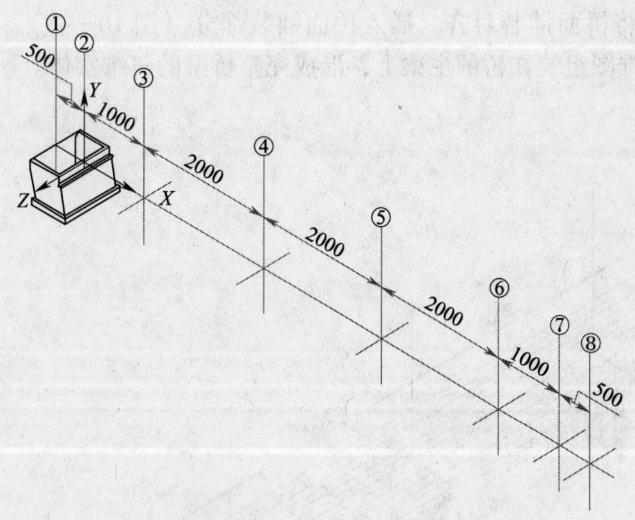

图 16—45　桥台定位

3）阵列中主梁：列偏移 158，6 列。

4）用边主梁换掉两个在边上的中主梁，如图 16—47 所示。

（5）布置 3 号桩桥墩。

1）将桥墩图插入“五孔桥 . dwg”图形中。

2）调整好位置后，首先按照如图 16—42 所示立面图 3 号桩节点图，绘制出盖梁上的台阶，然后进行并集处理。

3）将主梁顶平面中轴线向下偏移 95。

4）移动桥墩，使桥墩的中点和刚偏移下来的中轴线中点对齐。

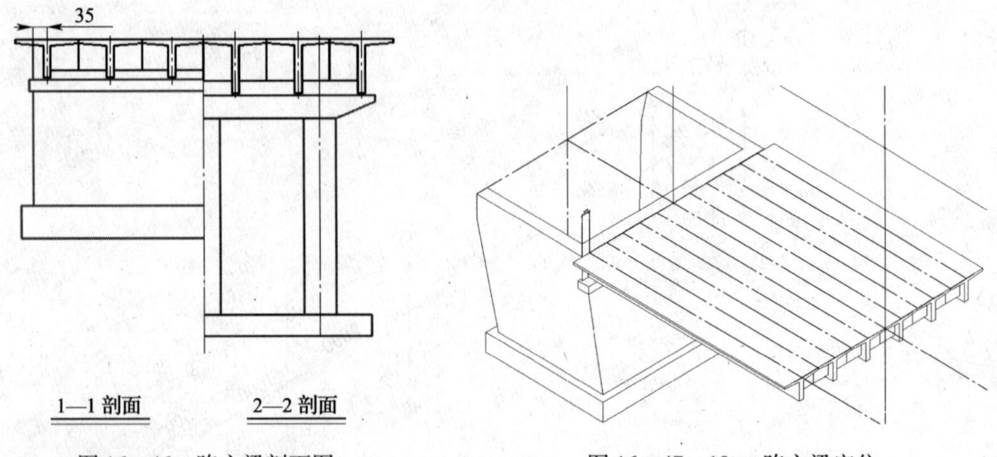

图 16—46 跨主梁剖面图

图 16—47 10 m 跨主梁定位

（6）按上述方法布置 4 号桩桥墩。其中，主梁轴线向下偏移 135。

（7）按照步骤 5 的方法布置 20 m 跨主梁。

（8）以桥中心为镜面，将前面左半个桥镜像到右半面。

（9）按照坐标将桥面铺装对齐，插入桥面铺装部分（图 16—48）。再经移动、复制等操作，将各部分三维图组装在桥的主梁上，形成完整桥梁的三维实体。

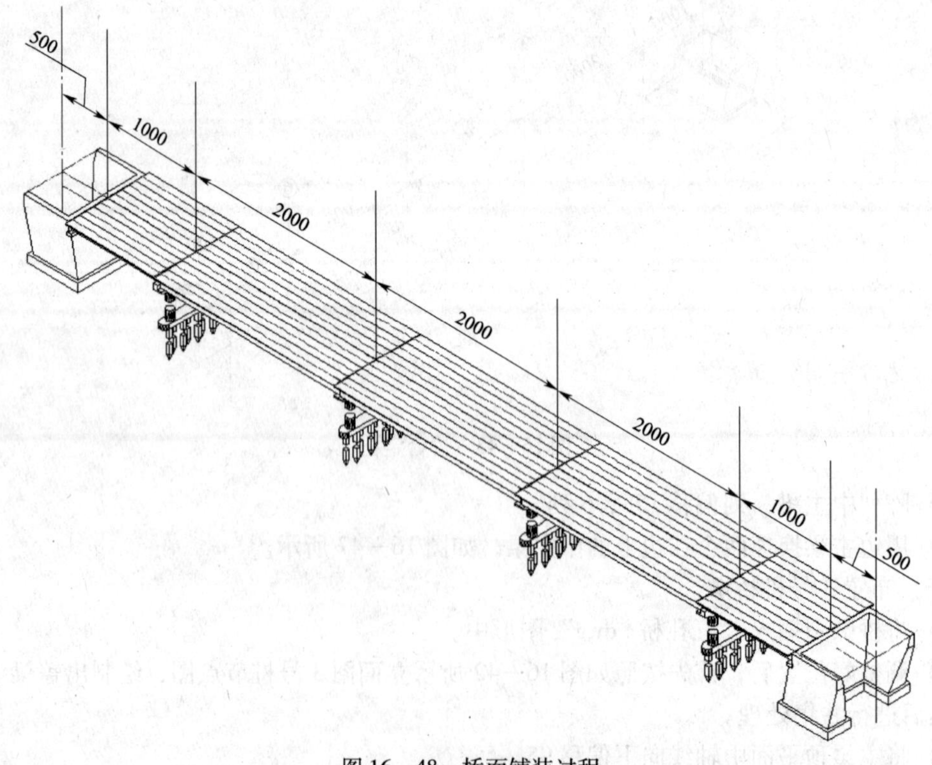

图 16—48 桥面铺装过程

1. 各个主梁的顶平面与桥台的顶平面共面。

2. 各个主梁的底平面与台帽的顶平面、盖梁的顶平面之间留有5 cm的距离，是支座的高度（支座在图中省略）。

3. 组装时，以各部件横纵中线的交点与相应轴线的交点为对齐点，较易对齐。

思考与练习

1. 已知T形梁的横截面尺寸如习题图16—1a所示（单位为cm）。T形梁的长度为2 000 cm，使用“拉伸”命令绘制T形梁三维实体图，如习题图16—1b所示，并用轴测方法观察。

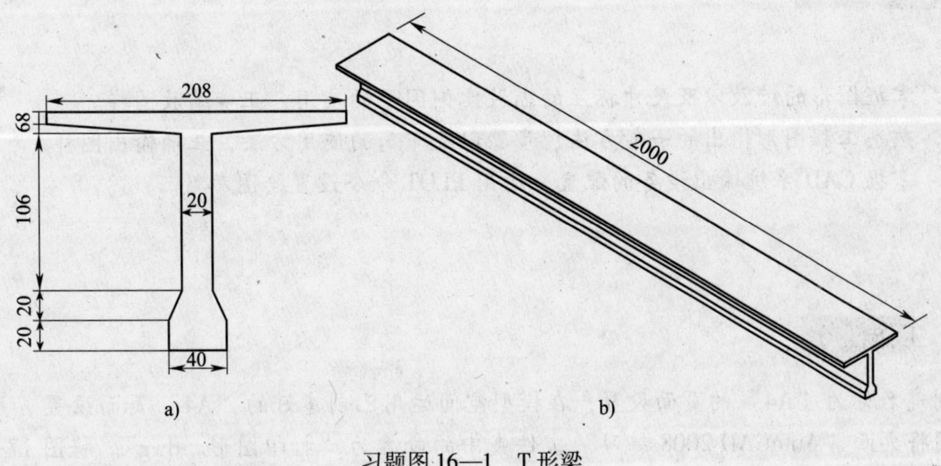

习题图16—1 T形梁

a）横截面 b）三维实体图

2. 练习绘制“简支梁五孔桥三维实体图”。

任务17

输出桥梁立面图

1. 掌握图形的缩放以及尺寸标注的缩放比例因子的应用，正确缩放图样。
2. 熟悉工程图形输出的一般方法、步骤以及布局的使用方法，正确输出图样。
3. 掌握CAD系统输出设备的配置，运用PLOT命令设置绘图参数。

创建名称为“A4”的页面设置，在模型空间运用已创建好的“A4”页面设置。并在模型空间将桌面“AutoCAD 2008练习”文件夹中的命名为“打印图形. dwg”。将图17—1所示桥梁立面图按照一定的比例缩放，然后移入A4图框，打印在A4图纸上。

首先打开“打印图形.dwg”文件，根据标注尺寸与A4图幅的大小，确定合适的缩放比例，然后将预打印图形通过“移动”命令插入画好的A4图框内，进行页面设置后，进行打印。

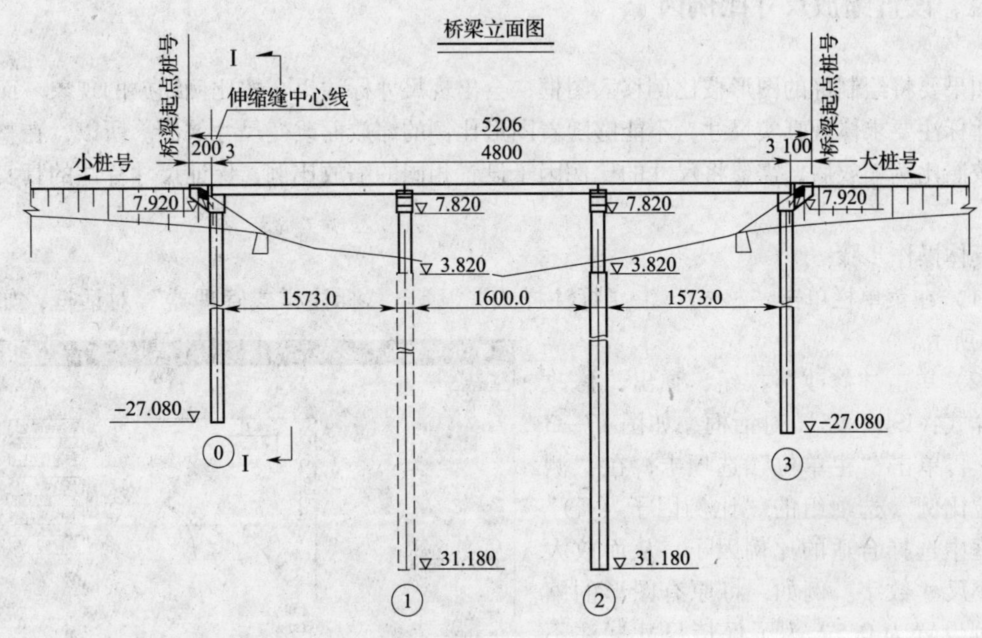

图 17—1　桥梁立面图

一、确定图形比例的方法

在 AutoCAD 绘图中，确定图形比例一般有 2 种方法：

1. 按缩放比例绘图，按 1∶1 比例输出

首先，确定总体图样的图幅尺寸；其次，图形各个部分均根据其在图中布局大小，按比例缩小绘制；最后，在输出设备输出图样时，按照 1∶1 的比例输出。

2. 按 1∶1 比例绘图，按缩放比例输出

按照 1∶1 的比例绘图，然后再将图形按照一定比例缩放，插入确定的图样图幅中。或者通过输出设备输出时，再将所绘图样按一定比例来输出。

在图形缩放的同时，标注的数值、数字外观大小、标注尺寸界线和箭头也按比例变化，易导致图形和标注不协调甚至失真。应该合理设置比例，及时调整标注的比例。

二、设置缩放尺寸比例因子

如果要将绘制好的图形按比例移入图框，会出现尺寸标注也会按比例缩放的现象。而图形尺寸标注要求体现真实尺寸，不能够随着图形比例的缩放而改变尺寸数值。所以，在整体图形按照比例缩放后，需要将尺寸的比例因子设置相同的缩放比例，保证尺寸标注的真实尺寸。

具体操作步骤：

（1）在菜单栏单击“格式”｜“标注样式”，弹出“标注样式管理器”对话框，如图17—2所示。

（2）单击“修改”按钮，弹出“修改标注样式：ISO－25”对话框，如图17—3所示。再单击“主单位”选项卡，在“测量单位比例”选项组的“比例因子（E）”数值框中选择合适的比例因子，从而放大或缩小尺寸数字。例如，将原有图形的缩放比例设置为0.5，为了保持尺寸标注不变，可以将尺寸标注的比例因子置为2，即可保持尺寸标注的比例为1，尺寸的数值将保持不变，如图17—3所示。

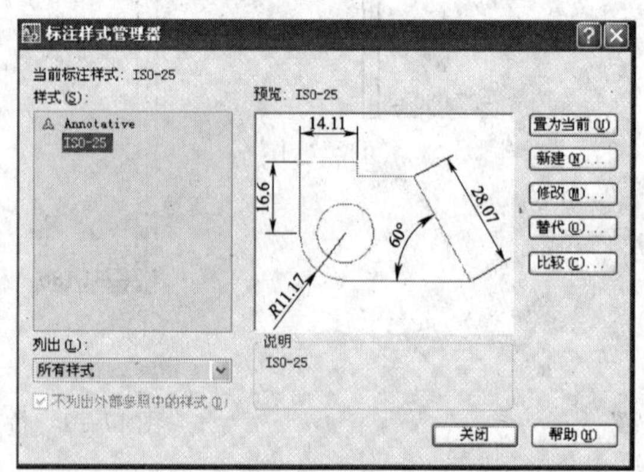

图17—2 “标注样式管理器”对话框

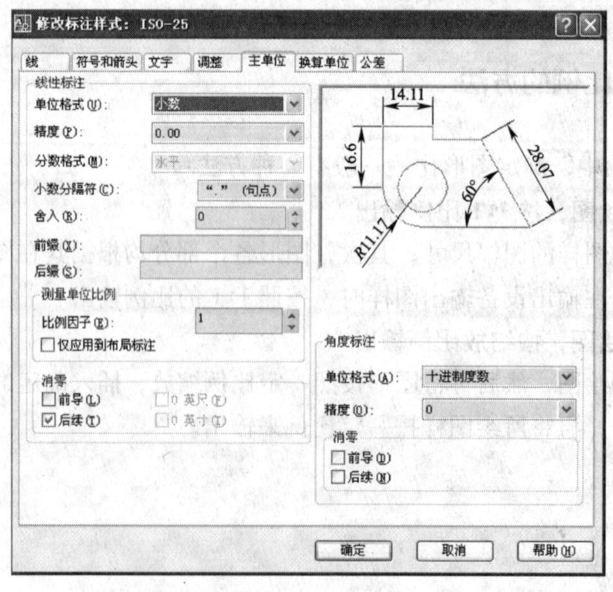

图17—3 “修改标注样式：ISO－25”对话框

三、打印准备工作

在打印之前，要配置好打印设备（打印机/绘图仪），并进行页面设置。

1. 配置打印机设备

常见的打印设备分为打印机、绘图仪。具体配置操作如下：

（1）配置 Windows 系统打印机

在“控制面板”中，选择“打印机和其他硬件”，再选择“添加打印机”，按“添加打印机向导”对话框所指引的方法添加打印机。

（2）配置 Autodesk“绘图仪管理器”中绘图仪

启动 AutoCAD 2008，在菜单栏单击“文件”｜“绘图仪管理器”，打开“Plotters”文件夹，双击“添加绘图仪向导”图标，弹出“添加绘图仪——简介”对话框，单击“下一步”，然后根据需要按“添加绘图仪向导”所指引的方法添加打印机。

2. 页面设置

页面设置决定打印输出的格式和外观，即通过指定页面设置准备要打印的图形。页面设置连同布局都保存在图形文件中，以后执行“打印“命令打印其图形文件时，可以不必重复设置。常用页面设置方式有 2 种：

（1）执行“页面设置”（PAGESETUP）命令

在“页面设置管理器”对话框中，对为图形文件创建命名进行页面设置（或修改已有页面设置）。启用该命令的方法有 3 种：

1）在菜单栏单击“文件”｜”页面设置管理器”。

2）右键单击，弹出命令快捷菜单，单击“模型”选项卡｜”页面设置管理器”。

3）在命令行输入“PAGESETUP”。

（2）执行“打印”（PLOT）命令

利用“打印”命令进行“页面设置”有 3 种方法：

1）在”打印—模型”对话框中，设置参数、添加页面设置。

2）在“页面设置”名称下拉列表中，选择“输入……”选项。

3）将其他图形文件的页面设置输入当前图形文件中。

四、打印

用 PLOT 命令可将 AutoCAD 图形文件内容打印到图纸上或输出到文件上。启用该命令的方法有 4 种：

（1）在菜单栏单击“文件”｜”打印”。

（2）工具栏单击“标准”按钮，或快速访问“打印机”按钮 。

（3）右键单击，在弹出的快捷菜单中单击“模型”选项卡｜”打印”。

(4) 在命令行输入“PLOT”。

1. 计算缩放比例

打开桌面“AutoCAD 2008 练习”文件夹中的“打印图形.dwg”。如图 17—1 所示桥梁立面图是按照 1:1 的比例绘制的，现准备将其打印输出到 A4 图纸上。因此，要将桥梁立面图缩放后移动到 A4 图框里。打印输出的第一步要确定缩放比例。图形长度约为 8 000 cm，宽度约为 5 000 cm，A4 图幅的尺寸为 297 mm × 210 mm。计算出缩放比例，为 1:500。

2. 按比例缩小图形并设置尺寸标注比例因子

(1) 整体缩放图形文件

命令:_scale

选择对象:指定对角点,找到 236 个(鼠标选择要缩放对象)

选择对象:↙

指定基点:(根据空间位置单击图形界面的任一点)

指定比例因子或[复制(C)/参照(R)]<1.0000>:0.002↙

得到缩小 500 倍的图形，其中包括线性尺寸标注中的尺寸数字同比例缩小。

(2) 设置尺寸缩放的比例因子

为了保持尺寸标注是真实尺寸，需要设置缩放尺寸比例因子。

1) 在菜单栏单击“格式” | “标注样式”，弹出“标注样式管理器”对话框。

2) 单击“修改”按钮。在弹出的“修改标注样式：线性标注 1：500”对话框中（图 17—4），单击“主单位”选项卡，在“比例因子（E）”数值框中设置“500”。单击“确定”按钮，关闭该对话框。此时，尺寸标注显示真实尺寸。

缩放范围过大可能会需要从新设置标注样式中字体、符号和箭头等。

3. 打印图形

(1) 在菜单栏单击“文件” | “页面设置管理器”。

(2) 弹出“页面设置管理器”对话框，如图 17—5 所示。单击“新建”按钮，弹出“新建页面设置”对话框，在“新建页面设置名”文本框中输入“A4”，单击“确定”按钮，如图 17—6 所示。

(3) 在弹出的“页面设置—模型”对话框中，设置打印参数，如图 17—7 所示。单击“确定”按钮，关闭对话框，完成页面设置。

(4) 在菜单栏单击“文件” |”打印”，弹出”打印—模型”对话框，设置参数，如图 17—8 所示。

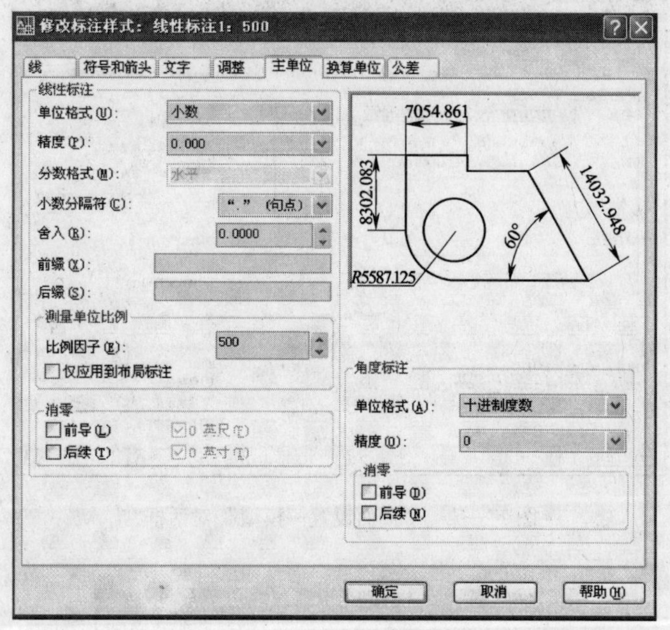

图 17—4 “修改标注样式：线性标注 1∶500”对话框

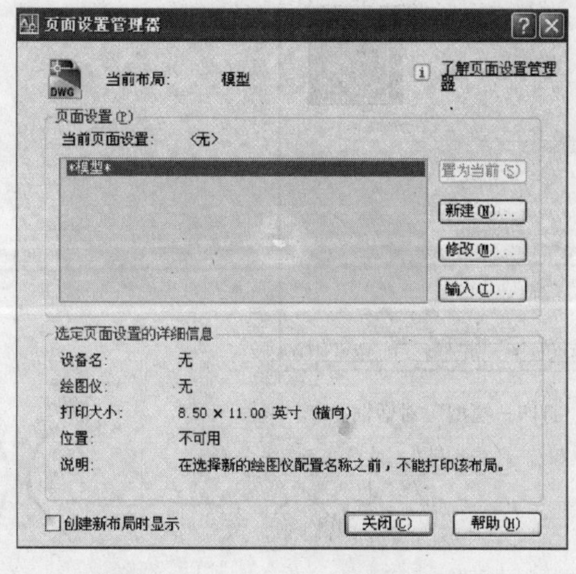

图 17—5 “页面设置管理器”对话框

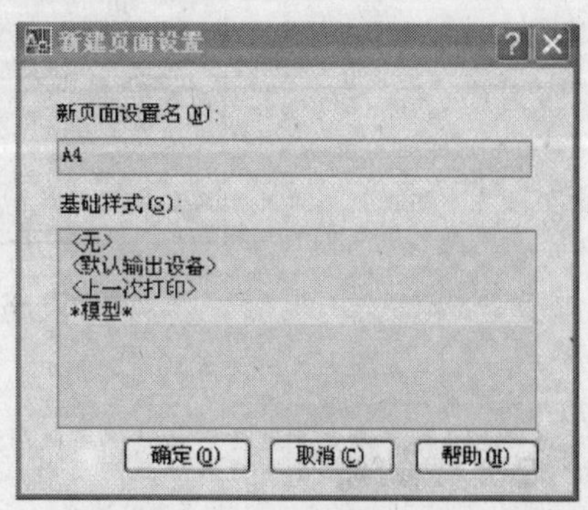

图 17—6 “新建页面设置”对话框

（5）在该对话框的“页面设置”选项组中，从“名称”下拉列表框中的参数中（包括<无>、<上一次打印>、A4、输入……），选择格式“A4”。单击“确定”按钮，完成打印模型的设置。然后，打印输出桥梁立面图即可。

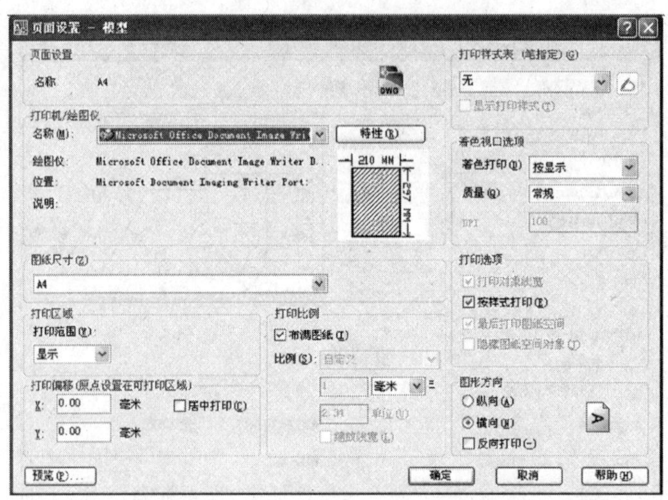

图 17—7 “页面设置—模型”对话框

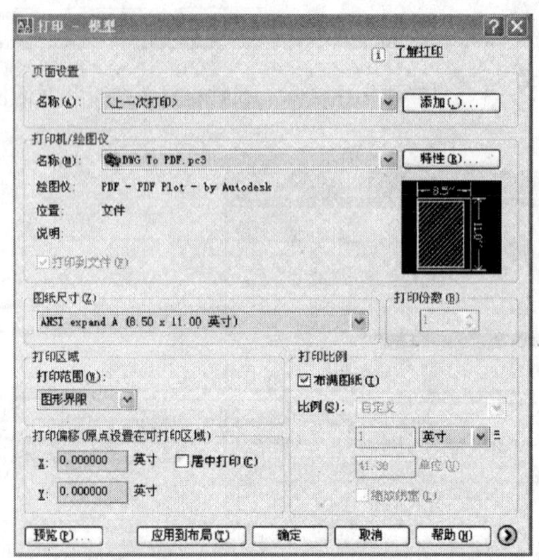

图 17—8 “打印—模型”对话框

思考与练习

将图 17—1 所示桥梁立面图打印输出到标准 A3 图框中，共打印 2 份。要求：图幅尺寸选择 A3；打印区域选项区，“打印范围”设置为图形界限；图形方向为“A3 横向”；打印偏移，选择”居中打印”；打印比例选择“布满图纸”（整图缩放）。

任务 18

综合实训——绘制平交平面图

学习目标

1. 掌握绘制综合道路工程图中的典型图样的思路和步骤。
2. 掌握图样的绘制、输出比例的选择。

工作任务

绘制以下典型道路工程图。

图 18—1 所示路线纵断面图，文件命名为“18 – 1. dwg”。

图 18—2 所示桥型布置图，文件命名为“18 – 2. dwg”。

图 18—3 所示涵洞纵断面图，文件命名为“18 – 3. dwg”。

图 18—4 所示路基防护工程图，文件命名为“18 – 4. dwg”。

任务分析

常见的道路、桥梁工程设计图一般都是综合、复杂的图形。这些图形往往包含了前面的任务所学习的典型单元图形。面对综合性的工程图，在绘图之前需要掌握一定的绘制思路和方法：

1. 首先识读所要绘制的工程图图形，通过分析，基本了解绘图的主要内容及其基本形态。如果有现成的图样作为参考，就要读懂其中各部分的含义。这有助于在随后的绘图中减少错误，同时也可以加快绘图速度。

K0+000—K0+350
第 × 页 共 × 页
工程起点
K0+000
10
9
8
7
6
5
4
3
2
1
0
-1
-2
-3
-4
-5
垂直比例
水平比例
设计高程(m) 5.76 5.76 5.76 5.76 5.76 5.76 5.76 5.76 5.74 5.70 5.65 5.59 5.52 5.43 5.32 5.20 5.08 4.96 4.89
地面高程(m) 5.30 5.29 5.31 5.30 5.29 5.29 5.29 5.28 5.29 4.48 2.18 1.64 1.64 2.45 2.27 2.27 2.25 2.41 2.44
填挖高度(m) 0.46 0.47 0.45 0.46 0.47 0.47 0.47 0.47 0.44 1.22 3.47 3.95 3.87 2.97 3.05 2.93 2.83 2.54 2.46
坡度(%)坡长(m) 5.76 0.000 210.00 +210 5.76 -0.622 140.00(230.00)
里程桩号 K0+000 +020 +040 +060 +080 1 +120 +140 +160 +180 2 +220 +240 +260 +280 3 +320 +340 K0+350
直线及平曲线 R-∞ JD1 I-10° 26′ 15.8″ (Z) R-800 Ls-70.
×× 设计院
×× 工程
路线纵断面图
设计 ×××
复核 ×××
审核 ×××
日期 ××××.××
图号 ××-2

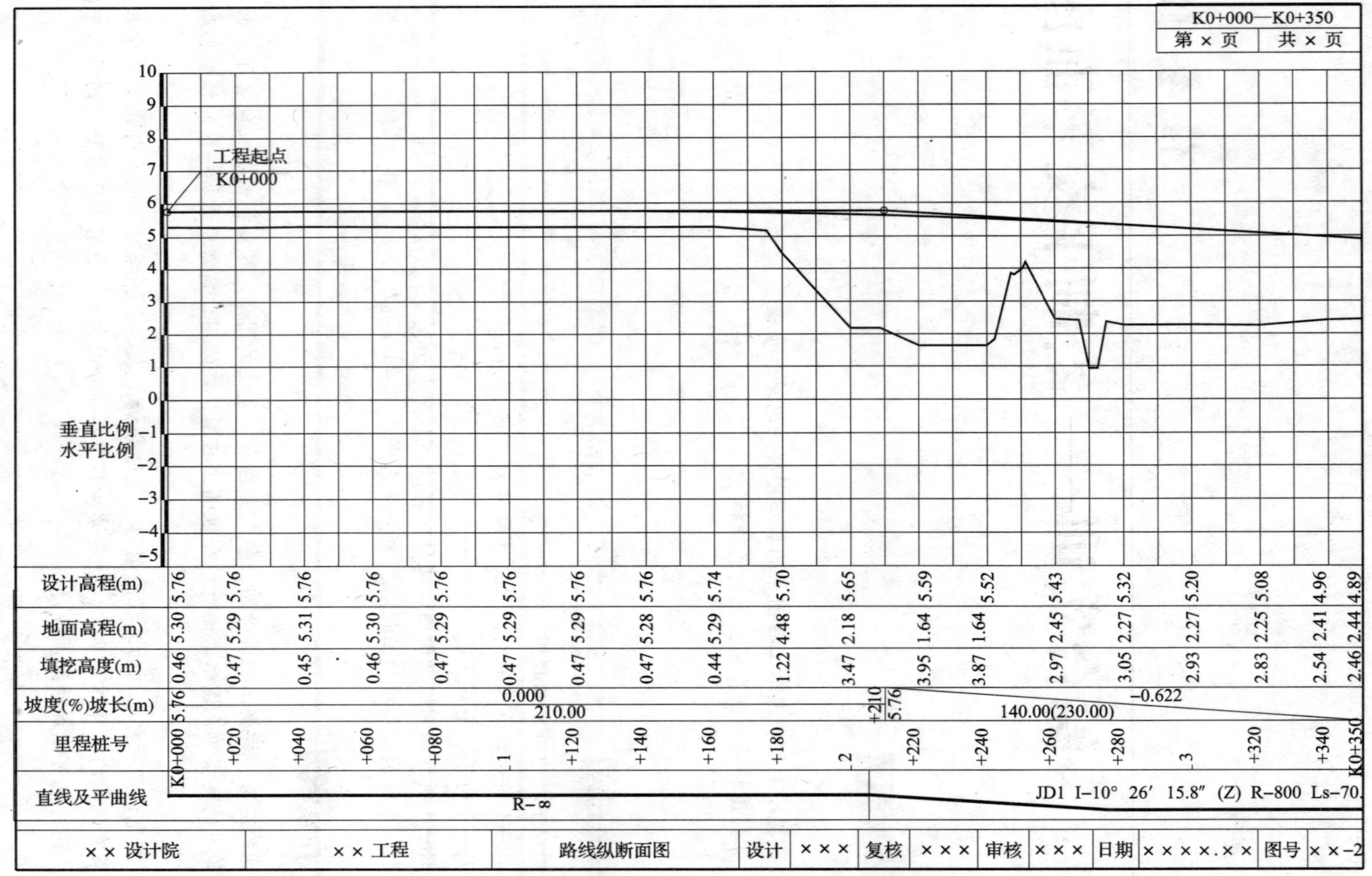

图18—1 路线纵断面图

第1页
共1页
立面
桥梁起点桩号
伸缩缝中心线
小桩号
5206
4800
2003
320
桥梁终点桩号
大桩号
7.920
7.820
3.820
1576.7
1600
-32.080
-32.180
-37.180
I-I
II-II
4cmSMA-13改性沥青砼
6cmAC-20沥青砼
YN防水
8-14.75-8cmC40防水砼(W6)
80cm厚空心板梁
10.08
桥台盖梁
桥墩盖梁
浆砌片石护坡示意图
M7.5浆砌片石
1:2
砂砾垫层
平面
桥位中心线
桥梁中心线
泄水孔
说明：
1.本图尺寸：高程、里程桩号以米计外，其余均以厘米为单位,比例1：500。
2.设计荷载：公路—Ⅰ级。图中所指高程均为桥梁中心线处高程。
3.本桥上部采用10m钢筋混凝土空心板，桥面连续，桥墩桥台采用灌注桩基础。
4.本桥在0号桥台、4号桥台处分别设置一道GQF80-Z型桥台伸缩缝。
5.桥下以及桥头上下游两侧5米以内设置浆砌片石护坡，坡比可根据实际地形调整，浆砌片石60m³,碎石20m³。
××设计院
××运河工程
桥型布置图
设计
审核
复核
日期
图号

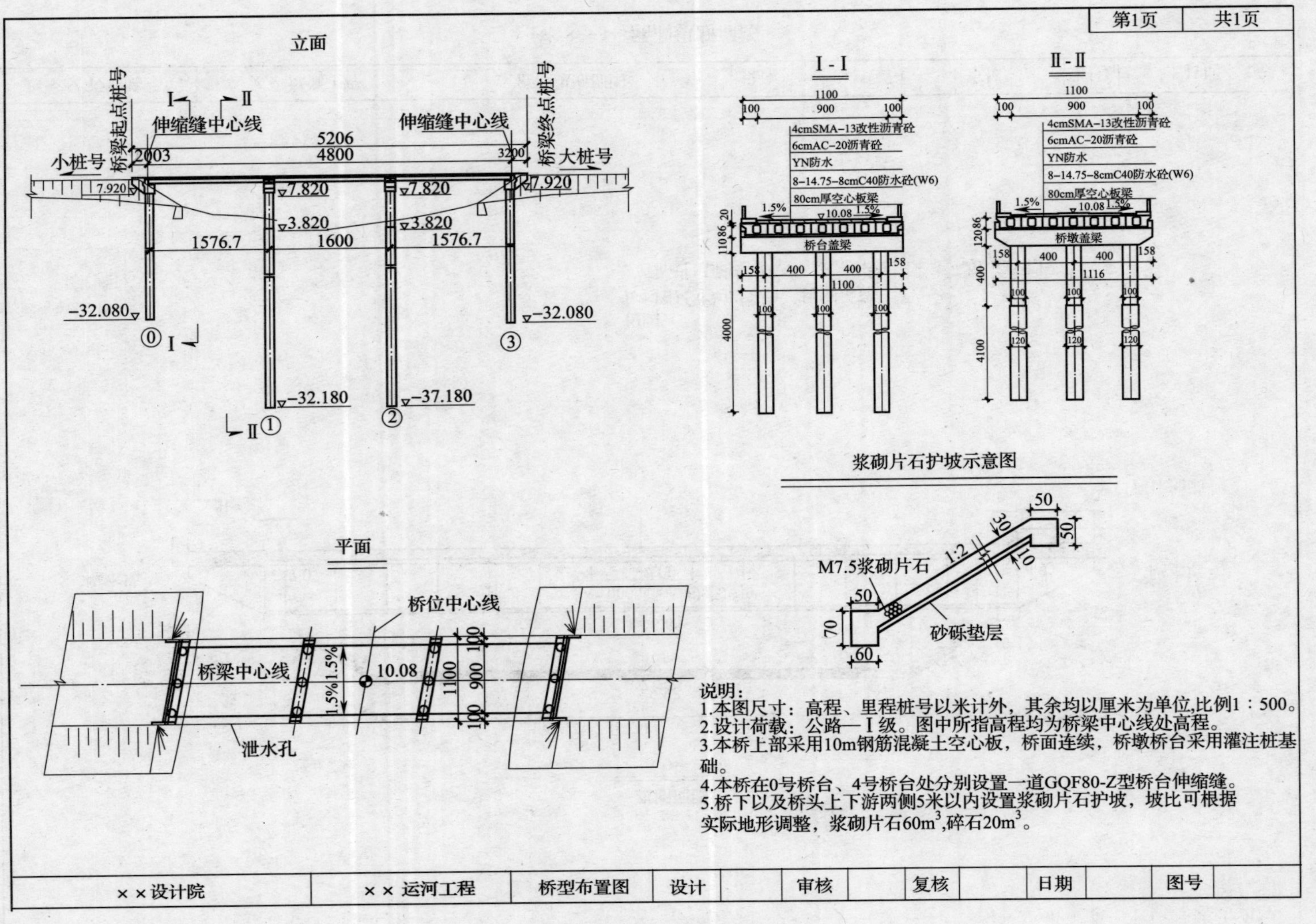

图18—2 桥型布置图

第 1 页
共 1 页
纵断面图
10.00
填土高度1.25
9.98
1:1.5
1:1.5
端墙
翼墙
隔水墙
7.07
端墙
8.65
6/1000/cosφ 投影坡度
7.00
9.15
端墙
翼墙
6.93
隔水墙
洞口河床铺砌
说明：
1.本图尺寸均以米计，比例示意。
2.管涵进出形式为八字墙式，平面图未表示填筑路情况。
××设计院
××涵洞工程
涵洞纵断面图
设计
复核
审核
图号
日期

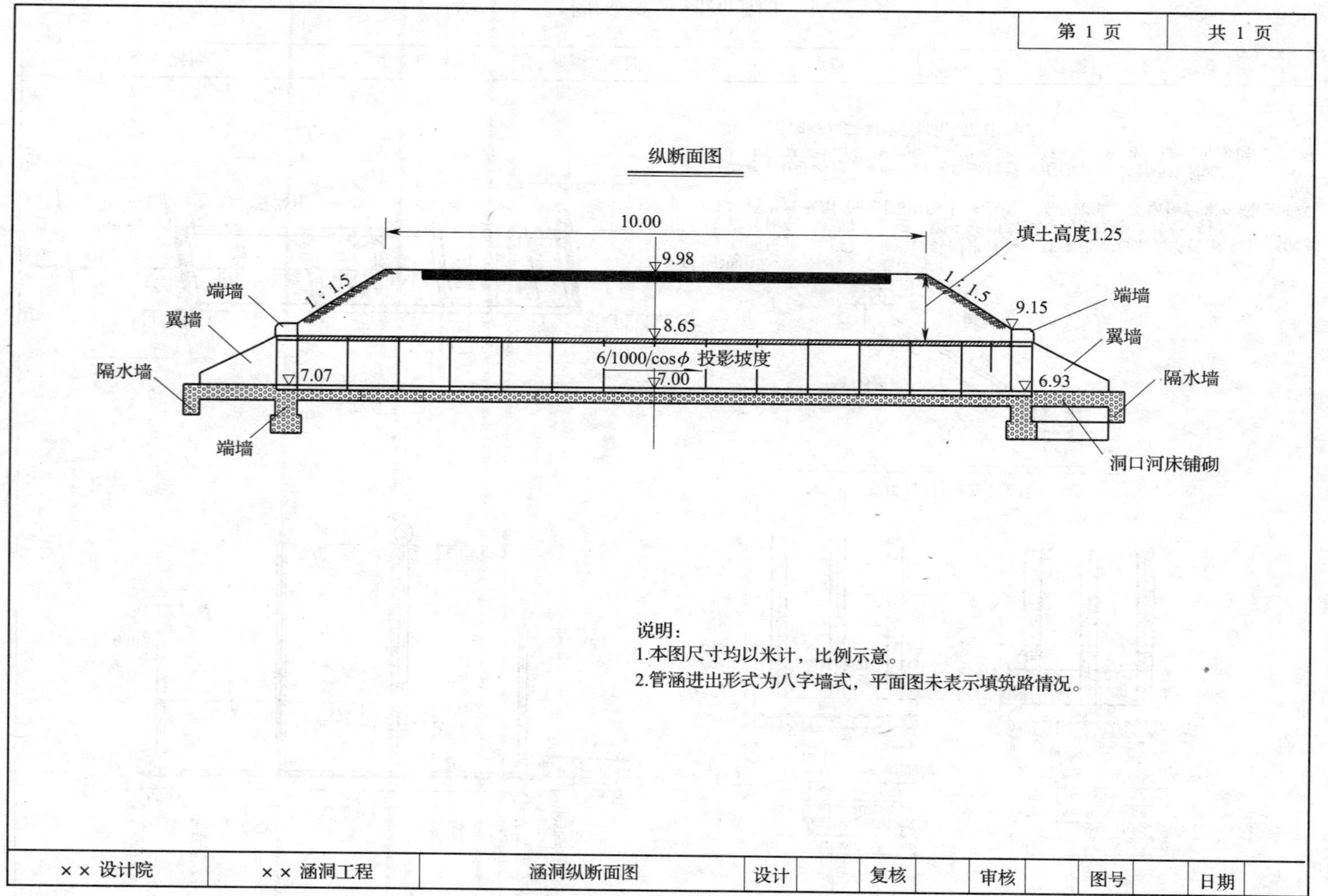

图18—3 涵洞纵断面图

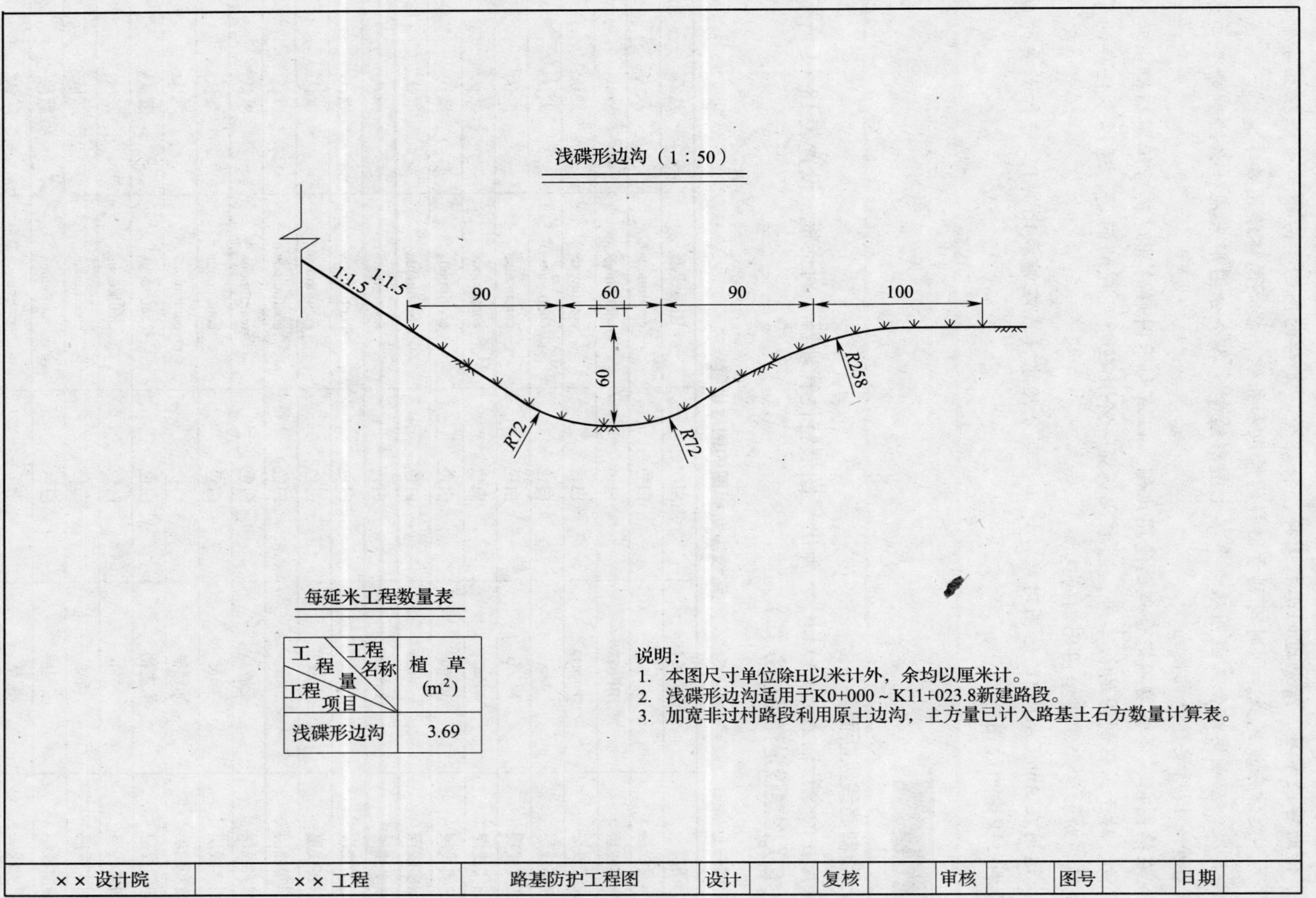

每延米工程数量表

工程量 / 项目 / 工程名称	植草 (m^2)
浅碟形边沟	3.69

说明：
1. 本图尺寸单位除H以米计外，余均以厘米计。
2. 浅碟形边沟适用于K0+000～K11+023.8新建路段。
3. 加宽非过村路段利用原土边沟，土方量已计入路基土石方数量计算表。

××设计院	××工程	路基防护工程图	设计		复核		审核		图号		日期	

图18—4 路基防护工程图

2. 借助曾经学习、绘制过的工程图样，将综合、复杂的图形，分解为可以独立绘制的单元图形，便于分步完成，同时有利于图样的修改和组织，提高总体绘图效率。

3. 其次，应确定综合工程图从哪个单元图形绘制，各个分图形采用什么绘制命令与方法，及各个分图所要建立的图层。

4. 在绘图前，还需要确定合理的绘图比例，以有利于图形的呈现及后续图形输出时的比例缩放。对于工程制图的初学者，选取比例是一个比较难处理的问题。通过本任务的学习，能够帮助初学者掌握绘图比例的选择。

5. 运用在 AutoCAD 中的绘图对象，计算各部分尺寸（或在缩放比例），进行必要的设置，协调打印输出的图样。

1. 绘制路线纵断面

（1）在命令行输入“LAYER”，弹出“图层特性管理器”对话框，设置表 18—1 所示图层（有关图层设定详见任务 13）。

表 18—1　　路线纵断面图的图层设置

图层	图层名称	图层颜色	图层线型	线宽
细实线层	0	白色	continuous	默认
细实线层	BPD1	白色	continuous	默认
细实线层	chaogao	白色	continuous	默认
细实线层	dmx	白色	continuous	默认
细实线层	KCZH	白色	continuous	默认
细实线层	Pm	白色	continuous	默认
细实线层	shuju	白色	continuous	默认
细实线层	sjx	白色	continuous	默认
细实线层	xuxian	白色	continuous	默认
细实线层	ymx	白色	continuous	默认
细实线层	zmx	白色	continuous	默认
细实线层	zqx	白色	continuous	默认
细实线层	变坡点	白色	continuous	默认
细实线层	标尺	白色	continuous	默认
细实线层	标题栏	白色	continuous	默认
细实线层	构造物	白色	continuous	默认
细实线层	栏目	白色	continuous	默认
细实线层	桥梁	白色	continuous	默认
细实线层	图框层	白色	continuous	默认
细实线层	网格	灰 8	continuous	默认
细实线层	网格 1	白色	continuous	默认
细实线层	页码	白色	continuous	默认

（2）图框设定与绘制。目前，我国公路桥梁设计图多用 A3 图幅，其图纸尺寸为 420 mm × 297 mm（有关图框的设定与绘制详见任务 5）。

（3）绘制页码。

（4）绘制网格、栏目和标尺，如图 18—5 所示。绘制网格 1 时，行间距和列间距均设为 10 mm；绘制网格 10 时，行间距为 10 mm，列间距根据实际需要设定。

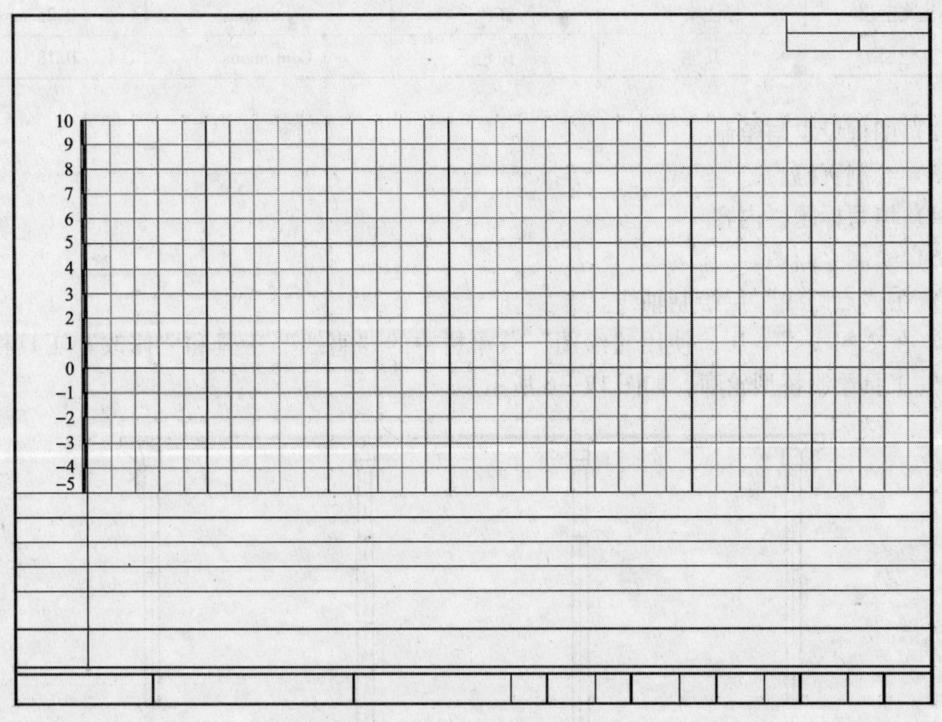

图 18—5　绘制网格、栏目和标尺

（5）填写标题栏、栏目内容，填写工程起点。

（6）绘制变坡点曲线、桥梁和构造物。

（7）绘制其他曲线，填写相应数据。

（8）检查全图，保存文件“18 - 1. dwj”。

2. 绘制桥型布置图

（1）设置表 18—2 所列图层。

表 18—2　　桥型布置图的图层设置

图层	图层名称	图层颜色	图层线型	线宽
中实线层	0	白色	Continuous	默认
图框层	图框	红色	Continuous	1. 0 mm
点画线层	点画线	洋红	ACAD_ ISO04W100	0. 18 mm
粗实线层	粗实线	白色	Continuous	0. 70 mm

续表

图层	图层名称	图层颜色	图层线型	线宽
细实线层	细实线	白色	Continuous	0.18 mm
虚线层	虚线	白色	HIDDEN	0.30 mm
尺寸标注层	尺寸标注	青色	Continuous	0.25 mm
标注文字层	标注文字	红色	Continuous	0.25 mm
其他层	其他	白色	Continuous	0.18 mm

（2）图框设定与绘制。

（3）绘制页码。

（4）填写标题栏内容。

（5）绘制立面图。

1）在“点画线”层绘制轴线。

2）在“粗实线”层，使用“绘图”菜单栏中的“直线”工具和“修改”工具栏中的“修剪”工具绘制桥型轮廓，如图18—6所示。

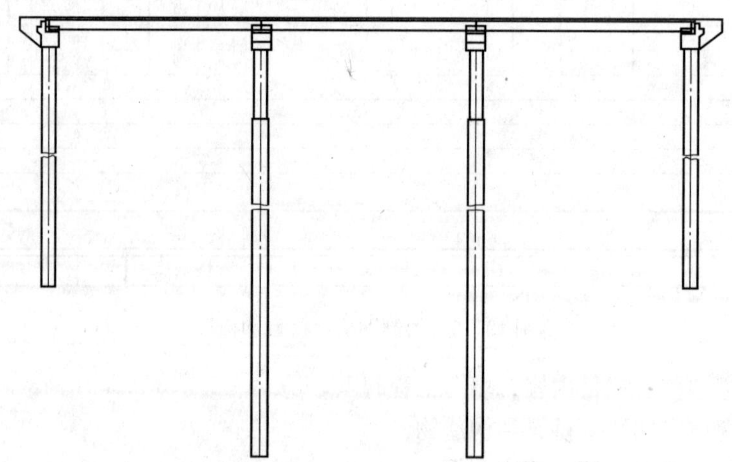

图18—6　绘制桥型图立面轮廓

3）绘制尺寸标注，如图18—7所示。首先绘制定型尺寸标注，然后绘制定位尺寸，再绘制整体尺寸，最后绘制其他尺寸。

（6）绘制平面图。

1）使用直线工具，绘制中心线和轴线。

2）绘制平面图外轮廓，如图18—8所示。

3）绘制尺寸标注，如图18—9所示。

（7）绘制Ⅰ—Ⅰ剖面图。

1）绘制轴线。

2）绘制Ⅰ—Ⅰ剖面轮廓，如图18—10所示。

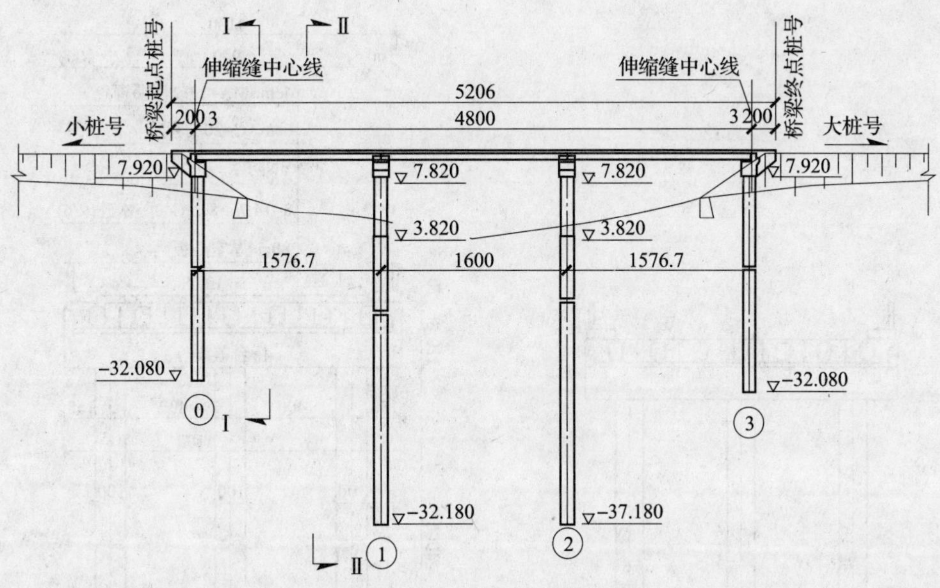

图 18—7　绘制桥型图尺寸标注

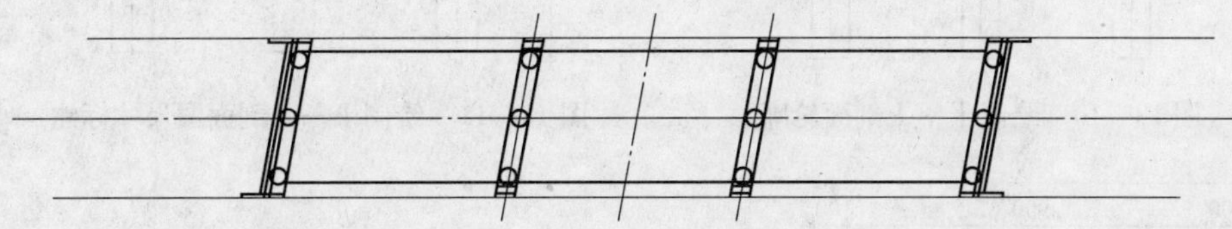

图 18—8　绘制平面外轮廓

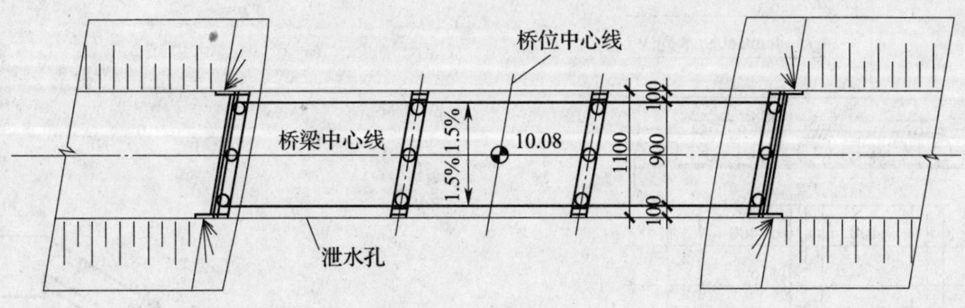

图 18—9　绘制尺寸标注

3）绘制Ⅰ—Ⅰ剖面尺寸标注，如图 18—11 所示。

（8）绘制Ⅱ—Ⅱ剖面图。绘制过程与绘制Ⅰ—Ⅰ剖面图类似。绘制效果如图 18—12 所示。

（9）绘制浆砌片石护坡示意图，如图 18—13 所示。

1）绘制浆砌片石护坡示意图外轮廓。

2）绘制浆砌片石护坡示意图尺寸标注。

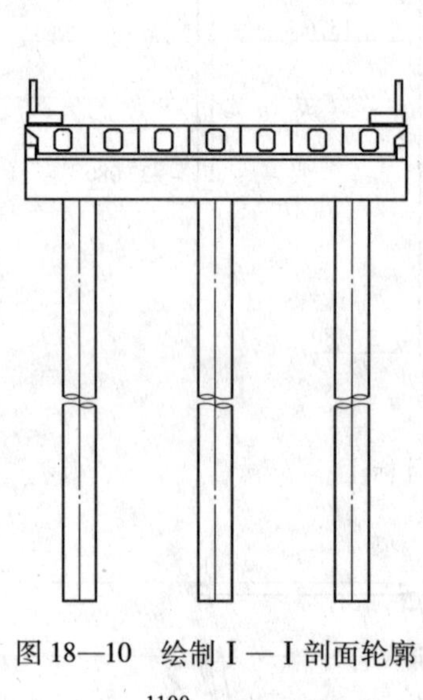

图 18—10 绘制Ⅰ—Ⅰ剖面轮廓

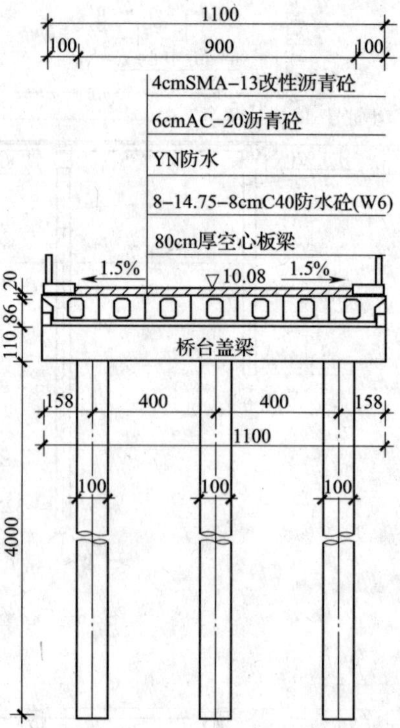

1100
100
900
100
4cmSMA-13改性沥青砼
6cmAC-20沥青砼
YN防水
8-14.75-8cmC40防水砼(W6)
80cm厚空心板梁
1.5%
10.08
1.5%
20
86
110
桥台盖梁
158
400
400
158
1100
100
100
100
4000

图 18—11 绘制Ⅰ—Ⅰ剖面图尺寸标注

1100
100
900
100
4cmSMA-13改性沥青砼
6cmAC-20沥青砼
YN防水
8-14.75-8cmC40防水砼(W6)
80cm厚空心板梁
1.5%
10.08
1.5%
86
120
桥墩盖梁
158
400
400
158
400
1116
100
100
100
120
120
120
4100

图 18—12 绘制Ⅱ—Ⅱ剖面

50
50
30
1 : 2
10
M7.5浆砌片石
50
70
砂砾垫层
60

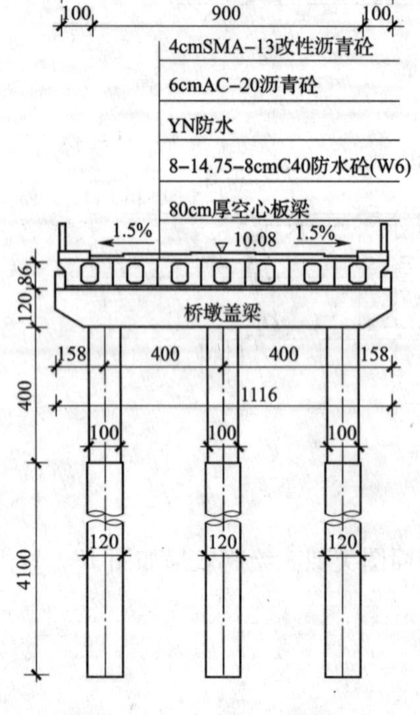

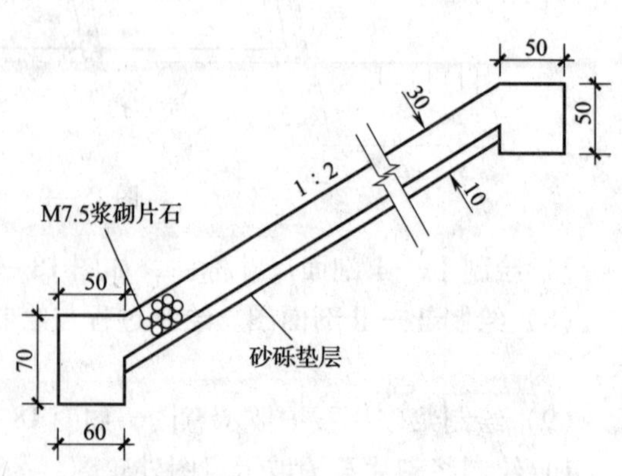

图 18—13 绘制浆砌片石护坡

（10）填写文字注释。

（11）检查全图，保存文件“18 - 2. dwg”。

3. 绘制涵洞纵断面图

（1）设置表18—3所列图层。

表18—3　　涵洞纵断面图的图层设置

图层	图层名称	图层颜色	图层线型	线宽
中实线层	0	白色	Continuous	默认
图框层	图框	白色	Continuous	1.0 mm
点化线层	点画线	白色	ACAD_ ISO04W100	0.18 mm
粗实线层	粗实线	白色	Continuous	0.70 mm
细实线层	细实线	白色	Continuous	0.18 mm
虚线层	虚线	白色	HIDDEN	0.30 mm
尺寸标注层	尺寸标注	白色	Continuous	0.25 mm
标注文字层	标注文字	白色	Continuous	0.25 mm
其他层	其他	白色	Continuous	0.18 mm

（2）设定与绘图框制。

（3）绘制页码。

（4）填写标题栏内容。

（5）绘制纵断面图。

1）绘制外轮廓，如图18—14所示。

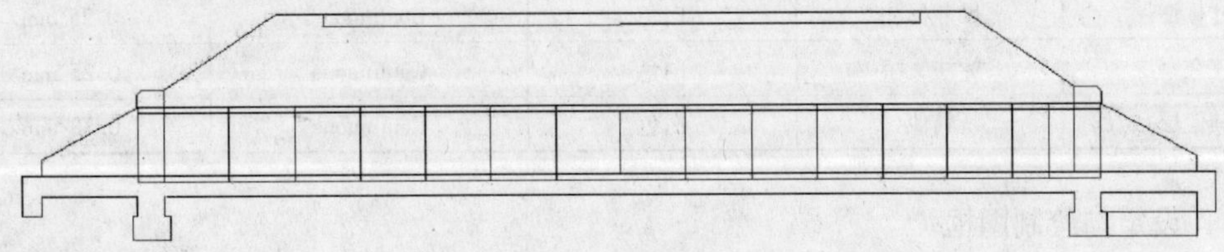

图18—14　绘制纵断面图外轮廓

2）使用填充工具绘制剖面线，如图18—15所示。

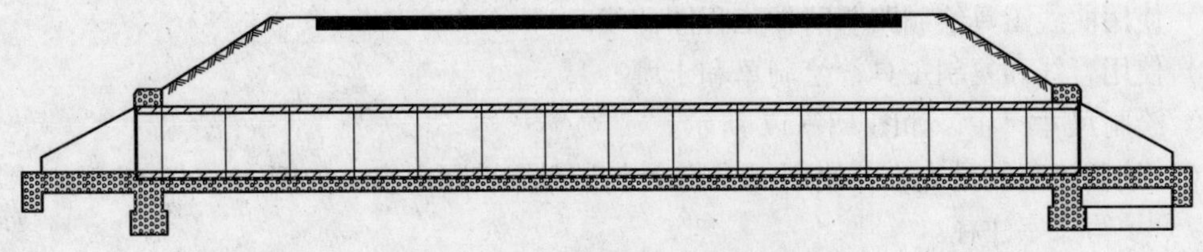

图18—15　绘制纵断面图剖面线

3）绘制尺寸标注，如图 18—16 所示。

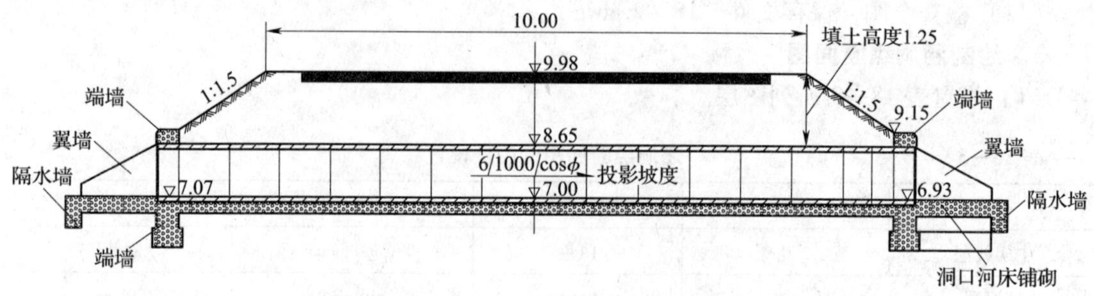

图 18—16　绘制纵断面图尺寸标注

（6）填写文字注释。

（7）检查全图，保存文件“18－3. dwg”。

4. 绘制路基防护工程图

（1）设置表 18—3 所列图层。

表 18—4　　路基防护工程图的图层设置

图层	图层名称	图层颜色	图层线型	线宽
中实线层	0	白色	Continuous	默认
图框层	图框	洋红	Continuous	1. 0 mm
点画线层	点画线	白色	ACAD_ ISO04W100	0. 18 mm
粗实线层	粗实线	白色	Continuous	0. 70 mm
细实线层	细实线	白色	Continuous	0. 18 mm
虚线层	虚线	白色	HIDDEN	0. 30 mm
尺寸标注层	尺寸标注	白色	Continuous	0. 25 mm
标注文字层	标注文字	白色	Continuous	0. 25 mm
其他层	其他	白色	Continuous	0. 18 mm

（2）设定与绘制图框。

（3）绘制页码。

（4）填写标题栏内容。

（5）绘制路基防护工程图。

1）使用曲线工具绘制路基防护工程图曲线。

2）使用直线和复制工具，绘制草和土壤。

3）绘制尺寸标注，如图 18—17 所示。

（6）绘制工程数量表，并使用“多行文字”命令填写内容，如图 18—18 所示。

（7）填写文字注释。

（8）检查全图，保存文件“18－4. dwg”。

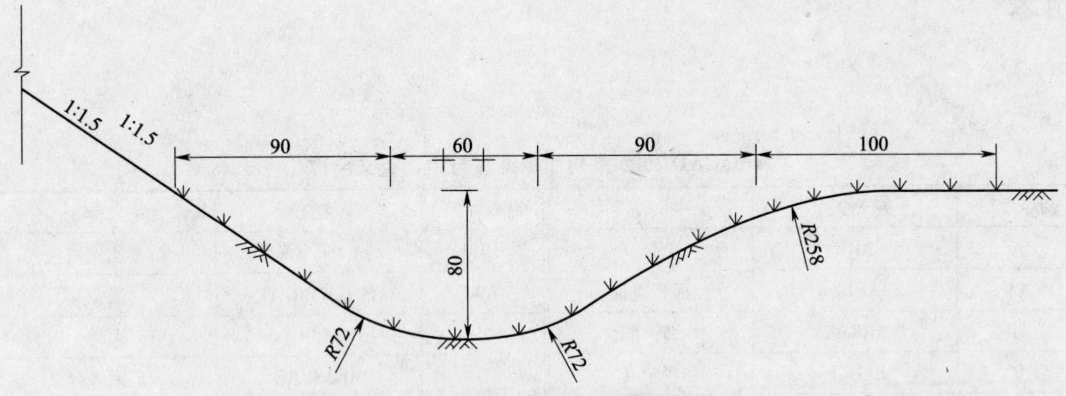

图 18—17 绘制路基防护工程图尺寸标注

每延米工程数量表

工程项目 \ 工程量 \ 工程名称	植草（m^2）
浅碟形边沟	3.69

图 18—18 绘制工程数量表

总结绘制桥型布置图的方法，并练习绘制图 18—2。

附录

AutoCAD 2008 常用命令缩写与中、英文全称

命令缩写	英文全称	中文命令	命令缩写	英文全称	中文命令
A	ARC	弧	LTS	LTSCALE	线型比例缩放
AA	AREA	面积查询	LW	LINEWEIGHT	线宽
AR	ARRAY	阵列	M	MOVE	移动
B	BLOCK	块定义	ME	MEASURE	定距等分
BH	BHATCH	填充图案	MI	MIRROR	镜像
BR	BREAK	打断（截断）	ML	MLINE	多线（双线）
C	CIRCLE	圆	MT	MTEXT	多行文字
CH	PROPERTIES	修改特性	O	OFFSET	偏移（复制）
-CH	CHANGE	修改属性	P	PAN	实时平移
CHA	CHAMFER	倒角	PE	PEDIT	多段线编辑
CO	COPY	复制（拷贝）	PL	PLINE	多段线
CP	COPY	复制（拷贝）	PO	POINT	点
D	DIMSTYLE	标注样式	POL	POLYGON	正多边形
DI	DIST	距离、角度测量	PU	PURGE	清理（图形）
DIV	DIVIDE	定数等分	R	REDRAW	图形重画
DO	DONUT	圆环	RE	REGEN	图形重生
DT	DTEXT	单行文字	REC	RECTANG	矩形
E	ERASE	删除	REG	REGION	面域
ED	DDEDIT	编辑文字	RO	ROTATE	旋转
EL	ELLIPSE	椭圆	S	STRETCH	拉伸
EX	EXTEND	延伸	SC	SCALE	比例缩放
EXIT	QUIT	退出	SO	SOLID	实心区绘制
F	FILLET	圆角	SPL	SPLINE	样条曲线
H	BHATCH	填充图案	ST	STYLE	文字样式
-H	HATCH	填充图案	T	MTEXT	多行文字
I	INSERT	插入块	TR	TRIM	修剪
L	LINE	线	W	WBLOCK	将图形的一部分或全部存为图形文件
LI	LIST	查询实体	X	EXPLODE	分解（炸开）
LS	LIST	查询实体	XL	XLINE	构造线
LT	LINETYPE	线型	Z	ZOOM	视窗缩放